HIPERPUBLICIDADE:
ATIVIDADES E TENDÊNCIAS

VOLUME 2

Dados Internacionais de Catalogação na Publicação (CIP)
(Câmara Brasileira do Livro, SP, Brasil)

Hiperpublicidade, v. 2 : atividades e tendências /
Clotilde Perez, Ivan Santo Barbosa,organizadores. –
São Paulo : Cengage Learning, 2008.

Bibliografia.
ISBN 978-85-221-0603-5

1. Marketing 2. Propaganda 3. Publicidade
4. Semiótica I. Perez, Clotilde. II. Barbosa, Ivan
Santo

07-8745 CDD-659.1

Índice para catálogo sistemático:

1. Publicidade 659.1

HIPERPUBLICIDADE:
ATIVIDADES E TENDÊNCIAS

VOLUME 2

Clotilde Perez
Ivan Santo Barbosa
organizadores

CENGAGE

Austrália • Brasil • México • Cingapura • Reino Unido • Estados Unidos

CENGAGE

Hiperpublicidade: atividades e tendências - Vol. 2

Clotilde Perez

Ivan Santo Barbosa

Gerente Editorial: Patricia La Rosa

Editora de Desenvolvimento: Ligia Cosmo Cantarelli

Supervisor de Produção Editorial: Fábio Gonçalves

Supervisora de Produção Gráfica: Fabiana Alencar Albuquerque

Copidesque: Alessandra Miranda de Sá

Revisão: Norma Gusukuma e Mônica Di Giacomo

Composição: Megaart Design

Capa: Eduardo Bertolini

ISBN-13: 978-85-221-0603-5
ISBN-10: 85-221-0603-7

Cengage Learning
Condomínio E-Business Park
Rua Werner Siemens, 111 – Prédio 11 – Torre A – Conjunto 12
Lapa de Baixo – CEP 05069-900 – São Paulo – SP
Tel.: (11) 3665-9900 – Fax: (11) 3665-9901
SAC: 0800 11 19 39

Para suas soluções de curso e aprendizado, visite **www.cengage.com.br**

Impresso no Brasil
Printed in Brazil

Agradecimentos

Ao professor e pesquisador da Università La Sapienza de Roma, Massimo Canevacci, pelo carinho com o qual aceitou ser o prefaciante desta obra. Os nossos *multivíduos* agradecem o privilégio.

Aos queridos professores, amigos e colegas que integram esta obra, pela dedicação.

Aos profissionais da Editora Cengage Learning, Ligia Cantarelli, Patricia La Rosa, Fábio Gonçalves, pelo envolvimento, profissionalismo e paciência.

Apresentação

Em meio às atividades cotidianas de nosso departamento na Escola de Comunicações e Artes (ECA-USP) nos perguntávamos sobre as razões que explicariam a falta de uma bibliografia ao mesmo tempo profunda e abrangente em Publicidade. Nenhum livro existente conseguia atingir esse duplo objetivo, apresentar os conceitos fundamentais que norteiam a Publicidade, tais como a própria diversidade de entendimentos e nomenclaturas, suas conexões com outras áreas da comunicação e da gestão, as funções e os processos de uma agência, a abrangência da atuação profissional e sua história, entre outras, e, por outro lado, fomentasse a reflexão e a discussão sobre as questões basilares da Publicidade, que envolve a construção e a sustentação do simbólico, o realce do desejo humano e à condução ao consumo, o fetiche visual e a produção de sentido, a ética e a estética na contemporaneidade.

Refletimos conjuntamente e tivemos a convicção de que tínhamos o dever de materializar em obra essa demanda, principalmente porque a Escola de Comunicações e Artes, nos seus 40 anos, formou a base do pensamento e da atuação Publicitária em nosso país. Para dar conta dessa prestigiosa e ousada tarefa, optamos por integrar os professores do departamento CRP das diferentes especialidades e convidar outros professores, pesquisadores e profissionais que, dentro ou fora do ambiente acadêmico, refletiam e produziam o que há de melhor e mais conseqüente na Publicidade brasileira e nas áreas afins.

Assim, partimos para nossa tarefa de produzir o que inicialmente chamávamos de "manual da publicidade". A idéia de manual servia apenas para expressar a abrangência que pretendíamos, mas falia na intenção de aprofundar a reflexão teórico-metodológica da Publicidade e também na sugestão implícita de modelo a ser seguido de forma inconteste. Apenas recentemente surgiu *Hiperpublicidade* como o título ideal que refletia certeiramente o que pretendíamos e que ao cabo construímos. O nome que atribuímos aos fenômenos à nossa volta revela nossas convicções. Desse modo, *Hiperpublicidade* expressa nosso entendimento, aberto, interdisciplinar, líquido, complexo, criativo e ético, dessa que é a expressão sociocultural de eleição na contemporaneidade.

Inevitavelmente, a obra ficou imensa para poder dar conta de todos os objetivos e, assim, optamos por segmentá-la em dois volumes para não afugentar nossos leitores. *Hiperpublicidade 1* dedica-se aos fundamentos e às interfaces da Publicidade, em aproximações com a Psicanálise, com as Ciências Sociais e com o Marketing em suas diversas abordagens. *Hiperpublicidade 2,* atividades e tendências, mergulha no fazer publicitário, no planejamento e na pesquisa, nos processos de criação, no tratamento da imagem, nos novos formatos publicitários, na fotografia e na produção audiovisual, passando pela hipermídia e pelas comunidades virtuais. O livro se encerra, sem esgotar a reflexão e a aprendizagem, com uma reflexão coletiva e interdisciplinar de pesquisadores da ECA-USP sobre uma campanha publicitária de êxito, o que resulta em uma complexa análise de sua potencialidade comunicativa que, certamente, poderá subsidiar férteis discussões em salas de aula e em reuniões de trabalho.

Para vocês, *Hiperpublicidade.*

Clotilde Perez

São Paulo, 11 de agosto de 2007

Sumário

Parte 2 – Tendências da Publicidade

Prefácio

Publicidade transitiva. Para minorias não-minoritárias

No processo de radical mutação em diversas esferas da comunicação contemporânea, a publicidade assumiu um papel decisivo. É impossível afirmar que – mesmo diante de uma expansão freqüentemente mais quantitativa do que qualitativa – os produtores de publicidade conseguiram por muito tempo antecipar as ciências sociais em sua capacidade de pesquisa e interpretação dos fenômenos culturais emergentes. Além disso, eles estão habituados a uma contínua transposição, para as diferentes linguagens, de tudo aquilo que pertencia apenas aos escritos das ciências sociais. O processo que está em andamento é uma mudança expressiva da forma tradicional dos ensaios (de cunho sociológico) para os meios da mídia: nesse sentido, a publicidade antecipa o hipertexto.

Mas mesmo quem trabalha na publicidade não pode ficar parado nem tranqüilo. Sua sensibilidade perspectiva precisa estar sempre em movimento, desenfurnar-se, farejar tudo o que nasce das pequenas minorias – cada vez menos caracterizadas quanto às estratificações sociais existentes – que não tendem a ser minoritárias. Para mim, esse é o ponto decisivo: o publicitário funciona se consegue sentir os estilos e códigos vividos pelas *minorias não-minoritárias*. E transporta-os – transfigura-os – em narrações breves que poderão atrair segmentos de subjetividade que tendem a se tornar hegemônicos e até mesmo majoritários nos respectivos âmbitos de consumo performativo contemporâneo.

O publicitário etnógrafo – pois é isso que ele precisa ser se não quiser se automarginalizar – precisa experimentar os territórios inovadores que envolvem os processos de elaboração simbólica vividos ao ar livre, ou viciado, da comunicação. Sua capacidade de interpretação é, com freqüência, intuitiva, mas desde que participe pessoalmente da pulsação dos comportamentos sensíveis expressos pelas diferentes *minorias não-minoritárias*, referentes a novos *targets* cada vez mais diversificados e flutuantes. Na verdade, quando se pensa no *target*, até mesmo a imagem visual é a de um objetivo estático, rodeado por círculos concêntricos cada vez mais próximos até que se chega ao ponto focal: e esse ponto – ou seja, o assim chamado *target* – está lá, imóvel, à espera de ser apanhado e atingido pelo *golpe* do genial publicitário.

Foi exatamente isso que mudou no corpo do *target*: ele não está lá, dócil e imóvel como um animal enjaulado, à espera de que o caçador o alimente ou o acaricie. O corpo do *target* não pode mais ser caracterizado em termos estáticos, diversificados nos vários segmentos da estratificação social, visão essa baseada ainda numa produção de valor e de valores do tipo industrialista.

O *target* move-se mais rapidamente do que os instrumentos de pesquisa. Esse *target* móvel, flutuante, híbrido, solicita novas capacidades de leitura, um olhar oblíquo, fluido e sincrético ao mesmo tempo. Olhos novos para *targets* novos. E nessa perspectiva, provavelmente a noção de *target* torna-se supérflua ou enganadora.

O último aspecto que gostaria de ressaltar é o seguinte: a publicidade aproxima-se e desafia cada vez mais os territórios contíguos aos da arte, principalmente os que têm o corpo como referência. O corpo como panorama (*bodyscape*) e os contextos espaciais (*location*) exprimem uma atração recíproca que permeia as disciplinas tradicionais – especialmente o *design*, a arquitetura, a música, além da arte –, e aquela coisa que requer cada vez mais especificações e que ainda se chama comunicação visual. Os nexos flutuantes – simetricamente *targets* –, entre corpos-panoramas e espaços-intersticiais, determinam a publicidade atual em suas transfigurações possíveis, graças às tecnologias digitais.

Comunicação corpórea, espacial, digital flutuam entre códigos possíveis de serem fixados e transfigurados ao acessar os meios da mídia.

Enfim, se o *target* subjetivou-se cada vez mais, a questão de uma visão nova da identidade torna-se central e conecta-se, não apenas a um sujeito "multividual" (ou seja, potencialmente plural) e a um contexto espacial identitário igualmente fluido, mas também e, de certo modo, essencialmente, à marca, ou seja, um *brand* que precisa desenvolver uma sensibilidade igualmente fluida e mutante em relação à própria identidade.

O *brand* como sujeito pós-orgânico, com uma biografia.

O texto, cujos curadores são Clotilde Perez e Ivan Santo Barbosa, perpassa por diversos olhares e disciplinas para focalizar esse continente semidesconhecido em que está se tornando a publicidade. Nesse sentido, é um desafio levado ao coração pulsante e transitivo dessa forma de comunicação visual que não relaciona apenas, como quer a tradição, à arte ou ao cinema, mas também a essa cultura digital que está modificando particularmente a sensibilidade cognitiva e cada vez mais on-line. Por tal motivo, o modo como fazer, interpretar e modificar a nova publicidade da comunicação on-line já é claramente algo diferente do passado, embora solidificado em um presente compacto. Pensemos nos novos desafios representados por "Second Life", mesmo para a publicidade digital.

Nesse sentido, as ciências deveriam começar a virar do avesso suas diferentes metodologias e a descentralizar os pontos de observação, a partir do quanto uma determinada publicidade, ainda viva, emana entre os cenários de um corpo cada vez mais panorâmico e uma metrópole cada vez mais comunicacional.

Massimo Canevacci
Roma, maio de 2007

Parte 1
A Atividade Publicitária

1

Estrutura organizacional e modelos de gestão da agência de propaganda

Clotilde Perez*

Conceito de organização

Organizar é o processo de dispor qualquer coleção de recursos em uma estrutura que facilite a realização de objetivos. Organização é, portanto, o atributo de qualquer conjunto estruturado ou ordenado segundo algum critério. Por exemplo, quando em uma coleção de selos decidimos agrupá-los por país de origem e por data, estamos organizando-os mediante esses dois critérios: país e data. Quando deslocamos esse raciocínio para as organizações, percebemos a semelhança entre esse conceito e as estruturas que as compõem. Nas organizações, os indivíduos agem de maneira estruturada para alcançar a meta maior da empresa: sua sobrevivência sustentável.

É de nosso conhecimento que o homem é um ser social, portanto possui a necessidade de socializar-se. Além disso, o ser humano possui suas limitações e, para garantir o cumprimento dos objetivos pretendidos, os indivíduos são forçados a cooperar entre si. Dessa interação entre vários indivíduos surgem as organizações.

* Livre-docente em Ciências da Comunicação pela ECA-USP. Doutora em Comunicação e Semiótica e mestre em Administração de Marketing pela PUC-SP. Professora da ECA-USP e da PUC-SP.

A organização não se encontra isolada, tampouco é auto-suficiente. Existe ao seu redor todo um contexto no qual ela se insere: o ambiente. Fischmann e Almeida (2002, p. 25) nos dão sua definição: "O ambiente é tudo aquilo que influencia a organização nos seus negócios e esta não tem condições para alterá-lo". Na avaliação do ambiente da organização devem-se considerar tanto o ambiente externo (variáveis exógenas) quanto o próprio ambiente organizacional (variáveis endógenas) – e essas duas variáveis são fundamentais para constituir uma administração estratégica.

Tanto a organização como os ambientes são dinâmicos. O gestor deve analisar continuamente as ameaças e oportunidades do ambiente externo e levar para dentro da organização tais observações, ressaltando sempre seus pontos fortes e aperfeiçoando seus pontos fracos.

Ansoff (1986, p. 43) apresenta duas faces da organização: "Qualquer organização é, ao mesmo tempo":

- uma agência de produção;
- uma estrutura social concreta.

A organização, como "agência de produção", atua em relações de competição e cooperação com outras organizações. Ela administra a rotina, as melhorias e as novas estratégias dentro de seu segmento de mercado. E como "estrutura social" tem a necessidade de ser reconhecida pela sociedade em geral, devendo harmonizar-se e reforçar os valores, as normas e as exigências sociais mais amplas da sociedade. Assim como o próprio homem, a organização possui essas mesmas necessidades.

Dessa forma, uma organização é um sistema de recursos que procura alcançar determinados objetivos. Nesse sentido, o processo de definir quais objetivos a organização pretende alcançar e quais recursos pretende aplicar é chamado de *planejamento*, e o processo de definir como as atividades serão organizadas, por meio da utilização de recursos, é chamado de *organização*.

Administração

A palavra *administrar* tem sua origem no latim e seu significado original implica subordinação e serviço: *ad*, direção para, tendência; *minister*, comparativo de inferioridade; e o sufixo *ter*, que serve como termo de comparação, significando subordinação ou obediência, isto é, aquele que realiza uma função sob o comando de outro, aquele que presta serviço a outro (Chiavenato, 1982, p. 3).

Isto é, a palavra *administração* diz respeito a uma atividade que se realiza sob o comando de outro, a uma ação dispensada a outro em razão de autoridade. Administração é a arte de realizar ações por meio de pessoas, na busca de atingir objetivos.

A administração é essencial em toda cooperação organizada, em todos os níveis da organização; é a ação de dirigir negócios, de gerir bens. Todo administrador tem de interpretar os objetivos propostos pela organização e, para atingi-los, transformá-los em ação empresarial por intermédio de planejamento, organização, direção e controle de todos os esforços realizados em todas as áreas e em todos os níveis da organização.

Administração é um sistema estruturado e intuitivo que consolida um conjunto de princípios, normas e funções para alavancar harmoniosamente o processo de planejamento de situações futuras desejadas e seu posterior controle de eficiência e produtividade, bem como a organização e direcionamento dos recursos empresariais para a obtenção dos resultados esperados – e com a minimização de conflitos interpessoais (Oliveira, 1997, p. 26).

A estrutura organizacional

A estrutura organizacional define:

- a responsabilidade das pessoas;
- a autoridade das pessoas;
- a comunicação entre as pessoas.

Entende-se por responsabilidade as obrigações, funções, papéis, deveres, tarefas etc. que devem ser desempenhados na organização por diferentes indivíduos.

A autoridade configura-se como o poder de decisão investido em uma pessoa ou grupo de pessoas que possibilita mobilizar o comportamento alheio para a realização de tarefas. A responsabilidade e a autoridade normalmente estão agrupadas em cargos ou departamentos. Cabe lembrar que estamos tratando aqui do que se convencionou chamar autoridade formal, não daquela que pode surgir independentemente da estrutura organizacional.

A comunicação diz respeito à interligação entre as unidades de trabalho e à coordenação de ações, que por sua vez determina as relações interpessoais.

A estrutura organizacional é representada por uma figura esquemática chamada organograma.

- Divisão do trabalho
  - Responsabilidades e tarefas
  - Unidades de trabalho:
    - Departamentos
    - Cargos
  - Especialização (produto da divisão do trabalho)
- Autoridade
  - Tipos formais
    - De linha
    - De assessoria
    - Funcional
  - Hierarquia (divisão vertical do trabalho x auto-administração)
  - Amplitude de controle
  - Centralização e descentralização
- Comunicação
  - Meios de comunicação (pessoal, impressa, intranet etc.)
  - Tipos de comunicação
    - Comunicação para baixo
    - Comunicação para cima:
      - Pesquisas de atitudes
      - Sugestões
      - Ouvidoria
    - Comunicação lateral

Figura 1.1 Organograma e suas informações.

Há inúmeras informações contidas no organograma, no entanto as principais são:

- divisão do trabalho (retângulos representam unidades de trabalho);
- comunicação (linhas que interligam os retângulos);
- autoridade e hierarquia (número de níveis em que os retângulos estão agrupados).

Essas informações contidas no organograma se configuram, na verdade, como as principais decisões do processo de organizar, como veremos em seguida.

Decisões do processo de organizar

As principais decisões do processo de organizar incluem a divisão do trabalho, a autoridade e a comunicação na e da organização. Assim, temos:

- *Divisão do trabalho*: refere-se à segmentação em partes, aos fragmentos que permitirão uma melhor execução de trabalhos, principalmente dos mais complexos. A divisão do trabalho inclui a definição de responsabilidades e tarefas das unidades de trabalho em departamentos que variam de acordo com a organização e com a disponibilidade de recursos; a definição dos cargos, que se configura como o conjunto de tarefas que uma pessoa deve desempenhar, e o grau de especialização que se objetiva com a própria divisão do trabalho.
- *Autoridade*: a autoridade implica a tomada de decisões a respeito dos tipos formais de autoridade: autoridade de linha, na qual devem constar cadeia de comando, relação entre chefes e subordinados etc.; autoridade de assessoria ou aconselhamento, como assessoria jurídica, e autoridade funcional, como o gerente de recursos humanos, que determina o processo seletivo mesmo no caso de seleção de funcionários para a fábrica. Outras questões também devem ser levadas em consideração quando o tema é autoridade: hierarquia, que diz respeito à divisão vertical do trabalho *versus* a possibilidade de auto-administração; amplitude de controle, ou seja, o número de pessoas agrupadas sob cada gerente, e centralização e descentralização, isto é, questões relacionadas à centralização em contraposição à possibilidade de delegação.
- *Comunicação*: cabem aqui considerações a respeito dos meios de comunicação que serão privilegiados pela organização, como: pessoal, impressa, por meio de equipamentos – intranet etc. Além disso há que se decidir a respeito dos tipos de comunicação: comunicação para baixo (como os chefes se comunica-

rão com seus subordinados?), comunicação para cima (como os funcionários se comunicarão com seus superiores? Por meio de pesquisas de atitudes, ouvidoria, caixa de sugestões etc.) e ainda como se estabelecerá a comunicação lateral entre iguais.

Tipos de organização

As organizações se estruturam de diferentes maneiras, tendo em vista sua natureza, disponibilidade de recursos, trajetória histórica e também o perfil dos seus principais gestores. Normalmente a tipologia organizacional se divide em:

- organização funcional;
- organização territorial;
- organização por produto;
- organização por cliente;
- organização por unidade de negócios;
- organização por projetos;
- organização da agência de propaganda.

A pergunta que se faz presente neste momento é: como escolher a estrutura? Para dar conta da resposta a essa indagação temos de considerar uma série de particularidades da organização objeto de análise, quer seja para criar uma nova organização, quer seja para propor uma reestruturação. Assim, temos de levar em conta:

- A diversidade ou homogeneidade das operações, principalmente no que diz respeito à tecnologia empregada.
- A diversidade ou homogeneidade dos canais de distribuição.
- A natureza da organização, ou seja, se é pública, privada, banco, escola, agência etc.
- A estabilidade ou instabilidade do comportamento dos clientes.
- A participação de cada produto no volume total de recursos empregados pela empresa.

- A ênfase da administração superior na centralização ou descentralização da autoridade.

Certamente não há um único modelo ideal de estruturação organizacional, pois todas as propostas apresentam pontos positivos e fragilidades, por isso a necessidade de planejar e estudar todas as características da organização antes de pensar a respeito do modelo que será executado. A seguir apresentaremos uma possibilidade de tipologia para a estruturação de uma organização.

Organização funcional

Como o próprio nome sugere, trata-se de um arranjo baseado nas funções da organização; assim, temos, por exemplo:

Fabricar .... Industrial
Vender/Comunicar ... Marketing
Pagar/Receber .... Finanças
Distribuir .... Logística
Contratar pessoas .... Recursos Humanos

Esse tipo de organização tem as seguintes aplicações: organizações novas; de pequeno porte; poucos produtos; pequena diversificação tecnológica; ambiente externo estável.

Características principais: administração geral tem pleno controle; facilidade de atribuir e cobrar responsabilidades; tarefas bem definidas; pouca ou nenhuma confusão quanto às responsabilidades.

Organização territorial

Neste tipo, cada unidade de trabalho corresponde a um determinado território. Sua aplicação é recomendada para organizações que têm uma vasta dispersão geográfica ou são muito grandes.

Características principais: a administração central tem controle de desempenho por regiões, o que facilita as cobranças; os funcionários se especializam por região; facilidade no treinamento (respeitando a cultura local); dificuldade para decidir sobre questões que envolvam a centralização e a descentralização do comando.

Organização por produto

Neste tipo de organização o produto é o critério central. Aplica-se à estruturação de grandes empresas com muitos produtos e/ou com produtos que possuem diferenças importantes entre si. Há ainda a possibilidade de a organização por produto se transformar em uma organização por marca em um segundo nível. Por exemplo: organização por produto da Unilever: amaciantes para roupas sabões em pó, xampus. Podemos ainda subdividir os produtos em amaciantes para roupas Comfort e Fofo; sabões em pó Omo, Minerva, Brilhante e Surf e xampus Seda, Dove etc.

Características principais: preocupação com o aprimoramento contínuo e com a inovação dos produtos; manutenção de funcionários competentes e altamente especializados no entendimento integral do produto, além do reforço na orientação ao cliente.

Organização por cliente

Normalmente ocorre quando a organização atende a diferentes tipos de clientes com necessidades distintas ou clientes iguais com necessidades distintas. Tem como foco central a garantia da satisfação dos clientes.

Em quais organizações se aplica? Quando se procura ter um tratamento especializado dos clientes. Essa postura impacta na consciência e na prática alicerçadas na prerrogativa de que cada cliente é uma "conta".

Características principais: aprimoramento da competência dos funcionários no atendimento às necessidades dos clientes; fácil cobrança das responsabilidades; medição de custos e resultados facilmente atribuíveis.

Organização por unidade de negócios

Recomenda-se a organização por unidade de negócios quando a empresa cresce e requer descentralização. Nesse sentido, aplica-se a organizações que trabalham com linhas de produtos muito diversificadas, que atendem a mercados muito diferentes ou que apresentam necessidades muito particulares.

Características principais: serviços centralizados chamados corporativos; aproveitamento de oportunidades diferentes (cada unidade). Apesar dessas características, que são de certo modo positivas, esse tipo de organização estrutural traz o perigo de a empresa desfocar demais.

Organização por projetos

É particularmente recomendada quando há atividades que não atendem a padrões de regularidade, como atividades temporárias e/ou finitas.

Aplicações: serviços como construções; eventos; pesquisa de novos produtos; institutos de pesquisa, consultoria, nas mais variadas áreas etc.

Características principais: resulta em produto ou serviço singular, sem antecedentes. Mobiliza equipe do início até a conclusão do trabalho. Pode ter também organização funcional para tarefas cotidianas e de baixo envolvimento. Os projetos são independentes e autônomos, mesmo compartilhando uma mesma estrutura. Pode ainda funcionar como uma organização matricial, envolvendo a estrutura funcional associada à estrutura de projeto.

Organização da agência de propaganda

Percebemos que as agências de propaganda possuem uma organização híbrida, ou seja, não optam por um único modelo. O que encontramos normalmente é que, em sua maioria, as agências organizam-se por função no primeiro nível e por cliente no segundo. Assim elas procuram potencializar os pontos fortes dos dois modelos e atenuar as fragilidades.

A opção pela organização funcional (atendimento, planejamento, criação, mídia etc.) explica-se pela possibilidade de identificar rapidamente as competências e especializações necessárias em cada tarefa, mas a organização por cliente é um imperativo, uma vez que cada cliente é único em toda sua dimensão. Cada cliente requer um nível de envolvimento, um tipo de tratamento específico (mais próximo ou mais formal, por exemplo), uma comunhão de valores, uma proposta criativa, e assim por diante. Essa necessidade intensificou-se nos últimos anos em função do aumento da competitividade do mercado e de um escoamento, em que pese parcial, das verbas anteriormente destinadas à propaganda para relações públicas, eventos e outras possibilidades comunicacionais.

A opção por uma estrutura organizacional híbrida traz conseqüências também para a dinâmica das relações entre as pessoas e os processos de trabalho.

Administração de processos organizacionais e dinâmica organizacional

A tendência que se verifica da administração de processos organizacionais é a de gerenciar as organizações como conjuntos interligados de processos, e não meramente como um somatório de departamentos – horizontalização. Essa tendência não leva à destruição dos departamentos, mas a uma mudança na forma de administrá-los (processos-chave; um responsável para cada processo); achatamento da hierarquia; foco no uso de equipes; instauração de recompensa pelo desempenho da equipe; aumento do contato com clientes e fornecedores, na busca de relacionamento.

A dinâmica organizacional define os modelos de organização, ou seja, como as decisões centrais referentes à divisão do trabalho, autoridade e comunicações se processam. Assim temos o modelo mecanicista e o modelo orgânico.

- Modelo mecanicista (maior ênfase na impessoalidade; relações são formais; hierarquia; burocracia = menos autonomia; estrutura rígida; comunicação vertical; ênfase em critérios de desempenho; elevado nível de especialização; liderança autocrática).
- Modelo orgânico (menor ênfase nas normas e regulamentos; a fonte da autoridade é o conhecimento; decisão compartilhada; hierarquia imprecisa).

As condicionantes da estrutura organizacional são:

- Estratégia (é definida pelo tipo de negócio e seus objetivos).
- Tecnologia empregada {
  - produção em massa;
  - produção por processo contínuo;
  - produção unitária (flexibilidade; hierarquia achatada; primeiro o produto é vendido, posteriormente é desenvolvido e depois fabricado).
- Ambiente (complexidade e influências).
- Fator humano (tipo de formação; experiência).
- Tamanho (crescimento; diminuição).

A agência de propaganda

Perspectiva histórica

Em nosso país, segundo a Lei nº 4.680, de 18 de junho de 1965, que dispõe sobre o exercício da profissão de publicitário, a agência de propaganda é uma pessoa jurídica especializada na arte e técnica publicitárias, que estuda, cria, executa e distribui propaganda aos meios de divulgação, por ordem e conta de clientes anunciantes, com o objetivo de promover a venda de produtos e serviços, divulgar idéias ou informar o público a respeito de organizações ou instituições e seus produtos.

Em que pese a lei não fazer distinção, tecnicamente atribuem-se significados diferentes aos termos "propaganda" e "publicidade". Propaganda é a divulgação de idéias e atitudes com finalidades políticas dirigida basicamente ao cidadão. Publicidade é uma técnica de persuasão inserida na atividade global de marketing, com o objetivo de induzir o mercado potencial ou real a preferir determinada marca, empresa ou produto. Aprofundamentos sobre essa questão constam dos capítulos 2 e 3 deste livro.

Na primeira metade do século passado, na Inglaterra e nos Estados Unidos, havia corretores de propaganda que recolhiam anúncios dos comerciantes e os colocavam nos jornais e revistas, recebendo destes uma comissão. Com o passar do tempo, esses corretores foram ampliando a área de abrangência de suas atividades e contratando o serviço de outros profissionais, como redatores e desenhistas.

No início do século XX surgia nos Estados Unidos a American Association of Advertising Agencies (AAAA), primeiro órgão de classe a reunir os empresários dessa profissão. Hoje existem várias entidades de classe internacional, entre elas a International Advertising Association.

A atividade publicitária é atualmente uma das mais representativas no setor terciário da economia brasileira. O ensino da propaganda, que em 1957 contava com apenas uma escola em São Paulo, é hoje ministrado em inúmeras faculdades e universidades públicas, comunitárias e privadas em todo o Brasil. Cabe destacar o curso oferecido pela Escola de Comunicações e Artes da Universidade de São Paulo, reconhecidamente o que oferece a melhor formação para o aluno tanto em nível profissional quanto na formação de pesquisadores em publicidade. Há que se dizer também que, por meio do mais competitivo processo seletivo vestibular, a ECA tem os melhores alunos, o que certamente facilita sua missão de oferecer o melhor ensino, a melhor pesquisa e a melhor extensão universitária em publicidade no país.

O que é uma agência de propaganda?

Uma agência de propaganda é essencialmente uma prestadora de serviços e, nesse sentido, opera o intangível como grande valor. Deve estar pautada em uma relação de confiança, uma vez que o cliente compra uma promessa de execução, não um bem concreto passível de avaliação prévia.

Os serviços caracterizam-se pela sua intangibilidade, pela sua impossibilidade de estocagem, pela perenidade e pelo fato de o consumo ser muitas vezes realizado durante o processo de produção, o que configura simultaneidade. O serviço de uma agência de propaganda guarda quase todas essas características, assim ele é essencialmente intangível (apesar de se poder tangibilizar as campanhas por meio impresso, audiovisual etc.). E certamente também não há possibilidade de estocagem para "venda futura", mas as agências de propaganda têm uma peculiaridade distintiva dos demais serviços: *o cliente primeiro compra, para depois a agência produzir para posteriormente ser consumido – veiculado.* E nesse sentido, a possibilidade de dissonância cognitiva é ainda muito mais elevada que em outros serviços. O risco aqui é gerar uma expectativa acerca do serviço muito acima do que será efetivamente entregue. Tal situação deverá sempre ser evitada, sob pena de gerar uma situação de constrangimento e até mesmo a perda do cliente por insatisfação.

Para criar e desenvolver uma boa campanha de propaganda, quase sempre há necessidade de uma boa agência, ou pelo menos de boas pessoas. São muitos os critérios que podem ser seguidos na escolha da melhor, em cada caso. Cada anunciante tem algumas necessidades específicas, que algumas agências poderão resolver melhor que outras, mas pode-se dizer que há três critérios essenciais para avaliar uma agência: a qualidade das suas campanhas, a competência de sua equipe de profissionais e a eficácia de seu serviço.

A qualidade de suas campanhas é a primeira coisa que chama nossa atenção, pois as campanhas bem realizadas são, por assim dizer, o "cartão de visitas" da agência, o que faz com que algumas sejam posicionadas como criativas, irreverentes, outras tenham uma imagem mais tradicional, e assim por diante. Por meio das campanhas, o anunciante pode conhecer o estilo da agência e ver se ela se ajusta, ou não, às exigências de seu produto e empresa naquele momento e contexto. Contudo, é preciso ir além e averiguar se tais campanhas conseguiram, enfim, atingir os objetivos previamente propostos. Analisar a lista completa dos clientes da agência, observando seus progressos ou fracassos, pode ser um excelente exercício para auxiliar na escolha da agência. Em qualquer caso, as campanhas realizadas são apenas um elemento daquilo que a agência fez no passado.

Não há dúvida de que a competência e o prestígio de sua equipe de profissionais é o critério mais importante para avaliar uma agência. Para conseguir as melhores campanhas de propaganda é essencial contar com a melhor equipe. Uma equipe que sintonize com a equipe de marketing do anunciante, que fale a mesma linguagem e que a complete. Uma equipe competente inclui profissionais com uma sólida formação universitária, com profundos conhecimentos não apenas das áreas técnicas, mas também de outras regionalidades científicas, além de ter uma ampla formação cultural. Não se concebe mais qualquer possibilidade de competência baseada apenas no *feeling*, como se imaginava no passado e como ainda algumas agências míopes e prepotentes profetizam.

A eficiência do serviço se traduz pelo relacionamento de todos os dias, pelo cumprimento dos prazos, pelo controle de gestão, pela previsão e antecipação das necessidades do cliente etc. A eficiência também é um princípio fundamental na hora de escolher uma agência. A prestação de um bom serviço é imprescindível para que haja um relacionamento sustentável e com qualidade ao longo dos anos. Em propaganda, muitas vezes ganham-se clientes pela criatividade e perdem-se por mau serviço e displicência.

Estrutura e funcionamento da agência de propaganda

Uma agência de propaganda se estrutura essencialmente em função das principais etapas do trabalho que presta: o atendimento, o planejamento, a criação e a mídia, para além das possibilidades de organização, a partir dos clientes ou dos projetos etc., como vimos anteriormente.

O atendimento

Por atendimento compreendem-se as tarefas de relacionamento, assistência ao cliente da agência, estudo de suas características, compreensão de seus problemas, oportunidades, e o planejamento inicial dos trabalhos e tarefas a serem realizados para a solução desses problemas, bem como o aproveitamento das oportunidades de comunicação com os clientes.

Pode-se definir o profissional de atendimento de uma agência de propaganda como aquele capaz de agir como agência e pensar como cliente. Agir como agência, tendo completo conhecimento das teorias e técnicas de comunicação, das múltiplas opções de utilização dessas técnicas e teorias e da melhor forma de administrar as ações definidas. Pensar como cliente, tendo absoluto controle das informações da empresa e do mercado, agindo objetivamente na busca de resultados, maximizando a utilização das verbas e orientando as técnicas de mensuração e controle de retorno para eventuais correções de rumo.

Em resumo, o profissional de atendimento é responsável pela liderança no processo de comunicação, tanto dentro da agência quanto com o cliente. Ele é o catalisador capaz de fazer o cliente reagir perante o mercado, analisando seu posicionamento em relação à concorrência, definindo objetivos e aprovando as decisões estratégicas das ações a serem implementadas. Ele também é capaz de fazer a agência agir diante do desafio proposto no projeto, analisando os objetivos propostos, criando alternativas e opções de ação, além de implementar taticamente as decisões estratégicas sugeridas e aprovadas.

O envolvimento, portanto, do profissional de atendimento e de sua agência nas decisões de marketing do cliente passa a ser cada vez mais solicitado, quase exigido. O cliente espera de sua agência uma participação efetiva na formulação de alternativas estratégicas, no acompanhamento do desenvolvimento dos produtos e na análise das oportunidades de mercado. Cada vez mais a construção do briefing tem uma colaboração intensa dos profissionais de atendimento e planejamento das agências. O briefing deixa de ser uma peça pronta que o cliente entrega para a agência e que esta utiliza na execução do seu trabalho: é uma peça de construção conjunta, que utiliza a *expertise* de ambos para o melhor atendimento aos objetivos do projeto de comunicação proposto.

Assumir ou não os riscos de envolvimento no marketing do cliente tem sido uma das questões mais discutidas pela direção das agências de propaganda.

Visto por alguns como a única maneira de desenvolver um trabalho sério e profissional em comunicação, tal fato é ainda encarado por outros como uma atitude preocupante, muito arriscada.

Enquanto, pelo lado do cliente, o atendimento é forçado a corresponder às expectativas cada vez maiores de envolvimento profundo na vida do produto desde o seu nascimento, passando pelo desenvolvimento até sua performance em campo, na agência ele é cobrado exatamente no sentido inverso, na sua capacidade de rapidamente gerar campanhas, faturar e deixar o resto com o cliente.

Hoje, uma agência só poderá colaborar eficientemente para o sucesso de seu cliente se pensar como cliente, quase como uma sociedade, e se o cliente, baseado na mesma comunhão, deixá-la agir como agência. Essa é a tarefa fundamental do atendimento.

Cabe ainda ao atendimento a prospecção de novos clientes, principalmente quando estamos considerando uma estrutura de agência pequena. Em estruturas mais complexas, pode-se encontrar a figura do diretor comercial para a busca de novos clientes. Independentemente de ser o setor de atendimento ou o departamento comercial, essa tarefa é particularmente importante quando se objetivam o desenvolvimento e o crescimento da agência. Esse profissional deve unir uma sólida formação geral com conhecimentos técnicos e teóricos em comunicação e vendas. Prospectar novos clientes implica um profundo estudo de mercado que deve anteceder qualquer ação mais efetiva. É preciso estudar o mercado para identificar o perfil desejado de cliente – certamente haverá clientes que não são desejáveis, por isso a definição de perfil é essencial. Após tal definição, bem como depois do estudo do mercado para identificar "quem" e "onde estão" os potenciais clientes, é preciso planejar uma estratégia de aproximação que poderá basear-se em diversos caminhos: participação em eventos de divulgação; anúncios em mídia especializada, principalmente impressa; anúncios na Internet; até mesmo ações mais efetivas, como agendar encontros por telefone e visitar clientes potenciais. O que é fundamental é que, quando se vai a um cliente, é preciso preparar a visita, ou seja, tomar conhecimento, o máximo possível, das características do negócio do cliente, do mercado em que ele atua, das influências macroambientais nos negócios, do grau de especialização etc. Além disso, é fundamental também obter, sempre que possível, um pequeno perfil da pessoa que será contatada: formação (curso e universidade), trajetória profissional, cargo atual etc. A conquista de novos clientes não é uma tarefa fácil. Imaginando que foi possível vencer a primeira dificuldade (conseguir marcar um encontro pessoal), é preciso preparar também um rol de informações que contenham a história da agência, seus métodos de trabalho, a *expertise* da equipe, campanhas que obtiveram êxito, prêmios recebidos, até mesmo informações financeiras, entre outros dados que possam colaborar para evidenciar a capacidade e a qualidade da agência em toda a sua dimensão. Um dos segredos para fechar um primeiro negócio, além de evidenciar competência, é a segurança que se deve ter e transmitir de que a agência e a pessoa que ali a está representando, o profissional de atendimento, conhecem profundamente o cliente potencial, suas dificuldades e até mesmo seus problemas de comunicação. Segurança em decorrência de conhecimento aliada à competência são a chave para a ampliação dos negócios.

O planejamento

A área de planejamento publicitário é responsável pelo posicionamento de marca, pelo investimento em novos mercados, pelas ações, pela definição das estratégias mais adequadas para os clientes etc. Como o nome já demonstra, os planejadores devem se preparar para o futuro. Devem ocupar-se tanto das pesquisas de dados secundários, *desk research*, pesquisas *ad hoc* (quantitativas, qualitativas, semiótica etc.), como da busca de informações relevantes para seu trabalho, onde quer que elas estejam: em entidades de classe, em centros e institutos de pesquisa, na universidade etc. Seu trabalho não se resume a coletar informações: o planejador também deve analisar, sintetizar e interpretar as pesquisas a fim de propor idéias práticas para os problemas de comunicação do cliente, bem como para que a agência tenha uma atuação vigorosa e sustentável.

O profissional de planejamento deve ser um consumidor voraz de relatórios e pesquisas de tendências, bem como de publicações científicas nos segmentos de interesse de seus clientes. Deve subsidiar as equipes com as informações que serão referência para toda a campanha. É do planejamento que sai o direcionamento para a idéia. É do planejamento que surge a base do roteiro para uma campanha publicitária de qualidade.

A área de planejamento é normalmente composta por uma diretoria e gerentes de planejamento ou cargos similares. Compete à diretoria de planejamento:

- Executar o planejamento das campanhas, assegurando também o cumprimento dos objetivos e das normas gerais da agência.
- Definir uma política de planejamento a ser seguida e elaborar a programação das normas para cada plano de ação para o departamento e seus setores.
- Coordenar todos os setores envolvidos para que os esforços se direcionem dentro das estratégias e táticas determinadas para a campanha.
- Analisar as contas/clientes e seu potencial a fim de estudar medidas a serem adotadas para aumentar a penetração e conseqüentemente a rentabilidade.
- Coordenar reuniões com as diretorias de criação, mídia e atendimento para definir as estratégias, táticas e prazos, supervisionar as operações dos serviços orientando a distribuição das tarefas e para fixar os prazos a serem controlados pelo tráfego.
- Fazer estudos para prospectar novos clientes e desenvolver ações nesse sentido, bem como levantamento das necessidades dos clientes para sugerir ações que os motivem a aumentar os investimentos publicitários.
- Elaborar planos de comunicação das contas de seus grupos de atendimento.
- Definir uma política de gestão de pessoas para a equipe de planejamento.
- Definir uma política de treinamento continuado para a equipe a fim de obter o aprimoramento constante das pessoas.
- Buscar novas metodologias de pesquisa que auxiliem no entendimento dos problemas de comunicação e marketing dos clientes.

A criação

A criação é a fase da geração das idéias, dos temas, dos slogans, das expressões, dos textos, das ilustrações, dos anúncios, dos filmes, dos sons e de todas as inúmeras possibilidades de comunicação a ser combinadas e empregadas na transmissão das melhores mensagens publicitárias para cada cliente.

É uma atividade relacionada com a produção e a eleição das mensagens publicitárias. Na maioria das agências esse serviço é realizado por duplas de criação: os redatores e os desenhistas.

A dupla de criação – redator e diretor de arte – trabalhando em conjunto se configura como a "célula mater" dos departamentos de criação. Ao receber o planejamento, a criação inicia o seu trabalho. Muitas vezes os profissionais de atendimento e planejamento participam do processo de *brainstorming*, o que, aliás, é aconselhável. Primeiro relaciona-se toda e qualquer idéia sugerida, sem nenhuma preocupação em avaliar sua adequação. Em uma segunda etapa faz-se a seleção, escolhendo-se as opções que melhor se enquadram no planejamento. Essa avaliação de idéias é fundamental para ter a definição das idéias que poderão ser desenvolvidas e transformar-se em signos importantes para a campanha, deixando de lado as que se esgotam em si mesmas ou que apresentem problemas/complicações de execução de qualquer ordem.

Na perspectiva organizacional, o departamento de criação pode abrigar vários setores e diferentes cargos:

- *Diretor-geral de criação*: além da função técnica criativa, ele também é responsável pela administração do departamento. Estabelece-se uma prática hierárquica na qual tudo o que é criado passa pelo diretor antes de seguir outros caminhos fora do departamento.
- *Diretor de criação*: é quem coordena a dupla de criação – parceria entre diretor de arte e redator. É quem aprova ou não a idéia em qualquer nível e coordena o processo de criação.
- *Diretor de arte*: é quem transforma as idéias e conceitos em fotos, traços e ilustrações. É quem materializa a imagem. Trata-se de um profissional com muita criatividade e imaginação e que deve ter bastante cuidado com a finalização dos arquivos.
- *Redator*: é responsável pelas chamadas, títulos e pela redação propriamente dita. Não cuida apenas dos textos; a revisão geral também está sob sua responsabilidade.

A mídia

A área de mídia é responsável pela seleção dos veículos de comunicação mais adequados para atingir o público-alvo nos momentos mais propícios, evidentemente buscando a maneira mais econômica e indicada para cada caso em particular.

Também cabe à mídia, após a seleção dos veículos mais adequados, as tarefas de execução, negociação e compra de espaços, bem como de autorização das veiculações e controle de todo o processo.

O profissional de mídia é responsável pela utilização da verba do cliente no que diz respeito às inserções. É ele quem faz o levantamento de como e onde investir, da mesma forma que decide a respeito dos veículos e da freqüência que devem ser utilizados para atingir os objetivos expostos no planejamento.

Outras áreas com grande recorrência nas agências

- *RTVC*: o serviço de RTVC é simples de entender e difícil de executar. Como existe a pessoa da produção que se ocupa do material gráfico, o RTVC é quem cuida das peças de mídia – leia-se rádio, TV e cinema. Requer muita responsabilidade e habilidade nos diferentes veículos.
- *Produção*: depois de tudo pronto, conferido e revisado – no caso de peças impressas –, é hora de ir para a gráfica. E é fundamental o acompanhamento da materialização da peça fora da agência. Fotolito, gráfica, prova e todos os trâmites devem ter um acompanhamento muito próximo, o que poderá evitar problemas indesejáveis.
- *Tráfego*: nem toda agência tem esse funcionário especificamente. Organizar o fluxo de trabalho é função de quem está nesse cargo. Determinar quem faz, encaminhar o orçamento, coordenar a entrada de cromos, a saída de arquivos... tudo isso e, ainda, garantir um funcionamento ágil e eficiente da criação em conjunto com todos os outros departamentos.

Quando a agência é maior, suas operações tornam-se mais complexas e acabam por criar áreas especializadas em pesquisa, produção gráfica e eletrônica (som e imagem), tráfego (dos trabalhos por entre as áreas da agência), e até em outras ferramentas de comunicação (relações públicas, promoção, merchandising etc.).

Cada área da agência pode estar constituída de uma ou de muitas dezenas de pessoas, dependendo do tamanho e da estrutura da empresa.

Além da estrutura formal das agências, há ainda inúmeros parceiros que são essenciais à atividade publicitária. Os principais são: fornecedores de banco de imagens, fotógrafos, agências de modelos, produtoras de som e imagem, artes gráficas, design, empresas de tecnologia digital (páginas, sites etc.), empresas de eventos, empresas de comunicação e relações públicas etc.

Bibliografia

ANSOFF, H. J. *Corporate strategy.* Nova York: McGraw-Hill, 1986.

BELCH, G.; BELCH, M. *Advertising and promotion.* Nova York: McGraw-Hill, 1997.

BORDENAVE, J. D.; CARVALHO, H. M. de. *Comunicação e planejamento.* Rio de Janeiro: Paz e Terra, 1979.

BROCHAND, B. et al. *Publicitor.* Lisboa: Dom Quixote, 1999.

CHIAVENATO, I. *Teoria geral da administração.* São Paulo: Atlas, 1982.

CORREA, R. *Planejamento de propaganda.* São Paulo: Global, 2002.

FISCHMANN, A.; ALMEIDA, M. I. R. de. *Planejamento estratégico na prática.* São Paulo: Atlas, 2002.

JOUVE, M. *La communication publicitaire. Approche stratégique: exercices d'application.* Paris: Bréal, 1991.

MARCENAC, L.; MILON, A.; SAINT-MICHEL, S. *Strategies publicitaires: de l'étude marketing au choix des médias.* Paris: Bréal, 1991.

MAXIMIANO, A. C. A. *Introdução à administração.* São Paulo: Atlas, 2000.

O'GUINN, T.; A., C.; SEMENIK, R. *Advertising.* Cincinnati: South-Western College, 2000.

OLIVEIRA, M. Administração de organizações de serviços. *Cadernos de Administração,* 1997.

PREDEBON, José (org.). *Propaganda: profissionais ensinam como se faz.* São Paulo: Atlas, 2000.

QUINTERO, A. P. *História da propaganda.* Lisboa: Planeta, 1990.

RIBEIRO, J. et al. *Tudo que você queria saber sobre propaganda e ninguém teve paciência para explicar.* São Paulo: Atlas, 1995.

SANTANNA, A. *Propaganda: teoria, técnica e prática.* São Paulo: Pioneira, 1990.

2

Planejamento publicitário

Clotilde Perez*

Introdução

O planejamento é uma das funções mais importantes no cotidiano das organizações. Requer grande conhecimento sobre o negócio, a cultura, os consumidores, além de necessitar de grande amadurecimento profissional. Não é uma atividade para iniciantes nem tampouco para profissionais focados essencialmente na especialização. Cada vez mais o planejamento requer um indivíduo dotado de múltiplas competências e com capacidade do efetivo exercício interdisciplinar.

O planejamento é complexo porque envolve fundamentalmente três etapas distintas: apreensão de cenários, montagem do problema e, finalmente, a orientação para a solução.

A fase que intitulamos apreensão de cenários é aquela que se refere ao "mergulho" no contexto global. É a fase do estudo profundo e da reflexão em busca das razões que estão por trás dos fatos. Aqui é que se realça a capa-

* Livre-docente em Ciências da Comunicação pela ECA-USP. Doutora em Comunicação e Semiótica e meste em Administração de Marketing pela PUC-SP. Professora da ECA-USP e da PUC-SP.

cidade interdisciplinar: buscar, em diferentes caminhos, possibilidades e regionalidades científicas, o entendimento e as explicações para os fenômenos que estão em voga. Como podemos observar nas palavras de Ribeiro (1995, p. 36): "Quando se estudou suficientemente as informações, a solução emerge sempre". Por meio da transpiração é que se chega à inspiração, antigo ditado popular que realça a importância da fase de apreensão e apropriação da realidade.

Um recurso que facilita o entendimento da realidade é a pequisa de mercado com utilização de diferentes metodologias e técnicas; as pesquisas ampliam nosso entendimento a respeito da questão investigada. (Mais informações no capítulo 3, "Pesquisa de mercado", deste volume.)

Após a imersão na realidade, o planejador tem condições de detectar e entender o problema que está posto em questão. O planejamento deve ser capaz de diagnosticar o problema e propor uma estratégia viável para a solução. A análise cuidadosa do contexto permitirá entender as razões que levaram ao surgimento do problema e guiará para os caminhos passíveis para solucioná-lo.

O planejamento no contexto publicitário

Assim como em qualquer outra área organizacional, o planejamento ocupa posição central no contexto publicitário e no cotidiano das agências.

Com o planejamento pronto é chegada a hora de fazer a campanha. É claro que não basta entregar o planejamento para que a equipe de criação execute. A experiência nos faz crer que o melhor caminho é a equipe de planejamento discutir com a equipe de criação as informações das pesquisas e os principais caminhos apontados. Esse trabalho conjunto tem se mostrado na prática muito eficaz.

A relação brief & planejamento

Brief (ou briefing) idealmente é um documento que contém toda a informação que o cliente fornece à sua agência antes de iniciar uma campanha. É o instrumento básico, a partir do qual se poderá desenvolver a estratégia criativa mais adequada. O briefing deve refletir com clareza a informação que possa afetar o produto e sua utilidade. Deve incluir aspectos gerais de marketing e aspectos específicos de propaganda.

Sob os aspectos gerais de marketing incluem-se informações sobre a situação do produto e do mercado, posicionamento, pesquisas gerais recentes e objetivos gerais da campanha.

Sobre o produto e o mercado é importante ter em vista que produto e mercado não são dois elementos independentes; antes devem ser analisados conjuntamente. É fundamental saber o volume do mercado, sua evolução e tendência, assim como seu comportamento com relação às diferentes marcas. É importante conhecer a posição das marcas dominantes e daquelas em fase de introdução. A análise da situação relativa ao produto no mercado fornecerá grande quantidade de informação sobre o grau de conhecimento, a imagem e a atitude criadas nos compradores e nos consumidores, a cobertura e a presença do produto nos canais de distribuição, as políticas de preços, as ações de promoção existentes, o grau de fidelidade da marca e a freqüência das compras. Tudo isso precisa ser resumido em uma lista de vantagens e desvantagens competitivas do produto, isto é, de suas oportunidades e de seus problemas no mercado. Contém ainda informações a respeito dos consumidores do produto/marca: quem são, onde estão, principais características, estilo de vida etc.

Alternativas de posicionamento

A partir dos diferentes tipos de consumidores existentes no mercado, o brief refletirá o posicionamento selecionado pelo departamento de marketing do anunciante, as características do produto que justifiquem esse posicionamento e a situação atual dos diferentes produtos competidores existentes. Por meio dessas informações, a agência poderá analisar e assumir a viabilidade e a coerência do posicionamento desejado ou ainda propor alternativas.

Resultados de pesquisa recente

As últimas pesquisas sobre o produto e o consumidor são especialmente importantes, sobretudo as que se referem a aspectos motivacionais: razões de escolha, compra, e outras. Conhecer as motivações e os freios no consumo do produto serão informações imprescindíveis à criação de propaganda. Quando não se dispuser dessas pesquisas, será muito útil dedicar parte do orçamento à melhoria do grau de informação, já que sem ela não se poderá assegurar a eficácia da campanha.

Objetivos da campanha

Um dos pontos mais importantes do briefing está na definição do marketing e dos objetivos de comunicação que se pretende conseguir. Uma campanha de propaganda pode criar uma atitude nova no consumidor, fazendo-o, por exemplo, praticar um novo tipo de esporte. Pode também manter uma atitude favorável do consumidor, reafirmando, por exemplo, a segurança de que seu sistema de barbear ou se depilar está entre os mais eficazes. Ou pode fazê-lo mudar de atitude, como passar a poupar, por exemplo, de uma forma diferente daquela que lhe é habitual. Uma campanha publicitária não pode, no entanto, conseguir tudo isso de todos os consumidores, em curto prazo e com um orçamento insuficiente.

Por essa razão, os objetivos da campanha deverão determinar a parte do público a ser atingida, em que prazo e com que orçamento, tudo isso estruturado de maneira coerente. Os objetivos serão estabelecidos, portanto, em termos quantitativos, mas só se houver certeza de que se dispõe dos instrumentos de medição adequados. Caso contrário, se o que se deseja conseguir não é facilmente mensurável, é preferível estabelecer os objetivos em termos qualitativos, embora igualmente claros e inconfundíveis.

Quanto aos aspectos específicos da propaganda, o briefing deve conter: o âmbito geral da campanha, a duração estimada, o volume de investimento e os principais veículos que se pretende utilizar.

Em relação ao âmbito da campanha, o briefing deve estabelecer se ela será internacional, nacional ou local, especificando onde se deve concentrar segundo as necessidades comerciais. A duração da campanha varia muito em função dos objetivos que se pretende atingir. Muitos clientes costumam encomendar uma campanha por um ano. Contudo, esse período nem sempre coincide com o que realmente se necessita para a consecução dos objetivos de comunicação. Portanto, convém que o briefing indique a duração prevista da campanha, para que a agência possa estudar se é adequada ou não. O volume de investimento é outra informação primordial no briefing. Um bom critério para estabelecer o volume do investimento anual é o de considerar a situação do produto. Um produto novo exigirá, desde o primeiro ano, um investimento proporcional à participação de mercado que se espera alcançar em médio prazo. Um produto líder no mercado pode supor um investimento proporcional à sua própria participação no mercado, já que a inércia do maior volume o fará ir melhorando a posição de forma gradual, normalmente à custa de outras marcas ou das últimas do setor. Um produto considerado a segunda ou a terceira marca precisa de uma porcentagem, sobre o investimento do setor, superior à sua cota de participação no mercado. Essa política, combinada com o marketing adequado, permitirá à segunda ou terceira marca aumentar sua participação. No briefing devem constar o volume do investimento em propaganda que se pensa destinar ao produto, assim como sua evolução nos últimos anos e a de seus concorrentes mais diretos. Em relação aos veículos, como orientação, o briefing tem de deixar claro quais foram os meios e suportes utilizados até o momento para anunciar o produto, além do nível alcançado nos custos de produção. Um critério habitual para determinar tais custos é fixá-los em não menos de 10% do total da campanha. Mas esses dados serão apenas orientadores, já que cabe à própria campanha determinar seus meios e sua produção. O briefing deve ser redigido de tal modo que não dificulte à agência seu diagnóstico sobre que estratégia de propaganda é a mais conveniente para cada caso concreto. Para isso, é necessário evitar tanto os dados que possam acarretar dispersão do núcleo do problema, como as opiniões pessoais que não estejam baseadas em informações fundadas ou fatos comprovados. É preciso afastar as divagações sobre como comunicá-lo, para concentrar-se especialmente no que é preciso comunicar.

Briefing: uma construção conjunta

Após a apresentação do briefing pelo anunciante espera-se uma resposta da agência. Essa resposta consiste em um primeiro diagnóstico, no qual ainda não se define a campanha, mas a estratégia de propaganda a seguir. Sobre esse ponto, a agência e o cliente devem chegar a um acordo, antes de levar avante o processo de preparação da campanha. Essa resposta conterá: a seleção das oportunidades de mercado obtida mediante a análise da informação que o briefing contém, a qual dará condições para formular as recomendações oportunas; a proposta concreta de posicionamento, conseguida por meio da análise de todos os aspectos cruciais do produto (categoria, público objetivo, modos e momentos de consumo, principal benefício para o consumidor, nível de preços etc.), a qual poderá coincidir com a realizada pelo departamento de marketing do anunciante ou apresentar-se como alternativa completamente diferente; os objetivos concretos da comunicação contidos no briefing que, como resultado da análise efetuada, a agência aceitará ou modificará (o que comunicar, a quem, onde, por quanto tempo e com quanto dinheiro); a estratégia de meios que, sem entrar em detalhes, a agência estabelecerá em função dos aspectos gerais do marketing e da propaganda. Do acordo entre o briefing e a resposta da agência nascerá o briefing definitivo que, quanto mais completo e claro, mais facilitará o desenvolvimento de uma campanha com criatividade e eficiência. Contudo, não se deve esquecer que ele é apenas o ponto de partida do trabalho criativo. Pode-se dizer que o briefing definitivo representa os sólidos fundamentos sobre os quais é possível edificar uma grande campanha, mas de forma alguma as quatro paredes dentro das quais se pretende encerrá-la, ao contrário.

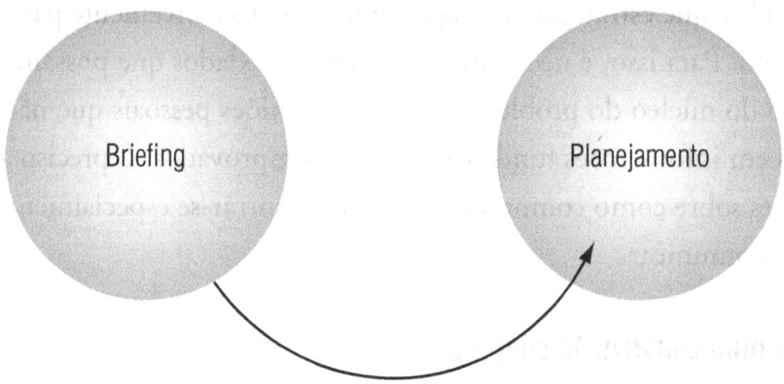

Figura 2.1 Do brief ao planejamento.

Nas palavras de Steel (2006, p.136) "o *briefing* é a ponte entre o pensamento estratégico inteligente e a propaganda genial...", e ainda: "o *creative brief* deve informar a equipe de criação e, mais importante, inspirá-la". Nessas palavras Steel recupera a importância estratégica do briefing no processo criativo da propaganda conferindo-lhe, de certa forma, o protagonismo do processo.

Planejamento publicitário: um caminho possível

Como vimos, não é uma tarefa fácil construir um planejamento publicitário. O que apresentamos a seguir é uma proposta que tem por objetivo evidenciar a complexidade que o tema envolve. A proposta, apesar de extensa, não se esgota. O importante é ter em conta que muitas vezes não será possível cumprir com a totalidade das informações que o roteiro propõe. Esse roteiro não deve ser entendido como um caminho que deverá estar pronto em uma única campanha. Com a ampliação do tempo de relacionamento com o cliente, muitas dessas informações já estarão claras e consolidadas para a agência, facilitando o planejamento, que poderá centrar-se no problema específico daquele determinado momento e contexto e na proposição de soluções.

Planejamento publicitário é, em linhas gerais, a resultante do somatório do briefing com a análise das pesquisas de mercado dos temas de interesse, adicionada, evidentemente, a experiência que a agência tem com o cliente/marca.

A seguir apresentaremos um roteiro para a construção de um planejamento publicitário.

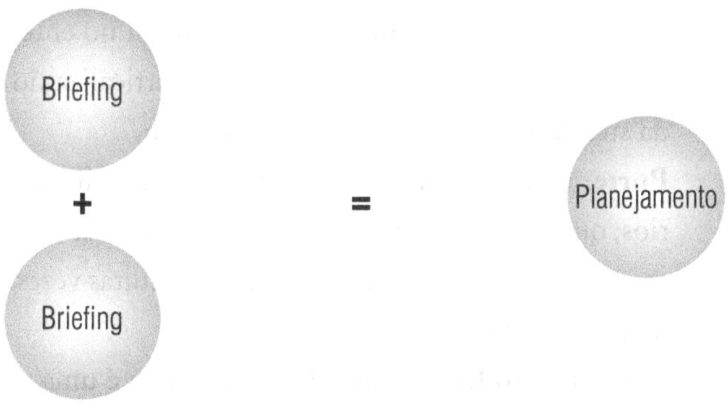

Figura 2.2 Planejamento como resultante.

Informações gerais da organização

- **Histórico.** Informações históricas falam a respeito da origem da organização, como foi criada, em que contexto sociopolítico, quais os principais envolvidos e suas trajetórias. Com essas informações é possível identificar e entender o posicionamento e o direcionamento da organização hoje. O que a empresa é hoje foi planejado e posto em prática há muito tempo. O momento histórico de constituição da organização muitas vezes explica os valores que ela assume no presente e perpetuará no futuro.

- **Missão, visão, valores.** As organizações têm uma missão que as guia a um objetivo central. Para que surgiu a organização? Que necessidade ela atende? As respostas a essas perguntas são norteadoras da missão. A visão é o futuro e diz respeito à imagem e ao posicionamento que a organização pretende no futuro, por exemplo: ser a empresa líder no segmento em que atua. Já os valores são a expressão do que é importante para a organização, desde valores macro, como ética e cidadania, até os mais próximos dos negócios, como trabalho em equipe, generosidade etc.
- **Fábricas, unidades, filiais.** Essa informação deve considerar a existência de fábricas isoladas ou em conjunto com os escritórios administrativos e comerciais, a existência de unidades espalhadas pelo país e até no exterior, bem como a existência de filiais. Estas são informações que auxiliam no entendimento do negócio do cliente, da existência de verticalização, bem como da sua dimensão de atuação no mercado.
- **Porte.** Uma medida de porte pode ser o número de funcionários; outra é o faturamento líquido anual. Essas informações são essenciais para entender o tamanho e, muitas vezes, a complexidade da organização.
- **Organização funcional.** O organograma é uma excelente fonte de informação. Ele traz dados sobre a estrutura funcional da organização, a hierarquia e o fluxo de informação. É importante localizar as áreas de marketing, de comercialização e de comunicação e entender a sua estruturação. A localização no organograma pode indiciar facilidade de aprovação, autonomia, centralização, subordinação etc. Essas informações impactam a publicidade e a relação do cliente com a agência.

- **Linhas de negócios.** Fundamentalmente importante para clientes de grande porte, entender as linhas de negócios pode ser a chave para o sucesso do planejamento. Há clientes que possuem atuação muito diversificada e nesse sentido têm relações com fornecedores, parceiros e clientes também muito diferentes que muitas vezes requerem especializações. Entender as linhas de negócios do cliente é conhecer seus mercados de atuação, suas peculiaridades e suas demandas específicas. Às vezes, em uma determinada linha de negócios, o cenário do mercado é amplamente favorável e, em outra, está sofrendo fortes ameaças do ambiente externo.

Informações do mercado

- **Caracterização.** Entender o mercado, as características, as principais forças atuantes, as diferentes relações na cadeia, as fragilidades e potencialidades, o grau de especialização, a existência de oligopólios, o tamanho e a localização das principais organizações que o compõem, entre outras informações, são fundamentais para construir um bom planejamento. Por exemplo, conhecer o funcionamento do mercado pode ser crucial na definição do momento mais adequado para iniciar uma campanha publicitária ou suspender uma promoção.
- **Tamanho.** Para conhecer o mercado é importante saber seu tamanho, dado que pode ser obtido em associações de classe, associações patronais, sindicatos ou mesmo órgãos do governo. Normalmente há uma unidade de medida que pode ser em litros, em quilos, em toneladas, em unidades ou ainda qualquer outra. O tamanho indica a representatividade do mercado na economia.
- **Importância econômica e/ou social.** Esta é uma informação que auxilia no entendimento das relações da organização com a sociedade: saber sobre a sua importância econômica para a in-

dústria em geral e para o país, quanto participa na geração do PIB do segmento ou ainda na perspectiva social, quantos empregos gera e qual impacto no desenvolvimento regional.

- **Evolução.** O mercado não é um ente estanque; ao contrário, é absolutamente dinâmico. É importante conhecer a história e a consolidação do mercado de atuação do cliente. Saber como foi o passado e para onde está indo pode auxiliar na decisão do posicionamento que a campanha deve assumir.
- **Sazonalidade.** Há muitos mercados que são sazonais, ou seja, não têm uma distribuição regular de vendas ao longo do ano. Muitos sofrem influência climática, como os sorvetes e as cervejas, e outros sofrem influência de comportamentos socioculturais, como, os fabricantes de panetone, colomba pascal ou carne de peru congelada. Mesmo sendo possível encontrar esses produtos nas prateleiras em outros momentos do ano, há uma concentração no calendário que evidentemente impacta o planejamento publicitário.
- **Exportação/Importação.** Esta é uma informação relevante e que poderá subsidiar o planejamento na medida em que dá a dimensão e a dinâmica de atuação do cliente-anunciante, sua relação de dependência ou não desse tipo de comercialização, bem como sua vulnerabilidade perante as oscilações cambiais.

Análise de macroambiente e microambiente

Deve-se, nesse momento, fazer um estudo a respeito do impacto das variáveis macroambientais na indústria. Consideram-se fatores do macroambiente as variáveis político-econômicas, culturais, demográficas, tecnológicas, legais, naturais etc. É importante conhecer e monitorar essas variáveis, uma vez que não é possível controlá-las.

Quando falamos de microambiente estamos nos referindo às variáveis mais próximas das relações da organização, ou seja, de seus parceiros, clientes, fornecedores, concorrência, bancos etc. Pela sua relevância, tanto os clientes como fornecedores e concorrência serão destacados nos tópicos a seguir.

Ambiente concorrencial

- **Concorrentes diretos.** Trata-se não apenas de conhecer os concorrentes diretos como também entender suas estratégias e posicionamento no mercado. Conhecer a sua história de comunicação tanto na perspectiva de volume de investimento como nas das opções de veículos e *approachs* adotados.
- **Concorrentes indiretos.** Os concorrentes indiretos são aqueles que atendem à mesma necessidade; por exemplo: uma peça de teatro concorre com outra peça de teatro (concorrência direta), mas também concorre com os cinemas e, em certa medida, até com os restaurantes e demais possibilidades de entretenimento. Muitas vezes os concorrentes indiretos podem até estar em outra indústria.
- **Pontos fortes e fracos da concorrência.** Essas são informações referentes às fragilidades e potencialidades internas dos concorrentes. Por exemplo: alta produtividade, existência de mão-de-obra qualificada, melhor acesso à matéria-prima, melhor solução tecnológica etc. As oposições são exemplos de fragilidade.
- **Market share dos concorrentes.** A participação do mercado dos concorrentes deve ser acompanhada, não se configurando como uma informação estanque: a evolução do market share, bem como a tendência de movimentação.
- **Mapa perceptual dos concorrentes.** Diz respeito ao levantamento e entendimento a respeito de como os concorrentes são percebidos pelos seus clientes. Aqui devem ser incluídas as percepções dos produtos e das marcas.
- **Novos entrantes.** Deve-se procurar obter a informação a respeito da possibilidade da entrada de novos competidores no mercado, principalmente estrangeiros. Além dessa informação básica, é importante saber mais a respeito da força competitiva, investimento estimado, prazo para efetivação do ingresso no mercado etc.
- **Estratégia de comunicação dos concorrentes.** É importante mapear as principais estratégias de comunicação dos concor-

rentes para entender seu posicionamento e tentar antecipar seus próximos movimentos. Além disso, é importante conhecer para não entrar em caminhos similares que já apontaram problemas.

- **Estratégia de preço dos concorrentes.** O posicionamento e a administração estratégica dos preços devem ser cuidadosamente acompanhados porque podem se configurar como elementos primordiais que, em conjunto com a campanha publicitária, levarão o produto ou a marca ao êxito.
- **Problemas ou fragilidades apresentados pelos concorrentes.** Deve-se fazer um levantamento dos problemas anteriormente enfrentados pelos concorrentes ou dos que ainda estejam enfrentando. Informações a respeito da gestão: se é ou não profissionalizada, se houve ou haverá sucessão familiar, se houve escândalos que prejudicaram a imagem da organização, entre outras.

Consumidor

- **Usuário.** Definir com clareza quem é o usuário é fundamental para o êxito de uma campanha publicitária. Essa informação é imprescindível para se estabelecer a linguagem adequada considerando o repertório do consumidor-usuário. É importante salientar que usuário é quem efetivamente usa ou consome o produto e que muitas vezes não é quem compra nem quem influencia.
- **Influenciadores.** É importante mapear os personagens que influenciam a compra. Muitas vezes, dependendo da natureza do produto, a família é o grande influenciador. Outros grupos de referência são os pais e ainda a mulher, o marido ou os filhos.
- **Decisor.** Em determinadas situações é possível distinguir o usuário dos influenciadores e até mesmo do decisor. Quem decide a compra pode ser a chave em uma campanha publicitária. Para produtos infantis, por exemplo, os pais se configuram como decisores da compra. No passado, muitas campanhas publi-

citárias de brinquedos eram destinadas aos pais, a inesquecível "Não esqueça da minha Calói" é primorosa nesse aspecto.

- **Perfil.** Detalhar o perfil do consumidor não mais se limita a questões que envolvem informações do tipo sexo, idade, escolaridade e renda. É sabido que, mesmo em condições demográficas semelhantes, os indivíduos têm comportamentos de compra completamente distintos. Assim, entendemos que é fundamental conhecer não só o perfil demográfico e econômico do consumidor, mas também seu perfil psicográfico, incluindo informações a respeito de seu estilo de vida, valores etc.
- **Hábitos e atitudes.** Conhecer os hábitos e atitudes dos consumidores pode auxiliar no melhor posicionamento estratégico da campanha e até mesmo subsidiar outros caminhos promocionais. Por exemplo, a consumidora brasileira tem um alto envolvimento com a categoria de sabões em pó, o que faz com que ela toque com as mãos o sabão, as roupas, e opte por colocar o pó diretamente da caixa na máquina de lavar ou no tanque etc. Já a consumidora francesa tem baixo envolvimento com a categoria e por isso utiliza um dosador durante o processo de lavagem. Outro exemplo diz respeito à categoria de amaciantes para roupas. No Brasil, compra-se amaciante pelo cheiro e não pelo seu poder de amaciar as roupas. Cheirar o frasco até mesmo no ponto-de-venda é um hábito do consumidor brasileiro para essa categoria de produto.
- **Volume e freqüência de compra.** As informações sobre o volume de compra e a freqüência são importantes para auxiliar no processo de programação da campanha publicitária.
- **Estilo de vida.** Diz respeito às opções que as pessoas fazem no seu cotidiano refletindo seus valores. Pode variar de categoria de produto ou serviço. Em determinadas situações o consumidor pode valorizar enormemente a tecnologia e a inovação, em outros, o que ele quer é qualidade de vida, tranqüilidade etc.

Fornecedores

- **Caracterização**. É importante conhecer o máximo possível os fornecedores do cliente que é objeto do planejamento de campanha: como se dão as relações de fornecimento, contratos, tempo de relacionamento, trajetória das transações comerciais etc.
- **Porte**. O tamanho do fornecedor pode ser avaliado pelo seu faturamento (bruto ou líquido) anual, pelo número de funcionários ou ainda pelo volume de produção. Muitas vezes utiliza-se essa multiplicidade de opções para construir de modo mais efetivo o porte de uma empresa. O porte pode indiciar o tipo de relação que o cliente estabelece com o fornecedor, bem como o grau de dependência.
- **Dependência**. As relações comerciais podem variar em seus aspectos de prazo, condições, quantidade etc. em função do maior ou menor grau de dependência que se tem em relação ao fornecedor. Ser o principal cliente de um fornecedor implica uma relação de grande dependência dele em relação "a você", assim como o contrário é verdadeiro. No cotidiano das negociações comerciais, as relações de dependência acabam por ser "usadas" na obtenção de maiores vantagens mercadológicas.
- **Capacidade produtiva e de entrega**. É fundamental conhecer não apenas a capacidade produtiva mas também a capacidade instalada e de entrega dos fornecedores de seu cliente. Se um fornecedor tem uma capacidade produtiva próxima à sua capacidade instalada, indicia que, se houver a necessidade de aumento de fornecimento, ele terá dificuldade em atender.

Produto

- **Descrição geral**. Além das questões mais formais a respeito das características gerais do produto (para que serve, que necessidade atende etc.), deve-se considerar toda a sua capacidade sígnica e de geração de benefício para os consumidores-alvo.

- **Categoria.** Os produtos em geral pertencem a categorias; assim uma nova marca de sabão em pó integrará a categoria do conjunto de produtos/marcas já existentes. A noção de categoria favorece o gerenciamento no cotidiano das empresas e do varejo. É também utilizada para determinar as relações dos consumidores com um determinado grupo de produtos. Assim, as mulheres brasileiras se relacionam com a categoria de sabões em pó de maneira diferente das francesas ou ainda distinta da relação que estas mantêm com a categoria de higiene pessoal, por exemplo.
- **Matérias-primas, componentes.** Conhecer o rol de matérias-primas e componentes de que é feito o produto em questão é importante para detectar oportunidades de comunicação, além de possibilitar a ampliação geral do conhecimento a respeito do que se comunica. A linha de sabonetes da Natura Puro Vegetal utiliza-se das matérias-primas para comunicar a distintividade do produto: 100% livres de gordura animal, "todo mundo colhe os frutos", são feitos com óleo extraído do fruto da palma cultivada de forma sustentável.
- **Noções do processo produtivo.** O processo produtivo também pode ser explorado no contexto da comunicação publicitária. Formas inovadoras de produção podem ser comunicáveis por meio da propaganda.
- **Produtos complementares.** Registrar a existência de outros produtos que podem ser usados ou consumidos conjuntamente, de modo complementar: por exemplo, iogurte e cereais.
- **Produtos substitutos.** Evidenciar a possibilidade de outros produtos que atendam às mesmas necessidades. Não diz respeito apenas à concorrência direta, ou seja, o mesmo produto de outra marca; refere-se sim a outros produtos que cumpram as mesmas aspirações e, nesse sentido, podem estar até em outras categorias, como é o caso de prendedores de cabelo e gel.

- **Formas de consumo (usos)**. Há produtos que se prestam a inúmeras utilizações, alguns até lançam mão da versatilidade como mote de campanha, como foi o caso de "Bombril mil e uma utilidades". Outro exemplo foi o reconhecimento por parte da Nestlé de que se faziam muitas bebidas com a adição do seu notório leite condensado Moça, implementando campanhas a partir da "chave" bebidas com Leite Moça. O consumidor é livre para usar os produtos da forma que achar mais conveniente e as organizações têm muito a aprender com isso.
- **Embalagem**. A embalagem é certamente uma das expressividades mais importantes do produto/marca. É fundamental obter a mais detalhada informação possível sobre ela. Design, evolução no tempo, materiais de que é feita, rótulo, tipo de impressão, existência de diferentes tamanhos e apresentações (por exemplo, xarope, cápsulas e aerossol). Outra informação relevante diz respeito ao manuseio da embalagem nos diferentes momentos de contato com as pessoas. No ponto-de-venda, a embalagem é manipulada? De que forma? No momento do uso, como é manuseada? E no armazenamento? As respostas a essas questões podem auxiliar o processo criativo.
- **Preço**. O preço é, em algumas situações, determinante do perfil de público, de distribuição e também da comunicação. A estratégia de precificação bem como a elasticidade do preço são informações fundamentais para a boa consecução do planejamento publicitário. Se o preço for um impeditivo de compra, talvez seja preciso informar na campanha as facilidades de crédito, por exemplo.
- **Pontos fortes e fragilidades**. É fundamental que o profissional de planejamento tenha todas as informações sobre o produto, marca ou empresa, de modo a construir com objetividade o diagnóstico a respeito das forças e fragilidades do seu cliente. Sem essa clareza, a linha criativa pode, de alguma forma, tangenciar ou mesmo ir de encontro a um ponto já vulnerável.

- **Legislação específica**. As normatizações variam de setor para setor, sendo em alguns casos mais rígidas, como na indústria de cigarros e de bebidas destiladas, e em outras mais recomendatórias, como no caso de produtos para crianças.
- **Serviços agregados**. Muitas organizações se posicionam criativamente de acordo com os serviços que oferecem. O mapeamento e a avaliação desses serviços podem auxiliar o processo de planejamento e criação publicitária. Entrega domiciliar ou atendimento diferenciado são exemplos de serviços que podem ser adicionados a determinadas categorias de produtos e que têm a legitimidade de serem utilizados no processo criativo.

Marca

O item marca é relativamente complexo, mas por isso mesmo deve ter seu lugar de forma privilegiada no planejamento publicitário. A seguir apresentaremos alguns pontos importantes a serem considerados sobre a marca, mas recomendamos a leitura atenta do capítulo "Semiótica e gestão de marcas" no primeiro volume de *Hiperpublicidade* para maior aprofundamento.

- História e origem da marca
- Classificação da marca (toponímica, patronímica, contração, inventada etc.)
- Estratégia da marca (*umbrella brand*, individual ou mista)
- Extensão da marca (outros produtos que usam a marca)
- Expressividade da marca (nome, logotipo, cor, forma, embalagem, slogan, mascote etc.)
- Percepção do consumidor

  (Neste item pesquisas sobre imagem da marca auxiliam no entendimento de como os consumidores e demais públicos recebem as manifestações da identidade da marca.)
- Share of mind (lembrança)

Distribuição

Neste momento devem ser estudados todos os mecanismos utilizados desde a saída do processo produtivo até as mãos do consumidor. Itens fundamentais para o planejamento são:

- Tipo de distribuição
- Canais (incluindo comércio eletrônico, se for o caso)
- Volume de vendas por canal
- Conflitos de canais
- Ponto-de-venda (caracterização)
- Ações de merchandising

Histórico da comunicação

Para um bom planejamento, conhecer "tudo o que já foi feito" em comunicação é garantia de uma postura conseqüente. Assistir aos filmes e analisar os anúncios impressos são uma boa forma de imersão histórica. A partir daí é possível entender alguns pontos importantes, tais como:

- Construção da imagem
- Temas utilizados e resultados obtidos
- Estratégias de mídias e resultados
- Eventuais problemas

Estratégia de comunicação

- **Objetivos da comunicação.** Dizem respeito ao tipo de resposta que efetivamente se espera com a campanha publicitária. As respostas podem ser cognitivas, afetivas ou comportamentais, sem deixar de lado também a possibilidade de respostas múltiplas. A resposta cognitiva refere-se à tomada de consciência e ao conhecimento, geralmente indicada para novos produtos ou uma real inovação em produto já existente. A resposta afetiva pode ser gerar simpatia, preferência e até mesmo convicção a respeito do produto ou marca. A resposta comportamental diz respeito à ação, ou seja, à compra, adesão, voto etc.

- **Ações de comunicação por público.** Um produto e uma marca têm diferentes públicos, como o consumidor final propriamente dito, o *trade*, os influenciadores, entre outros. Cada público requer uma ação de comunicação específica. Assim, para vender mais é possível fazer uma campanha promocional para o consumidor final ou uma promoção com os vendedores do varejo, por exemplo.

Estratégia de criação

A estratégia de criação deve conter o conteúdo básico da comunicação. Geralmente é composta de:

- **Conceito.** Definir qual será o tema central, o argumento de venda, o benefício motivador e a promessa básica que deverá ser comunicada.
- **Justificativa.** Devem ser exploradas as razões de compra (*reason why*) do produto ou marca. Tanto as razões funcionais propriamente ditas quanto as emocionais e o "peso" com que devem estar.
- **Imagem desejada.** Qual é a imagem que se espera obter após a veiculação da campanha. Por exemplo: uma imagem de seriedade, uma imagem de irreverência, uma imagem de qualidade superior, compromisso social, tecnologia avançada etc.
- **Estilo.** É a diferenciação pelo fazer. Refere-se à marca que se pretende imprimir no processo criativo.
- **Descrição de cada peça.** Cabe neste momento um breve detalhamento de cada peça criativa com vistas a subsidiar os decisores.
- **Direção de arte.** Inclui a tipografia, o roteiro e as principais cenas, trilha sonora etc. É importante considerar o uso de direitos autorais, quando for o caso.

Estratégia de mídia

- **Objetivos.** Cabem aqui as considerações a respeito do que se espera de cada veículo. Um veículo impresso local não atende aos mesmos objetivos de um veículo massivo como a televisão, por exemplo. Cada objetivo traz em si a necessidade de um veículo para atendê-lo de maneira mais eficaz.
- **Período.** Em que momento deve ter início a campanha? Por quanto tempo deve permanecer? Essas são algumas das perguntas que merecem respostas nesse momento do planejamento. A esse respeito deve-se ter em mente ainda a sazonalidade dos veículos, o calendário promocional, a eficiência da distribuição.
- **Cobertura geográfica e de público.** Ao escolher o veículo é fundamental obter informações a respeito da cobertura geográfica e de público, que muitas vezes é fornecida por faixas etárias, níveis de instrução formal, nível socioeconômico, entre outras possibilidades.
- **Freqüência.** Aqui deve ser estabelecida a freqüência da campanha nas diferentes mídias. São informações que darão o direcionamento e a eficiência da redundância publicitária.
- **Continuidade.** Neste ponto devem ser consideradas as necessidades de inserções que permitam a continuidade vigorosa da campanha.
- **Pesquisa sobre hábitos de mídia.** Alguns veículos produzem estudos específicos sobre hábitos e atitudes. Há ainda os estudos acadêmicos, mas em geral essa informação é obtida por meio dos estudos Marplan. Atualmente quem produz esse estudo é o Instituto Ipsos Marplan, que fornece os resultados aos principais veículos de comunicação do país.
- **Seleção dos meios e formatos.** Escolher os meios em que será divulgada a campanha publicitária inclui também a decisão dos formatos pretendidos. Assim uma inserção em mídia audiovisual pode ser simplesmente propaganda tradicional ou merchandising ou ainda abertura de programas de grande audiência etc.

- **Programação por veículos.** É importante conhecer detalhadamente a programação geral dos meios selecionados para veicular a campanha.

Promoção

A respeito deste item, recomendamos a leitura do capítulo 16, "Promoção de vendas: a teoria da prática", no volume 1 de *Hiperpublicidade*. Ainda assim, seguem alguns itens fundamentais para o planejamento:

- Tema
- Objetivos
- Públicos envolvidos
- Prêmios
- Peças
- Assessoria de imprensa

Verba necessária

O investimento em publicidade é, em muitas organizações, entendido como parte do custo do produto ou serviço e, nesse sentido, a determinação vincula-se ao faturamento, ou seja, às vendas.

Fatores como margem de lucro, classe social dos públicos-alvo, objetivos de propaganda, tipo de organização, participação de mercado, estágio do CVP (ciclo de vida do produto), concorrência etc. são influenciadores e, em muitos casos, determinantes de investimentos publicitários.

As bases mais cotidianas de determinação da verba publicitária levam em conta um percentual sobre o faturamento do ano anterior, acrescido da necessidade de gastos decorrentes de ocasiões especiais, tais como lançamento de novos produtos e marcas, aniversário da empresa/marca no país, aniversário da fundação da matriz, rejuvenescimento da identidade visual, eventos promocionais, entre outras.

Avaliação da campanha publicitária

A publicidade é um importante instrumento de comunicação de massa na pós-modernidade. Como vimos, inúmeras são as possibilidades de objetivos que uma instituição, produto, país ou pessoa tem ao se lançar em uma campanha publicitária. Muitas vezes o objetivo é informar a respeito de um produto ou serviço; em outras, o objetivo é construir uma imagem favorável ou, de maneira mais direta, vender mais.

Dificilmente é possível isolar com precisão uma ação publicitária de modo que consigamos medir sua eficiência isoladamente. Cada vez mais estamos expostos a inúmeras mensagens e experiências incontroláveis em grande parte.

Assim, a avaliação de uma ação publicitária não é padronizada. Ela deve considerar os objetivos iniciais e a sua consecução ou não.

Sob a perspectiva da avaliação é recomendável fazer o pré-teste. Trata-se ainda da fase de preparação da campanha. É recomendável como auxiliar na validação das idéias, temas, conceitos. É possível ainda realizar o pré-teste com o anúncio ou campanha já prontos e, nesse sentido, é um meio auxiliar na determinação da adequação dos anúncios aos objetivos da comunicação.

Os mecanismos de pós-teste também podem ser empregados e têm como objetivo obter informações a respeito da recepção do anúncio ou campanha. Essa recepção pode ser avaliada por meio da lembrança da marca ou produto, notoriedade da marca, ampliação das vendas, mudanças de atitudes e hábitos de compra, entre outras.

Anexos

Nos anexos devem constar tanto todas as peças discriminadas, como a programação de mídia e os layouts e demais informações importantes para a campanha e para a decisão dos clientes.

Bibliografia

BELCH, G.; BELCH, M. *Advertising and promotion.* Nova York: McGraw-Hill, 1997.

BORDENAVE, J. D.; CARVALHO, H. M. de. *Comunicação e planejamento.* Rio de Janeiro: Paz e Terra, 1979.

BROCHAND, B.; LENDREVUE, J. et al. *Publicitor.* Lisboa: Dom Quixote, 1999.

CORREA, R. *Planejamento de propaganda.* São Paulo: Global, 2002.

JOUVE, M. *La communication publicitaire. Approche stratégique, exercices d'application.* Paris: Bréal, 1991.

MARCENAC, L.; MILON, A.; SAINT-MICHEL, S.-H. *Strategies publicitaires. De l'étude marketing au choix des médias.* Paris: Bréal, 1991.

O'GUINN, T.; ALLEN, C.; SEMENIK, R. *Advertising.* Cincinnati: South-Western College, 2000.

PREDEBON, J. (org.). *Propaganda: profissionais ensinam como se faz.* São Paulo: Atlas, 2000.

QUINTERO, A. P. *História da propaganda.* Lisboa: Planeta, 1990.

RIBEIRO, J. et al. *Tudo que você queria saber sobre propaganda e ninguém teve paciência para explicar.* São Paulo: Atlas, 1995.

SANTANNA, A. *Propaganda: teoria, técnica e prática.* São Paulo: Pioneira, 1990.

STEEL, J. *A arte do planejamento.* Rio de Janeiro: Elsevier/Campus, 2006.

3

Pesquisa de mercado

Clotilde Perez*
Jôse Fogaça**
Raquel Siqueira***

Parte 1 – Pesquisa quantitativa

Sobre pesquisa de mercado

Antes de entender o significado e a aplicação da pesquisa quantitativa, é necessário conhecer, de uma forma mais ampla, o conceito e o contexto que permeiam a pesquisa de mercado.

A pesquisa de mercado está inserida no âmbito da pesquisa de marketing, que, segundo a American Marketing Association:

> É a função que liga o consumidor, o cliente e o público ao marketing através da informação – informação usada para identificar e definir as oportunidades e problemas de marketing, gerar, refinar e avaliar a ação de marketing; monitorar o desempenho de marketing e aperfeiçoar o en-

* Livre-docente em Ciências da Comunicação pela ECA-USP. Doutora em Comunicação e Semiótica e mestre em Administração de Marketing pela PUC-SP. Professora da ECA-USP e da PUC-SP.
** Mestre em Sociologia pela Universidade Estadual de Campinas – Unicamp. Cientista Social pela Universidade de São Paulo – USP. Professora do curso de Pesquisa de Mercado em Comunicações da ECA-USP. Pesquisadora e gerente de pesquisa do Instituto Ipsos.
*** Pós-graduada em Marketing. Publicitária pela Faap. Professora do curso de Pesquisa de Mercado em Comunicações da ECA-USP. Diretora de Gestão do Conhecimento do Instituto Ipsos.

tendimento de marketing como um processo. Pesquisa de marketing especifica a informação necessária destinada a estes fins; projeta o método para coletar informações; gerencia e implementa o processo de coleta de dados; analisa os resultados e comunica os achados e suas implicações. (American Marketing Association, 1998 *apud* Mattar, 1999, p. 42)

A pesquisa de marketing também faz parte de um sistema mais amplo, o sistema de informações de marketing, que, por sua vez, monitora sistemática e continuamente os resultados da empresa e o ambiente externo, bem como coleta, trata e dissemina dados e informações relevantes e que suportam decisões de marketing, conforme ilustra a figura a seguir.

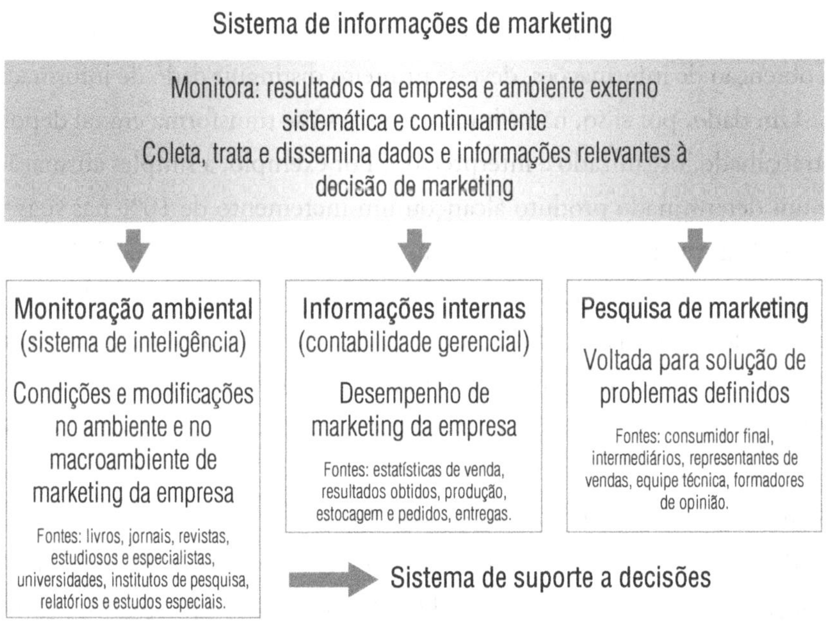

Figura 3.1 Sistema de informações de marketing.

Como se vê, a pesquisa de mercado faz parte de um amplo sistema que tem por base a *informação*, que serve para monitorar resultados, avaliar as estratégias e as ações e municiar o marketing para a tomada de decisões. O que encerra a amplitude da pesquisa de mercado dentro desse vasto campo de informação é o fato de ela ter seu foco *no consumidor e no produto*.

A pesquisa de mercado busca desenvolver, obter e analisar informações que compreendam, traduzam e explicitem as necessidades e expectativas dos consumidores em relação a produtos e serviços. Mais do que isso: a pesquisa de mercado tal como é realizada atualmente busca principalmente *antecipar* essas necessidades e expectativas.

Essa busca por não só compreender, mas também antecipar as necessidades e expectativas dos consumidores, ocorre ao mesmo tempo que toma corpo a discussão mais recente, em relação à democratização do acesso à informação – as informações estão disponíveis em diversos meios e igualmente a todos que queiram buscá-las –, e também com o estabelecimento de novos paradigmas que vinculam a pesquisa de mercado à obtenção de *conhecimento de marketing*.

Para entender a discussão sobre a democratização de informações e, conseqüentemente, o papel atual da pesquisa de mercado na teia de fontes possíveis para a obtenção de informações, deve-se primeiro distinguir dado de informação.

Um dado, por si só, não é informação, e só se transforma em tal depois de ser trabalhado, organizado e interpretado. Por exemplo, a simples afirmação de que um determinado produto alcançou um incremento de 10% nas suas vendas no último trimestre é somente um dado. O que ele significa? À primeira vista parece ser um resultado de mercado bastante favorável e sem dúvida todo aumento de vendas já o é. Entretanto, se esse dado é trabalhado e interpretado segundo o contexto do qual foi retirado, é possível descobrir que esse crescimento não é nada satisfatório, uma vez que houve uma elevação nas vendas de toda a categoria da ordem de 35%, e que, portanto, há outra(s) marca(s) com crescimento muito acima do seu. Isso já é uma informação.

Por meio desse exemplo tem-se claro que pesquisa de mercado não pode se restringir a levantamento de dados. Porém, tampouco a pesquisa de mercado se restringe à obtenção de informações (dados organizados), pois também estas precisam ser trabalhadas para se tornarem *conhecimento*; é preciso identificar correlações que determinem o sentido da informação, analisá-las e contextualizá-las, e somente então se terá a matéria-prima para dar o suporte necessário para a tomada de decisão.

Continuando com o exemplo anterior, vamos considerar que a informação de que o concorrente está levando a maior fatia de crescimento do mercado não esgota ou não é suficiente para uma investigação de mercado razoável, uma vez que esta deveria apresentar um panorama muito mais amplo e complexo, no qual se revelem as causas do crescimento do mercado, as razões da superioridade de performance de vendas de determinada marca e as fraquezas das demais, além das oportunidades existentes.

No âmbito do novo paradigma e levando-se em consideração o escopo de cada estudo, esse é o objetivo da pesquisa de mercado atual: produzir conhecimento para a tomada de decisão, dar recomendações para a ação.

Nesse sentido, é importante pensar em todo o processo de pesquisa – planejamento, coleta de dados e análise – não como um fim em si mesmo, mas como ferramenta para a produção de conhecimento, uma vez que, no contexto descrito anteriormente, o papel do profissional de pesquisa de mercado deve ir muito além da entrega dos resultados de pesquisa: deve incluir a discussão desses resultados, bem como recomendações, sugestões e pensamento estratégico que traduzam informação em ação.

Se, por um lado, a pesquisa de mercado traz hoje novas atribuições ao pesquisador, na mesma medida em que traz inovações técnicas e metodológicas para a coleta e tratamento de dados, por outro, não pode abrir mão dos princípios que norteiam e embasam sua atividade.

Embora voltada para a resolução de questões práticas de problemas mercadológicos e não para interesses científicos e intelectuais, a pesquisa de mercado não pode prescindir de seus fundamentos teóricos, sob o risco de sofrer uma interferência perigosa de valores pessoais e se restringir a eles, realizando um trabalho bastante limitado.

Assim como a pesquisa científica pura, a pesquisa de mercado tem seus pilares construídos com base em princípios gerais que se aplicam a muitos problemas práticos, a partir de métodos científicos baseados nas ciências sociais, e não pode prescindir desse referencial teórico para sua realização e desenvolvimento.

Na definição de Nogueira (1968, p. 73), o método científico "é a sucessão de passos pelos quais se descobrem novas relações entre fenômenos que interessam a um determinado ramo científico ou aspectos ainda não revelados de um determinado fenômeno" e, sendo fundamentalmente o mesmo para todas as ciências, consiste em:

1. Formular questões ou propor problemas

    - Levantar o tema, conhecer o "estado da arte".
    - Definir o problema, torná-lo concreto e explícito.
    - Definir questão específica de pesquisa a ser investigada com os recursos disponíveis.

2. Efetuar observações (controladas)

    - Fenômenos a serem estudados são provocados ou produzidos pelo investigador.
    - Condições especiais são providenciadas para favorecer a pesquisa.
    - Condições desnecessárias são eliminadas.
    - Condições que se desejam manter constantes são fixadas.
    - Variam-se as condições cujo efeito se pretende medir.

3. Registrar tão cuidadosamente quanto possível as observações feitas, com o fim de responder às perguntas formuladas ou resolver os problemas propostos

    - *Classificação*: quais as relações entre os fatos observados e qual o significado deles.
    - *Formulação de hipóteses*: é a suspeita de uma relação ou a explicação provisória de uma relação já constatada. A função da hipótese é dirigir as buscas para uma seqüência de fatos.

4. Rever conclusões, idéias e opiniões anteriores que estejam em desacordo com as observações resultantes

    - *Generalização*: consiste em estender as conclusões obtidas a todos os casos que envolvam condições similares.
    - *Previsão*: consiste em antecipar que, dadas certas condições, é de esperar que surjam certas relações.

Como se disse, o método científico é basicamente o mesmo para todas as ciências e deve contar com os passos mencionados para alcançar a generalização e a previsão[1] Porém, para cada ciência são necessárias adaptações do método, dada a especificidade de cada uma.

No caso das ciências sociais, tal especificidade diz respeito ao seu objeto de estudo, que não é passível de um controle tão eficaz quanto o das outras ciências (como a física ou a biologia), pois conta com liberdade de ação: o ser humano modifica-se, transforma-se, inclusive a partir do momento em que se vê observado, e por isso foram desenvolvidos meios e métodos próprios para a investigação em ciências sociais, sendo os mais utilizados:

- *Método monográfico*: levantamento dos vários aspectos que se deseja conhecer para obter uma visão global e funcional sobre uma instituição, um grupo, uma sociedade.
- *Método histórico-comparativo*: tem a história como fonte de informação e método de análise e de explicação para apreender os fatos sociais na sua transformação, no que eles têm de mutável.
- *Método estatístico*: além de um meio de descrição, é também um meio de análise, experimentação e prova, principalmente se for necessário medir o grau de correlação entre dois fenômenos, obter uma representação quantitativa de características variáveis e avaliar o grau de representatividade de uma amostra em relação a uma população maior.
- *Método etnográfico*: de forma geral, consiste no estudo comparativo entre sociedades mais e menos complexas.

Essas diferentes perspectivas metodológicas, com exceção do método histórico-comparativo (que faz uso principalmente de documentos e da observação indireta), empregam recursos imediatos para o levantamento e registro de dados, ou seja, utilizam técnicas de pesquisa como as que seguem (ver Nogueira, 1968).

---

[1] Sobre o método científico, ver também Goode e Hatt (1977).

- entrevista;
- questionário;
- formulário;
- história de vida;
- observação;
- testes;
- inventários.

Vê-se, então, que a pesquisa de mercado segue os pressupostos da pesquisa científica, além de ter como base o método científico das ciências sociais e, sobretudo, fazer uso de técnicas da pesquisa científica, havendo métodos e técnicas mais conhecidos e mais comumente utilizados que outros, como é o caso do método estatístico e do uso do questionário para a coleta de dados.

Porém, a definição do método e da técnica depende do tipo de pesquisa a ser realizada, dos objetivos e interesses práticos a que a pesquisa se propõe, e é sobre esse assunto que tratarão os próximos itens.

Tipos de pesquisa

Em toda a literatura dedicada ao tema encontram-se diversas formas de classificar os tipos de pesquisa de mercado. Entre essas formas destacam-se as seguintes, organizadas de acordo com Mattar (1999):

Classificação segundo a *natureza das variáveis pesquisadas*:

- para identificar a presença ou ausência de algo, de um fenômeno (pesquisa qualitativa);
- para medir o grau em que algo está presente (pesquisa quantitativa).

Classificação segundo a *natureza do relacionamento entre duas variáveis*:

- para descrever situações ou fenômenos (respondendo às perguntas: quem?, o quê?, quanto?, quando?, onde? e como? – pesquisa descritiva);
- para entender a relação de causalidade (respondendo ao por quê? – pesquisa causal).

Classificação segundo o *objetivo e grau em que o problema de pesquisa está cristalizado*:

- pouco ou nada estruturada (pesquisa exploratória);
- estruturada em procedimentos, questões e hipóteses bem definidas (pesquisa conclusiva).

Classificação segundo a *forma utilizada para a coleta de dados primários*:

- comunicação (utilização de entrevistas);
- declaração (utilização de questionário);
- observação.

Classificação segundo a *amplitude ou profundidade do estudo*:

- estudo profundo (estudo de caso);
- estudo amplo (levantamentos ou estudos de campo).

Classificação segundo a *dimensão no tempo*:

- realizados uma única vez (estudos ocasionais);
- realizados várias vezes, periodicamente repetidos (estudos evolutivos – transversais e longitudinais).

Classificação segundo a *possibilidade de controle sobre as variáveis em estudo*:

- experimento em laboratório;
- pesquisa experimental em campo.

Classificação segundo o *ambiente de pesquisa*:

- condições ambientais reais;
- condições artificiais;
- condições simuladas.

Para uma completa classificação, todas as variáveis citadas deveriam ser levadas em consideração. Porém, na impossibilidade de trabalhar com tal número de características, há certo consenso entre os autores da área de que a combinação da classificação segundo a natureza do relacionamento entre duas variáveis e da classificação segundo o objetivo e o grau em que o problema de pesquisa está cristalizado possibilita uma razoável compreensão dos estudos de mercado realizados atualmente (ver Malhotra, 2001; Aaker et al., 2001; e Mattar, 1999). Também se recorrerá aqui a tal combinação de classificações.

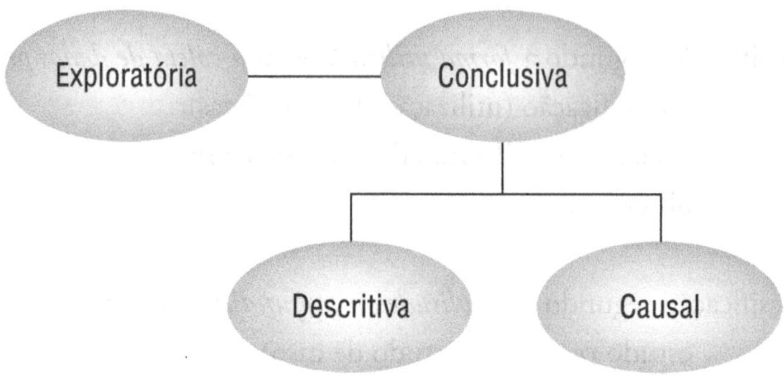

Figura 3.2 Pesquisa exploratória conclusiva.

Pesquisa exploratória

A pesquisa do tipo exploratório é, em geral, considerada o primeiro passo para uma investigação mais ampla. Visa principalmente formular hipóteses (e não verificá-las), familiarizar o pesquisador com o fenômeno que deseja investigar, esclarecer conceitos, estabelecer prioridades para pesquisas posteriores, colher informações sobre possibilidades práticas para realizar pesquisas em ambientes da vida real, formular um problema para investigação mais exata, fornecer um recenseamento de problemas considerados urgentes por um determinado público (Selltiz, 1975).

O método utilizado para a realização de pesquisas exploratórias é baseado principalmente na combinação de três elementos fundamentais: o retrospecto da *literatura* pertinente, o recenseamento de pessoas que tiveram *experiências práticas* com o problema a ser estudado e a análise dos *exemplos.*

Em termos práticos, pensando estritamente em pesquisa de mercado, pode-se dizer que pesquisas exploratórias são baseadas principalmente em *desk researchs* (retrospecto da literatura) e em estudos do tipo qualitativo.

A *desk research* ou retrospecto da literatura consiste em rever trabalhos realizados por outros para ter uma base para o empreendimento, para o estudo atual. Essa busca deve ser bastante ampla, transpondo a bibliografia e o rol de estudos da área de interesse.

São comumente usados em *desk researchs* para pesquisa de mercado tanto dados internos (da própria empresa que realiza o estudo) como dados externos, oficiais ou comerciais.

Os dados internos são faturas, relatórios de vendedores, informações do atendimento ao consumidor. Já os dados externos podem ser divididos em:

- *Publicados*: fontes estatísticas (por exemplo, IBGE), registros financeiros, periódicos diversos.
- *Comerciais*: dados de painéis (por exemplo, Ibope), auditoria de varejo (por exemplo, Nielsen), dados de hábitos de uso de mídia (por exemplo, Marplan), dados de associações ou sindicatos.

Além destes, são também utilizados estudos anteriormente realizados pela própria empresa ou por institutos de pesquisa especializados que abordem temas afins.

Embora em teoria uma pesquisa exploratória possa ser realizada com amostras grandes e representativas, na prática, dada a dificuldade de seleção de pessoas que tiveram experiências específicas e possam ser submetidas à análise de exemplos, esse tipo de estudo se restringe, em geral, à abordagem qualitativa que, em pesquisa de mercado, se destina tanto a obter *insights* iniciais e formular hipóteses como a compreender motivações do comportamento do consumidor. Esse tipo de estudo será abordado em profundidade na segunda parte deste capítulo.

Pesquisa conclusiva

Ao contrário do que ocorre com a pesquisa exploratória, espera-se da pesquisa conclusiva um nível muito alto de assertividade, bem como que seus resultados possam fundamentar a tomada de decisões com muita segurança.

Para tanto, pesquisas conclusivas são comumente baseadas em amostras grandes e representativas. Entra-se, enfim, no reino da pesquisa quantitativa, que se verá a seguir de forma detalhada, dividida em pesquisa descritiva e causal.

Pesquisa descritiva

Como já se disse, a pesquisa descritiva tem por finalidade descrever características, situações ou fenômenos, sejam estes:

Características dos grupos/indivíduos:

- *Perfil do consumidor*: sexo, faixa etária, nível educacional, nível socioeconômico, localização.

Opiniões, atitudes e comportamentos:

- Quantos costumam comprar determinado produto/consumir o produto de determinada maneira?
- Quantos acreditam que o uso de determinado produto está relacionado a hábitos de vida saudável?
- Quantos assistiram ao programa/viram a propaganda?

Prognósticos específicos:

- Quantos comprarão determinado produto, se lançado?

Associações entre determinadas variáveis:

- As pessoas que lêem mais freqüentam mais o cinema?
- Mulheres mais novas compram mais produtos cosméticos?

Em termos de questões específicas de mercado, esse tipo de pesquisa descreve o tamanho de determinado mercado, o poder de compra e o perfil dos consumidores; segmenta os consumidores de acordo com perfis atitudinais ou comportamentais; determina as percepções dos consumidores em relação à empresa e seus produtos (imagem); descreve hábitos de consumo de mídia e perfis de audiência.

Na pesquisa descritiva há clara formulação sobre o que e quem vai ser avaliado, bem como acerca das técnicas que serão utilizadas. Ou seja, para a realização de uma pesquisa descritiva é necessário existir um conhecimento prévio sobre o tema em questão, bem como hipóteses a serem testadas e perguntas a serem respondidas. Por isso diz-se que uma pesquisa descritiva é bem estruturada, pois há um planejamento prévio de a quais informações específicas e a que tipo de conhecimento se pretende chegar ao final.

No planejamento da pesquisa descritiva devem-se definir os seguintes pontos:

Por quê

Por que está sendo realizado o estudo?

Deve-se ter claros qual o objetivo principal do estudo e as ações que decorrerão dele. Por exemplo:

- Identificar a imagem das marcas e definir os principais elementos que devem constar da comunicação da marca.
- Definir a veiculação de propaganda: filme/peça está adequado(a) ao público-alvo? Está transmitindo os atributos importantes para a categoria, para a marca?

Quem

Quem deve ser considerado consumidor-alvo do estudo?

- Todos os consumidores de determinada categoria ou somente os *heavy users*, somente os mais antigos, somente os mais fiéis, somente quem viu a propaganda nos meios de comunicação?
- Quais os critérios para definir o consumidor-alvo: por exemplo, serão considerados *heavy users* da categoria aqueles que compraram o produto em oito das últimas dez compras; serão considerados fiéis aqueles que compraram a mesma marca nas últimas três compras da categoria etc.

O quê

Quais informações devem ser obtidas do entrevistado?

- Com base nos objetivos do estudo deve-se estabelecer um rol de perguntas para a obtenção das informações necessárias: avaliação de atributos específicos de determinado produto, avaliação de embalagem, de propaganda, de atributos de imagem, hábitos de compra e uso da categoria em questão, hábitos de consumo de mídia, além de dados demográficos, socioeconômicos e atitudinais que servirão de base para identificar possíveis correlações entre perfil, comportamento e opinião.

Quando

Quando as informações devem ser coletadas?

- Imediatamente após a compra (flagrante de compra), após o uso de determinado produto (avaliação de produto após uso – teste de uso), após a exposição a determinada publicidade (pré ou pós-teste de propaganda)?

Onde

Onde os entrevistados serão contatados?

- Em casa (pesquisas porta a porta).
- Em um local preparado para a pesquisa (pesquisas em *central location*).
- No ponto-de-venda (para flagrante de compra e observação de compra).
- Em pontos de fluxo (*intercept*).

Como

Como os entrevistados serão abordados e quais instrumentos de coleta serão utilizados?

- Entrevistas pessoais com utilização de roteiro/questionário.
- Entrevistas por telefone com utilização de roteiro/questionário.
- Preenchimento de formulários.
- Observação do comportamento do consumidor.
- Demonstração de produto/propaganda.
- Uma ou mais sessões de entrevista (uma entrevista antes do uso do produto/antes da exposição da publicidade para definição do perfil e dos hábitos/depois para avaliação do produto/publicidade).

Malhotra (2001) chama os referidos itens de "os seis fatores" e os descreveu como mencionado para nortear o planejamento de estudos de mercado. Entretanto, assim como são utilizados para o planejamento dos estudos, os "seis fatores" também são comumente usados para definir as áreas de abordagem de uma determinada pesquisa, ou seja, para definir o conteúdo do item "o quê", descrito anteriormente. Por exemplo, para um estudo que vise descrever o perfil do consumidor de determinada categoria, as perguntas que serão feitas na coleta de dados devem pontuar:

- **Quem** é o comprador/consumidor da categoria: sexo, idade, estado civil, nível socioeconômico etc.
- **O que** ele compra/consome: que produtos da categoria e de outras categorias costuma comprar? O que costuma consumir antes, junto, depois de consumir o produto da categoria em estudo?
- **Onde** compra/consome: compra no super/hipermercado, em lojas de conveniência? Consome em casa ou fora de casa?
- **Quando** compra/consome: diariamente, mensalmente, em determinado período do dia ou em determinado dia da semana, somente em ocasiões especiais, quando está trabalhando, quando está se divertindo?
- **Por que** compra/consome: para nutrir ou para divertir? Quais os benefícios oferecidos/buscados/encontrados?
- **Como** compra/consome: compra por impulso ou é compra planejada? Quais as formas de uso/preparo?

A estruturação de uma pesquisa descritiva, porém, vai além desse breve roteiro: ela trata também do tipo de amostra a ser empregado, do número de tomadas (ondas) e da rígida padronização dos instrumentos de coleta de dados.

Figura 3.3 Caracterização da pesquisa descritiva.

Tipos de pesquisa descritiva

Há duas formas de classificação da pesquisa descritiva: segundo a amplitude da amostra estabelecida para o estudo e conforme o número de tomadas (ou ondas) de coleta de dados.

Com relação à amostra,[2] a pesquisa descritiva pode ser um levantamento de campo ou um estudo de campo (Mattar, 1999).

A pesquisa é considerada um levantamento de campo se objetiva ter dados representativos da população de interesse, enfatizando a geração de sumários estatísticos (médias, modas, variâncias, porcentagens), e, para tanto, conta com uma seleção amostral com base em plano probabilístico[3] para minimizar o erro nas estatísticas. São estudos muito amplos e que têm nessa amplitude sua característica mais forte, muitas vezes em detrimento da sua profundidade.

Ou seja, um levantamento de campo deve ser realizado com base em um planejamento amostral que garanta a representatividade do universo a ser estudado com confiança estatística, o que remete invariavelmente a amostras grandes. Isso vai possibilitar a generalização dos resultados a todo o universo, o que, em geral, é o objetivo dos estudos quantitativos para a tomada de decisões com segurança.

Se, por um lado, levantamentos de campo são estudos bastante amplos, por outro, os estudos de campo prezam primeiro a profundidade da informação, investigando, em geral, um universo já relativamente conhecido (que já mereceu um levantamento de campo e, portanto, do qual já se tem a descrição de suas características). Podem, assim, utilizar uma amostra menos robusta, controlada de acordo com o perfil da população-alvo.[4] Nesse caso, a ênfase do estudo está na busca de correlações entre variáveis ou características e no levantamento de hipóteses.

---

[2] Entende-se por amostra um subgrupo dos elementos da população selecionado para a participação no estudo.

[3] Uma amostra probabilística é aquela caracterizada pelo conhecimento da probabilidade de que cada elemento da população pode ser selecionado para fazer parte da amostra, ou seja, cada elemento da população tem uma chance fixa de ser incluído na amostra.

[4] Nesses casos costuma-se utilizar amostra por cotas, uma técnica de amostragem não probabilística em dois estágios: primeiro determinam-se as categorias e cotas de controle dos elementos da amostra (por exemplo, sexo, idade e classe segundo o perfil do consumidor) e, em seguida, selecionam-se elementos que se enquadram em tal definição. A composição final da amostra deve ter o mesmo perfil encontrado no universo de interesse.

Pode-se tomar como exemplo desses dois tipos de pesquisa descritiva a necessidade de conhecer o perfil do consumidor de determinado produto e de levantar o melhor horário para veicular a propaganda de tal produto na tevê.

Para alcançar o primeiro objetivo (conhecer o perfil do consumidor de determinado produto) deve-se, sem dúvida, ter como base uma amostra probabilística, o que vai possibilitar a generalização dos resultados para todos os consumidores do produto em questão. Já para o segundo objetivo (o melhor horário para veicular uma propaganda do produto na tevê) pode-se partir de uma amostra por cotas, que expresse o perfil encontrado no estudo probabilístico.

A segunda maneira de classificar pesquisas descritivas diz respeito ao seu número de tomadas (ou de ondas), determinando se um estudo é ocasional ou evolutivo, transversal ou longitudinal (ver Mattar, 1999; Malhotra, 2001; e Aaker, 2001).

São estudos ocasionais os que são realizados uma única vez (uma única tomada ou onda), por meio dos quais se tem um retrato da população escolhida para responder a um determinado objetivo. É assim que acontece em estudos como o do exemplo anterior, em que se pretende obter o perfil dos consumidores de determinado produto. É assim também para os estudos de imagem de marcas ou qualquer outro que vise investigar uma situação em um momento determinado.

Já os estudos evolutivos baseiam-se na coleta de dados periódicos das mesmas variáveis, para que se percebam alterações ou variações nas respostas no decorrer do tempo. Nesse caso, a população (universo de interesse) pesquisada deve ser sempre a mesma, porém a amostra dessa população tomada para o estudo pode ser composta das mesmas pessoas em todas as tomadas ou de pessoas diferentes, com o mesmo perfil, em cada onda.

No caso de a amostra ser composta das mesmas pessoas em todas as tomadas ou ondas do estudo, trata-se de *pesquisa longitudinal*, conhecida como pesquisa do tipo painel, que visa principalmente fornecer informações periódicas e suas variações no tempo a respeito de compras, vendas, preços, perfil demográfico de consumidores e índices de audiência. No caso de a amostra ser composta por pessoas diferentes, trata-se de *pesquisa transversal*.

Na classificação estabelecida por Malhotra (2001), o que distingue o tipo de pesquisa não é propriamente a evolução no tempo, mas se a coleta de dados é feita de uma única ou de diferentes amostras. Assim, pesquisa ocasional é considerada pesquisa transversal da mesma forma que a pesquisa evolutiva com amostra composta por diferentes pessoas. Na figura a seguir podem-se observar as duas formas de classificação.

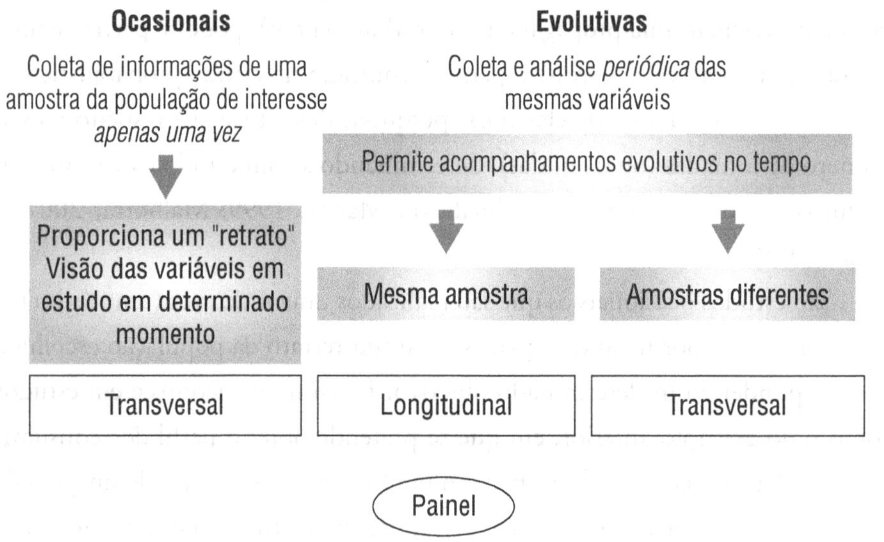

Figura 3.4 Classificações possíveis.

Pesquisa causal

Viu-se que a pesquisa descritiva pode relacionar duas variáveis, mostrando, por exemplo, que determinado produto é mais consumido por pessoas de nível socioeconômico mais alto. Entretanto, a pesquisa descritiva não possibilita, por exemplo, estabelecer uma relação de causa e efeito entre duas variáveis se a alteração da organização da prateleira do ponto-de-venda vai aumentar a visibilidade e, conseqüentemente, a venda de determinado produto.

Parte-se, então, para a realização de uma pesquisa causal a partir de hipóteses levantadas a respeito de uma determinada relação entre fenômenos.

Por exemplo, o que causou o aumento das vendas do produto X no último mês?

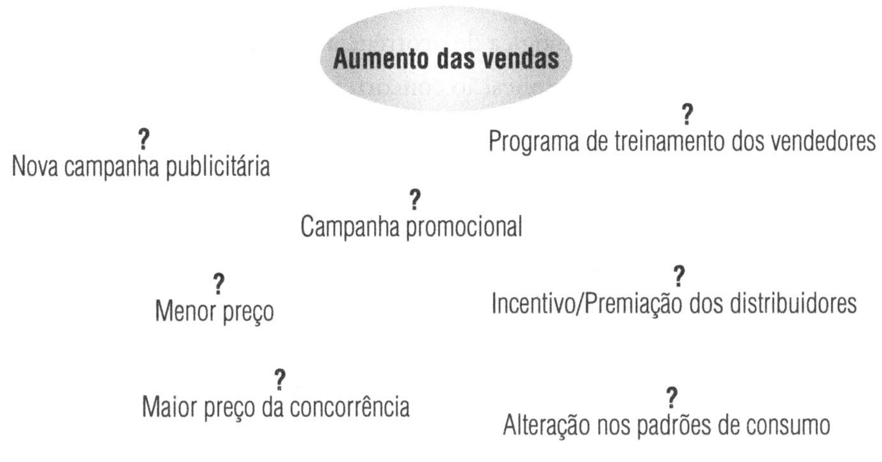

Figura 3.5 Variáveis condicionantes do aumento das vendas.

A pesquisa causal tem por principal objetivo conhecer a causa para determinado efeito, ou seja, determinar quais variáveis são a causa (variáveis independentes) e quais são o efeito (variáveis dependentes), verificando como se dá a relação entre ambas.

Entretanto, para determinar essa relação de causalidade, não basta observar a existência de correlação entre duas variáveis; é preciso recorrer a experimentações que possibilitarão *inferir* sobre a causalidade.

O conceito de causalidade utilizado em pesquisa de mercado é distinto do proferido pelo senso comum. Neste, em geral, entende-se que para a produção de um determinado efeito há uma única causa possível. O conceito de causalidade em pesquisa científica e, portanto, que está na base da pesquisa de mercado fundamenta-se na constatação de que a *probabilidade de ocorrência* de Y (certo efeito) aumenta quando há a ocorrência de X (uma causa). Essa definição é bem mais complexa que a do senso comum, pois um efeito pode ser causado por múltiplas variáveis e dificilmente se resume a uma única causa. É complexo também porque é muito difícil provar a relação de causalidade entre duas variáveis, cabendo ao pesquisador apenas inferir a existência dessa relação.

Para inferir a existência de uma relação de causalidade é preciso satisfazer três critérios ou condições:

- Variação concomitante.
- Ordem cronológica de ocorrência das variáveis.
- Ausência de explicação concorrente.

A *variação concomitante* diz respeito à variação conjunta entre uma possível causa e um efeito, segundo uma hipótese previamente colocada.

Por exemplo, pode-se verificar que há variação concomitante entre a variável freqüência de execução do comercial do produto na televisão e a sua participação no mercado, conforme ilustra o exemplo a seguir.

Exemplo 1 – *Share de volume*		
	Freqüência do comercial na TV	
	Uma execução ao dia	Quatro execuções ao dia
Produto A	-	34%
Produto B	15%	-
Produto C	21%	-
Produto D	-	31%

Mas será que essa constatação é suficiente para inferir causalidade? Será a freqüência da comunicação o único definidor da maior participação no mercado ou, por exemplo, o nível de preço também pode explicar essa performance?

A partir de diversos questionamentos e hipóteses devem-se fazer os exercícios para verificar a existência ou não de tantas variações concomitantes necessárias para o entendimento da relação causal. Entretanto, a constatação de variação concomitante nunca pode, por si só, determinar que haja relação de causalidade entre as duas variáveis, pois vários outros elementos podem contribuir para isso. A afirmação possível nesse caso é que a *não* constatação de variação concomitante determina com segurança que *não há* relação de causalidade entre as duas variáveis.

O segundo critério para inferência causal diz respeito à *ordem cronológica de ocorrência*: uma variável só pode ser a causa de outra se a anteceder no tempo ou caso ocorra simultaneamente a ela.

No exemplo anterior não se poderia afirmar que a freqüência da comunicação é a causa do maior share de volume se a propaganda tivesse ido ao ar após o estabelecimento de tal participação de mercado.

Trata-se de um passo bastante simples, mas, mesmo depois de cumprida essa condição, ainda não se pode afirmar que há inferência causal entre as duas variáveis. É preciso conhecer todas as outras possíveis explicações para constatar a *ausência de explicação concorrente*.

A eliminação de outros fatores que podem concorrer para o efeito é realizada com base na investigação de diversos fatores, definidos pelo conhecimento prévio do pesquisador como sendo aqueles que podem concorrer na explicação do fenômeno.

No exemplo citado apontamos duas possíveis causas para a elevada participação de mercado: freqüência de propaganda na tevê e preço. Porém, outros elementos também podem explicar tal performance e devem ser testados: qualidade do produto, diferencial de embalagem, promoções de ponto-de-venda, propaganda em meios especializados etc.

A verificação de que não há outras explicações possíveis para o efeito leva à indicação da probabilidade de a sua causa ser determinada variável. Veja-se que isso não quer dizer que a causalidade foi constatada, pois são diversas as possibilidades de correlação entre variáveis e somente a partir de constantes experimentos em que tais correlações são ou não verificadas é que se pode afirmar o estabelecimento da causalidade.

As relações de causalidade são inferidas, em geral, a partir de estudos do tipo experimental. Um *experimento* é um tipo de pesquisa em que uma ou mais variáveis independentes são manipuladas pelo pesquisador que vai medir o efeito destas sobre uma ou mais variáveis dependentes.

As variáveis independentes podem ser níveis de preço, tipos de embalagem, temas de propaganda ou a própria exposição à propaganda, entre outras.

Já as variáveis dependentes são as que medem o efeito, o resultado e, em geral, são relacionadas com lembrança de marca ou intenção de compra de produtos.

Por exemplo, manipulando-se o preço de determinado produto, qual é a variação ocorrida na intenção de compra (e, conseqüentemente, na participação de mercado)? Ou, outro exemplo, qual o impacto de determinada propaganda na lembrança de marca do produto e na consideração de compra?

Além desses dois tipos de variáveis há as chamadas variáveis estranhas, isto é, todas as demais variáveis independentes que podem afetar a variável dependente. Essas variáveis devem ser controladas pelo pesquisador.

Em resumo, em um experimento, o pesquisador *manipula as variáveis independentes, controla as variáveis estranhas* e *verifica os efeitos na variável dependente.*

Os experimentos podem ser desenhados de diversas maneiras, dependendo das necessidades levantadas e dos objetivos a que se destinam. Nos diversos desenhos possíveis, a principal variação diz respeito à maneira como serão verificados os efeitos na variável dependente: tal verificação se dará a partir da observação de um mesmo grupo antes e depois da manipulação da variável dependente ou em dois grupos distintos, um com as condições normais e outro com as condições alteradas?

Por exemplo: para medir a eficácia da publicidade na intenção de compra de determinado produto, pode-se tomar inicialmente de uma amostra A a intenção de compra de uma cesta de diversos produtos. Em seguida, expõe-se essa amostra A ao novo comercial do produto X e novamente toma-se a intenção de compra da mesma cesta de produtos. O resultado a ser observado é se houve alterações significativas na intenção de compra antes e depois da exposição ao comercial.

Entretanto, pode-se, para o mesmo resultado, trabalhar com dois grupos: um grupo formado pela amostra A, da qual se vai tomar a intenção de compra de uma cesta de diversos produtos, e um outro grupo formado pela amostra A1 (idêntica em perfil à amostra A), da qual igualmente se vai tomar a intenção de compra da cesta de produtos, porém, antes disso, toda essa amostra A1 será exposta ao comercial do produto X. O resultado a ser observado é se há diferenças significativas entre a intenção de compra das duas amostras.

No primeiro caso, temos um experimento do tipo *antes e depois sem grupo controle*; no segundo, temos um experimento do tipo *apenas depois com grupo controle.*

A escolha por um ou outro tipo de experimento (entre tantos outros, alguns relacionados no quadro a seguir) depende da especificidade de cada estudo e de cada mercado, além da disponibilidade de tempo e de investimento para a sua realização.

- Apenas depois sem grupo controle → × 0
- Antes-depois sem grupo controle → R 01 × 02
- Apenas depois com grupo controle → GE: R × 01
  GC: R 02
- Antes-depois com grupo controle → GE: R 01 × 02
  GC: R 03 × 04
- Série de tempo: → 01 02 03 04 05 × 06 07 08 09 010
- Série de tempo com grupo controle → GE: 01 02 03 04 05 06 07 08 09 010
  GC: 011 012 013 014 015 016 017 018 019 020

× = exposição à variável independente
0 = observação ou medida da variável dependente
R = indivíduos distribuídos de forma probalística
GE = grupo exposto ao tratamento experimental
GC = grupo não exposto ao tratamento experimental

Figura 3.6 Tipos de experimentos possíveis.

Há ainda outra característica dos experimentos que deve ser levada em consideração no planejamento de um estudo de cunho causal: podem ser realizados em um contexto artificial ou em condições mais reais de mercado.

No primeiro caso, são chamados experimentos de laboratório, em que o pesquisador constrói as condições desejadas para realizar o estudo. Nesse contexto, é possível ao pesquisador manipular e controlar variáveis, observar e medir os efeitos ocorridos. Com esse tipo de experimento, tem-se alta validade interna, ou seja, pode-se avaliar com segurança se a manipulação das variáveis independentes foi a causa real dos efeitos sobre a variável dependente.

No segundo caso, são os chamados experimentos de campo, desenvolvidos em condições efetivas de mercado, em situação real. Nesse caso, uma ou mais variáveis são controladas, porém não há controle total das demais variantes. Nesse tipo de experimento alcança-se alta validade externa, ou seja, podem-se generalizar os resultados obtidos para uma determinada população.

A escolha entre um experimento de laboratório e um experimento de campo também depende dos objetivos a que se pretende chegar. Em geral, para desenvolvimento de produtos, os experimentos de laboratório são mais utilizados nas etapas iniciais, especialmente nas fases de formulação, enquanto experimentos de campo são mais comumente empregados nas fases mais avançadas do processo de desenvolvimento.

Todos os tipos de pesquisa aqui colocados – exploratória, descritiva e causal – são comumente utilizados em pesquisa de mercado e quase sempre se sobrepõem. Uma pesquisa descritiva pode contar com perguntas de cunho exploratório, enquanto uma pesquisa causal costuma contar com blocos de investigação mais descritiva. Porém, de maneira geral, pode-se pensar no seguinte "funil" de investigação para esquematizar os diferentes papéis de cada tipo de estudo:

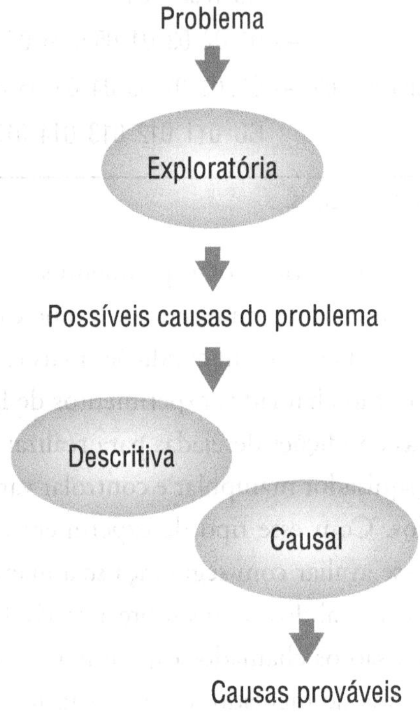

Figura 3.7 Funil de investigação.

Ferramentas específicas de pesquisa de mercado

No esquema representado na figura, vê-se que, no âmbito da pesquisa de mercado, a pesquisa exploratória está posicionada no início do processo de investigação, tendo por finalidade *explorar* novas idéias, a linguagem utilizada pelo consumidor, suas atitudes e comportamentos, bem como levantar hipóteses sobre o tema a ser estudado.

Já a pesquisa conclusiva – descritiva e causal – tem por propósito, em geral, *validar* – verificar a aceitação de uma nova idéia ou conceito, de um novo produto ou de uma propaganda – e *monitorar* – acompanhar de modo periódico e sistemático as vendas, o impacto de comunicação, o conhecimento e a lembrança de marcas ou propagandas.

Planejamento de marketing

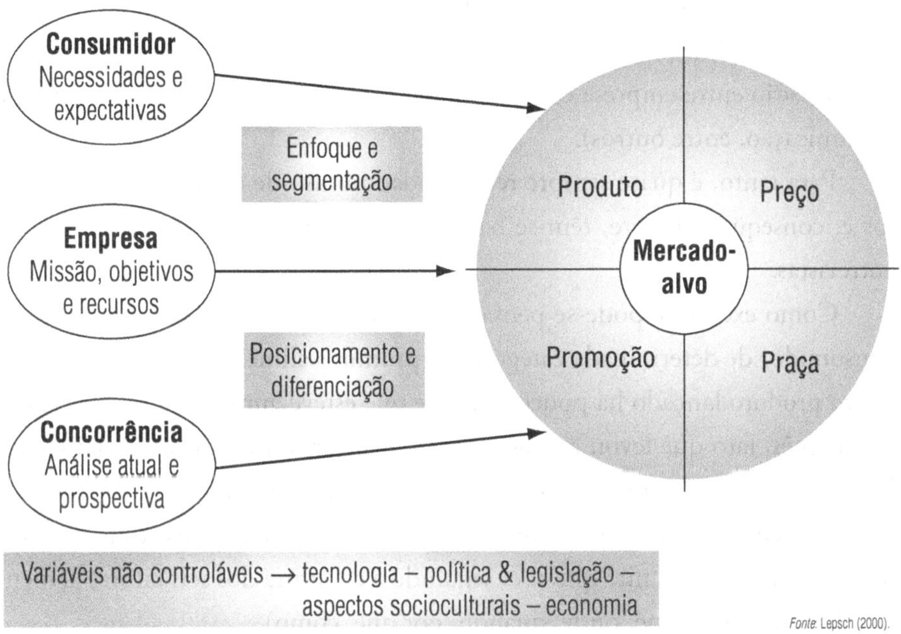

Fonte: Lepsch (2000).

Figura 3.8 Diagrama do planejamento.

A decisão por ferramentas específicas de pesquisa de mercado está relacionada ao ponto em que se está no planejamento de marketing. A figura anterior esquematiza, de forma simplificada, os focos do planejamento: o mercado-alvo, o consumidor, a empresa e a concorrência.

Foco no consumidor e na concorrência

Se o foco de atenção e as necessidades de conhecimento estão mais voltados para o consumidor de determinada categoria de produtos (ou serviços) e a concorrência, cabem aí estudos iniciais para conhecer o consumidor e sua relação com mercado e marcas, em forma de pesquisas exploratórias e descritivas e também de pesquisas de monitoramento do mercado e dos hábitos dos consumidores.

Um tipo de pesquisa comumente realizado com esse foco de interesse é a de hábitos e atitudes. De forma geral, esse tipo de pesquisa busca conhecer inicialmente quem são (perfil demográfico e atitudinal) e quantos são (penetração) os consumidores de determinada categoria e levanta o maior número de informações possível sobre essas pessoas, com foco especial nos hábitos relacionados aos produtos da categoria (freqüência e ocasiões de compra e consumo, por exemplo), mas também em interesses diversos, que possam municiar a aproximação entre empresa e consumidor (hábitos de lazer, acessos a meios de comunicação, entre outros).

Para tanto, é quase sempre recomendado o uso de amostras probabilísticas e, conseqüentemente, têm-se bases grandes e espalhamento geográfico de entrevistas.

Como exemplo, pode-se pensar no interesse em conhecer o mercado e o consumidor de determinada categoria de produtos alimentícios que teve o primeiro produto lançado há pouco tempo e que esteve aumentando suas vendas a cada mês, fato que levou a concorrência a lançar um produto similar e com benefício adicional (por exemplo: linha de sabor diversificada).

Para entender mercado e consumidor, pode-se realizar um estudo de hábitos e atitudes, que reunirá questões seguindo a estrutura dos seis fatores já mencionados (quem, o quê, onde, quando, por quê, como).

Em um estudo de hábitos cabem diversas áreas de investigação, podendo-se agregar às questões básicas (demográficas e de consumo da categoria) uma bateria de frases relacionadas a atitudes em relação a temas de interesse (por exemplo, alimentação), que conduzirá, por meio de métodos estatísticos específicos, a uma segmentação do mercado, definindo assim tipologias de grupos de pessoas. Pode-se ainda agregar uma bateria de hábitos de mídia e de lazer que dará informações sobre os meios mais adequados para atingir os consumidores em geral ou determinado segmento deles.

A restrição à entrada de muitas perguntas e de diferentes temas nesse tipo de estudo se dá por questões relacionadas aos trabalhos de campo, principalmente em função do tempo de duração da entrevista. Um questionário que aborda diversos temas, ou aprofunda, ou tenta detalhar muito os temas colocados, acaba por ficar demasiado longo, o que dificulta a aceitação das pessoas em colaborar com o estudo, além de gerar muita desistência após certo tempo de entrevista e, o que é mais grave, poder comprometer a qualidade das respostas em razão de cansaço ou falta de atenção do entrevistado.

Assim, deve-se dar suficiente atenção à relação "quantidade de informações – tempo de entrevista – objetivos finais do estudo" para não colocar em risco a fidedignidade dos resultados obtidos.

Se, por um lado, esse estudo leva ao conhecimento sobre o consumidor, para entendimento do mercado é necessária também a realização de estudos que tenham os diversos concorrentes e suas marcas como objeto de investigação. Cabem aqui os estudos quantitativos de posicionamento de marcas, realizados com consumidores ou potenciais consumidores das categorias de produtos em questão.

Esses dois tipos de estudos citados são típicas pesquisas *ad hoc*, ou seja, pesquisas planejadas para atender a um problema ou a uma necessidade específica (nesse caso, a falta de informações ou a necessidade de conhecer o consumidor e o mercado de certa categoria de produtos). Entretanto, há outra forma de obtenção de informações sobre consumidores e sobre o mercado que não por meio de estudos *ad hoc:* estudos do tipo painel.

Os painéis de consumidores são pesquisas contínuas, evolutivas e longitudinais que têm por objetivo conhecer e monitorar os hábitos de consumo de determinada população. Uma amostra fixa fornece informações com intervalos de tempo durante um determinado período. Em geral, a amostra é composta por famílias que informam sobre seu consumo de produtos, de serviços ou mesmo de comunicação, como é o caso dos conhecidos estudos de monitoramento de audiência dos programas de televisão.

Além do painel de consumidores, há outro tipo de estudo contínuo, que por sua vez é muito utilizado para conhecimento não sobre o consumidor, mas sobre o mercado propriamente dito. Empresas especializadas desenvolvem esse tipo de painel que tem por base a venda dos produtos e, para tanto, coletam os dados em estabelecimentos que os comercializam. Os resultados são fornecidos periodicamente e envolvem volume de vendas por categoria e por marcas, preços praticados e distribuição, cobrindo todas as diversas regiões e praças.

Embora tipicamente estudos de monitoramento, esses dois tipos de pesquisa contínua são muito importantes na fase de diagnóstico do mercado, pois podem fornecer um primeiro panorama e os primeiros dados para o processo de conhecimento de marketing.

Foco no produto

Passando o foco de atenção para o desenvolvimento e lançamento de produtos, o papel da chamada pesquisa *ad hoc* é fortemente marcado e, na figura a seguir, podem ser identificados alguns estudos quantitativos importantes comumente requeridos nesse processo.

Fase	Necessidades	Estudos requeridos
Conceito	Identificação de conceitos de produtos Screening de conceitos de produtos Avaliação e aprimoramento do conceito	Screening e avaliação de idéias / de conceitos de produtos
Produto	Avaliação e aprimoramento do produto	Teste blind de produto
Pré-lançamento	Avaliação do mix Identificação de conceitos de comunicação Avaliação e aprimoramento de propaganda	Teste branded de produto Estudo de preço Screening e avaliação de idéias / de conceitos para comunicação Pré-teste de propaganda Previsão de vendas
Lançamento Pós-lançamento	Monitoramento da performance	Tracking de marcas Outros estudos *ad hoc* (reação do consumidor) Análises de vendas Estudos de propaganda

Figura 3.9 Pesquisa *ad hoc.*

O principal imperativo dos estudos para desenvolvimento de novos produtos é validar, e o tipo de estudo causal, com desenho experimental, é bastante utilizado.

Seguem alguns exemplos de estudos utilizados no processo de desenvolvimento.

***Teste de conceito de produto*:**

O processo de desenvolvimento de novos produtos em geral se inicia com a geração de novas idéias que devem ser colocadas sob o crivo do consumidor, para avaliação em termos de:

- Compreensão:
  A idéia do novo produto está clara para o consumidor?
- Credibilidade:
  É possível acreditar no desempenho, na performance e nos benefícios do novo produto?
- Adequação à marca:
  O quanto o novo produto combina com a linha já existente sob a mesma marca?
- Diferenciação:
  Este será um produto capaz de se diferenciar dos demais?
- Relevância:
  O quanto este produto é importante para o consumidor?

Além da avaliação individual das idéias ou conceitos, muitas vezes é necessário decidir, dentre muitos, quais conceitos devem prosseguir e iniciar o processo de desenvolvimento do produto.

Baseadas nos pontos colocados acima, as questões a serem respondidas nesse caso são:

- Quais idéias devem ser descartadas?
- Quais são as melhores idéias avaliadas?
- Qual das idéias testadas é a melhor?
- Quais alterações são necessárias?

O passo seguinte é a avaliação do produto propriamente dito. Pode haver um ou mais protótipos que são primeiro testados de forma *blind*, ou seja, sem a identificação da marca ou do fabricante. O foco aqui está na avaliação detalhada das propriedades físicas e organolépticas e da performance do produto.

Pensando em um exemplo de desenvolvimento de produto alimentício, pode-se ter diferentes estudos para as diferentes fases desse processo:

***Teste de formulação*:**

- A nova formulação está adequada em termos de aparência, odor, consistência, sabor, cor, formato?
- Quais os pontos fortes, as características do produto de que os consumidores mais gostam? (*Likes*)
- Quais os pontos fracos, as características do produto de que os consumidores mais desgostam? (*Dislikes*)
- Quais os problemas que podem ocorrer ou são percebidos no consumo ou durante o uso?
- Os benefícios ou diferenças apresentados são percebidos pelos consumidores?
- Qual o interesse gerado pelo novo produto?
- O produto foi mais ou tão bem avaliado em comparação com os demais produtos do mercado?

***Teste de sabores*:**

- Quais sabores são mais adequados para o produto?
- Qual a linha de sabores ideal?
- Quais ajustes devem ser realizados nas melhores opções de sabores?

***Teste de embalagem*:**

- A embalagem desenvolvida é adequada para o produto?
- Qual das opções desenvolvidas é a mais satisfatória?
- Quais ajustes devem ser realizados nas melhores opções de embalagem?

Em linhas gerais, testes de produtos visam responder às seguintes questões sobre o novo produto, com vistas a decidir se o desenvolvimento do produto deve continuar em processo:

- Atende às expectativas do consumidor?
- Atende às necessidades do consumidor?

- Cumpre o que promete?
- Em que pontos deve melhorar?

Tendo decidido e ajustado o produto, o próximo passo é avaliar o mix "produto – marca – preço – comunicação".

Teste de produto com marca:

Em geral apresentado junto com um conceito que explica os benefícios e diferenciais do novo produto, o teste deve responder também, além dos pontos mencionados no teste *blind*, se o produto:

- É adequado à marca.
- Agrada aos já compradores da marca.
- Agrega valor à marca.
- Atrai novos consumidores.

Sensibilidade e elasticidade de preços:

Estudos de sensibilidade de preços em geral são realizados como um tópico dos testes de produto com marca. Visam indicar:

- Qual o preço ou intervalo de preços ideal para o produto?
- O preço proposto está adequado ao produto?
- O preço proposto otimiza a intenção de compra?

Enquanto estudos de sensibilidade de preços são mais comumente utilizados como parâmetros para lançamento de novos produtos, estudos de elasticidade a preço são muito usados para alterações e reposicionamento de preços, uma vez que consideram o panorama da concorrência e as possíveis movimentações das demais marcas, respondendo a questões como:

- Variações de preço no meu produto provocam alterações na participação de mercado?
- As alterações são positivas ou negativas?
- Quais outras marcas ganham ou perdem com essas variações?
- Qual o patamar ótimo de preços para o produto?

***Teste de propaganda*:**

Estudos de avaliação de propaganda podem ser realizados em diferentes estágios do desenvolvimento da comunicação, desde a criação de uma idéia ou conceito de comunicação até o filme finalizado, por exemplo, mas têm normalmente como objetivos avaliar se a comunicação:

- Tem impacto?
- É clara?
- Comunica os benefícios e diferenciais do produto?
- Comunica os valores da marca?
- Agrada ao target?
- É persuasiva?

Testes de propaganda podem ser realizados antes de as peças irem a público, podendo subsidiar ajustes e alterações, ou podem ser efetuadas após determinado tempo de seu lançamento, com o objetivo de avaliar, além dos pontos relacionados anteriormente, o impacto gerado no comportamento do consumidor e os resultados no mercado.

***Teste de simulação de mercado ou de previsão volumétrica*:**

Estando pronto cada item do mix do produto, podem-se realizar estudos de previsão de vendas. A resposta a se obter com esse tipo de estudo é clara e objetiva: qual será o volume de vendas do novo produto?

Estes são estudos de cunho experimental que podem utilizar todos os elementos já desenvolvidos (produto, embalagem, marca, propaganda e preço) para avaliar o interesse que o novo produto vai gerar no mercado.

Após o lançamento do produto, há diversas ferramentas de pesquisa de mercado que podem ser utilizadas, seja de forma ocasional seja de forma contínua, com especial destaque dos estudos de monitoramento de vendas, que possibilitam verificar se as metas de vendas estão sendo alcançadas, bem como a performance das marcas em relação à sua participação no mercado.

Outro estudo bastante utilizado é o do tipo *tracking* de marcas, pesquisa evolutiva que visa monitorar a marca e seu posicionamento no mercado, respondendo a perguntas como:

- A marca está sendo lembrada?
- Quais as marcas mais fortes em termos de lembrança?
- Como está posicionada a marca em relação às demais?
- Quais associações estão sendo feitas com a marca?
- Há movimentação entre as marcas?

Em termos de estudos ocasionais e *ad hoc*, há diversas outras possibilidades, que incluem o desenvolvimento de metodologias e ferramentas específicas para cada problema apresentado. Os temas que em geral demandam o maior número de estudos, além dos já aqui referidos, são:

- Construção e posicionamento de marcas.
- Escolhas complexas (para criação, definição e avaliação de pacotes de serviços ou composição de *features* de produtos).
- Satisfação de consumidores e clientes.
- Estudos de mídia.

A decisão sobre a realização de estudos de mercado se inicia com a necessidade de conhecimento específica de cada empresa – O que preciso saber? Como vou obter o conhecimento? – e termina com a sua adequação às possibilidades do negócio – O que é possível realizar considerando custos, prazos?

A possibilidade de realização de estudos como os aqui colocados, de obtenção de recomendações e de sugestões pertinentes, sem dúvida é ponto de extrema importância quando se objetiva construir pensamento estratégico que traduza informação em ação, ou seja, quando a busca é verdadeiramente por conhecimento, e pode ser decisiva em processos de mercado.

Debruçar-se sobre técnicas e ferramentas disponíveis é o primeiro passo para otimizar a relação custo/benefício desse tipo de investimento, alcançando métodos adequados e, conseqüentemente, procedimentos e resultados confiáveis.

Parte 2 – Pesquisa qualitativa

O que é pesquisa qualitativa

Definição e conceituação de pesquisa qualitativa em marketing

A primeira constatação a que se chega ao tentar conceituar a pesquisa qualitativa é a grande extensão desse conceito, que não deve ser definido simplesmente como uma ramificação metodológica da pesquisa de mercado. A pesquisa qualitativa é muito mais do que um tipo de pesquisa complementar ao quantitativo, como talvez fosse entendida na sua gênese, nos anos 1950 e 1960. Trata-se, atualmente, de um conceito amplo que envolve todo um ramo do marketing e uma cadeia de serviços e de especializações que extrapola a questão da metodologia e se amplia para uma forma característica de entender, conhecer e estudar o comportamento do consumidor.

Assim, ao se valer da metodologia qualitativa, o pesquisador de mercado está também se valendo de alguns conceitos amplos como flexibilidade, possibilidades de aprofundamento, convergência de diversas formas de acessar o conhecimento e a informação e, por fim, integração de diversas escolas e abordagens na análise e na interpretação dos dados.

Há atualmente, no mundo todo, uma ampla rede de profissionais capacitados que aplicam a metodologia qualitativa de forma contínua e regular em todas as etapas do ciclo de marketing. Há também uma cultura de pesquisa qualitativa já estabelecida tanto nos setores de bens de consumo de massa quanto nos setores de serviços, incluindo business-to-business. A pesquisa qualitativa é usada com freqüência, principalmente nos países desenvolvidos, em novos mercados, como o mercado virtual, pela Internet.

O uso de pesquisa qualitativa também vem cada vez mais fazendo parte de políticas internas das empresas como forma de disseminar o conhecimento sobre produtos e público, além de confrontar os seus funcionários com a realidade das ruas, das casas, dos consumidores. Assim, há alguns programas internos de contato direto com o consumidor que utilizam as ferramentas que a pesquisa qualitativa proporciona como forma de sensibilizar e alinhar os executivos com os objetivos estratégicos da empresa.

Pode-se afirmar que um dos principais trunfos da pesquisa qualitativa é a possibilidade de estabelecer um contato direto com o consumidor, seja por meio das diversas técnicas de entrevistas e discussões em grupo, que quase são sinônimos de quali, seja pela possibilidade de observação do seu ambiente e comportamento de uma forma mais ampla e sistematizada.

A pesquisa qualitativa em marketing pode ser definida como uma metodologia específica de pesquisa que, de forma holística e abrangente, compreende a realidade e o ser humano e visa obter informações em profundidade sobre percepções, motivações, atitudes e comportamento do mercado consumidor.

Segundo Pinheiro et al. (2004, p. 125),

> a pesquisa qualitativa é um estudo não estatístico que identifica e analisa profundamente dados não mensuráveis – sentimentos, sensações, percepções, pensamentos, intenções, comportamentos passados, entendimentos de razões, significados e motivações – de um determinado grupo de indivíduos em relação a um problema específico.

No site da QRCA (www.qrca.org), é colocado que

> a pesquisa qualitativa foi concebida para revelar as nuanças de comportamento de um determinado público e as percepções que as causam ou originam, em relação a tópicos e questões específicas. Ela se utiliza de estudos em profundidade com pequenos grupos de pessoas para guiar e basear a construção de hipóteses. Os resultados da pesquisa qualitativa são mais descritivos do que preditivos.

Segundo a AQR (www.aqr.org), a pesquisa qualitativa é

> pesquisa designada para ajudar o processo de decisão organizacional, focando o entendimento da natureza do fenômeno e seu significado, mais que a incidência do fenômeno propriamente dito. A pesquisa qualitativa tende a ter as seguintes características: contato direto (*face-to-face*) entre o entrevistador/pesquisador e os pesquisados; exame e investigação profunda de amostras reduzidas ou pequeno número de observações; guias

> e roteiros desestruturados, que podem ser flexibilizados de acordo com o contexto e ser revistos ao longo do projeto; a interpretação e análise do pesquisador é elemento-chave no processo qualitativo.

Na base dos métodos e princípios da pesquisa qualitativa estão os preceitos das ciências humanas, como sociologia, antropologia e psicologia. Não somente a forma de pesquisar e analisar os fenômenos foi herdada desse ramo de conhecimento, mas, principalmente, é baseada nele a maneira de entender o ser humano, seus vínculos com a sociedade e com o universo que o cercam, assim como a simbologia implícita em suas manifestações e desejos.

Essa multidisciplinaridade, tanto no que se refere aos métodos de coleta de dados quanto ao processo de análise propriamente dito, é considerada uma das principais marcas da pesquisa qualitativa. A combinação de abordagens garante uma riqueza especial em termos de abrangência e profundidade para a pesquisa qualitativa, o que a diferencia e a valoriza no mercado atual.

Segundo Solomon (2002, p. 44),

> o campo do comportamento do consumidor é interdisciplinar; é composto de pesquisadores de várias áreas diferentes que compartilham o interesse no modo como as pessoas interagem com o mercado. Essas disciplinas podem ser categorizadas de acordo com o nível de sua análise: o micro (o consumidor como indivíduo) ou macro (o consumidor como um membro da sociedade),

como mostra a Figura 3.10.

É imprescindível entender o macroambiente e as influências culturais sobre o comportamento do consumidor, daí a importância de uma abordagem transdisciplinar quando se trata de dados qualitativos, pois, segundo Solomon (2002, p. 371),

> a cultura é a acumulação de significados, rituais, normas e tradições compartilhadas entre os membros de uma organização ou sociedade [...] opções de consumo simplesmente não podem ser compreendidas sem considerar o contexto cultural em que são feitas: a cultura é a "lente" através da qual as pessoas enxergam os produtos.

Figura 3.10 A pirâmide do comportamento do consumidor.

A comunicação das marcas e produtos utiliza-se de diferentes abordagens para atingir o seu consumidor-alvo e, muitas vezes, cabe à pesquisa qualitativa gerar um entendimento que embase e valide essas abordagens. No caso da abordagem sociocultural, por exemplo, o entendimento do contexto macro no qual o indivíduo está inserido é fundamental. Segundo Perez (2004, p. 120),

> o homem é um ser social por excelência, vive em um contexto que influencia suas ações ao mesmo tempo em que também influencia as outras pessoas com as quais convive. O ponto central dessa abordagem sociocultural é entender o homem no seu entorno, integrado em seu espaço social e cultural. Os produtos configuram-se como símbolos sociais, responsáveis pelas sensações de aceitação e de pertencimento a um determinado grupo social.

Fica claro, assim, que toda e qualquer análise qualitativa deve levar em conta o contexto macro no qual a questão de marketing está inserida, por mais tática e pontual que seja a pesquisa. Para entender as reações de um determinado grupo de consumidores a uma nova opção de embalagem ou a uma nova variante de produto de determinada marca, é importante contextualizar esse consumidor de uma forma mais ampla. Uma análise mais profunda e transdisciplinar das suas reações, de seu discurso e de seu histórico pode identificar os motivos que os levaram a ter determinada reação aos estímulos propostos na pesquisa, ajudando a decodificar padrões comportamentais de uma forma geral e contribuindo para a elaboração de hipóteses e inferências que levem a novos caminhos e novas formas de atuação em nível de marketing e comunicação.

Na prática de marketing, a pesquisa qualitativa é usada como meio de entender o comportamento do consumidor de forma ampla, respondendo a questões bastante abrangentes, como:

- O que o consumidor pensa, sente e faz?
- Como age e o que o faz agir assim?
- O que está por trás de determinada atitude ou comportamento?
- O que o motiva de uma forma ampla e o que o dirige de uma forma específica?
- O que norteia e influencia suas opções e escolhas?

Essas informações e respostas são decorrentes de todo o processo de análise da pesquisa qualitativa. Esta consiste numa poderosa ferramenta de marketing e é feita pela combinação da análise do discurso, do gestual e do não-verbal, da interpretação do comportamento observado e dos exercícios projetivos aplicados nas discussões em grupo e nas entrevistas.

Assim, a pesquisa qualitativa utiliza uma ampla gama de técnicas para entender o comportamento do consumidor, tanto no nível verbalizável e consciente quanto num nível mais latente, subjacente e muitas vezes inconsciente. Para isso, a pesquisa qualitativa se vale da análise da simbologia e da linguagem do consumidor, tanto num nível verbal quanto não-verbal, acessando o seu imaginário por meio de projeções e representações psicológicas.

Ainda como introdução ao tema, é importante salientar que a pesquisa qualitativa é fortemente marcada, como método, por aspectos como interpretação, maleabilidade, flexibilidade e subjetividade, que são intrínsecos ao pensamento qualitativo (Oliveira e Pupo, 2005).

De acordo com Solomon (2002, p. 44),

> há muitas perspectivas sobre o comportamento do consumidor, mas as orientações de pesquisa podem ser simplificadamente divididas em duas abordagens: a perspectiva positivista enfatiza a objetividade da ciência e o consumidor como indivíduo que toma decisões. De modo diferente, a perspectiva interpretativista acentua o significado subjetivo da experiência individual do consumidor e a idéia de que qualquer comportamento está sujeito a múltiplas interpretações, em vez de a uma única explicação.

De forma análoga ao que ocorre com as ciências humanas, os princípios básicos da pesquisa qualitativa são marcados, em certa medida, pela subjetividade e pela espontaneidade, seja do ponto de vista da coleta dos dados, que se baseia na livre expressão, seja do ponto de vista do próprio processo de análise, que é subjetivo em sua definição.

Isso não significa que os resultados e a análise sejam subjetivos em si. Na verdade, o pressuposto metodológico da pesquisa qualitativa é o da consistência dos dados e o da sistematização da coleta e interpretação das informações. Ou seja, se forem feitos dois estudos, com amostras com o mesmo perfil, sobre o mesmo tema, contendo os mesmos estímulos e técnicas, os resultados devem ser semelhantes, mesmo se forem feitos por analistas/pesquisadores diferentes. O que pode mudar, aí sim em função do teor de subjetividade particular de todas as ciências humanas, são sutilezas na forma da coleta, no tipo de abordagem, na esquematização da análise, na profundidade da análise, na recomendação de marketing. Porém, caso os mesmos preceitos metodológicos tenham sido seguidos, os resultados dos dois estudos devem ser, de fato, semelhantes.

Em função desse relevante aspecto, inerente à própria natureza da pesquisa qualitativa, é muito importante e quase imprescindível que se considerem os pressupostos técnicos e, de forma muito marcante, a experiência e o histórico do pesquisador. Essa experiência é importante não só no planejamento, mas principalmente na coleta de dados e na análise.

Durante a coleta de dados, por exemplo, contar com um moderador experiente é a chave para o sucesso do estudo. Na situação de grupo, ele consegue criar o ambiente propício para a exploração e debate, sabendo lidar com as diversas ocorrências típicas desse tipo de dinâmica (competições internas, conflitos, lideranças, esvaziamento da discussão, ruídos etc.).

Assim, todo o trabalho qualitativo deve sempre contar com a supervisão e aconselhamento de um tutor sênior – desde o planejamento até a análise e entrega dos resultados.

Como mencionado anteriormente, especificamente no caso da pesquisa qualitativa, esse tipo de *coaching* se faz necessário, em função da própria natureza dessa metodologia.

Os itens seguintes discorrem sobre essas especificidades da pesquisa qualitativa, aprofundando e detalhando os temas aqui levantados.

Diferenças em relação à pesquisa quantitativa

Uma forma prática de entender e discernir o escopo da pesquisa qualitativa é estabelecer uma comparação com a pesquisa quantitativa.

De fato, embora as duas abordagens tenham a mesma finalidade básica – fornecer instrumental para compreender a realidade do mercado consumidor, em um sentido amplo –, há uma série de especificidades que definem cada uma delas.

O Quadro 3.1 traz as principais diferenças entre pesquisa qualitativa e quantitativa, que vão desde a seleção da amostra até a análise dos dados:

Naresh Malhotra (2001, p. 155) esclarece que

> a pesquisa qualitativa proporciona melhor visão e compreensão do contexto do problema, enquanto a pesquisa quantitativa procura quantificar os dados e aplica alguma forma de análise estatística [...] é um princípio fundamental da pesquisa de marketing encarar as pesquisas qualitativas e quantitativas como complementares, ao invés de mutuamente concorrentes.

Quadro 3.1 **Distinções entre pesquisa qualitativa e quantitativa**

	Qualitativa	Quantitativa
Amostra	❑ mais reduzida ❑ não representativa do universo estudado - seleção não aleatória	❑ mais ampla ❑ representatividade do universo é muito importante
Coleta de dados	❑ entrevista/observações individuais ou em grupo ❑ roteiro aberto e indireto ❑ questões podem (e devem) ser acrescentadas no momento da entrevista ❑ situação mais informal	❑ entrevistas individuais ❑ questionário mais rígido ❑ formulado/fechado previamente ❑ necessidade de padronização: questionário e procedimentos ❑ entrevista mais formal
Papel do entrevistador	❑ entrevistador especialmente treinado e atento ao não verbal ❑ participação mais ativa: analisa os dados, modifica as questões ❑ entrevistados determinam: - ritmo da entrevista/grupo - até certo ponto, a ordem	❑ entrevistador treinado de forma mais genérica ❑ participação limitada: deve seguir o questionário rigidamente ❑ ritmo do questionário/entrevista é determinado previamente
Tipo de dados desejados	❑ investigar os "porquês" do tema, em profundidade: - explicações mais amplas - tendências ❑ Propicia dados subjetivos, íntimos, não explícitos	❑ busca informações precisas: - onde? - quando? - quanto? ❑ dificuldade em obter dados mais profundos ou íntimos
Análise	❑ Interpretação: discurso, gestual, indícios, dados subjacentes, informações projetivas ❑ não se faz uma tabulação das questões nem cálculos	❑ dados em geral podem ser tratados estatisticamente ❑ interpretação feita usando dados diretos e indiretos - contagem/tabulação - análises estatísticas ❑ números e relações entre eles
Resultados	❑ apontam significados, além de atitudes e conotações ❑ são mais genéricos, globais ❑ indicativos de tendências - hipóteses ❑ não projetáveis para o universo	❑ apontam incidência ❑ são mensuráveis e projetáveis para o universo ❑ maior segurança dos dados: - em geral - reativos a estratos específicos da amostra

Fonte: OLIVEIRA e PUPO, 2005.

Principais aplicações da pesquisa qualitativa

Segundo Hamilton (1989, p. 24), a pesquisa qualitativa é aplicada nas seguintes situações, para as quais fornecemos alguns exemplos práticos, como ilustração:

- Para investigar as razões subjacentes do comportamento do consumidor que não são detectadas via questionamento direto, particularmente as motivações das quais os consumidores não estão especialmente conscientes, as que eles se mostram relutantes em admitir ou as que eles tenham dificuldade de articular ou expressar. Por exemplo: "O que o atrai nessa campanha da marca X?".
- Para conduzir uma primeira abordagem exploratória sobre determinado tema, mercado, produto, marca ou categoria, precedendo um estudo quantitativo. Por exemplo, um estudo qualitativo sobre a relação dos jovens com os games de computadores pode gerar subsídios importantes para um estudo quantitativo, indicando questões específicas a serem introduzidas no estudo e possíveis abordagens, escalas, atributos.
- Para explorar um novo mercado ou uma área ainda sem muito conhecimento específico. Por exemplo: "Que aspectos e motivações (racionais e emocionais) estão envolvidos no uso e na procura por medicamentos ligados à disfunção erétil? Quais as possíveis barreiras que permeiam a adoção e uso desse tipo de produto?".
- Para gerar maior entendimento e perspectiva em casos em que abordagem direta não consegue responder em profundidade à questão estudada. Por exemplo: "O que realmente incomoda na propaganda X?", "O que esta propaganda está transmitindo em relação à marca X?" ou ainda "Por que as pessoas usam amaciantes de roupas? O que realmente as liga a esta categoria?".

- Para levantar estímulos, estudar a linguagem do consumidor, gerar material para alimentar a criatividade e para processos de inovação. Por exemplo: "Como as pessoas se referem à categoria X? Que palavras ou expressões usam?" ou "Como as pessoas usam determinado produto? Qual o processo, que etapas percorrem nesse uso? O que poderia ser lançado/inventado para facilitar esse processo? Como estes dados poderiam ser usados em comunicação?".

Em termos de escopo, utiliza-se a pesquisa qualitativa com os seguintes objetivos (Oliveira e Pupo, 2005):

- Gerar hipóteses e *insights.*
- Explorar em profundidade atitudes, comportamentos e percepções dos consumidores e segmentos.
- Subsidiar criação e desenvolvimento, nos vários aspectos do ciclo de marketing e do mix dos produtos.
- Prever tendências e comportamentos.
- Orientar caminhos de comunicação e posicionamento.
- Identificar novas oportunidades, negócios, "brechas".
- Apoiar pesquisas quantitativas, antes e depois: levantar hipóteses a serem testadas, auxiliar na compreensão de resultados.

Assim como ocorre com a pesquisa de mercado como um todo, a abordagem qualitativa pode ser empregada em praticamente todas as etapas do ciclo de marketing dos produtos e serviços. O que vai definir sua aplicabilidade a uma situação específica é o tipo de problema e de resultado de que se necessita no momento: se o caso for entender motivações, razões ou percepções, o emprego de pesquisas qualitativas pode ser útil.

Na figura a seguir são resumidas as etapas do ciclo de marketing; em todas elas, especialmente naquelas em que são necessárias informações que subsidiem decisões mais estratégicas, a pesquisa qualitativa pode ser utilizada:

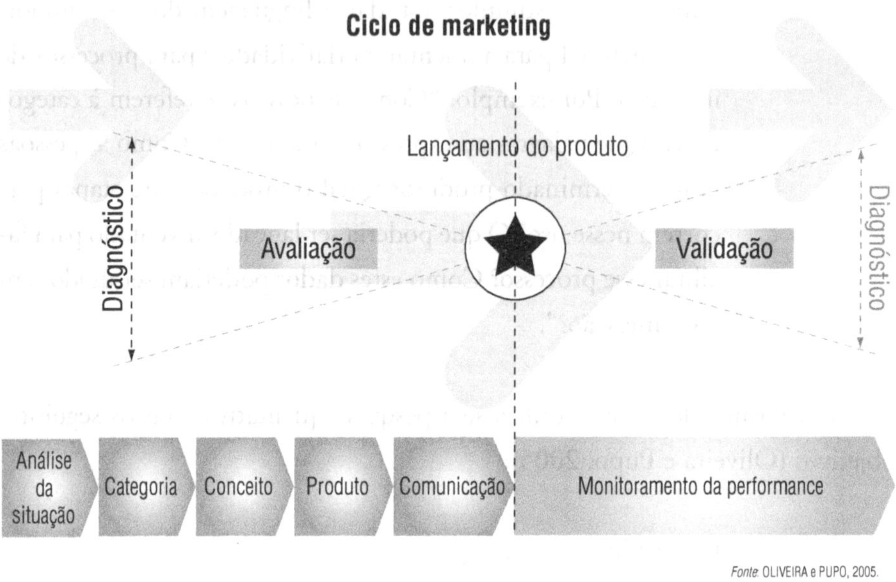

Figura 3.11 Ciclo de marketing.

É importante considerar que as limitações da pesquisa qualitativa são devidas à sua própria natureza, não invalidando o seu embasamento científico. Malhotra (2001, p. 155) aponta que "os resultados da pesquisa qualitativa são usados incorretamente quando são considerados como conclusivos e utilizados para fazer generalizações em relação à população-alvo".

Etapas da pesquisa qualitativa

O processo de desenvolvimento e utilização dos resultados de uma pesquisa qualitativa é extenso, e seu sucesso envolve ativamente tanto os profissionais da empresa contratante dos serviços como os profissionais responsáveis por seu planejamento e execução.

A adequação de um projeto de pesquisa qualitativa se inicia pelo cuidado por parte do contratante na tomada de decisão de pesquisar e na elaboração do briefing que deverá ser passado ao instituto de pesquisa, cuidado que deve ser mantido no planejamento e execução da pesquisa.

Na Figura 3.12 encontram-se esquematizados os principais passos do processo de pesquisa qualitativa.

Observa-se que, embora alguns deles representem tarefas da empresa cliente e outros sejam de competência do instituto de pesquisa, a tendência atual é de estabelecer uma parceria entre os profissionais envolvidos no trabalho, para que os resultados sejam potencializados.

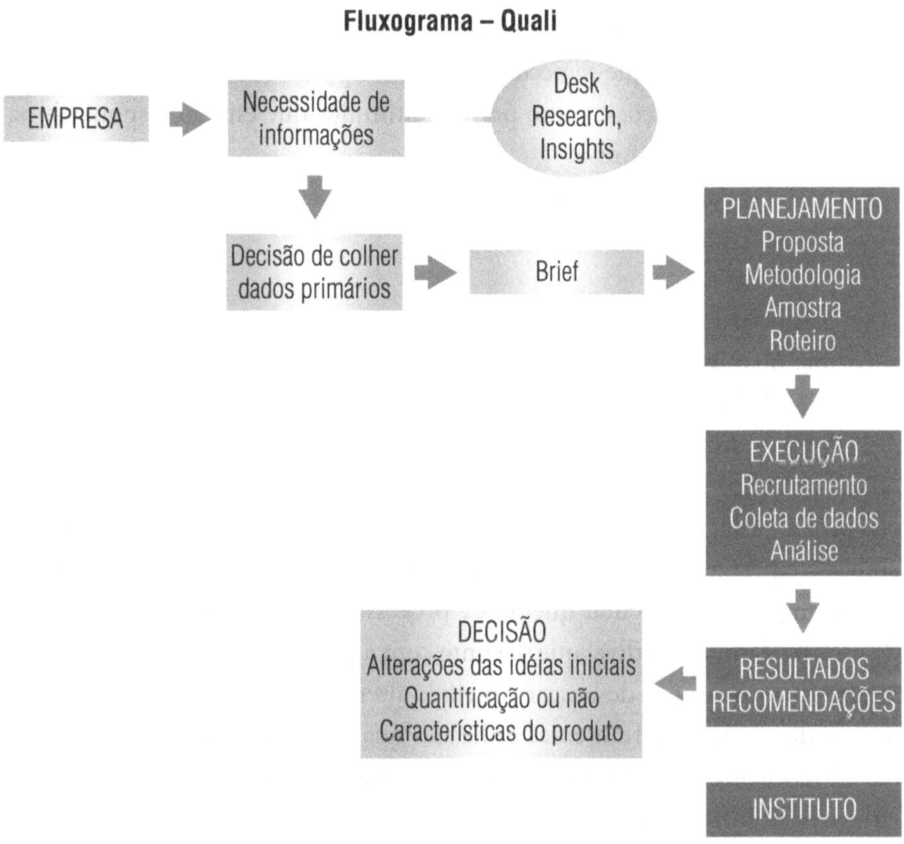

Fonte: OLIVEIRA e PUPO, 2005.

Figura 3.12 Fluxograma da pesquisa qualitativa.

Nos itens seguintes serão abordadas as principais particularidades relativas às etapas de execução do processo de desenvolvimento das pesquisas qualitativas.

Planejamento e execução

O *briefing* é o documento elaborado pela empresa contratante/cliente, válido tanto para pesquisas quantitativas como qualitativas, no qual são organizados itens como os seguintes:

- informações básicas sobre o problema que se pretende pesquisar, compreendendo dados de mercado, histórico e background;
- dados que se necessita coletar: tipo de informação, público;
- limitações, como prazo e estímulos que estarão disponíveis para a pesquisa;
- uso que será dado a essas informações pela empresa (padrão de ação).

Um bom briefing é fundamental para que se tenha uma pesquisa bem-sucedida: quanto mais precisas e detalhadas as informações, melhores serão as condições de levantamento dos dados necessários.

A partir do briefing é elaborado o planejamento da pesquisa pelo instituto ou em conjunto com o cliente, sendo feita nesse momento a recomendação/opção pela abordagem que deverá ser desenvolvida – qualitativa, quantitativa ou ambas – e pela metodologia e procedimentos técnicos adequados no caso.

É importante salientar que, nesse processo de briefing e de planejamento do estudo, é imprescindível que se conte com a parceria entre clientes e pesquisadores/instituto a fim de buscar a melhor alternativa para o projeto, tanto em termos de técnicas e ferramentas utilizadas quanto em relação a aspectos práticos e logísticos do estudo. O briefing e o planejamento devem ser construídos em parceria entre o cliente e o instituto de pesquisa.

O planejamento é formalizado pela *proposta de pesquisa*, elaborada pelo instituto, na qual são detalhados os objetivos, metodologia e amostra indicados, assim como os prazos e custos envolvidos.

No caso de pesquisas qualitativas, a proposta enfatiza, além disso, as sugestões metodológicas, incluindo a opção recomendada entre os vários tipos de coleta de dados (discussões em grupo, entrevistas em profundidade e/ou observações, por exemplo) e o perfil do público a ser abordado.

Aprovada a proposta, são acertados os detalhes de cronograma e inicia-se o processo de *recrutamento* das pessoas que deverão ser abordadas na pesquisa.

Esta é uma fase bastante delicada, uma vez que de um recrutamento preciso dependem a veracidade das informações e a confiabilidade dos resultados da pesquisa. Há uma série de exigências e recursos usados pelos institutos para conseguir participantes qualificados e capazes de contribuir positivamente com suas opiniões e percepções, os quais vão desde o estabelecimento dos filtros/critérios até a eliminação de respondentes assíduos ("profissionais").

No Brasil, para esse controle, conta-se com o acesso e consulta ao banco de dados do CRQ da Abep (Associação Brasileira das Empresas de Pesquisa), onde são cadastradas as pessoas que participam de pesquisa qualitativa.

A etapa de recrutamento tem um papel crucial no processo de investigação qualitativa, uma vez que diz respeito indiretamente à qualidade da informação que vai se obter com a pesquisa. Mais do que um processo operacional, o recrutamento deve ser realizado de forma a proporcionar um ambiente propício à coleta de informação de qualidade e profundidade.

Os critérios para a seleção dos respondentes muitas vezes definem o tipo de informação, o escopo e a direção que a pesquisa vai tomando ao longo do processo. Por exemplo: se deseja-se entender em profundidade a percepção das donas de casa em relação à lavagem de roupa (o que as motiva, o que agrada e o que não agrada no processo, significados atribuídos à tarefa etc.), nada mais natural do que procurar mulheres que desempenham essa tarefa no seu dia-a-dia, que são responsáveis por essa parte do serviço doméstico.

Da mesma forma, quando se procura entender a relação dos jovens com a televisão, o que os atrai e quais são os programas mais valorizados, por exemplo, um dos critérios mais importantes é a freqüência e o tipo de audiência que eles têm dessa mídia. De nada vai adiantar conversar com pessoas que não gostam e rejeitam a tevê de uma forma geral. Esse público específico não terá, certamente, repertório para discutir em profundidade a programação da tevê, o papel da televisão na vida deles, seus pontos fracos e fortes. É claro que, se a intenção é entender o porquê da rejeição do público à tevê, o filtro pode ser justamente o contrário: deve-se procurar recrutar pessoas que declarem esse tipo de rejeição.

Além dos filtros demográficos (idade, classe social, sexo etc.) e dos filtros de consumo (usuário/não-usuário da marca, produto, categoria), cada vez mais procura-se utilizar critérios adicionais que permitam uma maior adequação da amostra da quali ao objetivo do estudo. Por se tratar de amostras reduzidas é muito importante que se esteja, de fato, conversando com as pessoas "certas": os consumidores que mais podem contribuir para o entendimento e análise do objeto de pesquisa em questão. O fato de não se pretender "representativa" dá à pesquisa qualitativa certa liberdade e flexibilidade no planejamento de sua amostra.

Alguns filtros adicionais podem ser usados como complementos ao recrutamento:

- Critérios psicográficos (estilo de vida, atitudes e valores, relação com consumo, hábitos de consumo em geral etc.).
- Critérios de personalidade (criatividade, capacidade de verbalização e abstração, facilidade de expressão e comunicação em grupo etc.).

Assim, o que vem ocorrendo com freqüência nas pesquisas qualitativas é a utilização de critérios adicionais de recrutamento que permitem um melhor aproveitamento da informação coletada. "Quando variáveis de personalidade são combinadas com conhecimento de preferências de estilo de vida, o profissional de marketing tem uma lente poderosa com que focalizar segmentos de consumidores" (Solomon, 2002, p. 148).

No quadro reproduzido a seguir, Solomon (p. 150) enumera variáveis e dimensões ligadas a estilo de vida, que podem ser critério para recrutamento de participantes de pesquisas qualitativas:

Quadro 3.2 Dimensões de estilo de vida

Atividades	Interesses	Opiniões	Demografia
Trabalho	Família	Deles próprios	Idade
Hobbies	Casa	Questões sociais	Educação
Eventos sociais	Emprego	Política	Renda
Férias	Comunidade	Negócios	Ocupação
Entretenimento	Recreação	Economia	Tamanho da família
Associação em clube	Moda	Educação	Habitação
Comunidade	Alimentação	Produtos	Geografia
Compras	Mídia	Futuro	Tamanho da cidade
Esportes	Realizações	Cultura	Estágio no ciclo de vida

Fonte: Welis e Tigert, 1971.

Tipos e métodos de coleta de dados

A área de coleta de dados em pesquisa qualitativa vem se desenvolvendo de forma marcante nos últimos anos, tendo sido muito ampliadas as possibilidades de contato sistematizado com o público-alvo.

As abordagens tradicionais, como as discussões em grupo e entrevistas em profundidade, têm sido enriquecidas com novas roupagens de uso já comprovado, que permitem ao mesmo tempo maior maleabilidade e acuidade na busca de informações de ordem qualitativa.

Independentemente das particularidades do método utilizado, alguns princípios básicos são seguidos na coleta de dados qualitativos, como a não-diretividade, e, como é definido pela Qualitative Research Consultants Association (QRCA),[5] a pesquisa qualitativa é sempre baseada em questões abertas, utiliza uma investigação em profundidade para atingir pensamentos e sensações que baseiam e estão por trás das respostas iniciais e aplica insights e aprendizados durante o processo de pesquisa em tempo real.

A seguir será dada uma visão geral das possibilidades metodológicas com que os pesquisadores da área qualitativa contam hoje, nas quais o grande trunfo representado pelo dinamismo e processo interativo entre pesquisador e participante fica muito claro.

Discussões em grupo

As discussões em grupo são o método qualitativo mais divulgado e mais empregado. Como é apontado por McDaniel e Gates (2003, p. 124), "a pesquisa qualitativa e os grupos de foco[6] são muitas vezes vistos como sinônimos pelos realizadores de pesquisa de marketing [...] a enorme popularidade dos grupos de foco tem obscurecido outras ferramentas qualitativas".

Muitas são as razões do sucesso das discussões em grupo. A principal delas é que um grupo montado segundo critérios de amostragem relevantes do ponto

---

[5] No site: www.qrca.org.

[6] "Grupos de foco" é uma tradução de "*focus groups*", terminologia usada pela corrente americana de pesquisa qualitativa e que é utilizada como sinônimo de "discussões em grupo" por alguns autores e como um tipo específico de atividade de pesquisa em grupo por outros: mais objetiva, focada e diretiva.

de vista qualitativo representa um evento social único, em que se reproduzem os papéis sociais assumidos pelos participantes no "mundo real" e cuja análise pode revelar motivações e percepções profundas a respeito do tema que é discutido.

Realizadas em salas especialmente montadas para esse uso (com *one-way mirror*, sala de observação, microfones, aparelhagem para gravação etc.), as discussões em grupo ocorrem em um ambiente neutro, em que muitas variáveis são controladas, havendo assim atenção integral para a interação do grupo e das reações e sentimentos provocados pelos temas abordados.

Voltando às origens das pesquisas qualitativas, tem sido cada vez mais freqüente novamente realização de discussões em grupo na casa de um dos participantes ou em locais como centros comunitários, para que se possa ter uma outra visão, pela observação do comportamento e de atitudes dos participantes em seu meio social real.

Entrevistas em profundidade

As entrevistas em profundidade também representam um método tradicional e consagrado, sendo usado com muita freqüência em projetos qualitativos.

A entrevista em profundidade consiste em uma entrevista feita, em geral, de forma individual, embora possa ser usada em duplas ou trios, a partir de um roteiro aberto e desestruturado, assemelhando-se a uma conversa entre as pessoas que ocorre de forma fluida e flexível, sem a rigidez do formato jornalístico "perguntas e respostas". Com base nesse roteiro aberto, o entrevistador conduz a conversa de forma a abordar todas as questões relevantes ao estudo, gerando um entendimento único de como essas questões são vistas e percebidas individualmente por esse consumidor específico.

A entrevista em profundidade permite um entendimento profundo do consumidor entrevistado, suas motivações, suas crenças, seus valores e atitudes em relação ao tema abordado. Trata-se de uma abordagem individual na qual o entrevistado tende a se colocar de forma integral, refletindo sobre suas ações e percepções ao longo da entrevista e do seu próprio discurso. Diferentemente das discussões em grupo, o indivíduo não se sente tão preso ao discurso social e à pressão coletiva, colocando-se de forma mais livre e, muitas vezes, até mais verdadeira em relação a determinados temas.

Em função da cumplicidade que se cria na relação entrevistador-entrevistado e do clima mais intimista e aberto, as entrevistas em profundidade são muito utilizadas como formas de abordar temas complexos e tabus de modo geral, ou seja, assuntos que poderiam ser de difícil condução numa situação de grupo.

As entrevistas em profundidade são também consideradas adequadas quando se deseja dar um enfoque individual para o tema estudado, ou seja, quando a opinião de cada entrevistado e a contextualização na sua própria história de vida são muito relevantes para o entendimento e análise do assunto abordado.

Na prática, muitas vezes, as entrevistas em profundidade substituem os grupos em função de dificuldades de recrutamento. Este é o caso de estudos com públicos diferenciados como médicos ou profissionais de áreas específicas, diretores ou executivos de alto escalão, pessoas que têm um perfil particularizado de consumo etc.

É importante salientar que a condução e a análise de entrevistas em profundidade requerem um alto grau de especialização dos profissionais responsáveis pela coleta e pela análise/interpretação dos dados. No caso da coleta, o entrevistador deve estar sempre muito atento ao fluxo do pensamento do entrevistado, deve sempre cuidar do bom clima da entrevista e deve se esforçar para deixar o entrevistado à vontade. Esse tipo de preocupação requer do entrevistador algumas habilidades especiais e pode fazer da situação de entrevista algo ainda mais desafiador do que as discussões em grupo, já que não se conta com o apoio da situação do grupo para ajudar a construir um pensamento, uma opinião, reforçar uma posição/um argumento etc.

No caso da análise, é muito mais difícil, num primeiro momento, ter uma visão do todo quando se opta por entrevistas em profundidade. O volume de leitura é maior e requer mais tempo do analista. Muitas vezes, é necessário que todo o material de campo seja lido e analisado de forma individual para se ter um fluxo de análise.

Técnicas de observação

O princípio básico do método de observação em quali, também conhecido como "imersão", é entrar em contato com a realidade do consumidor: conhecer o seu dia-a-dia, sua casa, seu trabalho, acompanhá-lo em diversas atividades (ligadas ou não ao objeto de estudo), enfim, ver com os olhos do consumidor.

Com base na etnografia, ramo da antropologia, a observação em quali traz à tona aspectos que envolvem o comportamento do consumidor que nem sempre são percebidos ou verbalizados numa abordagem tradicional.

O principal ponto forte dessa abordagem é permitir uma "contextualização" do consumidor, ou seja, trabalhar com a informação coletada no seu ambiente real, no seu dia-a-dia, no seu "hábitat natural".

O uso da etnografia propicia o entendimento do consumidor de forma profunda e integral, dando espaço para sutilezas e nuanças de seu comportamento e de sua atitude que nem sempre são facilmente detectadas nos métodos tradicionais de pesquisa qualitativa, como discussões em grupo ou entrevistas em profundidade.

As palavras-chave que estão sempre ligadas a essa prática de coleta de dados são: vivência, experiência, neutralidade, olhar de estranhamento, aprendizado.

Na prática, trata-se de um trabalho multidisciplinar, feito em conjunto com o time do cliente, envolvendo treinamento, workshops e construção do aprendizado.

Pesquisa qualitativa on-line

Em países desenvolvidos tem sido cada vez mais freqüente a utilização de pesquisas qualitativas on-line, em que o contato com os participantes se dá via Internet.

Esse contato pode se dar em tempo real – caso de entrevistas ou grupos via chat – ou não, pela resposta a questões abertas via e-mail e participação em fóruns de discussão.

O meio mais discutido é a discussão em grupo on-line, que ocorre em tempo real, em um ambiente semelhante ao das salas de chat; o moderador e os participantes podem estar geograficamente distantes e seu contato se dá via Internet.

As possibilidades ilimitadas desse tipo de meio e as vantagens de custo e tempo atraíram as atenções de clientes e pesquisadores, tendo surgido no mercado empresas especializadas, softwares e provedores de salas virtuais.

A despeito de uma série de restrições técnicas e resistências, a pesquisa qualitativa on-line tende a estabelecer-se como um método interessante para abordar públicos diferenciados e assuntos específicos, mais ligados a tecnologia e informação.

Os pesquisadores qualitativos têm destacado as vantagens dos fóruns abertos com a finalidade de pesquisar um determinado tema ou problema (chamados de *bulletin boards*), pela liberdade que os participantes podem ter para elaborar suas respostas: o fórum fica aberto por alguns dias, e cada um coloca suas respostas no horário que lhe é mais adequado. Como nos demais fóruns via Internet, todos podem ler a maioria das respostas, e o coordenador/moderador em geral coloca mais questões durante o tempo em que dura o fórum, para que haja um desenvolvimento da discussão.

Técnicas e recursos

Técnicas projetivas

Pela natureza subjetiva da investigação qualitativa, muitas vezes é necessário lançar mão de técnicas especificamente desenvolvidas para fazer aflorar conteúdos que dificilmente estão presentes e manifestos em nível racional e consciente para os consumidores.

Assim, é patente a dificuldade de expressão, por parte dos entrevistados, de alguns aspectos emocionais ligados aos contextos avaliados em uma pesquisa qualitativa.

Isso é válido tanto para a investigação das motivações mais profundas que levam a uma determinada atitude ou comportamento, como para o levantamento dos traços de imagem de uma marca ou produto, ou para entender a simbologia implícita no contexto perceptual que cerca uma categoria de produtos.

Muitas vezes esses conteúdos e significados são inconscientes para o consumidor, manifestando-se de forma latente – ou até mesmo são "reprimidos" por algum tipo de censura social ou pessoal.

Para pesquisar esses aspectos, os pesquisadores qualitativos podem se valer de ferramentas herdadas da psicologia clínica: as técnicas projetivas, amplamente difundidas e muito usadas.

Em especial, o TAT – teste de apercepção temática – foi uma das fontes de inspiração para o desenvolvimento de técnicas projetivas em pesquisa qualitativa de mercado. Trata-se de figuras/sombras desestruturadas em cartões que são apresentados aos pacientes, solicitando-se que contem uma história a respeito das figuras. A partir da análise da história, o psicólogo clínico acessa conteúdos emocionais profundos, na medida em que, ao imaginar/projetar histórias, a pessoa revela seus sentimentos, receios e valores (Oliveira e Pupo, 2005).

Em pesquisa, há uma infinidade de técnicas projetivas ou expressivas que podem ser usadas com a finalidade de facilitar a coleta de dados dificilmente verbalizados pelos consumidores.

Segundo Livingston[7] "as técnicas projetivas auxiliam no resgate de pensamentos, imagens e fantasias associados com motivação e com nosso lado emocional de uma forma que transpõe a censura que todos nós usamos, de uma forma ou de outra, para preservar nossa própria auto-estima e evitar ansiedade".

Em seu artigo "Projective techniques uncover real consumer attitudes", Livingston define as técnicas projetivas da seguinte forma: "em linhas gerais, uma técnica projetiva é o uso de qualquer estímulo vago a partir do qual é pedido a um indivíduo que o descreva, expanda ou crie uma estrutura ou uma história.

O uso de técnicas projetivas deve ser feito com parcimônia, pois elas não são uma panacéia para resolver todos os problemas de coleta de informações difíceis: raramente se emprega apenas um recurso, sendo necessária uma combinação de técnicas para se chegar a uma compreensão mais completa do que se pretende investigar.

Segundo Gordon (1999, p. 62),

> as técnicas projetivas não garantem o acesso à verdade. Elas são simplesmente formas de capacitar a pessoa ou grupo entrevistado a entrar em contato com o turbilhão de pensamentos, sentimentos e comportamentos associados ao objeto de investigação.

[7] Dr. Sharon Livingstone – Projective Techniques – 10 examples – www.sharpenthefocus.com.

Mapeamento

Procedimento: solicita-se que os participantes dividam marcas ou produtos em grupos, estabelecendo seus próprios critérios para os agrupamentos.

Objetivo: investigar a imagem, segmentação e posicionamento de marcas e produtos, da ótica do consumidor.

Os mapeamentos são extensamente aplicados em pesquisa qualitativa e permitem avaliar, de uma forma espacial e visualmente interessante, as forças e fraquezas da marca/produto e sua posição perante a concorrência para o consumidor.

Personificação

Procedimento: os participantes criam um "personagem" para um tema – ou marca/produto/categoria – atribuindo a ele características físicas, psicológicas e sociais (roupas, cultura, posse de bens).

Objetivo: identificar aspectos relevantes de imagem e valores associados pelos entrevistados ao tema em questão.

Esta é uma técnica que em geral assume certo caráter lúdico para os entrevistados, mas nem por isso é menos reveladora: a partir da análise dos traços atribuídos, pode-se verificar a proximidade × distanciamento da marca/produto para o consumidor, assim como seu potencial de identificação.

Como muitas das outras técnicas projetivas usadas em pesquisas qualitativas, a personificação se mostra mais rica se for feita para um grupo de marcas, produtos ou temas, para que os resultados possam ser avaliados de forma comparativa.

Analogias

Procedimento: os participantes estabelecem um paralelo entre um tema, marca ou produto/categoria com uma série de temas como objetos, animais, lugares ou pessoas/celebridades conhecidas etc.

Objetivo: buscar maiores referências para imagem e/ou percepção do tema ou marca/produto/categoria.

Devem ser feitas analogias com vários temas (por exemplo: se esta marca fosse um animal, qual seria? E se fosse um automóvel? Se fosse um ator de tevê?

E assim por diante), pois a análise só será possível se for feita de forma cumulativa, considerando analogias a muitos contextos.

Como no caso de outras técnicas, nas analogias de forma especial é muito importante conhecer bem o universo referencial do target: o que pode ser positivo e sinalizar identificação pode ser muito diverso para as pessoas de classes sociais e padrões culturais diferentes, por exemplo.

Colagem

Procedimento: os participantes fazem uma colagem com recortes de revistas e outras ilustrações, representando sua visão sobre um tema/marca/produto/categoria.

Objetivo: estimular expressão não-verbal da percepção dos consumidores sobre os temas.

As colagens são muito usadas para entender os universos simbólicos de marcas, categorias e temas específicos. Pelo uso de figuras, cenas e palavras, os entrevistados representam simbolicamente o que sentem e como percebem determinado assunto.

Por meio das colagens, assim como no caso de outras técnicas projetivas, podem-se acessar, com bastante sucesso, aspectos ocultos do discurso de determinado target sobre o tema estudado. É muito comum os entrevistados conseguirem se expressar de forma mais livre e aberta por meio de imagens e símbolos do que pela verbalização direta. Aspectos inconscientes vêm à tona e devem ser analisados pelos profissionais de qualitativa. Também é comum o próprio grupo elaborar melhor seus sentimentos e percepções acerca do tema em questão pelo exercício da colagem.

A análise desse tipo de material consiste numa importante ferramenta ilustrativa dos resultados qualitativos.

Por meio dessas manifestações, obtêm-se dicas relevantes sobre a forma como esse target se relaciona com consumo e como ele percebe e se sente perante um fato – por exemplo, a queda recente no seu poder de compra.

Planeta

Procedimento: os participantes descrevem um planeta que represente um tema/marca/produto/categoria.

Objetivo: explorar imagem e percepção sobre o tema em questão.

Exemplo/aplicação: O que há no planeta "Nescau"? Como é o ambiente físico? Como são os habitantes do planeta? Com a gente se sente quando chega neste planeta?

Associações livres

Procedimento: os participantes verbalizam suas primeiras associações gerais a respeito de um tema/marca/produto/categoria, sem preocupações descritivas.

Objetivo: levantar impressões espontâneas/sem racionalização.

Exemplo/aplicação: Quando falo a marca "x", o que me vem à cabeça?

Preparação/ambientação – "lição de casa"

Procedimento: os participantes são informados com antecedência do tema da pesquisa e executam atividades relacionadas a ele; isso pode ocorrer antes da entrevista/grupo ou entre dois grupos/entrevistas consecutivas.

Objetivo: enriquecer as informações com vivências e percepções próprias de cada consumidor, obtidas em seu ambiente real e sob sua ótica.

Esse tipo de recurso pode incluir pré-experimentação de um produto e/ou registros de atividades e tarefas, tais como:

- Diário: relato escrito das experiências, podendo incluir desenhos, colagens etc.
- Gravação: registro em áudio (K-7), mini-DV, vídeo, fotos – experiências, vivências etc.
- Fotos: registro de locais, situações, associações a produtos, consumo etc.
- Seleção de objetos: trazer objetos associados ao tema, que representem sensações etc.

Segue exemplo de diário criativo utilizado no estudo "O Jogo das Compras", realizado pela Ipsos em 2004.

Nesse diário, as entrevistadas eram orientadas a usar diversas formas de representação para descrever sua relação com o consumo, mais especificamente

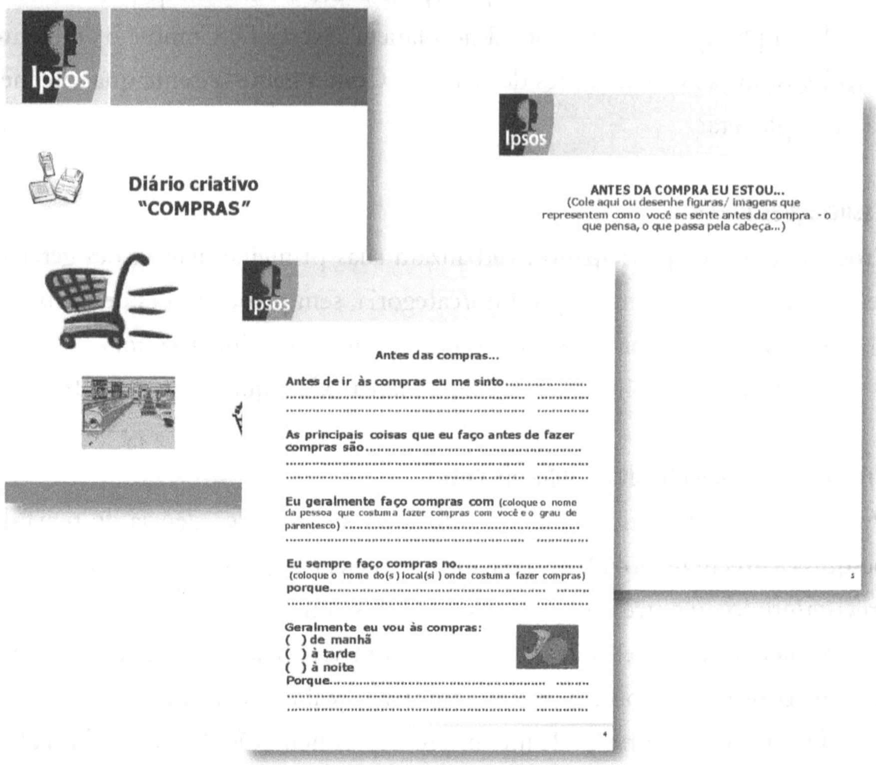

Figura 3.13 Diário criativo.

com compras de supermercado. Além dessa área mais focada nos objetivos do estudo, o diário também contava com uma parte específica sobre a entrevistada, na qual ela era estimulada a contar um pouco sobre si mesma, seu dia-a-dia, seus sonhos, frustrações, sua casa e família. Esse exercício permitiu que se relacionassem, na análise, os dados obtidos no discurso dos grupos e das entrevistas com a autopercepção da consumidora em relação ao tema estudado, gerando um entendimento holístico desse target e de sua relação com consumo.

Balões de diálogos/"bubbles"

Procedimento: os participantes, em geral de forma individual, criam e atribuem diálogos a personagens, como discussão ou reação a um determinado tema ou marca/conceito/comercial que está sendo alvo de estudo.

Objetivo: obter dados indiretos e menos racionais sobre a percepção do entrevistado a respeito do objeto de estudo; por ser aplicado individualmente, permite o levantamento de primeiras impressões de cada entrevistado, antes de o tema ser discutido com o grupo.

As figuras a serem usadas nesse exercício devem ser neutras (em termos de sexo, idade, estilo de vida), para permitir identificação ampla, sem que o entrevistado se atenha a características das figuras em suas projeções.

A ilustração a seguir mostra um exemplo de figura neutra, que pode ser usada nessa técnica. A linha abaixo de cada uma das figuras pode ser usada para que o entrevistado as identifique, o que pode fornecer dados adicionais (por exemplo, pode ser importante observar se foi atribuído um nome feminino ou masculino, se uma das figuras foi associada ao consumo de determinado tipo de produto etc.).

Figura 3.14 Balões de diálogos.

Completar frases ou histórias

Procedimento: os participantes "completam" uma frase ou história proposta pelo entrevistador/moderador – o que pode ser feito individualmente ou em grupo.

Objetivo: facilitar a expressão/verbalização de percepções e sentimentos latentes a respeito de um tema/marca/produto/categoria.

Desenhos expressivos

Procedimento: os participantes representam em desenhos sua lembrança/imagem de um tema/marca/produto/categoria.

Objetivo: levantar os elementos retidos espontaneamente pelos consumidores a respeito de um determinado tema/marca/produto/categoria.

Exemplo: desenho dos principais ícones de uma embalagem, em que se verifica o que mais se destaca na lembrança dos consumidores.

Laddering/cadeias de benefícios

Procedimento: o moderador/entrevistador procede a uma série sucessiva de perguntas, em que as respostas dos participantes encadeiam-se em novas perguntas.

Objetivo: forma de explorar exaustivamente atributos e benefícios, até chegar a sua origem e motivação psicológica mais profunda.

Exemplo: Entrevistado: "*Gosto de tomar banho*". Entrevistador: "*Por que gosta?*". Entrevistado: "*É agradável*". Entrevistador: "*Por que é agradável?*". Entrevistado: "*Fico atraente*". Entrevistador: "*Por que é importante ficar atraente?*" – e assim por diante.

Outras técnicas

Podem ser arrolados mais alguns recursos que podem auxiliar no levantamento de informações mais profundas e latentes em pesquisa qualitativa, por exemplo:

- Relaxamento: técnicas de relaxamento usadas para criar um ambiente confortável que estimule os participantes a expressar-se livremente.
- Estímulos diferenciados: uso de estímulos visuais, tácteis, sonoros etc. que podem gerar associações a determinado tema (ou marca, categoria, conceito, comercial etc.).
- Associação de fotos/atributos: seleção dos que remetem a uma determinada marca/categoria/conceito e a produtos correlatos ou concorrentes.

- *Role-playing*: os participantes assumem papéis para descrever aspectos negativos e/ou positivos de um tema/marca/produto/categoria. Com isso, podem ficar claros os pontos fortes e fracos, segundo a percepção dos consumidores. Exemplos: "tribunal", em que pessoas ou equipes "defendem" ou "atacam" o tema/produto.

Técnicas especiais/inovação

Cada vez mais, percebe-se um movimento em pesquisa qualitativa de trabalhar com estímulos variados e com novas técnicas ou abordagens diferenciadas dos tradicionais grupos ou entrevistas em profundidade.

Uma das técnicas que vêm crescendo em termos de aplicação em quali desde meados dos anos 1990 é a de grupos criativos.

Os grupos criativos podem ser realizados com consumidores finais ou com o próprio time multidisciplinar do cliente. São também conhecidos como "*team solving*"/"*problem solving*" ou "*brainstorming* dirigido".

O pressuposto desse tipo de trabalho é que o grupo tem recursos suficientes para trabalhar e resolver determinada questão de marketing pela geração de novas idéias.

Trata-se de técnicas especialmente utilizadas para processos de inovação, seja para desenvolvimento e lançamento de novos produtos, novas abordagens, novos benefícios ou mesmo para novos posicionamentos e plataformas de marca.

Assim, trabalha-se na obtenção desses *insights* a partir de técnicas diversas (projetivas, *role-playing*, vivências etc.).

Pesquisa qualitativa no contexto de comunicação

Principais aplicações

Segundo a Association for Qualitative Research (AQR),[8] pesquisa de comunicação é o

> tipo de pesquisa realizado para dar suporte ao desenvolvimento eficiente da comunicação, seja para tevê, rádio, imprensa escrita, *outdoors* ou Internet. Esse tipo de pesquisa pode ser conduzido nos estágios iniciais

[8] www.aqr.org.

> do processo, ajudando a determinar a estratégia a ser utilizada, e/ou nos estágios finais do desenvolvimento de idéias específicas de propaganda. Pode também incluir formas de avaliação de comunicação e pesquisa de diagnóstico realizadas depois que a campanha já foi veiculada.

Em linhas gerais, pode-se dizer que, respeitando as próprias limitações metodológicas, a pesquisa qualitativa é adequada a praticamente todos os estágios do processo de comunicação, entrando em maior ou menor grau em diversas fases desse processo:

- Desenvolvimento estratégico: a pesquisa qualitativa é muito utilizada nos estágios iniciais do desenvolvimento de comunicação, na medida em que auxilia na definição dos territórios temáticos a serem explorados na publicidade de determinada marca ou produto. Segundo Forrest e Prue (Marks, 2004, p. 70), "a pesquisa qualitativa ajuda a 'dar cor' aos problemas e oportunidades da marca, podendo ampliar o entendimento de elementos sutis como 'personalidade da marca' e 'imagem de usuário' e sua conseqüente utilização na comunicação".
- Desenvolvimento criativo: segundo a AQR, "nesse tipo de pesquisa, alguns caminhos criativos para uma comunicação específica são avaliados, objetivando o desenvolvimento futuro da idéia que se mostrar mais promissora e eficiente". Nessa etapa, testam-se qualitativamente as rotas ou caminhos criativos e suas possibilidades de execução e é importante separar a avaliação da estratégia de comunicação (por meio das opções por alguns caminhos criativos) da idéia de comunicação em si (ou seja, da execução, da história em si, da peça publicitária em teste). Justamente por permitir que se trabalhe com aspectos sutis da percepção, a pesquisa qualitativa é muito usada nesse estágio, já que promove uma análise detalhada dos elementos em teste (adequação à estratégia da marca, presença ou não de ruídos na execução, grau de identificação, mobilização etc.).

- Pré-avaliação e pós-avaliação: nesses casos, a pesquisa quantitativa é largamente utilizada, já que se parte do pressuposto de que aspectos mais profundos da comunicação já foram testados qualitativamente e de que se deseja, principalmente, um ajuste fino na execução das peças. Além disso, muitas vezes essas avaliações tendem a ser mais técnicas e ligadas ao tipo de resultado desejado no plano de mídia dessa comunicação. Por exemplo: qual a lembrança que este comercial vai gerar? Até que ponto vai gerar experimentação e compra? De qualquer forma, há possibilidade de conduzir um pré ou pós-teste qualitativo visando entender em profundidade alguns elementos da execução (escolha de personagens, palavras e conceitos utilizados, entendimento, credibilidade, adequação à marca etc.). Por meio da pesquisa qualitativa, consegue-se isolar aspectos de execução da peça da idéia principal contida na estratégia de comunicação escolhida.

Parte 3 – Análise semiótica

O que é a semiótica

A semiótica é a ciência que se ocupa do estudo dos signos. Entendemos por semiótica o estudo dos signos, concebendo signo como *"tudo aquilo que representa algo para alguém"*.

Enquanto a lingüística estuda o signo verbal, oral e escrito, a semiótica pode ser concebida como a ciência de todo e qualquer signo. A semiótica estuda os fenômenos da e na cultura e todo fenômeno só funciona como tal porque é também um evento da comunicação, pois se estrutura como linguagem. Desse modo, toda e qualquer prática social e cultural é uma prática de produção de linguagem que gera sentido.

O estudo da semiótica é muito antigo. Há referências que nos fazem crer que os gregos já se preocupavam com as relações entre a linguagem e o mundo cotidiano. Mesmo sem ter recebido o nome específico de semiótica, que é muito mais recente, o estudo das linguagens e dos signos vem acompanhando o homem há muito tempo (Santaella, 1995).

São várias as correntes da semiótica moderna. A semiótica de Julien Greimás surgiu na França deixando muitos adeptos, entre eles Jean-Marie Floch, Eric Landoviski e tantos outros. É baseada no estruturalismo e tem a noção de texto/discurso como centro das atenções analíticas. É também conhecida como semiótica do discurso ou ainda sociosemiótica. O principal instrumento analítico é o quadrado semiótico, um diagrama construído a partir das relações de contrários, contraditórios e complementares.

Há também a semiótica russa ou semiótica da cultura, que teve como seus principais pensadores Lotman e Jakobson, entre outros.

Temos ainda a semiótica peirceana, que surge com os estudos de Charles Sanders Peirce (1839-1914) nos Estados Unidos. Peirce era filósofo, matemático e fenomenólogo, autor de mais de 200 livros e textos sobre os fenômenos da comunicação, envolvendo a observação, a interpretação e a significação. Constituiu uma semiótica própria a partir da construção de um sistema filosófico partindo da fenomenologia, passando pelas ciências normativas, de onde surgem a estética, a ética e a semiótica e daí a Teoria Geral dos Signos. Conhecida como TGS, é uma parte da semiótica peirceana que apresenta uma classificação dos signos, sendo esta uma das partes mais "visíveis" da semiótica peirceana.

A semiótica peirceana descreve e analisa os processos semióticos sem se preocupar com o suporte material em que tais processos podem ocorrer ou em que escala podem ser observados: por um microscópio, em plantas, no mundo das coisas (material), nos animais ou qualquer atividade humana (textos, obras de arte, música etc.).

Apesar de ser essencialmente teórica, a semiótica tem "seu objeto de investigação empírico, e boa parte de seus métodos são formais" (Queiroz, 2004, p. 20). Por ser a mais abrangente "ciência de toda e qualquer linguagem", entendemos que a semiótica peirceana é a mais adequada teoria para o uso que dela pretendemos fazer, por isso é que retiramos nosso método de análise de Teoria Geral dos Signos de Charles Sanders Peirce.

Como a semiótica se aplica à pesquisa de mercado

A semiótica é capaz de analisar tudo o que é comunicado em uma mensagem. E, nesse sentido, está habilitada a revelar a potência comunicativa do signo em análise por meio da aplicação de um percurso semiótico extraído da Teoria Geral dos Signos de Peirce.

A teoria semiótica é capaz de nos fazer penetrar no movimento interno das mensagens, o que nos dá a possibilidade de resgatar toda a complexidade dos mecanismos que são usados nas linguagens, tais como palavras, imagens, texturas, diagramas, sons etc. Nesse sentido, a semiótica analisa a emissão sígnica e a potencialidade de geração de efeitos de sentido nas mentes interpretadoras. Em contraposição, a pesquisa qualitativa busca evidenciar a recepção sígnica, ou seja, como as pessoas recebem a comunicação do signo.

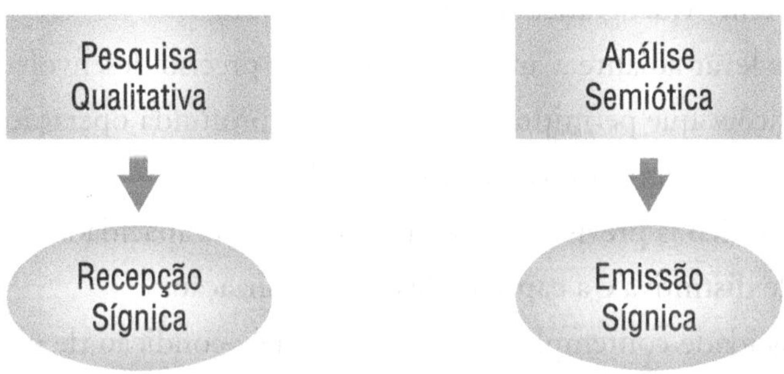

Figura 3.15 A comunhão entre pesquisa qualitativa e semiótica.

Como percebemos, a pesquisa qualitativa e a semiótica podem operar em conjunto sendo complementares: a semiótica analisa a emissão sígnica e a pesquisa qualitativa analisa a recepção.

Uma das questões que se apresentam para a análise semiótica é que sua investigação é tão profunda que muitas vezes não é percebida por toda a audiência e a resposta é sempre a mesma: pode não estar sendo percebida determinada mensagem contida no signo, porém ela está lá (potencial) e pode estar operando inconscientemente. Há que sempre se considerar o repertório da audiência antes de qualquer tipo de afirmação, porque a potência comunicativa do signo é percebida de modo diferente de acordo com o campo de experiência dos diferentes públicos, processando, por sua vez, diferentes efeitos de sentido.

Considerações sobre o método de análise

A semiótica peirceana tem três divisões. A primeira divisão é a mais importante para as nossas necessidades, visto que ela nos fornece as definições e classificações de todos os tipos de códigos, linguagens, signos, sinais etc. de qualquer espécie que seja e de tudo que os envolve: *significação*, *representação*, *objetivação* e *interpretação*. É dessas definições e classificações, portanto, que podem ser retirados os princípios norteadores para o método de análise de todas as formas de expressão mercadológicas: nome, cor, som, logotipo, embalagem, rótulo, slogan, personagem etc. em qualquer meio que estas possam aparecer: impresso, foto, rádio, cine, videográfico ou digital.

Para se levar adiante a análise semiótica, é preciso desenvolver no semioticista condições que permitirão uma correta e profunda operação teórica. Estamos aqui nos referindo às três capacidades essenciais para a aplicação do método semiótico já previstas por Peirce. São elas: a capacidade contemplativa, a capacidade distintiva e a capacidade de generalização.

A capacidade contemplativa refere-se àquela condição de olhar sem preconceito, "abrir a janela do espírito e ver o que está diante dos olhos" (Santaella, 1983, p. 32). A capacidade distintiva é aquela condição de separar semelhanças e diferenças, segregando-as. Já a capacidade de generalização é a faculdade de recompor as observações, classificando-as ou categorizando-as.

O roteiro analítico

Como vimos, a teoria semiótica nos faz penetrar no movimento interno das mensagens, o que nos permite analisar as mensagens em vários níveis. Três caminhos são essenciais e destes partem todos os desdobramentos analíticos. Esses caminhos são: a análise do signo nele mesmo, do signo em relação ao objeto que representa (ou tenta representar) e do signo em relação aos efeitos (interpretantes) que pretende gerar. Assim, temos:

1. As mensagens em si mesmas (o signo nele mesmo):

1.1 Neste nível são analisadas as propriedades internas do signo, ou seja, seus aspectos qualitativos, sensórios, tais como, na linguagem visual, cores, linhas, formas, textura, brilho, volumes, movimento etc. Neste aspecto estamos analisando as qualidades do signo ou, em terminologia semiótica, os *quali-signos* das mensagens.

1.2 No seu aspecto singular, como uma mensagem que existe, aqui e agora, em um determinado contexto, oferecendo-se à percepção. Neste caso, estaremos analisando os *sin-signos* de uma mensagem. Exemplo: uma obra de arte em um museu, em uma casa, em um leilão.

1.3 No seu caráter geral de algo que pertence a uma classe de coisas, quando estaremos analisando os *legi-signos* das mensagens. Exemplo: as palavras.

2. Análise da relação com aquilo que as mensagens indicam (signo em relação ao objeto), aquilo a que elas se referem ou representam. Também surgem três níveis:

2.1 Quando a capacidade de aplicação ou a referencialidade das mensagens deriva simplesmente do poder de sugestão que surge de seus aspectos sensoriais, qualitativos, estaremos falando de *ícones*.

2.2 Quando a referencialidade é direta, isto é, quando as mensagens indicam aquilo que elas se referem sem ambigüidades, estaremos falando de *índices*. Exemplo: uma ampulheta e um relógio são índices da medida do tempo; um termômetro mostra a temperatura.

2.3. Quando as mensagens têm o poder de representar idéias abstratas, convencionais, estaremos falando de *símbolos*. Os símbolos são criações humanas e, nesse aspecto, podem representar idéias totalmente inovadoras e sem antecedentes, por isso podem ser arbitrárias. Os logotipos são essencialmente símbolos. Exemplo: o *switch* da Nike.

3. Nos tipos de efeitos que as mensagens estão aptas a produzir nos seus receptores, isto é, nos tipos de interpretação que elas têm o potencial de despertar nos seus usuários (e que efetivamente produzem: por isso chamado de interpretante dinâmico), surgem três níveis:

3.1 Há efeitos interpretativos que são puramente qualidade, ou seja, *emocionais*. Exemplos: sugestão de beleza, status elevado, glamour, poder, sofisticação.

3.2 Há efeitos que são reativos e ocorrem quando a interpretação é efetuada por meio de uma experiência concreta, ou seja, de uma *ação*. Exemplo: sentir conforto quando se senta em um estofamento macio.

3.3 Há efeitos que têm a natureza do pensamento, quando a interpretação tem um caráter *lógico*. Exemplo: um hábito revela como toda e qualquer mente reagiria, dadas determinadas condições.

Tendo esse panorama em vista, nosso percurso metodológico pode dar conta das questões relativas às diferentes naturezas que as mensagens podem ter, às suas misturas possíveis (palavra e imagem, por exemplo), aos seus processos de referência ou aplicabilidade e aos modos como, no papel de receptores, as percebemos, sentimos e entendemos, enfim, como reagimos diante delas.

Aplicações do método – expressividades

O método semiótico tem sido usado como possibilidade de revelação da potencialidade comunicativa de signos mercadológicos nas suas mais diferentes expressividades e mídias. Essas aplicações se resumem em: análise de logotipia; análise do nome da marca; análise do símbolo; análise de rótulo; análise de embalagem; análise de discurso; análise de protótipos de produto; análise de universo semântico; análise de mascote ou personagem; análise publicitária (mídia audiovisual), entre outras.

Além disso, sua utilização também é recomendada para casos em que se pretende evidenciar níveis de semelhança existente entre dois ou mais signos – por exemplo, embalagem e rótulo – e nesse sentido tem uma vasta aplicação como embasamento de processos de plágio.

A mais recente utilização do método semiótico é a integração com os conhecimentos de antropologia. O método antropossemiótico une a capacidade de leitura e interpretação sígnica da semiótica com o conhecimento a respeito do homem, suas crenças, usos e costumes e sua integração social.

Bibliografia

AAKER, A. D.; KUMAR, V.; DAY, G. S. *Pesquisa de marketing.* São Paulo: Atlas, 2001.

ECO, U. *Viagem na irrealidade cotidiana.* Trad. A. F. Bernardini e H. F. Andrade. Rio de Janeiro: Nova Fronteira, 1984.

__________. *O signo.* Lisboa: Presença, 1986.

FLOCH, J.-M. *Semiotica, marketing y comunicación. Bajo los signos, las estrategias.* Madri: Paidos/Iberica, 1993.

FONTANILLE, J. *Sémiotique du discours.* Limoges: Pulim, 1998.

FRAENKEL; B.; LEGRIS-DESPORTES, C. *Entreprise et sémiologie: analyser le sens pour maîtriser l'action.* Paris: Dunod, 1999.

GOODE, W. J.; HATT, P. K. *Métodos em pesquisa social.* São Paulo: Nacional, 1977.

GORDON, W. *Goodthinking: A guide to qualitative research.* Londres: NTC, 1999.

HAMILTON, J. *What is marketing research?,* 1989.

HOLBROOK, M.; HIRSCHMANN, E. *The semiotics of consumption: interpreting symbolic consumer behavior in popular culture and works of art.* Berlim, Nova York: Mouton de Gruyter, 1993.

LEPSCH, S. L. *Marketing: planejamento e estratégia.* São Paulo: USP, Treinamento Tecnológico Cooperação Universidade Empresa, 2000.

MALHOTRA, N. K. *Pesquisa de marketing: uma orientação aplicada.* Porto Alegre: Bookman, 2001.

MATTAR, F. N. *Pesquisa de marketing.* São Paulo: Atlas, 1999.

MARKS, L. et al. *Qualitative research in context.* Londres: Admap, 2004.

MICK, D. G. *Semiotics in marketing and consumer research.* Nova York: Post Cards from the Edge, 1997.

__________. *Contributions to the semiotics of marketing and consumer behavior.* The Semiotic Web, 1997.

NOGUEIRA, O. Os conceitos de método e de técnica e enumeração das principais modalidades de métodos e técnicas usadas pelas ciências sociopsicológicas. *Pesquisa social.* São Paulo: Nacional, 1968. Parte II, Capítulo 7.

NÖTH, W. *Panorama da semiótica – de Platão a Peirce.* São Paulo: Annablume, 1995.

__________. *A semiótica no século XX.* São Paulo: Annablume, 1996.

__________. Semiótica e o estudo das mídias. *FACE Revista de Semiótica e Comunicação,* São Paulo: Experimento, v. 5, n. 1, 1996.

PEIRCE, C. S. *Semiótica.* Trad. J. Teixeira Coelho. São Paulo: Perspectiva, 1977.

__________. *Escritos coligidos.* Seleção de Armando M. D'Oliveira. Trad. Armando D'Oliveira e Sergio Pomerangblum. São Paulo: Abril Cultural – Os Pensadores, 1974.

PEREZ, C. *Signos da marca. Expressividade e sensorialidade.* São Paulo: Thomson Learning, 2004.

__________. *Marketing & semiótica: um modelo de análise das expressividades da marca.* São Paulo, 2001. Tese (Doutorado) – Pontifícia Universidade Católica.

QUEIROZ, J. *Semiose segundo C. S. Peirce.* São Paulo: Educ/Fapesp, 2004.

OLIVEIRA, D. M. T.; PUPO, A. Curso de pesquisa qualitativa I. Associação Brasileira de Pesquisa de Mercado (Abep), 2005.

PINHEIRO, R. M. et al. *Comportamento do consumidor e pesquisa de mercado.* Rio de Janeiro: FGV, 2004.

SANTAELLA, L. *A teoria geral dos signos – Semiose e autogeração.* São Paulo: Ática, 1995.

__________. *O que é semiótica.* São Paulo: Brasiliense, 1983.

__________. *A assinatura das coisas – Peirce e a literatura.* Rio de Janeiro: Imago, 1992.

__________. Semiótica e outras ciências. In: OLIVEIRA, A. C.; SANTAELLA, L. (orgs.). *Cadernos PUC 30.* São Paulo: Educ, 1987.

__________. Por uma classificação da linguagem visual. *FACE, Revista de Semiótica e Comunicação,* São Paulo: Educ, v. 2 n. 1, 1989

__________. *A percepção – Uma teoria semiótica.* São Paulo: Experimento, 1998.

SANTAELLA, L.; NÖTH, W. *Imagem – Cognição, semiótica, mídia.* São Paulo: Iluminuras, 1998.

SELLTIZ, C. Seleção e formulação de um problema de pesquisa. *Métodos de Pesquisa em Relações Sociais.* São Paulo: EPU/Edusp, 1975, Cap. 2.

SOLOMON, M. R. *O comportamento do consumidor – Comprando, possuindo e sendo*. Porto Alegre: Bookman, 2002.

WELLIS, W. D.; TIGERT, D. J. Activities, Interests and Opinions. *Journal of Advertising Research*, The Advertising Research Foundation, v. 11, p. 27-35, ago. 1971.

Links recomendados

www.qrca.org – Qualitative Research Consultant Association.

www.aqr.org – The Association for Qualitative Research.

www.arfsite.org – Advertising Research Foundation.

www.sharpenthefocus.com – Livingston, Sharon Dr.

4

Caminhos da direção de arte

Dorinho Bastos*

"Vivemos na era da imagem." Há quantos anos, ou décadas, ouvimos essa frase, que parece ter a mesma força dos tempos de sua origem. Isso só demonstra que o poder da imagem não parou de crescer, nem sua capacidade de persuasão, em todas as áreas da comunicação.

Discutir aqui que as sociedades atuais recebem uma monstruosa carga de informação diariamente; que o homem da era moderna não tem disponibilidade para a interpretação de grandes textos; que no mundo globalizado a imagem se torna uma linguagem universal, enfim discutir por que a comunicação chegou a esse ponto não é objetivo deste capítulo. Isso pode ser lido com muito mais propriedade em autores como Baudrillard, Barthes, Dondis, Bruno Munari e tantos outros.

Partimos aqui do princípio de que hoje "Sede não é nada, imagem é tudo". Não cabe aqui, também, a discussão de quem tem mais importância nos dias atuais: os diretores de arte ou os redatores. Essa discussão não existe. O texto terá sempre importância fundamental na comunicação. O que queremos demonstrar é a valorização da "imagem como mensagem" e, por conseqüência, a valorização do profissional da direção de arte.

* Professor de criação da ECA-USP, doutor em arquitetura pela FAU-USP.

Especificamente na publicidade, isso pode ser demonstrado com grande facilidade. São inúmeras as peças nas quais a imagem traduz o que poderia gerar longos discursos verbais (figuras 4.1 e 4.2).

É óbvio que a imagem sempre foi importante na construção da mensagem publicitária, afinal é a correta forma de apresentação do produto e seus benefícios. Além disso, imagem e texto sempre foram utilizados na construção do discurso mercadológico para atrair a atenção do público, gerando o conhecido "apelo" da mensagem publicitária.

Mas essa imagem, invariavelmente, era um "apoio" do texto. Este sim tinha uma grande importância no processo de comunicação. O princípio básico da mensagem publicitária era verbal, a imagem era complemento. Isso mudou. Hoje, imagem tem história, tem discurso e conceito. O "apelo" hoje é a imagem.

A professora Donis Dondis, em sua obra *Sintaxe da linguagem visual*, comenta:

> Em textos impressos, a palavra é o elemento fundamental, enquanto os fatores visuais, como o cenário físico, o formato e a ilustração, são secundários ou necessários apenas como apoio. Nos modernos meios de comunicação acontece exatamente o contrário. O visual predomina, o verbal tem função de acréscimo.

Se voltarmos para o início do século XX, época em que alguns autores pontuam o nascimento da propaganda no Brasil, isso fica mais evidente. Nas primeiras décadas desse século, os grandes anunciantes no Brasil eram os laboratórios farmacêuticos. Isso em função da explosão de vendas de medicamentos, conseqüência de uma quantidade de epidemias sofridas pela população na época. Com poucas mídias disponíveis, apenas algumas capitais possuíam um jornal com algum grau de penetração no mercado. A mídia hoje chamada de outdoor, que utiliza painéis em edificações, já era utilizada naquela época como suporte da mensagem publicitária. Mas pouco comentado em nossos dias foi o aparecimento de outra mídia no mercado nas primeiras décadas do século XX: o cartão-postal (Figura 4.3). E os laboratórios farmacêuticos utilizavam essa "nova" mídia em larga escala.

Essa forma de comunicação vem demonstrar a função da ilustração nos primórdios da propaganda. Esses cartões vinham da Europa com uma face já impressa. Com desenhos ainda influenciados pelo movimento *art nouveau*, estilo que no final do século XIX encantou aquele continente, as ilustrações não possuíam a mínima relação com o produto anunciado. No Brasil, a face não impressa era utilizada para divulgar produtos, principalmente farmacêuticos. Em alguns casos, a mensagem do anunciante era colocada sobre a imagem já impressa. Com a indústria gráfica ainda não desenvolvida, a impressão de cores era inviável no início do século XX, e a importação desses cartões parcialmente impressos era uma forma de deixar mais atraente a mensagem publicitária.

Sobre essa curiosa forma de divulgação de produtos, Nelson Cadena, em sua obra *Brasil: 100 anos de propaganda* (2001), diz:

> Na ânsia pela descoberta de uma comunicação de massa, os fabricantes de remédios procuram veículos cada vez mais intimistas. E nesse caso nada melhor que o cartão-postal, cuja expansão pode ser comparada, sem ressalvas, à corrida pela Internet no final do século XX.

Nos exemplos dos cartões-postais, percebemos que as imagens utilizadas tinham apenas uma intenção decorativa. Como já foi enfatizado, não existia a menor relação entre texto e imagem.

Com a evolução da comunicação mercadológica, as próximas décadas do século XX passaram a valorizar a imagem do produto. É importante percebermos que a evolução de todo o processo de comunicação está intimamente ligada à evolução da tecnologia. No caso, o desenvolvimento da indústria gráfica foi fundamental para um crescimento da comunicação mercadológica. Com a possibilidade da reprodução de imagens, mesmo que ainda precárias, o desenho tomou conta das mensagens publicitárias (figuras 4.4 e 4.5).

Cabe lembrar que, apesar de a fotografia ter sido criada na terceira década do século XIX, sua reprodução nos meios de comunicação, como jornais e revistas, ainda não era possível.

A reprodução dos meios-tons ou dos tons de cinza, característica dos efeitos de luz e sombra da fotografia, era inviável para as técnicas gráficas existentes.

Assim, as primeiras décadas do século XX viram predominar os grandes ilustradores na propaganda brasileira.

> Mais trabalhoso que o anúncio ilustrado é o produzido com recursos fotográficos. A transposição da imagem para o clichê mostra-se um processo extremamente complicado e de resultados imprevisíveis. Fora as limitações técnicas para o fotógrafo profissional, a dificuldade é carregar e montar o "trambolho" do equipamento, que necessita do auxílio de carroças e auxiliares. (Cadena, 2001, p. 19)

Na época, o que se conseguia era a reprodução de "desenhos a traço", com cores chapadas. E de preferência com cor única. Esse detalhe tecnológico explica a prática da inserção do desenho nas mensagens, que mesmo apresentando uma "rusticidade" sob a ótica atual pode ser considerado um marco do início da função do profissional de arte na publicidade (figuras 4.6 a 4.8).

Mais evolução tecnológica e enfim os meios-tons viriam a ser reproduzidos nos veículos de comunicação. Ou seja, uma fotografia poderia ser reproduzida em um anúncio. Isso mudou radicalmente a direção de arte das peças para jornais e revistas. E não só a direção de arte. Não é errado falarmos que a inclusão da fotografia, como elemento de construção da mensagem publicitária, mudou a estratégia da comunicação.

Afinal, a ilustração sempre dependerá de um estilo do ilustrador para registrar no papel a imagem de objetos reais. Já a fotografia produz a cópia perfeita desses mesmos objetos, obtendo o status de registro da realidade. A imagem fotográfica não é o real, mas podemos considerar que seja seu análogo perfeito.

Essas reflexões sobre a fotografia podem ser lidas na obra *O óbvio e o obtuso*, de Roland Barthes, que diz ainda: "Em nenhum outro procedimento, a conotação incorpora tão completamente a máscara objetiva da denotação" (1990, p. 16).

A possibilidade de mostrar o produto como ele realmente é e de demonstrar a satisfação do consumidor que utiliza esse produto foi estratégia amplamente utilizada na comunicação da época.

Observando algumas imagens, percebemos que, apesar da inserção da fotografia, o texto ainda tem importância fundamental nas estratégias. Os anúncios eram peças de informação; descreviam atributos do produto e enfatizavam o prazer do seu consumidor. As mensagens, na maioria das vezes, tinham um apelo racional. Em grande parte dos casos o problema de comunicação não era apenas vender, mas também "ensinar" os benefícios dos produtos.

O que se percebe na direção de arte dessas peças é a presença, do ponto de vista atual, de um excesso de informação. E, além disso, um desejo de comunicar todas essas informações com a mesma intensidade. Para isso eram utilizados destaques nos blocos de texto, com variações de famílias tipográficas e de "peso" dessas fontes. No caso do anúncio em quadricromia, a cor era outra estratégia para valorizar detalhes da comunicação.

O resultado dessas ações é a geração de diversos elementos gráficos, que acabam dificultando a composição do layout da peça.

Destacando momentos pontuais de transformação da mensagem publicitária, não podemos deixar de comentar a década de 1960. Surge nessa época a "consciência" do design na direção de arte dos anúncios. Numa clara influência dos trabalhos feitos nos Estados Unidos por agências como DDB/Doyle, Dane e Bernbach, a direção de arte passa a ser ousada. Os textos continuam longos, mas a relação imagem/texto passa a ser mais dinâmica. A imagem começa a "contar" histórias. Apesar de os títulos dos anúncios ainda serem construídos com uma tipografia "pesada", com grande corpo de letra, as famílias tipográficas mais adotadas seriam os tipos tidos como modernos, sem detalhes ornamentais e serifas. Famílias tipográficas como Grotesca, Helvética, Univers e Futura eram constantemente utilizadas nas peças de comunicação.

Observando algumas peças criadas na década de 1960, percebemos uma evolução gradual do layout do anúncio publicitário. É notória a transformação da comunicação na mídia impressa. Parece clara a sinergia entre texto e imagem. Isso pode ser explicado por outro evento ocorrido no Brasil dos anos 1960: a instituição da dupla de criação. Até aquela década, o trabalho dos dois profissionais, redator e diretor de arte, mantinha uma independência, inclusive de espaço/local de trabalho. O redator criava o texto, que era enviado ao "estúdio de arte" da agência, onde recebia o tratamento gráfico. E novamente por influência do sistema de trabalho das agências norte-americanas, é implantado no universo da publicidade o conceito de dupla de criação, no qual, lado a lado, redator e diretor de arte constroem a mensagem publicitária.

O conjunto desses eventos dá à década de 1960 o título de "Década da revolução criativa". E essa "revolução" não acontece somente na concepção dos layouts da época, mas também no objetivo da comunicação como um todo.

Se nos anos pré-1960 o objetivo da comunicação publicitária era identificar uma razão convincente para que os consumidores comprassem determinado produto, nos anos pós-1960 profissionais como Bill Bernbach, sócio da agência norte-americana DDB, propõem uma nova visão sobre a criatividade das mensagens publicitárias. Afirma Bill: "A publicidade é fundamentalmente persuasão, e esta não é uma ciência, e sim uma arte".

Vale aqui lembrar que foi Bernbach quem implantou o conceito da dupla de criação nas agências de propaganda norte-americanas, proposta depois adotada na propaganda mundial.

E foi dele também a direção criativa da campanha da Volkswagen de 1960, marco dessa revolução criativa (Figura 4.9).

Paulo Roberto Vasconcellos, em sua dissertação de mestrado, na qual analisa a evolução da linguagem publicitária, coloca que Bernbach cria um conceito, um método de criação que perdura até hoje nas grandes agências. O diretor de arte passa a ser mais que um mero "montador de layouts": ele passa a pensar na imagem conceitualmente, para trabalhá-la com o texto, e não para simplesmente ilustrá-lo. A experiência que Bernbach teve trabalhando ao lado de Paul Rand, um dos grandes nomes do design norte-americano, deixou claro para ele que, se um redator trabalhasse em conjunto com um diretor de arte capaz de pensar além do aspecto formal do anúncio, o resultado seria infinitamente melhor. Hoje, redatores e diretores de arte trabalham tão próximos que fica difícil saber, às vezes, quem criou o texto e quem criou a imagem.

E não demorou muito para que essa revolução na comunicação publicitária, com novos conceitos na linguagem, chegasse ao Brasil. E por aqui, foi a agência Alcântara Machado Periscinotto, hoje Almap, uma das primeiras a trabalhar esses conceitos (Figura 4.10).

Nas décadas posteriores, 1970, 1980 e 1990, houve um crescimento vertiginoso da propaganda brasileira. Crescimento dos valores investidos no marketing de produtos e serviços, por conseqüência do crescimento dos valores investidos na mídia com o objetivo de "venda" desses produtos/serviços. Essa situação foi fruto do início de uma forte concorrência de marcas oferecidas aos consumidores. Essa postura de mercado gerou a necessidade de uma comunicação mercadológica mais criativa. A comunicação criativa passou a ser a técnica eficaz para atrair o mercado para marcas. Assim, a revolução criativa iniciada nos anos 1960 teve nas décadas seguintes a consagração de uma atitude na comunicação.

Especificamente no Brasil, a criação publicitária teve, nos anos 1970, outras motivações para seu desenvolvimento. Essa década marcou o início da consagração da criação, avalizada por premiações nacionais e internacionais. No Brasil surgiu, nessa época, o Prêmio Colunistas de Propaganda, premiação existente até hoje e que teve fundamental importância no desenvolvimento da propaganda brasileira. E foi também no início da década de 1970 que ocorreu a primeira participação do Brasil no Cannes Lyons, o principal festival da propaganda mundial, que acontece há mais de 50 anos na cidade de Cannes, na França.

A profusão das premiações da produção publicitária no Brasil, acompanhando os eventos no exterior, teve como conseqüência o cuidado, cada vez maior, com o "acabamento" da peça de comunicação, com sua produção e direção de arte.

E o crescimento e a importância dos festivais internacionais, principalmente o de Cannes, com a presença de quase cem países anualmente, onde o Brasil, por anos, tem tido uma participação considerável, acabaram estabelecendo uma fórmula de comunicação globalizada, na qual a imagem, como linguagem universal, é privilegiada como forma de comunicação.

Assim, chegamos hoje a uma extrema "comunicação imagética". Alguns citam os discursos da comunicação atual como "texto visual". A imagem, que inicialmente era coadjuvante do discurso verbal, hoje tem o domínio do conteúdo argumentativo do anúncio.

Temos de lembrar de outro raciocínio de Roland Barthes, que explica que a fotografia é sempre "polissêmica". Numa imagem, os objetos que a compõem têm um significado, se isolados, e muitos outros, se combinados entre si, tendo como conseqüência uma cadeia de significados. O texto teria um valor repressivo em relação à liberdade dos significados da imagem.

A estratégia de persuasão está na colocação de uma imagem estranha e "impactante". Por exemplo, não é sempre que podemos observar um pernilongo sobre um pimentão em uma página dupla de revista. Essa imagem poderia gerar uma longa dissertação para a busca de um significado, mas o texto "Os insetos vão ter que mudar de dieta" estabelece um único significado para o discurso imagético.

Alguns profissionais pactuam com a tese de que a propaganda caminha para o entretenimento e que algumas peças aqui apresentadas poderiam fazer parte de um "jogo" entre criador e público. A "descoberta da mensagem" irá causar uma sensação de satisfação do seu entendimento, e a comunicação entre emissor e receptor estará estabelecida de forma sutil e gratificante.

Essa alteração de valores dos elementos que compõem a peça publicitária, no caso a ascensão do imagético, acabou interferindo na valorização dos próprios profissionais de criação, principalmente do diretor de arte, responsável pelo "acabamento" final da peça de comunicação. Ele participa do processo criativo, dirige a execução da foto, define a família tipográfica do texto, harmoniza o cromatismo da peça e concebe o layout do conjunto. E o impacto desse conjunto de elementos é fundamental no encontro da mensagem com o receptor.

Como vimos, essa transformação nas estratégias de comunicação acabou ocorrendo nas últimas décadas do século XX. E foi no final da década de 1990 que o The Art Directors Club of New York, uma associação internacional de diretores de arte, verbalizou essa ocorrência.

Todos os anos, o The Art Directors reúne seus associados e promove a escolha das melhores peças publicitárias veiculadas durante o ano. Essa ação acaba gerando uma publicação anual, assim como exposições das peças premiadas pelo clube.

Em 1998, no catálogo que apresentava a exposição no Brasil, Bill Oberlander, então presidente do The Art Directors Club, colocou o seguinte texto no folder que promoveu o evento:

> Se dois estranhos, num coquetel, não sentem imediatamente uma atração visual, não há chance de que desfrutem de uma conversação estimulante. Acontece o mesmo no encontro entre o anúncio e o consumidor.

> Noventa e cinco por cento dos consumidores de hoje decidem suas compras por razões emocionais. Esse processo emocional é criado e estimulado pelo imediato poder visual do anúncio. Títulos espertos e textos convincentes não têm papel importante no relacionamento, como uma poderosa direção de arte.
>
> A direção de arte não significa mais decoração: é uma consideração estratégica séria. A direção de arte de um anúncio pode dizer mais sobre uma marca (e diz muito mais rapidamente) que palavras. Executada corretamente, a direção de arte tem o poder de conquistar a audiência mais rapidamente e sensibilizá-la mais profundamente.
>
> Com essa explosão da imagem, da comunicação integrada à multimídia, os papéis dos executivos da propaganda e do *design* mudaram dramaticamente.
>
> Os líderes com mais poder, hoje, não são os redatores, o planejamento, o atendimento, mas sim os diretores de arte e *designers*.

Pode ser até que Bill Oberlander tenha exagerado no seu texto, que acaba demonstrando um "ufanismo" em relação à direção de arte – essa deve ser, por exemplo, a opinião dos redatores –, mas seu discurso é emblemático. Quem vive ou tem estreito contato com o mercado publicitário sabe que o poder dos diretores de arte aumentou, ocupando espaços estratégicos dentro das agências. Essa é uma das verdades na argumentação de Oberlander.

Essa é uma das verdades da atual propaganda.

Bibliografia

BARRETO, R. M. *Criatividade em propaganda.* São Paulo: Summus, 2004.

BARTHES, R. *A Câmara clara.* Rio de Janeiro: Nova Fronteira, 1980.

BERTOLOMEU, J. V. C. *Criação na propaganda impressa.* São Paulo: Futura, 2002.

CADENA, N. V. *Brasil, 100 anos de propaganda.* São Paulo: Referência, 2001.

CARDOSO, R. *Uma introdução à história do design.* São Paulo: Edgard Blücher, 2004.

CÉSAR, N. *Direção de arte em propaganda.* São Paulo: Futura, 2000.

CRAIG, J. *Produção gráfica.* São Paulo: Mosaico, 1989.

DONIS, D. A. *La sintaxe de la imagem.* Barcelona: Gustavo Gili, 1985.

FARINA, M.; BASTOS, D.; PEREZ C. *Psicodinâmica das Cores em Comunicação.* São Paulo: Edgard Blücher, 1982.

FISHEL, C. *Como recriar a imagem corporativa.* Barcelona: Gustavo Gili, 2003.

FRUTIGER, A. *Sinais e símbolos.* São Paulo: Martins Fontes, 1999.

HOLLIS, R. *Design gráfico: uma história concisa.* São Paulo: Martins Fontes, 2001.

HURLBURT, A. *Layout: O design da página impressa.* São Paulo: Nobel, 1086

MARCONDES, P. *Uma história da propaganda brasileira.* São Paulo: Ediouro, 2001.

MUNARI, B. *Diseño y comunicación visual.* Barcelona: Gustavo Gili, 1976.

NIEMEYER, L. *Tipografia: uma apresentação.* Rio de Janeiro: 2AB, 2000.

PETIT, F. *Marca e meus personagens.* São Paulo: Futura, 2004.

PREDEBOM, J. *Criatividade hoje: como se pratica, aprende e Ensina.* São Paulo: Atlas, 1999.

STRUNK, G. *Como criar identidades visuais para marcas de sucesso.* Rio de Janeiro: Rio Books, 2001.

WILLIAMS, R. *Design para quem não é designer.* São Paulo: Callis, 1995.

5

Criação e linguagem publicitária: redação

João Anzanello Carrascoza*

A criação publicitária

A equipe de criação de uma agência de propaganda é responsável pela elaboração de todo tipo de peças publicitárias. Os profissionais dessa área são uma espécie de *bricoleur*, com a missão de compor mensagens de impacto valendo-se dos mais diversos discursos existentes, para assim persuadir o público-alvo. Os "criativos", como também são chamados, atuam cortando, associando, unindo e, conseqüentemente, editando informações que encontram no repertório cultural da sociedade.

A bricolagem é a operação intelectual por excelência da criação publicitária e do pensamento mítico (Rocha, 1990, p. 57-58). Por meio dessa técnica são criadas peças avulsas ou campanhas de produto/serviço, institucionais, corporativas, políticas etc. Mas para o processo de criação ser disparado é preciso que a equipe criativa receba um mapa de intenções, ou seja, o briefing. Nesse documento são arroladas as principais informações que vão orientar o redator e o diretor de arte envolvidos no trabalho. Essas informações são, por exemplo,

* Doutor e mestre em Ciência da Comunicação pela ECA-USP, é redator da JWThompson São Paulo, professor da ECA-USP e da ESPM.

os objetivos da ação publicitária, o posicionamento a ser adotado, a promessa básica, o conteúdo da comunicação, o perfil do target etc.

Munidos dessas informações, os "criativos" começam a gerar idéias visando encontrar soluções para o desafio proposto. Esse é o momento do *brainstorming*, que literalmente significa "tempestade cerebral". Na prática, trata-se de uma troca de idéias entre o redator e o diretor de arte, que lançam mão de tudo o que têm ao seu dispor (cultura pessoal, vivências, material informativo sobre o assunto etc.). Esses dois profissionais vão associando, como qualquer *bricoleur*, vários tipos de proposições, que resultam em caminhos de criação. Uma vez aperfeiçoados, esses caminhos manifestam o "conceito" (forma criativa de comunicar o argumento principal de venda) e podem ser desdobrados nas mais diferentes peças de propaganda, que necessitam de ajustes conforme suas particularidades.

A etapa de adequação do conceito exige a mesma criatividade despendida em sua busca. Nela se dá um dos erros mais comuns observados em campanhas publicitárias: o conceito é transposto para os veículos sem que se leve em consideração as especificidades de linguagem de cada um. O outdoor exibe mais informação verbal do que deveria, o *spot* de rádio se limita a reproduzir a locução do comercial de TV, o banner ou o *pop-up* da Internet copiam o título e o *layout* do anúncio. Igualmente, materiais de *no media* (cartazes, folhetos, *flyers* etc.) apenas reverberam o conceito; não há o máximo proveito das possibilidades criativas inerentes a cada peça, o que ampliaria seu poder de sedução.

Dar unidade a uma campanha não é colocar a idéia em um molde nem inserir as mesmas informações em todas as peças, mas encaixar inteligentemente o conceito de acordo com o perfil e as peculiaridades que o meio permite. Portanto, redator e diretor de arte devem atentar para essa adaptação, empenhando-se com consciência a fim de fortalecer a mensagem geral e evitar a monotonia ou a poluição criativa.

Nosso propósito, contudo, é fazer uma viagem de reconhecimento pela criação publicitária voltada para a mídia impressa, enfatizando a peça que melhor a representa: o anúncio.

Caminhos criativos

O anúncio possui basicamente duas dimensões: uma verbal e outra visual. Elaborar a primeira delas é o principal trabalho do redator, enquanto a segunda é atribuição do diretor de arte. Esses profissionais atuam em conjunto, formando as chamadas duplas de criação, mas houve um tempo em que o faziam isoladamente, o que se refletia no próprio resultado da propaganda, de pouca interação entre as duas áreas. O redator criava o conceito que, depois, era passado ao diretor de arte, a quem cabia apenas ilustrá-lo.

Nos anos 1960, uma agência de publicidade norte-americana, a DDB (Doyle Dane Bernbach), mudou essa metodologia, juntando os dois profissionais, que então passaram a elaborar o conceito em parceria (Levenson, 1987). A interação entre texto e imagem produziu um salto de qualidade, um aprimoramento na linguagem publicitária, o que possibilitou soluções mais atraentes.

Embora as atividades do redator e do diretor de arte sejam simbióticas, sobretudo na hora de optar por uma abordagem criativa, nossa ênfase aqui se dará sobre o sistema verbal do anúncio, já que as particularidades do campo visual foram detalhadas no Capítulo 4 sobre direção de arte.

Pois bem: esse sistema verbal é constituído basicamente de título, texto e slogan. Inicialmente, trataremos do título e, em seguida, do slogan, porque, como logo veremos, os dois apresentam semelhanças, embora cada um tenha uma missão a cumprir em relação ao anúncio. São, aliás, suas duas balizas verbais – o título que inicia o circuito lingüístico, o slogan que o fecha, e ambos ligados pelo texto propriamente dito – que trazem o conteúdo mais pormenorizado da comunicação. Numa analogia simples, temos um sanduíche: título e slogan são as fatias do pão, o recheio é a argumentação (texto).

Título e sua interação com a imagem

Há na propaganda impressa uma relação de complementaridade entre título e imagem. Essas duas instâncias da linguagem publicitária têm a função de atrair a atenção do leitor e persuadi-lo a aderir ao produto/serviço anunciado. Diferentemente da técnica jornalística, em que a legenda para uma foto mantém com ela uma relação previsível, num anúncio o título cria uma relação de originalidade com o visual (foto e/ou ilustração).

Por exemplo: um anúncio com o título "A zona azul de Aruba". Se tivéssemos a foto de uma rua onde se estacionam veículos em Aruba, haveria redundância na relação entre as linguagens verbal e visual. Mas o que temos é a foto de cartão-postal de uma praia deserta banhada pelo mar azul (Figura 5.1). O título, então, amplia seu significado. É essa conjunção inusitada entre palavras e imagem que resulta numa boa proposição criativa.

Outros exemplos dessa mesma campanha:

Título: "Ela tinha 36 anos quando chegou a Aruba". Foto de uma menina tomando sol na praia (Figura 5.2). A associação entre título e imagem traz uma nova significação: nessa ilha paradisíaca os adultos voltam a ser crianças.

Título: "Passe as férias de inverno em Aruba. O sistema de calefação é perfeito". Imagem: mulher deitada numa cadeira de praia ao pôr-do-sol.

A interação entre os textos verbal e visual se manifesta por contraste, reforço, surpresa, ênfase e outras estratégias associativas que direcionam para a significação pretendida. Ou seja, título e imagem devem buscar uma combinação equilibrada para comunicar plenamente a idéia criativa.

O título surge no *brainstorming* entre o redator e o diretor de arte, ainda que depois precise de lapidação. Apesar de ser uma frase ou expressão, uma premissa, um dito popular alterado, enfim, um registro de palavras, o título carrega uma proposição que se completa com uma imagem, a não ser no caso de anúncios *all-type*, nos quais só há texto verbal. Ainda assim, o diretor de arte deverá escolher uma tipologia compatível com o conteúdo lingüístico, fazer uma diagramação adequada, compondo um bom *layout* para facilitar a leitura da mensagem e capturar o leitor.

Então, como fazer títulos chamativos, atraentes, sedutores? A resposta é: testando várias abordagens criativas, que podem estar indicadas previamente no briefing ou surgir do *brainstorming* entre a dupla de criação. Escolhida uma dessas abordagens, o redator vai elaborar o texto (cujos expedientes persuasivos veremos adiante) e o diretor de arte vai cuidar do refinamento da idéia no campo visual.

Selecionamos alguns desses caminhos criativos mais explorados, lembrando que, a rigor, exemplos de uma linha pertencem também a outra. Nossa classificação obedece a uma finalidade didática.

Principais abordagens

Tese

Defender um ponto de vista impondo um raciocínio é uma das abordagens mais adotadas pela publicidade. Vejamos alguns exemplos:

Anúncio clássico da VW: foto do Fusca e o título: "É feio, mas leva você lá".

Outro anúncio da VW, dessa vez comunicando o fim da produção do Fusca no Brasil. Imagem: silhueta do carro. Título: "Às vezes o avanço tecnológico de uma empresa não está no que ela faz. Mas no que deixa de fazer" (Figura 5.3).

Anúncio do iogurte Pauli Diet. Foto do produto. Título: "Não pesa nem na consciência".

Outros exemplos:

Imagem: Caderno de Economia do *Estadão*. Título: "Se você não comprar, vai doer mais no seu bolso do que no nosso".

Anúncio do depilador feminino Walita. Imagem de mulher tirando sensualmente sua cinta-liga. Título: "As pernas da sua mulher podem abalar seu casamento".

Essa linha é muito explorada quando se defendem causas sociais, como no anúncio da Legião da Boa Vontade. Imagem: criança dormindo na rua. Título: "Gente também é bicho. Preserve a criança brasileira".

Anúncios de cunho institucional também defendem um ponto de vista, como o da marca soviética Lada no lançamento de seus automóveis no Brasil. Foto: foice e martelo, símbolos do regime comunista. Título: "Tem gente que ainda pensa que a tecnologia russa se resume a duas ferramentas".

Diferencial

Em uma época em que as mercadorias se assemelham e se transformam em commodities, se o produto ou o serviço possui um diferencial, a abordagem mais recomendada é justamente realçá-lo.

Exemplo clássico: anúncio da Igreja Episcopal norte-americana para atrair jovens para a sua comunidade. Imagem: crucifixo de altar. Título: "Se você pensa que a igreja é só para famílias, lembre-se de que Jesus era solteiro".

Campanha da Itauprev para um novo seguro de vida (modalidade na qual o titular pode receber seu investimento como aposentadoria). Imagem: executivo sorrindo. Título: "Finalmente o seguro que você não precisa morrer para receber".

Solução original apoiada nos atributos exclusivos do produto: outdoor do Merthiolate Spray Lilly. Foto do tubo espirrando o remédio. Título: "Já vem com sopro" (Figura 5.4).

Anúncio com a foto de um Pajero num terreno pedregoso que dá acesso a uma praia linda. Título: "As melhores praias estão no fim das piores estradas".

Anúncio da Honda. Título: "Se Saddam Hussein aumentar mais o preço do petróleo, a gente coloca esses tanques na rua". Imagem: tanque de combustível da moto.

Anúncio *all-type* do restaurante D'Amico Cucina: "Não servimos almoço. Levamos o dia inteiro para preparar o seu jantar".

Informação curiosa

Muitas vezes, o poder de um fato é tão ou mais persuasivo que qualquer outro *approach*. Essa linha criativa se baseia numa notícia real ou em informações curiosas que advêm das características técnicas do produto.

Vejamos, inicialmente, exemplos da utilização de um "fato" como solução para o desafio da comunicação:

Anúncio da Itaú Seguros. Foto da pegada de Neil Armstrong no solo lunar. Título: "Você lembra quem foi o 2º homem a pisar na Lua?". O texto enumera todas as inovações da seguradora no mercado.

Título: "A Mercedes-Benz também produz beijos". Imagem: casal se beijando na frente de um ônibus Mercedes-Benz. O texto argumenta que muitos casais se conhecem viajando de ônibus.

Anúncio da Pepsi, veiculado no primeiro dia do ano. Título: "Dia mundial da paz". Imagem: foto de uma lata de Coca-Cola ao lado de uma lata de Pepsi. Subtítulo: "Amanhã a guerra continua".

Alguns casos em que a informação gera curiosidade:

Anúncio com o título "Leve 1.600.000 km de estradas no porta-luvas". Imagem: *Guia Rodoviário Quatro Rodas.*

Anúncio da famosa campanha pela recuperação do Pelourinho (Figura 5.5). Título: "Os novos baianos". Imagem: foto de Paul Simon, Akio Morita e Julio Iglesias (celebridades que haviam feito doações).

Outro anúncio dessa mesma campanha com título noticioso: "O lugar onde o Brasil nasceu está morrendo".

No mesmo estilo, temos um anúncio com o título "Inaugure os novos Lejon a 42,495 km/h". Imagem: foto de uma rolha de Champagne Lejon. Texto discorre sobre a velocidade alcançada pela rolha ao se abrir a garrafa.

Duplo sentido

A ambigüidade é um caminho que desperta atenção e provoca surpresa, desde que bem construída. Em propaganda, essa linha criativa consiste em usar um lugar-comum no título, que se transforma em lugar incomum pela ancoragem visual ou pela plataforma do texto. O sentido mais comum da frase ou da expressão-clichê é alterado pelo contexto, gerando um chiste (em sua outra interpretação possível).

Exemplos:

Outdoor da revista *Veja*. Título: "Chega de ser o país da bola". Imagem: capa da revista, edição sobre corrupção. A mensagem se refere não só ao Brasil como o país da bola (futebol), mas sobretudo como o da corrupção (bola).

Outro outdoor de *Veja*. Título: "A política é mesmo uma experiência enriquecedora". Imagem: capa da revista, edição sobre o enriquecimento ilícito do senador Jader Barbalho.

Anúncio veiculado durante o confronto entre Estados Unidos e Iraque no início dos anos 2000. Título: "A melhor defesa contra um ataque aéreo". Imagem: foto de uma embalagem do inseticida Baygon.

Anúncio das confecções TDB. Título: "Filé à doré". Imagem: foto de uma mulher de maiô na praia (Figura 5.6).

Anúncio da Oral B. Título: "Nunca foi tão fácil tirar doce de criança". Imagem: escova de dentes.

Mais um exemplo: anúncio da *Folha da Tarde* alertando os foliões para fazer sexo seguro. Título: "Neste Carnaval, plastifique seus documentos". Imagem: camisinha.

O duplo sentido é também muito explorado em mensagens direcionadas ao *trade*:

Título: "Fature no macio". Imagem: foto de embalagem do papel higiênico Nice.

Título: "Não deixe juntar pó na sua prateleira". Imagem: embalagem das marcas de café Caboclo, Pilão e União. O texto argumenta que são produtos de qualidade, não encalham nas prateleiras.

Jogo de palavras

Outra forma de criar um anúncio ou uma campanha de mídia impressa é por meio da utilização de palavras do universo semântico do produto/serviço ou da marca que se está trabalhando. Esse tipo de abordagem nasce da associação de vocábulos do mesmo significado ou do uso de "termos quentes" (Barreto, 1978, p. 219).

Exemplo: anúncio do provedor de Internet Vento. Título: "Vento. A Internet a seu favor". Imagem: Amir Klink, famoso navegador, num veleiro (Figura 5.7). O nome da empresa, "Vento", é o gancho natural da proposição "A Internet a seu favor", paráfrase da expressão "vento a favor".

Exemplo de um anúncio dirigido ao *trade*. Título: "Nenhum outro deixa a sua grana tão preta". Foto da embalagem do sabão em pó Omo. A dupla de criação tomou como ponto de partida o slogan do produto: "Só Omo lava mais branco".

A solução criativa pode advir do uso de palavras contrastantes, como neste outdoor do Dunkin' Donuts. Imagem: doce coberto com açúcar. Título: "De salgado basta o IPTU". Ou se originar de um jogo de palavras por oposição de significados: Foto do Fiat 147. Título: "Enfim, um carrão pequeno".

Outros exemplos:

Título: "Pelo amor de Deus, assista hoje *O exorcista* no SBT". Imagem: cena do padre exorcista do filme.

Anúncio *all-type*: "Felizmente nem tudo termina em pizza" (Esplanada, casa de carnes).

Anúncio do iogurte Danone com o título: "Rico em vitaminas e milionário em proteínas". A proposição utiliza palavras do mesmo campo lingüístico do produto, "rico" e "milionário", que se referem também à dupla de música sertaneja Milionário e José Rico.

Humor

Estudo da McCollum Sipelmam Worldwide aponta que anúncios humorísticos são mais memorizados que outros tipos de anúncios, superando inclusive aqueles com celebridades (Pierce, 2002, p. 196-197). Ou seja: o humor é uma abordagem criativa de grande poder persuasivo. Mas, como nos demais caminhos, é conveniente apenas se adequado ao produto ou serviço.

Selecionamos alguns exemplos:

Outdoor *all-type* do restaurante Taco del Maestro, especialista em comida mexicana: "Não temos música ao vivo. Sorte sua".

Outdoor da locadora Blockbuster: "As fitas não são virgens, mas, também, hoje em dia quem é?".

Anúncio da revista *Sexy*, edição com a cantora Gretchen. Imagem: bumbum da própria. Título: "A bunda que deu origem à série" (referência à proliferação de "popozudas" no Brasil).

Outro anúncio da *Sexy*: agora a edição na qual a filha de Gretchen posou nua. Título: "Não é a cara da mãe?". Imagem: bumbum da moça.

Mais alguns casos de humor:

Título: "O fim do Lexotan". Imagem: CDs de canto gregoriano (Sony).

Título: "Nada que 20 abdominais não resolvam". Imagem: doce com recheio do Dunkin' Donuts (Figura 5.8).

A ironia também se encaixa nessa categoria. Exemplo dos televisores Semp Toshiba: "A crítica adorou. Mas pode assistir que é bom". Ou dos celulares Nokia com o título "O mais leve celular digital do país" e a foto de Jô Soares (artista literalmente peso pesado).

O humor não se restringe a uma peça avulsa; muitas vezes é explorado em toda uma campanha, como a do lançamento do novo Fusca. Um dos anúncios trazia a foto de um New Beetle preto, visto de perfil, e o título: "Faz música brega com ele agora, faz" (alusão à música *Fuscão preto*). Outro anúncio mostrava o New Beetle de frente e o título "Fafá de Berlim" (jogo de palavras com a cantora Fafá de Belém).

E terminemos em pizza. Título: "Sua pizza quentinha, custe o que custar". Imagem: dois carros lado a lado, com os retrovisores quebrados (Pizza Express).

Surpresa

Proposições surpreendentes motivam e ganham a simpatia do consumidor. É o caso de um dos anúncios da famosa campanha da DDB, criada nos anos 1960, para o lançamento do VW Fusca nos Estados Unidos. Imagem: o carro bem pequeno, ao fundo, e o título "Think small" (algo inesperado para os norte-americanos, adeptos do "pensar grande").

Outros exemplos que exploram o efeito-surpresa:

Título: "O único conversível que vende mais que a Ford". Imagem: carrinho de bebê.

Título: "Entre num regime comunista". Imagem: bandeira da União Soviética com um garfo substituindo o martelo (anúncio do Festival da Comida Russa no hotel Sheraton Mofarrej).

Anúncio *all-type*: "TV Gazeta, líder absoluto de audiência". O título causa surpresa porque a TV Gazeta sempre ocupou a última posição em audiência. O subtítulo esclarece: "1º de abril" (Figura 5.9).

Título: "Fechada por motivo de luto". Imagem: foto de uma caneta Parker (anúncio de pêsames pela morte do dicionarista Aurélio Buarque de Holanda).

Anúncios em páginas seqüenciais também pertencem a essa linha criativa. É comum despertar a atenção do leitor com mensagem *all-type* numa página simples e, em seguida, numa página dupla, revelar o produto ou serviço. Exemplo: página simples com foto P&B de uma menina sem roupa, as pernas cruzadas, e o título: "O que uma mocinha tão fina, tão bem-educada, está fazendo nua nesta revista tão séria?". Nas páginas seguintes, foto colorida da menina, agora só de calcinha, e o título: "Estou fazendo um anúncio da nova calcinha by Hering".

Essa abordagem criativa é de maior impacto nos anúncios teasers, utilizados sobretudo em lançamentos. A estratégia consiste em veicular, em sucessivas edições de um ou mais veículos, mensagens de conteúdo misterioso não assinadas por nenhum anunciante. Posteriormente é detonada uma campanha que retoma essas mensagens, associando-as a um produto ou serviço.

Intertextualidade

Os textos (verbais ou visuais) dialogam entre si, misturando-se nas malhas do tecido cultural. Como a criação publicitária é uma atividade de bricolagem, é comum que opere de forma intertextual, visando à aproximação com o público.

Exemplo clássico é o anúncio dos amortecedores Monroe. Imagem: sósia de Marilyn Monroe segurando o produto na cena do filme *O pecado mora ao lado*, em que o vento levanta sua saia. Título: "As duas Monroes mais famosas do mundo".

O uso de paráfrases (citação de um texto, afirmando seu conteúdo) e paródias (citação de um texto, negando seu conteúdo) é recorrente na propaganda impressa e um dos estratagemas criativos mais usados.

Exemplo de paráfrase:

Imagem: Fusca visto de trás com um adesivo no vidro: "Meu outro carro é um Rolls-Royce". Menção a um anúncio do próprio Fusca, o qual mostrava a traseira de um Rolls-Royce com um adesivo no vidro: "Meu outro carro é um Fusca" (Figura 5.10).

Algumas paródias:

Imagem: foto do sabonete Lux. Título: "Se não existisse a Sabesp, 9 entre 10 estrelas do cinema não tomariam banho". O anúncio dialoga com a famosa campanha do sabonete Lux, cujo slogan era "9 entre 10 estrelas do cinema usam Lux".

Anúncio sobre o debate do segundo turno das eleições de 2000 na cidade de São Paulo. Imagem: Paulo Maluf e Marta Suplicy. Título: "Ao vencedor, a batata quente". Alusão à famosa máxima "Ao vencedor, as batatas", de Quincas Borba, personagem de Machado de Assis no livro *Memórias póstumas de Brás Cubas.*

Outros exemplos:

Imagem: garoto com prato na mão. Título: "Porque nós somos carnívoros". Anúncio do restaurante Marius o qual parodia o slogan "Porque nós somos mamíferos", da famosa campanha da Parmalat.

Anúncio da 3i Consultores. Título: "Pense grande. Você já ouviu falar de Alexandre, o Médio?" (paródia do "Think small", anúncio do VW Fusca, já comentado).

Testemunhal

O testemunho de celebridades que validam as qualidades de um produto ou serviço, dando-lhe credibilidade, ou mesmo o depoimento de pessoas comuns, forjado para lograr a identificação do target, é das mais antigas táticas publicitárias. Também conhecida como "apelo à autoridade", surgiu na Idade Média, quando a sociedade recebia ordens do papa e dos reis (Brown, 1971).

Numerosos são os exemplos de anúncios ou campanhas protagonizados por celebridades: Ronaldinho para a cerveja Brahma, Bill Gates para o Unibanco, Fernanda Montenegro para o Banco Real, Antonio Ermírio de Moraes para a Fiat, Paulo Maluf para os calçados Vulcabrás, Pelé para o MasterCard, Gisele Bündchen para a C&A etc.

Há casos em que a peça publicitária não traz o testemunho de personalidades, mas os *features* do produto são associados a elas, como na campanha da Nokia com artistas brasileiros.

Título de um dos anúncios: "35 tipos de sons de chamada". Foto: Carlinhos Brown (músico conhecido por suas pesquisas sonoras).

Título de outro anúncio da Nokia: "Relógio despertador com função soneca". Foto de Dorival Caymmi (músico baiano que assume ser preguiçoso).

Muitos são os casos de depoimentos de personagens comuns criados para ilustrar situações iguais às vividas pelo público-alvo do produto. Título: "Os beijos que eu dava na minha mulher eram carregados de paixão e cheiro de bife". Imagem: homem elegante. No texto, esse personagem narra a mudança positiva em seu relacionamento amoroso graças à Exaustar (marca de exaustor para cozinha).

Os testemunhais seguem geralmente a estrutura dos relatos. E os relatos são ideais para realçar, com sutileza, as qualidades do produto, sendo mais explorados em anúncios que visam despertar emoções (Carrascoza, 2004), como, aliás, veremos adiante.

Erotismo

O apelo erótico é um dos preferidos pelos publicitários e, assim como os demais caminhos, deve ser empregado com bom senso, de preferência em propaganda de produtos que justifiquem seu uso.

O mais comum é a utilização gratuita e muitas vezes grotesca do erotismo. Basta ser um produto destinado ao público masculino e a imagem apresenta alguma mulher em pose sedutora. E vice-versa. O resultado é a banalização.

Mas há exemplos em que o interesse sexual, disfarçado em jogo da sedução, é bem resolvido.

Imagem: mulher sozinha numa cama de casal. Título: "Nós gostaríamos que você dormisse mais com sua esposa". Anúncio da Dan-Air (serviços para executivos retornarem de suas viagens de negócios no mesmo dia).

Imagem: mulher de lingerie de costas para um taxista ao lado de seu carro. Título: "O carro tem gás. Quero ver se o motorista também" (ambigüidade com o desempenho sexual do taxista).

Anúncio incentivando o público feminino a atiçar a libido dos homens (Figura 5.11). Imagem: mulher de lingerie tenta acordar homem adormecido. Título: "Use Valisère que o seu candidato fica para o 2º turno".

Anúncio *all-type*. Título: "Canal sexy hot. Além do papai-mamãe, conheça o titia-papai-vizinha-encanador-mamãe-entregador-de-pizza".

E, por fim, um exemplo curioso em que o apelo erótico é empregado de maneira disfórica:

Imagem de mulher sensual na cama. Título: "Não precisamos de sexo". Anúncio da *Better Homes and Gardens* (revista para o lar e para as famílias).

Apelo visual

A utilização de efeitos visuais é uma das saídas criativas mais empregadas pela publicidade impressa. Essa linha corresponde, em imagens, à técnica de criação "jogo de palavras". Nesse caso, a solução parte do emprego lúdico da tipologia, do espaço, da diagramação, das cores, da foto.

Um exemplo clássico, que perdura há anos na propaganda mundial, é o da Vodka Absolut. O formato exclusivo de sua garrafa comanda a criação de todos os anúncios, que a associam a algum elemento da cultura (artes plásticas, cinema etc.). É uma maneira de ressaltar o diferencial não só com palavras, mas especialmente com imagens (Figura 5.12). Exemplos: "Absolut perfection" (aura sobre a garrafa), "Absolut L.A." (piscina de uma mansão com a forma da garrafa), "Absolut Warhol" (garrafa desenhada ao estilo da pop art), "Absolut Pantanal" (tuiuius numa árvore com forma da garrafa).

O uso original do espaço em combinação com figuras pode resultar em abordagens sugestivas, como no anúncio do colírio Lerin: uma ampla área branca ocupa quase toda a página e, como se fossem olhos irritados, há duas pimentas vermelhas, malaguetas. Título: "Ardeu? Use Lerin".

Exemplo em que a imagem chama a atenção por ser construída pela disposição das palavras é o do anúncio da United Airlines, no qual o texto traz a relação dos horários de vôos entre San Francisco e Los Angeles, formando o contorno da costa norte-americana entre essas duas cidades.

Caso semelhante é do xampu Triatop: as letras das palavras no texto (em branco) estão dispostas sobre o paletó escuro de um homem, como se fossem caspas (Figura 5.13).

Nessa categoria podemos inserir também a "aventura visual" (Barreto, 1978, p. 183-184). Nela, a peça publicitária pode até dispensar o texto verbal, pois sua proposição criativa é construída inteiramente pela instância visual.

Um exemplo: anúncio da Sony: imagem de um fio (que representa o aparelho de som) grudado, como se fosse uma sonda médica, no braço de uma pessoa (Figura 5.14). O significado é óbvio: o som vai direto na veia.

Outro exemplo: anúncio da joalheria Natan no tradicional modelo "antes e depois". Numa página, foto de um homem feio com uma caixinha de jóia fechada na mão, como se a estivesse oferecendo-a a alguém. Na página ao lado, foto desse mesmo homem, agora bonito, com a caixinha aberta, revelando um anel de brilhante.

Comparação

Uma das abordagens mais exploradas pela criação publicitária é a comparação entre os atributos e as vantagens dos produtos ou entre o poder das marcas. A comparação é um procedimento mais comum quando se empregam argumentos lógicos. Pode ser indireta, como nestes exemplos:

Título: "O Toyota passa. Os outros ficam". Imagem: Toyota 4x4 vencendo um terreno enlameado.

A famosa campanha da Avis, a número 2 em locação de automóveis, trazia anúncios ironizando os pontos fracos da líder Hertz ("Não podemos nos dar ao luxo de ter cinzeiros sujos. Ou tanques de gasolina pela metade"; "A fila no nosso balcão é mais curta"; "A atitude do número 1 é: 'Não faça a coisa errada'. A atitude do número 2 é: 'Faça a coisa certa'").

Já na comparação direta, o anunciante costuma até citar o nome dos concorrentes, atacando suas fragilidades. Alguns exemplos:

Anúncio *all-type*: "A *Folha* confirma: o *Estadão* não é mais aquele" (Figura 5.15). O texto apresentava gráficos comparando a participação de cada jornal no mercado, além de responder à campanha do concorrente, que lançara um novo caderno de cultura ("O *Estadão* não é mais aquele. Deu caderno 2 nele").

Anúncio da Audi com o título: "Antes de bater, consulte a tabela". Imagem: tabela sobre teste de colisão de várias marcas de automóveis (mostrando a superioridade da Audi na proteção ao motorista e ao passageiro).

Há casos em que a comparação é gerada pela necessidade de uma réplica à concorrência, uma contrapropaganda. É o caso do histórico anúncio do adoçante Suíta com o título: "Ninguém ama um homem gordo". Logo após sua veiculação, apareceu um anúncio da Cooperativa de Produtores de Açúcar. O título era: "Com açúcar e com afeto", e o texto apontava as vantagens do açúcar sobre o adoçante.

Conselho

A publicidade é uma espécie de aconselhamento, mais fácil de ser notado nas peças que se apóiam em argumentos lógico-formais, como veremos adiante ao abordar os tipos de textos (racional e emocional). Não é por acaso que uma parte expressiva dos anúncios é desenvolvida nesse caminho.

O conselho, em geral, se concretiza com o uso do verbo no imperativo. Naturalmente, há gradações, podendo ser impositivo como uma ordem ou sutil como um pedido. Vejamos alguns exemplos:

Título: "Dê um presente pra única mulher que ainda obedece às suas ordens". Imagem: mulher ao telefone, com expressão de comando (Anúncio de O Boticário para o Dia da Secretária).

Título: "Compra Bombril, tia, compra". Imagem: garoto Bombril imitando uma mulher em trajes sadomasoquistas.

Anúncio de uma creche de Minneapolis convencendo pais a deixarem seus filhos lá, onde estarão mais seguros do que em casa. Imagem: crianças felizes. Título: "Ame-os e deixe-os".

Há casos em que o conselho é dado de forma humorística:

Título "Antes de dormir, não esqueça de apagar os insetos". Imagem: embalagens do inseticida Rodasol (Figura 5.16).

Título: "Corra sentado". Imagem: casal andando em bicicletas Caloi 10.

O conselho pode se tornar menos impositivo graças à âncora visual, como neste outdoor. Imagem: casal envolto em toalhas. Título: "Enrole sua namorada. Dê toalhas Artex".

Interatividade

Outra abordagem instigante é a exploração do lado lúdico por meio de anúncios interativos, que exigem, para o pleno entendimento da mensagem, uma ação do leitor que vai além da simples leitura (verbal e visual).

Derivado de peças promocionais e em expansão graças à interatividade da Internet, esse tipo de anúncio pode ser impactante quando bem-feito, porque desafia, diverte ou provoca o público. As possibilidades são numerosas: anúncio com cheiro, anúncio com brincadeiras infantis (sete erros, labirinto etc.), com papel diferenciado, envelopes, raspadinhas etc.

Alguns casos:

Anúncio do Classe A, carro da Mercedes, com uma lupa colada na página para o leitor descobrir, na foto, detalhes da carroceria.

Anúncio da Parmalat que reproduz uma janela de avião. O leitor, ao abri-la, descobria o que estava chegando ao Brasil: os bichinhos de pelúcia da famosa campanha dos mamíferos.

Material promocional dos cartões de crédito Visa: os exemplares da revista *Vip* foram encapados numa bolsa plástica fechada a cadeado. O leitor tinha de usar uma chave, que acompanhava a bolsa, para abri-lo e apanhar seu exemplar. Título: "Visa. O cartão que mais abre portas no mundo. Começando por esta revista".

Vale lembrar que, se a idéia interativa não tiver consistência (apenas o efeito pelo efeito) ou se não for bem produzida, o resultado será pífio e custará mais caro para o anunciante (em termos de verba publicitária e de imagem de marca).

A hora e a vez do slogan

Compreendidos o poder do título e as muitas abordagens criativas que ele pode encerrar (em harmonia com a imagem, não nos esqueçamos), é hora de focar nosso estudo no slogan.

O slogan é a segunda fatia do sanduíche que representa a instância verbal de um anúncio. A primeira é o título, como já dissemos. Ambos são vasos comunicantes, porque o slogan pode ser o fecho de um texto (ao condensar a argumentação detonada pelo título) ou aparecer com destaque visual próximo à logomarca do anunciante, que assina a peça publicitária. Por compactar o conceito de toda uma campanha, o slogan deriva muitas vezes de um título que, associado à imagem, por vezes também cumpre esse papel. É o caso do slogan

"Não dá para não ler", da *Folha de S.Paulo*, que surgiu inicialmente como título de um anúncio.

A função do slogan não é apenas resumir a informação principal do produto/serviço/marca, mas também torná-la memorizável. Pode ser afirmativo-conclusivo ("Se é Bayer, é bom", "Repórter Esso. O primeiro a dar as últimas", "O mundo gira, a Lusitânia roda") ou convidativo, propondo uma ação ("Pense forte, pense Ford", "Brasil: ame-o ou deixe-o").

Para cumprir seu objetivo, o slogan opera com a função poética. Sua elaboração é semelhante à de um verso, que leva em conta, além da significação das palavras, a sonoridade, o ritmo, a concisão, enfim, recursos sonoros, visuais e formais. E existe uma razão clara para isso: um slogan eficiente deve ser facilmente entendido, memorizado e repetido (Reboul, 1975).

Para criar um slogan marcante é preciso um minucioso trabalho de escolha de palavras, conhecimento de métrica e uso de figuras de linguagem, entre outros recursos (Carrascoza, 2003, p. 58). Um dos mais recorrentes, sobretudo no passado da nossa propaganda, foi a rima: "Melhoral é melhor e não faz mal", "Continental, preferência nacional", "Dura lex, sed lex, no cabelo só Gumex", "Se a marca é Cica, bons produtos indica".

Favorito de muitos redatores, pela musicalidade que emite, é o emprego da aliteração: "Com Manah, adubando dá", "Samoa. Você vira verão", "Carlton. Um raro prazer".

Quantidade significativa dos slogans é construída em esquema métrico. Boa parte deles em redondilha maior, com versos de cinco sílabas poéticas: "Pro que der e vier" (JWThompson), "O sabor de vencer" (Pepsi), "A fera de passar" (ferro de passar roupa Black & Decker). Ou em redondilha maior, com versos de sete sílabas poéticas: "Viver bem não tem limites" (Diners Club), "O importante é ter charme" (Charm), "O sol na medida certa" (Sundown).

Como mensagem-síntese da comunicação do produto/serviço ou da marca, o slogan resulta por vezes da utilização de palavras de seu universo lingüístico: "Relógios Dumont. O primeiro a cada segundo", "Tudo anda bem com Bardall", "La Fonte, a fechadura que fecha e dura".

Em busca da concisão na forma e riqueza de conteúdo, qualidades de um bom slogan, o redator pode se valer de muitos outros meios expressivos, como ressonância ("Lula lá"), homofonia ("A Atma é ótima"), paráfrase ("Siciliano.

Ler ou não ser"), ênfase ("Banco do Brasil. O banco do Brasil"), paralelismo rítmico ("Tomou Doril, a dor sumiu"), metonímia ("Boticário. Natureza em frascos"), ironia ("Perdidos na noite. O pior programa da TV brasileira"), hipérbole ("Poupança da CEF. Onde seu dinheirinho vira um dinheirão"), enfim, as possibilidades são imensas e não é nosso objetivo esgotá-las.

O que conta, para nós, na elaboração de um slogan, é a sua força comunicativa, que o faz imediatamente apreendido, mesmo se para isso se apoiar em expressões desgastadas, como os clichês ("Use e abuse", do Chá Matte Leão), ou modificá-las ("Abuse e use C&A"). Não é por acaso que a palavra slogan se originou da expressão escocesa "sluagh-ghairm" ("grito de guerra de um clã"). O slogan deve representar "a palavra de ordem" do produto/serviço ou da marca, a sua divisa, e, para isso, precisa ser facilmente repetido.

Há anúncios que trazem dois slogans, um do produto e outro da marca, e dependem dos objetivos do anunciante. Assim também, para acompanhar mudanças de posicionamento de uma marca, o slogan pode ser renovado de tempos em tempos, como é o caso da Coca-Cola ("A pausa que refresca", "Coca-Cola é isso aí", "Emoção pra valer", "Sempre Coca-Cola", "Gostoso é viver" etc.)

Recomendações para criar um slogan

- Faça uma bateria de frases testando várias formulações em sintonia com o campo lingüístico do produto/serviço/marca.
- Lembre-se de que o slogan costuma ter uma relação umbilical com o título. Elaborar proposições (tese, intertextualidade, conselho etc.) pode ser um bom caminho.
- A economia de meios é fundamental. Busque a concisão. O bom slogan diz muito com poucas palavras.
- Para ser breve, elimine do enunciado preposições, conjunções, advérbios e outras palavras-ferramentas.
- Crie enunciados que tenham cadência, harmonia rítmica, efeitos sonoros, para facilitar sua memorização.
- Procure construir frases que dialoguem com máximas, provérbios, lemas, formas fixas, chavões, enfim, com toda a cultura oral e escrita.

- Lapide o enunciado como a um verso. Lembre-se de que a métrica contribui para a assimilação e a lembrança da mensagem.
- Leve sempre em consideração os objetivos específicos do anunciante e o repertório do público-alvo.

O texto publicitário

Na publicidade impressa, o texto adquire vários formatos, mas em essência se apóia em dois grandes vetores: a razão e a emoção. É por meio de ambos, de maneiras distintas, naturalmente, que o redator emprega todo um aparato retórico, visando aconselhar o público a julgar favoravelmente um produto/serviço anunciado ou a marca.

Textos que visam persuadir pelo raciocínio lógico são recomendados quando o produto ou serviço exige forte apelo a seus atributos e ênfase nas informações relativas às suas propriedades (*hard sell*). Enumerar as virtudes é a essência de sua plataforma. É por isso que o apelo à razão é preponderante em anúncios de lançamentos e, especialmente, no varejo (que traz preço do produto, dados técnicos, condições de pagamento etc.).

No outro pólo há casos em que a comunicação apela para a poesia, os sentimentos, o humor, a fim de obter a simpatia do consumidor, deixando as características do produto em segundo plano (*soft sell*). Esse tipo de texto é recomendado em campanhas institucionais (anúncios de efemérides, de oportunidade, entre outros) e para produtos e serviços mais voltados ao sensorial (alimentos, bebidas, perfumes, viagens etc.).

Vejamos primeiro como é estruturado um texto publicitário que busca persuadir o público por meio de expedientes racionais e algumas das "normas" que o regem.

O texto racional

O texto publicitário que se apóia na razão como elemento principal de sedução aborda a venda do produto de forma explícita, apontando seus atributos e vantagens (*reason why*). A dissertação predomina. O texto expõe, comenta e resume o ponto de vista do anunciante, manifestando diretamente a sua opinião.

A trama desse tipo de texto é similar à do discurso de aconselhamento (Aristóteles, 1967), que possui quatro etapas básicas: exórdio, narração, provas, peroração.

- *Exórdio*: é a introdução do discurso, na qual se insinua o assunto a ser tratado.
- *Narração*: é a parte em que se mencionam os fatos conhecidos que ilustram esse assunto.
- *Provas*: consistem na enumeração de motivos pelos quais o público deve aderir ao conselho.
- *Peroração*: é o epílogo, que busca amplificar ou atenuar o que foi dito, recapitulando tudo o que foi dito e incitando o público à ação.

Vejamos nitidamente essas fases no texto de um anúncio da Iberia, que traz a imagem de duas poltronas de sua Primeira Classe (Figura 5.17):

> Só camas boas vão para o céu.
> Iberia apresenta sua nova First Class. Quem voa Iberia agora pode contar com um dos melhores serviços de First Class do mundo. O conforto está presente em cada detalhe. Nela, viajar é sinônimo do maior descanso que uma pessoa pode ter. Você conta com todos os serviços e atendimento que precisa para ter o melhor vôo da sua vida, inclusive tendo à sua disposição mais de 300 salas VIP em aeroportos de todo o mundo. Sem falar que ainda pode acumular e utilizar pontos voando com qualquer linha aérea da aliança oneworld. First Class Iberia. Porque só os melhores vão tão alto.

Exórdio: o assunto é apresentado no título: "Só camas boas vão para o céu".

Narração: inicia-se em "Iberia apresenta sua nova First Class" e vai até "do mundo". Nesse trecho a proposição do anúncio é mais explicitada.

Provas: começa em "O conforto está presente" e vai até "aliança oneworld", parte em que se enumeram as razões pelas quais a Primeira Classe da Iberia é uma das melhores do mundo (conforto, maior descanso, serviços e atendimento para o melhor vôo, 300 salas VIP, pontos na aliança oneworld).

Peroração: é geralmente frase ou expressão final, que resume o mais importante a ser lembrado sobre o produto, podendo ser conclusiva ou imperativa (na forma de um convite à ação: "Ligue já", "Faça sua reserva"). Nesse caso, temos uma conclusão: "First Class Iberia. Porque só os melhores vão tão alto".

A circularidade

Diferentemente do texto jornalístico, construído em pirâmide invertida (informação principal, secundária e terciária), o texto publicitário racional obedece a uma estrutura circular. O final do texto (que pode coincidir com o slogan) retoma a idéia da proposição criativa, fechando o circuito, "o que evita o questionamento e objetiva levar o leitor a *conclusões definitivas*" (Eco, 1976, p. 280).

As frases finais, "First Class Iberia. Porque só os melhores vão tão alto", retomam a idéia do título: "Só camas boas vão para o céu".

A escolha lexical

Para obter a persuasão, o redator deve fazer uma cuidadosa pesquisa de palavras. Optar por este ou aquele termo não é uma atitude arbitrária. O vocabulário do texto da Iberia está em harmonia com o repertório do público – passageiros que viajam em primeira classe – para o qual o produto se destina: "First Class", "mundo", "conforto", "detalhe", "melhor vôo", "salas VIP", "oneworld" etc.

A mensagem fria

"Esfriar" a mensagem, para usar a terminologia de McLuhan (1969), é mais um dos recursos presentes em textos fincados na razão.

Mensagens quentes são as que transmitem muita informação, com alto grau de complexidade, atraindo pouco o leitor. As frias contêm pouca informação, e essas são mais simples, exigindo menor esforço de compreensão.

Uma das maneiras de esfriar a temperatura num texto é usar frases curtas e evitar conjunções, pontuações abruptas, hipérbatos, neologismos e tudo que possa gerar dificuldade de leitura.

No exemplo da Iberia, o vocabulário é conhecido do público-alvo, as frases são curtas, não há pontuação brusca. O discurso, sem surpresas, é facilmente compreendido pelo leitor.

As figuras de linguagem

As figuras de linguagem (de sintaxe, de palavras e de pensamento) são empregadas para ampliar a expressividade da mensagem.

No exemplo escolhido, temos paráfrase ("Só camas boas vão para o céu"), prosopopéia ("Nela, viajar é sinônimo do maior descanso..."), elipse ("Porque só os melhores vão tão alto"), entre outras.

A função conativa

Outra característica do texto publicitário racional está associada às funções da linguagem (Jakobson, 1969, p. 118-129), que são:

- *Referencial*: a mensagem denota coisas reais, focalizando o objeto, o contexto.
- *Emotiva*: o emissor fala de si mesmo, dá vazão aos seus sentimentos, usa pronome em primeira pessoa.
- *Conativa*: o ato comunicativo externa forte apelo ao receptor, buscando convencê-lo. Há o uso da segunda ou terceira pessoas, pronomes possessivos correspondentes, vocativo e verbo no imperativo.
- *Fática*: o enunciado finge despertar emoções, mas na verdade pretende verificar se o contato com o interlocutor está vivo, se o canal de comunicação está operando.
- *Metalingüística*: a mensagem elege outra mensagem para seu objeto.
- *Poética*: a mensagem está centrada no trabalho com a própria linguagem, privilegiando a sonoridade, o ritmo, entre outros recursos.

No texto publicitário racional prevalece, ao lado da função referencial (dissertação sobre o produto), a conativa, centrada no interlocutor, alvo do aconselhamento.

No anúncio em questão, a função conativa pode ser encontrada nas frases "*Você* conta com todos os serviços", "o melhor vôo de *sua* vida", "à *sua* disposição" e "Sem falar que ainda (*você*) pode...".

Os estereótipos

São as fórmulas lingüísticas já consagradas. Como "verdade" já aceita pelo público, o estereótipo impede a reflexão. No anúncio da Iberia temos as frases-clichês "Iberia apresenta", "está presente", "é sinônimo", "à disposição" etc.

O apelo à autoridade

É a utilização de citações de especialistas que dão seu testemunho em favor do produto. Já vimos que é uma das abordagens criativas mais utilizadas para criar um anúncio. Na esfera do texto, ela pode se materializar não apenas pelo depoimento de uma celebridade, mas pela força da própria marca (Iberia) e/ou de seus parceiros (no caso, a aliança oneworld, que congrega respeitadas companhias aéreas).

As afirmações e repetições

São determinantes no discurso publicitário racional. "O pensamento que está colado à realidade não poderia expressar-se senão de uma forma afirmativa" (Bergson apud Perelman e Tyteca, 2002, p. 175). Todas as frases que compõem a mensagem verbal do anúncio são afirmativas. Já a repetição objetiva minar a opinião contrária do leitor por meio de reiteração. O nome do serviço oferecido (First Class) aparece três vezes, e o da empresa (Iberia), duas vezes.

A presentificação

O tempo do verbo que predomina em textos racionais é o presente do indicativo, bem como o imperativo (convite à ação). O verbo no presente proporciona mais facilmente o "sentimento de presença" (Perelman e Tyteca, 2002, p. 181). Empregando-o, o redator busca se aproximar e influenciar o público que é lhe contemporâneo.

No anúncio da Iberia, quase todos os verbos do texto estão no presente do indicativo ("vão", "apresenta", "pode", "está", "é", "precisa" etc.).

Os argumentos de superação

Este tipo de recurso insiste "na possibilidade de ir sempre mais longe num certo sentido, sem que se entreveja um limite nessa direção, e isso com um crescimento contínuo de valor" (Perelman e Tyteca, 2002, p. 327).

No texto em questão há várias passagens com argumentos de superação: "um dos melhores serviços", "com todos os serviços", "o melhor vôo", "ainda pode acumular" etc.

As comparações

É comum um anúncio racional explorar, além das qualidades do produto ou serviço, alguma limitação de seus concorrentes. De forma indireta, o texto compara a Iberia a outras companhias (ela tem uma nova First Class, "o conforto está em cada detalhe", ela oferece "todos os serviços", mais de 300 salas VIP etc., coisa que provavelmente não ocorre com toda a sua concorrência).

Os temas

Nos textos da vertente racional predominam os temas, investimentos semânticos que "classificam e ordenam a realidade significante, estabelecendo relações e dependências" (Fiorin, 1989, p. 65). Os temas lidam com conteúdos de maior abstração e, num anúncio, são apresentados na proposição e desenvolvidos ao longo da argumentação.

No exemplo da Iberia, o título introduz o tema "dormir nas alturas", desdobrado no texto por meio de vocábulos mais abstratos ("mundo", "conforto", "descanso", "todos", "atendimento" etc.).

Lugares de quantidade e qualidade

São premissas de ordem geral, que objetivam intensificar a adesão do público. Os lugares de quantidade provam que uma coisa é melhor ou superior a outra por razões quantitativas ("mais de 300 salas VIP", "com todos os serviços"). Já os lugares de qualidade não se apóiam na grandeza dos números, mas em aspectos valorativos únicos ("em cada detalhe", "maior descanso").

A rede semântica

A associação de palavras extraídas do universo semântico do produto é um expediente persuasivo que pode aparecer no título, como apontamos ao tratar de "caminhos criativos", e também no texto (Carrascoza, 1999). É uma técnica tão sedutora que o seu uso se tornou uma tradição na poesia brasileira. Vamos exemplificar com os versos iniciais do poema *Flora*, de Gilberto Gil (2003, p. 227):

> Imagino-te já idosa/ Frondosa toda a folhagem/ Multiplicada a ramagem/ De agora/ Tendo tudo transcorrido/ Flores e frutos da imagem/ Com que faço essa viagem/ Pelo reino do teu nome/ Ó, Flora/ Imagino-te jaqueira/ Postada à beira da estrada/ Velha, forte, farta, bela/ Senhora...

A partir do nome de sua mulher, Flora, o compositor tece a poesia com palavras associadas ao seu significado, criando uma rede associativa: "frondosa", "folhagem", "ramagem", "flores", "frutos", "jaqueira", "farta".

No texto da Iberia, o assunto "aviação" gera a rede semântica formada por palavras como "céu", "vôo", "aeroportos", "aérea", "alto" etc.

Recomendações para redigir um texto racional

- Faça *brainstorming* com o diretor de arte, testando primeiro várias abordagens (tese, diferencial, informação curiosa etc.).
- Defina a linha criativa e, a partir dela, faça uma bateria de títulos para lapidar a formulação.
- Escolha o título mais adequado, buscando complementar a imagem e evitar a redundância.
- Construa o texto com proposição (título), argumentação (provas), slogan (convite à ação ou conclusão).
- Retome no final do texto a idéia da proposição (estrutura circular).
- Esfrie a mensagem, para que seja facilmente assimilável: evite locuções verbais e adverbiais, pontuações bruscas, hipérbatos, conjunções (exceto "mas" e "e").
- Empregue adjetivos e advérbios com moderação.
- Use os verbos no presente do indicativo para ampliar o sentido de presença e se aproximar do leitor.
- Estruture o texto com frases curtas, de preferência afirmativas, e muitos parágrafos.
- Utilize palavras do repertório do público-alvo.
- Inclua o leitor no texto, falando diretamente a ele, por meio da função conativa da linguagem.

- Adote recursos persuasivos, como figuras de linguagem, apelo à autoridade, comparação, lugares de quantidade e qualidade, argumentos de superação, rede semântica etc.
- Verifique se o texto contém todas as características do produto e demais informações previstas no briefing.

O texto emocional

O texto publicitário de vetor emocional (*human interest*) é sugestivo, psicológico, divertido. Como narração, seu formato se aproxima das fábulas, das crônicas, dos contos. O produto ou serviço é inserido na história de forma velada, e o convite ao consumo não é apregoado às claras, apenas insinuado. O anunciante não manifesta diretamente sua opinião para aconselhar o leitor. Ele o faz por meio de ações e caracterizações de personagens.

Para ver um exemplo dessa vertente e seus elementos constitutivos, escolhemos um anúncio da Associação Parceria Contra as Drogas (Figura 5.18). No campo visual destacam-se o caderno de uma adolescente e o seguinte texto manuscrito:

> Eu tenho 16 anos. Não sou alta. Nao caibo num manequim 36. Não tenho quadril 90. Tenho corpo e altura de brasileira. Aliás, minha família toda é assim. Mas o engraçado é que ninguém quer ser assim. Minha mãe toma remédios pra regime desde que eu me entendo por gente. É um tal de emagrecer, engordar, chorar de nervoso, que nem dá pra contar. Há dois anos, minha irmã entrou nessa. Minha mãe é que passa os remédios pra ela (mamãe nem é médica). Todos os dias elas tomam moderador de apetite pra não comer e antidepressivo pra segurar o baixo-astral do remédio. Todo dia elas contam as calorias da alface. Todo dia elas acham que, por algum milagre divino, vão se transformar em norueguesas. A loucura é que elas acham que eu também preciso entrar nessa. Que preciso ter vergonha do corpo que tenho... Juro que não consigo. Por enquanto, só consigo ter vergonha da cabeça que elas têm.

Os componentes da narrativa

Já que o texto publicitário emocional é um relato, o redator deve manobrar elementos da carpintaria ficcional, como o foco narrativo, o enredo, os personagens, o ambiente e o tempo.

O foco narrativo é dado pelo narrador, que conta os fatos e seus desdobramentos.

O enredo é a coluna vertebral da narrativa, que dá sustentação à história e, em geral, traz um conflito.

Os personagens são seres com individualidade e traços psicológicos próprios, que vivem o desenrolar dos acontecimentos.

O ambiente é o espaço ou cenário em que os personagens transitam e vivem o enredo, podendo ser tão importante na narrativa quanto seus demais componentes.

O tempo pode ser explorado de forma cronológica, seguindo a linha dos acontecimentos, ou de forma psicológica, sem relação com o tempo propriamente dito.

No anúncio da APCD, os personagens são a jovem que conta seu problema, a mãe e a irmã. O enredo limita-se a uma confissão que ela faz sobre sua vida familiar. O espaço é doméstico; o tempo, linear.

As fases da narrativa

Os textos narrativos organizam-se em quatro fases seqüenciais: a manipulação, a competência, a performance e a sanção (Fiorin, 1989, p. 22).

Na etapa da manipulação, um personagem tenta convencer outro a *fazer* algo que este último deseja ou deve fazer.

Na fase da competência, o personagem que deve *fazer* algo adquire a competência (um *saber* e um *poder*) para realizá-lo.

Na performance, esse sujeito do *fazer* realiza a sua ação.

E, por último, na sanção, pelo que executou, o sujeito do *fazer* recebe um castigo ou uma recompensa.

Na publicidade, a manipulação e a sanção (a recompensa para o personagem que agiu conforme as "leis" do consumo) são as fases da narrativa mais enfocadas.

No texto analisado, a ênfase se concentra justamente nas fases de manipulação (mãe e irmã tentam convencer a jovem a fazer dieta) e sanção (o castigo, se ela não seguir a dieta, é ter vergonha do próprio corpo).

Os modos de narrar

Há três maneiras básicas de narrar um relato:

- Em primeira pessoa, com o narrador presente na narrativa como personagem principal ou secundário.
- Em terceira pessoa, com o narrador ausentando-se do discurso, sabendo tudo sobre seus personagens e fazendo comentários (narrador-onisciente).
- Em terceira pessoa, com o narrador conhecendo tudo sobre os personagens, mas mantendo-se neutro (narrador-observador).

No exemplo da APCD, temos um testemunhal; o foco narrativo é, portanto, em primeira pessoa. O narrador é o protagonista.

A escolha lexical

Tanto quanto na propaganda racional, as palavras que compõem o texto de um anúncio focado na emoção são escolhidas não só por sua funcionalidade na história, mas objetivando ampliar a comunhão com o público. "Falar a língua" do consumidor aumenta o sentido de presença e fortalece a adesão.

De acordo com o *target*, podem-se usar gírias, regionalismos, jargões, estrangeirismos etc.

No texto em questão há uma cuidadosa seleção de palavras e expressões, visando obter a identificação do leitor com a jovem não adepta de regimes ("16 anos", "manequim 36", "quadril 90", "engraçado", "entrou nessa", "baixo-astral", "alface", "loucura" etc.).

A mensagem fria

Apesar de ser uma narrativa, o que nos remete à prosa de ficção e à linguagem poética, há na variante emocional também um "esfriamento" da mensagem. O relato deve ser assimilado sem grande esforço.

No texto do anúncio da APCD não há grandes rupturas temporais, mudança de foco narrativo, fluxo de consciência de personagens, nem outras técnicas de ficção que exigem mais atenção do leitor.

As figuras de linguagem

Assim como na variante racional, as figuras de linguagem são fundamentais no modelo emocional para dar mais expressividade ao discurso.

Temos no texto em questão a enumeração ("não sou", "não caibo", "não tenho") e a repetição ("todos os dias elas tomam", "todo dia elas contam", "todo dia elas acham"), entre outras.

As funções emotiva e poética

Se a função referencial da linguagem (atributos do produto/serviço/marca) e a função conativa (voltada para o destinatário) são dominantes no modelo de texto racional, a função emotiva é uma das mais presentes nos anúncios emocionais, uma vez que boa parte das histórias é narrada em primeira pessoa.

O esmero com a linguagem (função poética) se espalha por toda a narrativa, que busca sempre reproduzir as características dos gêneros literários (o conto, a crônica, o poema).

O texto, em forma de testemunhal, é dominado pela função emotiva ("Eu tenho 16 anos", "minha família" etc.) e pela poética (ao longo de todo o relato).

Os estereótipos

Em muitos anúncios dessa vertente, as personagens costumam ser planas, sem profundidade psicológica, estereotipadas justamente para permitir a rápida identificação do público e a compreensão da história. O estereótipo colabora para o "esfriamento" da mensagem.

Temos, no caso, o típico depoimento de uma adolescente revoltada com a família (curiosamente, dessa vez, uma "rebelde com causa").

As figuras

Se os temas predominam nos textos publicitários racionais, o oposto se dá em relação ao modelo emocional. As figuras predominam nos anúncios que contam histórias, pois a narrativa busca representar o mundo, e o uso de figuras (palavras ou expressões mais concretas) é uma forma de obter o efeito de realidade. Porque, "para criar emoção, é indispensável a especificação. As noções gerais, os esquemas abstratos não atuam muito sobre a imaginação" (Perelman e Tyteca, 2002, p. 166).

As figuras dominam no texto da APCD: "alta", "corpo", "mãe", "remédios", "irmã", "alface", "norueguesas" etc.

Os discursos direto, indireto e indireto livre

Tão importante quanto a maneira como a história é contada, também é o modo pelo qual os personagens se comunicam e expõem seus pensamentos e suas emoções.

A arquitetura da narrativa pode ser traçada em discurso direto, discurso indireto e discurso indireto livre. O narrador não os usa aleatoriamente, mas para produzir efeitos de sentido.

No discurso direto, o personagem fala por sua própria voz. O intuito do narrador é proporcionar ao leitor "a ilusão de estar ouvindo o outro, ou seja, suas 'verdadeiras palavras'" (Fiorin, 1989, p. 47).

Já no discurso indireto, a fala do narrador é que invade a do personagem, apresentando o que este diz.

E, no discurso indireto livre, a fala do personagem é que invade a do narrador.

A narração, no exemplo analisado, é em discurso direto: travamos contato com a história pela própria "voz" da jovem.

Os testemunhais

Usar o depoimento de alguém para aconselhar a experimentação de um produto/serviço ou desaconselhar (como, no caso, o uso de remédios) é um dos recursos de persuasão mais usados pela propaganda. O anunciante finge não proclamar suas qualidades. São os personagens, já afirmamos, que desempenham esse papel, sejam celebridades (com vínculo no real), sejam seres ficcionalizados.

No texto do nosso exemplo temos um testemunhal clássico: a protagonista representa (e se comporta como) o público que diz "não" às drogas.

A ilustração

A ilustração é outro procedimento comum em textos publicitários com *approach* emocional. O narrador enuncia uma afirmação geral e busca comprová-la ao longo de sua história. "A ilustração é muitas vezes escolhida pela repercussão afetiva que pode ter" (Perelman e Tyteca, 2002, p. 410).

O texto da APCD é ilustrativo. Mostra, por meio de um depoimento, que "os jovens começam a consumir drogas dentro de casa", com o incentivo dos pais. Essa afirmação geral é comprovada na progressão do enredo.

Recomendações para redigir um texto emocional

- Faça *brainstorming* com o diretor de arte, testando primeiro várias abordagens (tese, diferencial, comparação etc.).
- Defina a linha criativa e, a partir dela, faça um título mais literário (já que esse tipo de texto segue o formato de uma história).
- Ao narrar, dê preferência ao narrador em terceira pessoa (observador) ou em primeira pessoa (testemunhal) e o faça no tempo cronológico, para não dificultar a compreensão da mensagem.
- Utilize os discursos direto e indireto e evite o discurso indireto livre.
- Lembre-se de que a narrativa não deve ser complexa. Para isso, desenvolva um enredo simples, coerente com o estilo de vida do target.
- "Esfrie" a mensagem, para que seja facilmente assimilável: evite locuções adverbiais e verbais, pontuações bruscas, hipérbatos, conjunções (exceto "mas" e "e").
- Estruture o relato com frases e parágrafos curtos, de preferência afirmativos.
- Escolha sempre palavras de maior concretude (figuras). Elas dão ao texto maior efeito de realidade; é por isso que predominam nas narrações.
- Faça com que seu texto dialogue com outros do repertório cultural de seu público (intertextualidade).
- Mesmo sendo um texto que conta uma história, use a função conativa da linguagem, se possível no final, convidando o leitor a aderir ao produto.

De volta ao início

Assim terminamos este rápido percurso sobre a linguagem publicitária na mídia impressa, com foco especialmente na redação, depois de passarmos pelas principais maneiras de criar títulos envolventes (em consonância com a imagem), slogans e textos racionais e emocionais para anúncios. Evidentemente, há outras variedades a ser estudadas (anúncios sem títulos, com título e subtítulo, apenas com texto visual etc.) e demais peças de imprensa que costumam apresentar, com as devidas adaptações, os esquemas e conteúdos básicos vistos na construção de um anúncio.

Nos meios eletrônicos a criação publicitária nos permite uma viagem tão ou mais instigante quanto a que fizemos. O processo criativo, no entanto, é o mesmo. E sempre vale repetir: não há fórmulas. Procuramos apontar brevemente, as tendências, as práticas, os expedientes que têm sido eficazes na nossa propaganda, agregando também exemplos internacionais. Cada redator, se apaixonado pelo seu trabalho, encontrará a melhor forma de expressar suas idéias, de render mais com seu parceiro, de transmitir à nova geração o conhecimento adquirido.

A redação publicitária é dinâmica, está em marcha, ainda que haja por estes tempos um *boom* de anúncios sem texto verbal (que nem sempre resultam só do talento do diretor de arte, mas do entrosamento da dupla). Fizemos aqui uma fotografia dela. Mas, antes, montamos a luz, produzimos a cena com os materiais à disposição, escolhemos um bom ângulo, filtrando e editando tudo como um *bricoleur*. Que tenhamos sido úteis a você.

Bibliografia

ARISTÓTELES. *Arte retórica e arte poética.* Rio de Janeiro: Ediouro, 1967.

BARRETO, R. M. *Criatividade em propaganda.* Rio de Janeiro: Documentário, 1978.

__________. *O copy criativo.* Rio de Janeiro: Qualitymark, 2004.

BROWN, J. A. C. *Técnicas de persuasão.* Rio de Janeiro: Zahar, 1971.

CARRASCOZA, J. A. *A evolução do texto publicitário.* São Paulo: Futura, 1999.

__________. *Razão e sensibilidade no texto publicitário.* São Paulo: Futura, 2004.

CARRASCOZA, J. A. *Redação publicitária: estudos sobre a retórica do consumo.* 2. ed. São Paulo: Futura, 2003.

ECO, U. *Obra aberta.* São Paulo: Perspectiva, 1976.

FIORIN, J. L. *Elementos de análise do discurso.* São Paulo: Contexto/Edusp, 1989.

GIL, G. Flora. *Et cetera,* Curitiba: Travessa dos Editores, n. 2, 2003.

JAKOBSON, R. *Lingüística e comunicação.* 2. ed. Trad. Isidoro Blikstein e José Paulo Paes. São Paulo: Cultrix, 1969.

LEVENSON, B. *Bill Bernbach's book: a history of the advertising that changed the history of advertising.* Nova York: Villard Books, 1987.

MCLUHAN, M. *Os meios de comunicação como extensões do homem.* São Paulo: Cultrix, 1969.

PERELMAN, C.; TYTECA, L. O. *Tratado da argumentação: a nova retórica.* 5. ed. São Paulo: Martins Fontes, 2002.

PIERCE, P. O humor na publicidade de televisão. A visão de um pesquisador. In: JAMES, J. P. (org.). *A publicidade como negócio.* São Paulo: Nobel, 2002.

REBOUL, O. *O slogan.* São Paulo: Cultrix, 1975.

ROCHA, E. P. G. *Magia e capitalismo: um estudo antropológico da publicidade.* 2. ed. São Paulo: Brasiliense, 1990.

6

Para entender a criação publicitária em audiovisual

Arthur Lara*

Entender o processo criativo na composição de texto, som, imagem e movimento não é tarefa simples perante os novos suportes, meios, ferramentas e linguagens. Para tal exercício, vou separar duas peças publicitárias que trabalham com os mesmos equipamentos de captação, edição, pós-produção e, ainda, o mesmo ator. Dessa maneira, fica fácil ver as vertentes e linhas de direção de dois importantes diretores da publicidade atual e seus respectivos processos criativos. Sendo os produtos dessas peças bem diferentes, verifica-se com essa análise o "toque" pessoal do criador diante do emaranhado de opções e operações que o audiovisual oferece nos dias de hoje. Pretendo com essa análise levantar alguns pontos sobre o processo de produção do audiovisual na comunicação da publicidade brasileira.

Primeiro é necessário pontuar alguns momentos da evolução do texto, da imagem e do som ao longo da evolução da nossa sociedade para entender tantas mudanças em um curto espaço de tempo.

Não é difícil de imaginar que o som, nos primórdios de nossa civilização, ocupasse um lugar de estudo e admiração. As tribos nômades da Ásia utilizavam o som para induzir ao transe, e, dessa maneira, o conteúdo era transmiti-

* Professor Doutor do Departamento de Tecnologia de Arquitetura da FAU-USP.

do em forma de dança, ritmo e alucinações coletivas. Mantras, versos, lendas e contos foram as formas pelas quais as tribos de base oral transmitiam sua cultura e conhecimento. O corpo tomado pelo transe era elevado ao espaço fluido dos sentidos, o "eu incorporado" possibilitava a transmissão de conhecimento, visualizações e curas. O som leva cerca de dois mil anos através de várias culturas para resolver as questões ligadas à afinação e ao temperamento dos instrumentos musicais. Nesse percurso, importantes conhecimentos da oscilatória, da matemática e da física influenciaram a arquitetura, o teatro e as artes em muitas civilizações.

A palavra escrita demorou mais para chegar ao mundo da comunicação. Os números, desenhos e letras envolvem um alto grau de sofisticação mental e exigem um suporte. Ao serem transmitidas para um suporte, essas abstrações ganhavam independência temporal. O conteúdo ali depositado transcendia o tempo físico do autor. Marcas, sinais e desenhos quando eram articulados em forma de código podiam transmitir o pensamento, o raciocínio, estabelecendo uma comunicação precisa e efetiva.

Os desenhos, sinais e escrituras vieram para cumprir esse papel de armazenar e transmitir a cultura de várias civilizações. O domínio dessa técnica da escrita viria a consolidar a cultura e a evolução do conhecimento. Os escribas e suas famílias eram pessoas bem posicionadas socialmente em quase todas as civilizações que dominaram essa técnica.

O segredo da confecção do papel com fibras vegetais, descoberto em 123 a.C., permaneceu escondido por 500 anos pelos chineses. Desenvolvido pelos japoneses, coreanos e povos asiáticos, foi, aos poucos, se desprendendo dos materiais fibrosos. Os árabes capturaram um papeleiro chinês que foi obrigado a revelar o segredo. Mais tarde, restos de tecidos foram empregados na sua confecção. O suporte papel foi introduzido na Europa pelos árabes através da península ibérica em Xàtiva (Espanha) e na Sicília (Itália) por volta do ano 1150.

Do mesmo modo que ocorreu com a escrita, as primeiras pessoas a dominarem o processo de captação e produção da imagem ocupariam um lugar de poder na sociedade, e sua produção foi em forma de esculturas, relevos e decorações. Freqüentemente, um universo mítico era transposto para os utensílios, objetos de beleza e, às vezes, paredes ou esculturas que serviam para os rituais e ocasiões especiais. Caminhando sempre do lado do poder, nossos produtores de textos, sons e imagens passaram a atuar ao lado de curandeiros, reis, papas e demorou alguns milênios para o homem comum ter acesso à produção da imagem como ocorre hoje.

No início dessa aventura, as tentativas de se sobreporem idéias seculares às da natureza e dos deuses sempre foram proibitivas; a imagem era mágica e prenunciava um mundo de deuses, revelações e anunciações. Temia-se que a criação, sendo fruto da inspiração e exterior ao nosso corpo, pudesse ser cortada caso o homem se sobrepujasse aos deuses e divindades. Havia uma confusão entre consciência, o plano divino e os limites da imaginação humana. Ainda eram difusas essas fronteiras, e os temores de se opor o plano individual a esses dois outros planos eram grandes. Assinar a obra seria o rompimento definitivo com essa inspiração e assim tudo era feito numa harmoniosa relação de mestre e seus discípulos. O mestre devia impor uma rotina e método para que seus discípulos conseguissem dar continuidade ao trabalho que estava a serviço da inspiração. Aos poucos, a sociedade descobriu novas fronteiras com o avanço da filosofia, que ajudou a separar os limites entre o Eu interior dos objetos e da natureza, e isso possibilitou certa independência e o início de uma aventura no campo da produção da imagem.

Foi no teatro que a representação do homem começou a se desligar dos feitos heróicos e das venerações aos deuses e a se preocupar com as coisas relativas à alma humana. Alguns processos geométricos e truques ajudavam a compor uma cena realística, e os processos de produção racionalizavam a criação gerando dúvidas da sua mística divina. Uma grande caixa com um pequeno orifício (na frente) por onde a imagem se formava invertida em uma superfície translúcida (ao fundo), ficando visível para a sua representação com a ajuda de um pano escuro, como nas antigas máquinas de fotografia. Dessa maneira, ficava fácil para qualquer mortal desenhar com perfeição a natureza. Muitos pintores se serviam desses conhecimentos geométricos e também de novas pesquisas de pigmentos que conferiam à imagem um realismo surpreendente. As descobertas da ciência deslocaram o ato criativo para o conhecimento do indivíduo. Assim, as obras passaram a ser assinadas e datadas por seus autores sem nenhum remorso.

Diversos problemas começaram a surgir e a ciência foi solicitada a dar soluções práticas para elevar o nível de representação ao grau mais alto possível, dando qualidade e vivacidade ao que representávamos e, assim, a produção chegou bem próximo ao realismo que enxergamos. Formaram-se as grandes escolas de pintura – a italiana e a holandesa – que não venciam a ganância da nova ordem social, que encomendava retratos, quadros comemorativos ou paisagens de seus domínios. A caixa escura começou a empregar processos químicos e conseguiu imprimir a realidade em vidro e, dessa forma, a fotografia pôde atender a demanda por retratos, cenas históricas e do Velho Mundo e também de lugares exóticos recém-descobertos do Novo Mundo.

> A fotografia permitiria dominar a unidade de imagem obtida a partir de um centro organizador – o furo para a entrada da luz – mas não possibilitaria descer abaixo do nível de organização do plano (impossibilidade de ter acesso diretamente a cada um dos grãos argênticos da placa sensível). (Couchot, 1996, p. 37)

A pintura, a escultura e o teatro ganhavam novo fôlego para investigar novas questões mais distantes do realismo, porque a fotografia dominava o realismo com muita facilidade e investigava novas formas de representação, chegando ao suporte do papel.

Da fusão do mecanismo da máquina de costura com a máquina fotográfica, nasce o cinema. Este impressionou pela sua capacidade de capturar o movimento, traduzindo pequenas anedotas verbais em pequenas produções (curtas-metragens) que, pelo sucesso, formaram um público que possibilitou novos investimentos para as grandes produções (longas-metragens).

O nascimento de um público, cada vez mais amplo, voraz e consumidor de novas imagens, iria lotar as salas de cinema. As imagens fotográficas e o cinema se incumbiriam de dar mais vivacidade à imagem produzida pelo homem, formando ídolos e objetos de culto. A introdução do som no cinema e o desenvolvimento da linguagem de corte e da montagem conferiram um reconhecimento: a sétima arte. Antes restrita aos poderosos reis, ao clero, por meio das mãos de artistas renomados, a produção da imagem chega ao cidadão comum, que passa a consumir a imagem como lazer e diversão. A liberdade de produzir para si e seus amigos e familiares coopera inconscientemente com a documentação e registro da modernidade. Colecionar cenas da própria família, temas mundanos do cotidiano ou cenas jornalísticas implicava outro grande salto.

Esses novos consumidores e produtores de imagens, sons e movimentos se expandiriam para todos os países, levando consigo a democracia da produção. A ampliação do público fez que a imagem da fotografia e do cinema moldasse seus próprios mitos e estrelas, que passariam a ditar a moda e o comportamento social. Os meios de comunicação exploraram essa ligação do público com a imagem.

A popularização das câmeras e a rapidez dos processos químicos possibilitaram uma grande democracia na confecção da imagem que passou a ser acessível às pessoas comuns.

Barthes (1980), ao analisar as fotos jornalísticas de guerras que chamam a atenção de um vasto público, denomina *studium* o interesse humano pela fotografia, certo estudo, acompanhado de interesse investigativo amplo e geral. Ao mesmo tempo em que nos aproximamos da realidade do *studium*, uma força contrária nos fere:

> A este segundo elemento que vem perturbar o *studium* eu chamaria, portanto, de *punktum*; porque *punktum* é também picada, pequeno orifício, pequena mancha, pequeno corte e também lance de dados. O *punktum* na fotografia é esse acaso que nela fere, me apunhala...

Explica ainda que, nesse momento do clique fotográfico, a pessoa ao ser fotografada participa criativamente do processo, se arrumando e conferindo seu melhor ângulo. Essa pequena participação é um processo de co-autoria que vai crescendo e formando um público cada vez mais crítico e participativo. Aqui, nesse preciso momento, a propaganda entende que o consumidor deixa de ser simplesmente passivo, evoluindo para a formação de segmentos desejosos de reconhecimento e participação social. Se o consumidor-receptor deixa de ser passivo, o autor passa a ter mais responsabilidade do ato criativo. Sua mensagem, em determinados suportes, passa a ganhar uma dimensão inesperada. O autor, o público, os suportes e as tecnologias começam a trilhar caminhos sinuosos e complicados.

> O receptor se confunde ora como consumidor social ora como desbravador de si mesmo: é um consumidor que não se resume a depositário sedento do irrefletido de desejos, nem a uma busca desesperada de si; é um receptor que entre o presente e o futuro luta para não ter o real como pesadelo, um sonho mais difícil de ser enfrentado que o próprio sonho; é como se o real não coubesse mais ao homem, nem mesmo a esperança. (Souza, 1995, p. 23)

As descobertas tecnológicas substituíram a força do homem por cavalos a vapor; as máquinas, no campo, substituíram o serviço efetuado pelos camponeses, que buscaram refúgio nas cidades. Nelas, um grande e vasto mercado se formou utilizando a mão-de-obra barata e abundante vinda do campo. Máquinas necessitavam de grandes mercados e logo duas guerras foram travadas em busca de novos consumidores. A destruição causada pela Segunda Guerra Mundial deixou cicatrizes profundas. Genocídios, cidades arrasadas e países inteiros destruídos e ocupados. Era preciso fazer algo para reordenar a sociedade e achar novamente o rumo que parecia perdido.

Um extenso mercado consumidor tinha se formado com o bloco ocidental e encontrou principalmente na Inglaterra certo período de crescimento. As negociações entre trabalhadores, patrões e governo chegaram a um bom acordo, estabelecendo uma relativa segurança e prosperidade. O *welfare state* proporcionava seguro-desemprego, regulava as crises de demanda e oferecia o conforto para todos os trabalhadores. Nesse período, as vanguardas européias procuravam uma saída para a humanidade por meio da revisão dos conceitos de arte, e algumas linhas foram traçadas. Muitos artistas acreditavam na recuperação da sociedade somente pela educação e viam nas crianças alguma esperança. Outros viam na sátira à tecnologia uma forma de alertar a sociedade para não incorrer em novas guerras. De uma maneira ou de outra, a ONU e vários mecanismos de segurança surgiram para reger a nossa sociedade.

Com a guerra surgem novas revistas, folhetins, histórias em quadrinhos, e um novo mercado se afirmou nas novidades e notícias vindas do front. A sociedade passa a conviver com o produto voltado para grandes massas. A corrida espacial leva a técnica e o culto ao objeto para muitos lares, e o produto da máquina passa a ter um valor de fetiche: um valor de culto que sobrepunha o uso necessário e normal. Políticos, governos e empresários souberam tirar proveito da comunicação voltada para uma grande massa de consumidores. As novas invenções do pós-guerra, o rádio, o radar, o computador e a tevê iriam formar um público ainda maior que transcendia muitos países, e regiões inteiras passaram a compor grandes blocos ávidos de notícias, comunicação, comércio de bens de consumo e trocas culturais.

A Europa estava em ruínas; muitas cidades e bairros precisavam ser reconstruídos e os arquitetos se associaram aos governos para empreender uma grande obra: a modernidade. Nessa reconstrução, os governos usam propaganda de massa e passam a se servir da mídia, do uso da auto-imagem, da notícia focada e dirigida. Essa relação de poder com a imagem era muito utilizada pelos alemães na Segunda Guerra, e com os aliados não vai ser diferente: os meios e a sociedade de massas irão se desenvolver e buscar novas tecnologias visando ao conforto, qualidade, comodidade e segurança.

Sempre que um novo meio era descoberto, anunciava a morte do anterior. A imprensa, a fotografia, o cinema, a tevê, as FMs, o disco de vinil, a Internet, o CD, o MP3 e o DVD anunciaram prematuramente a morte de seus adversários, mas o que se verificou é que a linguagem se adapta aos novos meios e eles lentamente vão conquistando seu reconhecimento até parar nos museus e nas páginas da história.

A criação e a produção se viram obrigadas a compreender melhor os suportes, sua penetração nos tecidos sociais e adaptar a linguagem ao público específico de cada suporte.

Para melhor entender esse processo, vamos imaginar uma produção em que o produto seja um sorvete.

Ao *brifar* o produto "sorvete" são fornecidos três meios de veiculação da peça publicitária: teatro, televisão e cinema. No teatro, o sorvete poderia ser interpretado pelo ator e poderia nem existir; já na tevê se a inserção do produto fosse em uma novela, o sorvete poderia ser feito de papel e colorido. No cinema, o sorvete deveria ser um sorvete mesmo porque a qualidade exigiria um realismo maior do produto e coerente com o poder de representação do meio, a película fotográfica. Hoje, a alta definição do vídeo (HD) exige mais qualidade cênica.

Fora a adaptação da criação aos meios, captar, editar, compor e transformar a imagem, o som e as palavras sempre trouxeram grandes dificuldades porque enxergamos e escutamos com sentidos estéreos: nossa dupla visão e audição nos proporcionam uma apreensão em terceira dimensão. Os meios de representação trazem, na maioria dos casos, uma versão limitada em apenas duas dimensões. A redução não fica só no achatamento do material, mas se estende para o número de cores, texturas, freqüências, composição e acabamento. A mesma redução para duas dimensões era sentida pelo pessoal do teatro que migrava para a televisão e, de maneira inversa, pelos engenheiros aeronáuticos que trabalhavam sem a gravidade em projetos de naves e cápsulas espaciais. O palco de nossas atuações, sem a moldura fixa e estável da quarta parede que separa os atores do público, tornou-se veloz, fugaz e flutuante.

> Há, no entanto, outra carga do sonho "voar como um pássaro" que nossos antepassados sentiam sem tê-la salientado claramente. A de ultrapassar a bidimensionalidade. O fato de sermos prisioneiros da bidimensionalidade não é comumente reconhecido. Temos a ilusão de que nossos movimentos ocorrem nas três dimensões do espaço. Na realidade, no entanto, a nossa condição terrena nos condena ao plano (à superfície terrestre) apenas nossas mãos nos oferecem abertura para a terceira dimensão (...). Voar como pássaro é poder utilizar o corpo todo como se fosse mão, poder movimentar-se inteiramente dentro do espaço. (Flusser, 1979, p. 30 apud Ramiro, 2002)

Na década de 1960, sob forte influência da corrida espacial, o grupo Archigram (anagrama das palavras: arquitetura com telegrama) lançou na Inglaterra uma revista gráfica com idéias futuristas sobre a cidade e o modo de morar. Era a primeira vez que a arquitetura se utilizava da mídia para expor suas idéias.

Cidades interconectadas, cápsulas de habitar, objetos descartáveis e muita novidade compunham esse sonho que influenciou as novas gerações de arquitetos. Dentre as várias colocações, eles previam que a linguagem da máquina (software) seria mais importante do que a própria máquina (hardware).

Os trabalhos de Alan Turing, matemático inglês, decifrando os códigos alemães na guerra levaram à construção do conceito de caixa preta: o que realmente importa é o que manda na máquina, não como ela funciona. Ele tinha perseguido a maneira como os alemães misturavam seu alfabeto, e a busca por desvendar a fórmula, o código e a combinação resultara numa máquina abstrata que operava com uma linguagem.

Turing sacrificava alguns navios e soldados aliados de propósito, e esses fatos eram imediatamente noticiados pelos alemães. Como os aliados sabiam os nomes dos sacrificados, ao captar a mensagem em código, podiam verificar a linguagem que a máquina alemã utilizava, desvendando outros importantes segredos. Dessa forma, notícias importantes foram descobertas com antecedência.

O mais importante era que o homem, ao programar a operação da máquina, inventou uma outra máquina: a máquina abstrata que iria potencializar e ampliar o próprio conhecimento do homem! Estava descoberto o computador, que já estava funcionando do lado dos alemães em cálculos complicados de balística. O computador alemão, já em sua terceira versão, era construído de relês e só foi descoberto pelos aliados no final da guerra, na Suíça. Essa máquina abstrata controlada por uma linguagem iria revolucionar o modo de produção de todos os países e modificar profundamente o comportamento das pessoas. Alguns jovens do Vale do Silício já sabiam disso. Eles tinham inventado um modo de penetrar no sistema de telefonia sem pagar, com o auxílio de um apito que vinha de brinde na caixa do cereal matinal Krunch. Essa descoberta simples revelava um grande segredo: uma pessoa, ao ter acesso à comunicação, tinha automaticamente seu poder ampliado. O jovem, apelidado de Capitão Krunch, fez a seguinte experiência com dois telefones: ligou de um telefone e, com o auxílio do apito, penetrou no sistema de telefonia e fez com que a chamada desse a volta na Terra e chegasse ao outro telefone. Com um atraso de poucos segundos, escutou sua própria voz. Esse foi o primeiro momento de deleite, ampliação, duplicação, fruição e virtualização, muito parecido com as possibilidades que a Internet iria proporcionar: abolição parcial do espaço e do tempo físico, sistemas não-lineares de produção de conhecimento, encurtamento das distâncias, interatividade, jogos em 3D etc.

Pronto, a descoberta para a maior fortuna individual da história da humanidade apoiou-se no pilar da comunicação individual e suas potencialidades. Nascia o computador individual com acesso à comunicação, e a produção da imagem sofre um processo radical de transformação com os equipamentos leves, portáteis e com dispositivos de armazenamento de imagens digitais. Os satélites e a comunicação iriam ampliar ainda mais o público que se viu segmentado em várias classes sociais.

O sistema de defesa americano tinha elaborado um sistema semi-inteligente para permitir a comunicação entre as bases militares americanas. O sistema constituía na criação de um protocolo (IP: Internet protocolo) que, uma vez inserido no sistema, irá procurar sozinho seu destino, não importando o percurso a ser tomado dentro do sistema. A aparente liberdade de escolha oferecia a possibilidade de uma base americana se comunicar, por meio de seus computadores, com qualquer outra base sem um caminho previamente planejado. Caso uma ou outra base fosse destruída pelo inimigo, a informação era independente e acharia um novo caminho, se ela tivesse entrado na rede. A ampliação desse sistema foi chamada de Internet; o protocolo existe até hoje e o número de computadores não pára de crescer.

O problema inicial da imagem digital era que o texto era rapidamente decodificado em bytes, mas as imagens sofriam pesados processos de decodificação e os arquivos se mostravam pesados e lentos. O grande salto viria com os processos de compressão da imagem e a passagem das imagens matriciais para sistemas vetoriais. As matrizes eram pesadas sopas de números que correspondiam a pontos da imagem. Esses arquivos enormes eram sensíveis à alteração de tamanho e perdiam qualidade. As imagens vetoriais tinham a vantagem de transformar os pontos da imagem em equações que correspondiam à decomposição de vetores nos eixos *x* e *y*. Assim, as equações poderiam sofrer grandes alterações de tamanho e posição sem perdas de qualidade.

Com essa mudança, a Internet passa a receber arquivos mais leves e que possibilitavam movimento e mudança de tamanho, dando dinamismo e interatividade ao usuário. A interatividade veio com a sobreposição de novas linguagens no suporte da Internet. O HTML (liguagem de hipertexto) sofreu uma evolução, mas as linguagens derivadas da linguagem C, como Lingo e Java, davam respaldo matemático ao clique do usuário, permitindo que ele participasse do outro lado da rede. A evolução dos bancos de dados no suporte da Web confere à Internet o poder de ser fiel depositária de grande parcela das pesquisas e do conteúdo produzido, deixando o papel e os livros em segundo plano.

Mas, com tantas evoluções, os problemas começaram a aparecer. Faltava conferir às imagens uma dinâmica, volume e transparência. As imagens apresentavam pouca qualidade e não proporcionavam a ilusão de tridimensionalidade.

A transparência era feita de maneira trabalhosa e artesanal. Utilizava-se o recurso do acetato pintado à mão livre. Sua relativa transparência permitia apenas cinco camadas, nos efeitos especiais das propagandas das tevês, em cenas do cinema e especialmente nos desenhos animados: uma para o primeiro plano, outra para o segundo e as demais para fundos, nuvens. Com mais de cinco camadas, o plano de fundo começava a ficar opaco e a noção de tridimensionalidade era afetada. Os efeitos especiais e os desenhos animados longos demoravam vários anos para serem concluídos em processos de sobreposição de acetatos, pinturas, retoques e sobreposição de imagens.

O quarto canal, o *alphachanel*, adicionado ao sistema RGB, viria a solucionar o problema só na década de 1960, criando um sistema de transparência para cada ponto da imagem. Arquivos novos poderiam transmitir essa nova qualidade que alterou completamente as máquinas de corte, edição e composição de imagem e liberou o editor em relação ao diretor. A pós-produção viria revolucionar o mercado competitivo da animação e modelagem, efeitos e acabamento das produções. Tanto o cinema como a televisão tiveram de investir em novas estações digitais não-lineares e trocar parte de seus funcionários. A mudança não era limitada somente à operacionalidade das novas máquinas, mas implicava novos conceitos de composição, linguagem e suporte. Essa nova tecnologia permitia às emissoras colocar seu logotipo no campo, facilitando o *zapping*. O consumidor passa a saltar na grade da televisão, aumentando sua leitura fragmentada e volátil.

O conceito de bricolagem havia produzido uma máquina conceitual ligada à comunicação, o computador pessoal (PC), o mundo da criação passaria por uma radical transformação porque a base do sistema era não-linear, possibilitando o hipertexto, a decisão, a escolha, a interatividade, multitarefa, os avatares. Foram poucos os criadores que souberam reciclar suas idéias e acompanhar a velocidade das mudanças. As vanguardas artísticas vinham trabalhando em várias frentes desde o pós-guerra e souberam programar a capacidade de criação e produção com o vídeo, o computador e os novos sistemas de edição e composição de imagem. Um grupo que influenciou muito as gerações seguintes foi o Fluxus. Nam June Paik foi considerado o pai do videoclipe porque em suas instalações artísticas satirizava a tecnologia, colocando ímãs na TV, distorcendo as imagens eletrônicas antes da popularização dos computadores. Entre suas frases de efeitos, previu que a lista de programações culturais da cidade de NY seria maior que a lista de telefones. O que realmente ocorreu somente na década de 1970. A influência da fragmentação da linguagem em ritmo, em composição e dinamismo e complexidade fez que seus trabalhos saíssem da restrita dimensão da galeria e se popularizassem em linguagens novas em que o ruído, a interferência, o gestual, as texturas e o diálogo entre os planos possibilitassem uma nova leitura na imagem televisiva.

O custo e a velocidade da produção do cinema e da fotografia foram reduzidos, permitindo ao produtor ver o material durante a captação e escolher na hora pela melhor qualidade, sem esperar pela demorada revelação química. Dessa forma, as equipes passaram a ser cada vez menores e ágeis, impossibilitando qualquer controle por patrões, governos ou outra forma de censura. A popularização das pequenas máquinas de vídeo e de fotografia tornou-se uma febre incontrolável, testemunhando e registrando cada fato novo do cotidiano. A imagem digital e dinâmica, produzida por câmeras cada vez mais leves e versáteis, pode circular por todos os países em questões de segundos, se for depositada no complexo de conexões das redes telemáticas.

A revolução não se limitou apenas ao tamanho e à agilidade dos equipamentos, mas teve um grande impulso por meio das imagens vetoriais, que, modeladas e animadas, assumem um realismo surpreendente. Logo, todos os nossos antigos super-heróis se transformaram em séries animadas com efeitos incríveis. Essa modelagem digital estendeu-se ao objeto, à arte e à arquitetura, possibilitando novas formas, estilos e princípios.

A modelagem vetorial do objeto, no computador, foi implementada na década de 1980 e teve grande desenvolvimento com os softwares CAD/CAM (Computer Aided Design/Computer Aided Manufacturing). Depois as ferramentas se sofisticaram usando estruturas matemáticas virtuais chamadas *polysurfaces* e receberam o nome mais prático de *blobs*,[1] em referência às técnicas de modelagem dos *metaball's*[2] e *metaclay*. Essas estruturas permitiam modelar virtualmente em um objeto 3D a partir de formas primitivas como a esfera, o cilindro e formas geométricas que podiam se somar a outras, compondo novas formas com aparência orgânica.

Na modelagem avançada, o computador não é apenas uma máquina abstrata que simplesmente calcula; a máquina toma decisões, participa do "toque criativo" e fica numa posição intermediária entre a mão do criador e a interface matemática que suaviza e modifica cada gesto humano. A máquina, além de suavizar, compor e juntar, pode simular comportamentos físicos como a gravidade, a leveza e a elasticidade. Na interpolação, apenas fornecemos os pontos de partida e de chegada à máquina, e o computador se empenha em fazer a renderização. Um simples movimento na tela tem a autoria diluída entre o raciocínio do criador, o cálculo e o desempenho da máquina abstrata. Esse caminho demorava horas no início, mas com a potência elevada dos novos sistemas é possível dispor de vários efeitos *on-line*, tornando a edição não-linear cheia de truques e possibilidades.

Fórmulas novas, algoritmos genéticos e modelos matemáticos sofisticados como Mesh (malha), NURBs (*Nonuniform Rational B-Splines*) e Fractais implementaram uma suave interface matemática na complicada relação da produção e permitiram uma suavização fluida e delicada, aprimorando a forma de maneira que a máquina abstrata desempenhasse uma aproximação orgânica. A máquina pesada e suja da modernidade havia limpado, simplificado e es-

---

[1] Walters (2003) refere-se à modelagem empregando o nome do filme *The blob*, da década de 1950, com Steve McQueen. Nesse filme, um monstro, em forma de massa, aterroriza as pessoas, invadindo todos os lugares.

[2] *Metaballs* é um termo de computação gráfica para modelos orgânicos *n*-dimensionais.

tandardizado a forma com a lógica racional, funcional da linha de montagem fordista que possibilitou a reprodução em larga escala com velocidade e pragmatismo. Na contramão, a máquina abstrata encontrou organicidade, fluidez, lógicas complexas e algoritmos de compressão e modelagem para produzir a forma recombinante, mutante e de aparente realismo que simula a realidade, imitando sua fluidez, seu peso e outras propriedades físicas.

Essa potente simulação da imagem digital coloca em crise as imagens reais; assim, fica decretada a falência dos teatros reais e a autonomia dos teatros virtuais alheios à vida cotidiana.

Esses, separados dos indivíduos, encontram terreno para a mutação, a combinação e a potencialização. Processos de duplificação e diluição do real perante o virtual iniciariam uma nova questão para a fenomenologia, que entendia ser possível a continuidade entre o Eu, os objetos e a natureza.

> Considere o seguinte cenário: uma pessoa (P) entra em um banco pensando em conseguir um empréstimo. De acordo com a estrutura dramatúrgica dessa situação, é necessário que a pessoa se apresente como uma candidata a empréstimo responsável e confiável. Sendo uma boa atriz, e sentindo-se à vontade no papel, (P) se vestiu adequadamente colocando roupas e jóias que indicam um bom nível econômico. (P) segue adequadamente os procedimentos para pedido de empréstimo e utiliza boas técnicas de montagem, com os apertos de mão adequados, levantando-se e sentando-se de acordo com as expectativas sociais e assim por diante. Além disso, (P) preparou e memorizou um roteiro bem escrito que explica totalmente sua necessidade de um empréstimo, assim como sua capacidade de pagá-lo. Por mais cuidadosa que (P) seja em se ajustar aos códigos da situação, logo fica claro que sua performance em si não é suficiente para garantir o empréstimo. Tudo o que (P) conseguiu com a performance foi convencer o funcionário a entrevistar seu duplo eletrônico. O funcionário levanta seu histórico financeiro no computador. É esse corpo, um corpo de dados, que agora controla o palco. Ele é, na verdade, o único corpo que interessa ao funcionário. O duplo eletrônico de

(P) revela que ela atrasou o pagamento de empréstimos no passado e que está envolvida numa disputa financeira com outro banco. O empréstimo é negado: fim da performance.[3]

A sociedade moderna, racional e funcional enfrenta a crise urbana da sociedade pós-industrial transmoderna pautada na virtualização e potencialização de identidade fluidas em ambientes virtuais, em banco de dados semi-inteligentes,[4] simulando realidades, novas cognições,[5] e novas identidades que transferem a base da sociedade familiar e comportada para grupos e tribos[6] das mais variadas cores e tipos.

Inicialmente restritos e caros, os sistemas inteligentes passaram para a produção de imagem, permitindo, além da modelagem, verificar a resistência e conferir à forma digital uma aparência orgânica e natural. Formas complexas poderiam ser planificadas, cortadas e remontadas, ampliando o potencial das

---

[3] A crise do "duplo eletrônico" é colocada pelo grupo ativista alemão Critical Art Ensemble (2001, p. 62-63).

[4] Os data mining (DM) são ferramentas com softwares de rede neural e inteligência artificial (IA), que têm a capacidade de correlacionar coisas aparentemente desvinculadas. Rezende (1999) assim define data mining: "o volume de dados disponíveis cresce a cada dia e desafia a nossa capacidade de armazenamento. Uma nova onda de ferramentas de 'mineração' ou 'data mining', está relacionada com lógica, inteligência artificial (IA) e redes neurais, além de também se relacionar com banco de dados 'inteligentes'. Os programas de 'data mining' são instrumentos com altíssimo grau de sofisticação tecnológica e que lançam mão de recursos avançados, como os de IA e redes neurais, sendo capazes de extrair deduções, levantando hipóteses que os seus clientes e/ou usuários jamais poderiam imaginar, como o clássico exemplo da cerveja e fraldas descartáveis. Ou seja, as ferramentas de 'data mining' têm capacidade para correlacionar coisas aparentemente desvinculadas. Com previsões bem-feitas, os negócios podem lucrar milhões de dólares. A análise de dados históricos para identificação de padrões, que possam esclarecer o presente, é chamada de 'data mining'. 'Data mining' não só responde a previsões de negócio, mas pode também revelar os atributos mais importantes que influenciam essas previsões. Um software de rede neural é um modelo matemático computacional complexo que abstrai o modo como as células cerebrais, os neurônios, operam – isto é, aprender por meio da experiência, desenvolver regras e reconhecer padrões. Redes neurais são projetadas para reconhecimento de padrões entre elementos de dados complexos. Para operar efetivamente, uma rede neural requer uma considerável preparação dos dados" (p. 52-53).

[5] A ciência cognitiva trata da potencialidade da mente humana, e as novas teorias advindas de descobertas recentes e multidisciplinares possibilitam a implementação de novos tratamentos, terapias e remédios, que ampliam a saúde mental, potencializam nossos sentidos e têm forte influência em nosso sistema educacional, que é tradicionalmente refratário a novos métodos e teorias. Autores como Popper e Eccles, Damásio, Del Nero, Howard Gardner, Jourdain e Oliveira abordam os estados mentais, as memórias e a cognição humana.

[6] O trabalho de identidades das tribos urbanas teve maior detalhamento em minha tese de doutorado: ver Lara (2002).

imagens. Todo o sucesso do museu de Bilbao advém do contato que o arquiteto Frank Gehry[7] teve com o pessoal da aeronáutica francesa, que usava o sistema Catia da IBM na construção dos aviões Mirage. Vários arquitetos implementaram seus sistemas construtivos com tecnologias avançadas de programação, nas quais a forma e a função concretizaram as metáforas do grupo Archigram, da década de 1960.

Hoje, o supermercado também consegue dinamizar seu sistema de estoque, compra e logística em máquinas potentes que mineram os dados dos clientes, revelando hábitos e comportamentos antes invisíveis aos olhos do especialista. Assim, os sistemas de comunicação souberam empregar novas formas de modelagem que deram uma vida nova aos efeitos especiais e também modificaram suas redações, sistemas de comunicação e pesquisa, dinamizando suas estratégias de marketing e relacionamento com o consumidor.

A produção da publicidade e propaganda não ficou sentada vendo as artes incorporarem processos digitais de desenvolvimento e transmissão. Os anúncios começaram a adquirir volume e a simular velocidade destacando-se do suporte. O efeito tridimensional chega aos tipos impressos, que aparecem com sombras e simulam dinamismo no papel, imitando a tela do computador e o écran da tevê. Toda imagem é editada, simulada e potencializada, transformada no computador para depois dar um efeito espetacular nos vários suportes: jornais, revistas, livros, embalagens, DVDs, Internet, videogames, anúncios eletrônicos, banners digitais, HDTV e cinema digital. Novos suportes e novas linguagens foram incorporados aos antigos, dando um dinamismo à publicidade que atua em quase todos os lugares com suas imagens potencializadas.

Do farol de trânsito ao celular, as pessoas recebem informações, anúncios e promoções. As equipes de produção se desdobraram para atender os novos suportes, e muitos processos de produção de imagem foram substituídos por no-

[7] Frank Owen Gehry, pseudônimo de Ephraim Goldberg (Toronto, 28 de fevereiro de 1929), é um arquiteto canadense. É conhecido pelo seu design arrojado na arquitetura, repleto de estruturas curvas, geralmente em metal. Sua obra mais famosa é o Museu Guggenheim Bilbao, Espanha, todo feito em titânio. Nascido numa família judaica, Gehry mudou-se aos 17 anos para Los Angeles, Califórnia, para posteriormente se formar em arquitetura na Universidade da Califórnia. Depois estudou planejamento urbano em Harvard. Atualmente mora em Los Angeles, tendo se naturalizado estado-unidense (Wikipédia, a enciclopédia livre).

vos. A criação ficou mais especializada, descentralizada, e pôde lançar mão de misturar, mixar, reordenar idéias de outras pessoas, como nos antigos liceus, e a autoria ficou novamente diluída em grandes ateliês que imprimem sua marca ao produto elaborado em equipe. Discotecas, bares e eventos transformam-se em verdadeiros laboratórios de pesquisa para mapear novos comportamentos e tendências.

As escolas e o ensino tradicional ficaram defasados em relação à produção feita nos jornais, agências e tevês. Em relação aos novos processos criativos, vamos ver alguns exemplos de produção de alguns profissionais da publicidade e propaganda no Brasil, suas vertentes e estilos, que nos ajudarão a entender a influência dessas grandes mudanças no processo criativo da publicidade e propaganda.

O processo de criação audiovisual publicitário no Brasil

Para entender a criatividade da tão premiada e criativa propaganda brasileira, é preciso entender primeiro a dinâmica que a imagem ganhou com a República e depois as influências que recebemos de fora, principalmente da Europa e dos Estados Unidos. A corte, obedecendo a ordens de Portugal, não permitia a produção no Brasil colonial. O poder era legitimado pela produção vinda de fora. A imprensa brasileira não existia, e o comércio, cada vez mais forte, desestabilizou o regime aristocrático, acumulou riquezas e exigiu uma transparência de seus atos. A imprensa brasileira nasce nesse contexto, empregando novas técnicas de produção de imagem como a fotografia, a gravura e a litografia, que ajudavam a levar sua influência e dinamismo a um público maior. Primeiro, imagens do cotidiano, retratos singelos e folhinhas com anúncios de pequenos comércios, xaropes e perfumes. Aos poucos, a tiragem foi crescendo e formando um público mais exigente, necessitando da figura do artesão da imagem, do desenhista, do ilustrador, do impressor, do tipógrafo. Foi nas mãos desses novos profissionais que a imagem adquiriu liberdade e ousou sair dos grandes salões para as ruas pelos jornais, anúncios em pequenos cartazes publicitários pendurados em bondes puxados a burros. Com esses novos suportes, a imagem necessitou de mais agilidade, e novas técnicas de impressão mais rápidas tiveram de ser inventadas para atender à demanda crescente.

Aos poucos, as decisões do poder se tornavam mais complicadas e o poder acompanhou o percurso da imagem: saiu do confinamento dos palácios ganhando a tribuna, a praça e as campanhas de rua. Jornais e revistas foram recheados de apimentadas caricaturas, charges e versos picantes que satirizavam a corte e seus costumes. Alguns folhetins e pequenos jornais faziam poesias e músicas com teor abolicionista, as quais faziam sucesso entre os intelectuais.

A diagramação, pesquisa e layout

A propaganda, no Brasil, desenvolveu-se com o crescimento da agroexportação, e da indústria. O rápido crescimento urbano necessitou da comunicação com o mercado emergente de novos produtos. Em 1821, surge o primeiro jornal de anúncios, o *Diário do Rio de Janeiro*. Os anúncios caracterizam-se por textos longos e poucas ilustrações, como em nossos atuais classificados.

Na modernidade, os processos de produção das imagens gráficas ou visuais implicavam grandes máquinas caras e técnicos especializados. Filmes, câmeras de cinema, grandes ampliadores, máquinas *offset*, mesas de corte e diagramação etc. Para a imagem gráfica, o fotolito – um filme sensível – era a grande novidade que possibilitava a impressão dos tipos e das fotos pela ampliação e reticulação. Desse grande filme eram queimadas chapas que eram entintadas e passavam quatro vezes pelas máquinas de *offset*, em que o registro tinha de ser preciso para que as cores fossem impressas no papel. Esse processo lento e demorado era articulado por vários profissionais especializados que selecionavam as famílias de tipos, diagramavam, equilibravam e formatavam texto e imagem na página impressa.

As primeiras agências de publicidade baseavam-se no modelo inglês, que tinha como base a experiência, a negociação, sobretudo dos "contatos", pessoas da agência encarregadas de fazer o aponte do cliente com o material criado pela agência. Dentro da maior agência, a Thompson, a produção da publicidade viria a sofrer grandes transformações com a figura de um fotógrafo de origem basca, Zaragoza.

> Zaragoza já era um mito, pelo menos dentro da Thompson. Era o único *layoutman* (como se chamavam então os diretores de arte) que enfrentava os contatos, donos supremos da verdade, juízes do que era bom ou era ruim. Intérpretes infalíveis das vontades dos clientes, os *layoutmen* eram, em geral, pessoas modestas, saídas das oficinas gráficas, cuja única tarefa era dar uma certa disciplina visual ao texto criado pelos intelectuais da profissão, os redatores. Estes constituíam uma casta à parte. Jornalistas ou ex-jornalistas, mas todos escritores com um grande romance da língua portuguesa guardado em suas gavetas e um plano para salvar a humanidade. Não se misturavam com os *layoutmen*, criaturas de limitados dotes intelectuais, que no fim do expediente iam jogar sinuca. Faziam um bico em algum jornal de bairro ou voltavam de bonde para suas casinhas num bairro distante, onde eram recebidos para jantar por suas esposas gordinhas. (Roberto Dualibi apud Zaragoza, 2005, p. 16)

O olhar do gráfico ou do fotógrafo compunha a mancha gráfica com as imagens na base da intuição, da experiência, conferindo uma dinâmica à linguagem do anúncio. Aos poucos, esses profissionais desenvolviam um faro para entender o comportamento do consumidor. Geralmente eram pessoas simples e de livre trânsito na sociedade. Esse vagar entre as classes permitia que o *feeling* orientasse e *brifasse* a criação e produção dos comerciais, sendo que o diretor da agência comandava toda a operação sem ser contaminado pelas outras partes envolvidas: de um lado, o consumidor e, de outro, os operadores das máquinas.

Nesse processo, a figura de quem diagramava e compunha a imagem gráfica ou do audiovisual iria diluir, dividir e se sobrepor à figura do diretor geral. O editor e o diagramador passam a ter poder de decisão porque o corte, a montagem e a diagramação agem sobre a linguagem, e essas modificações são passadas ao conteúdo da mensagem. Alterando o conteúdo, mexemos com a relação de poder envolvida no processo. O poder alterado implicava a co-participação do processo criativo: a diluição da autoria.

Nesse esquema, o layout passa a ser uma etapa importante de diagramação e composição. E justamente José Zaragoza, fotógrafo e artista plástico, e seus parceiros vão impulsionar a mais importante e talentosa agência de publicidade: a DPZ.

Como vimos, Zaragoza é a controvertida letra "Z" da agência publicitária DPZ, sendo de sua autoria as campanhas das Alpargatas, Ford, Firestone, Johnson & Johnson, entre tantas outras. Zaragoza, em seu livro *Layoutman*, mostra-nos a evolução da diagramação e sua dinâmica de composição que instigava, cutucava e ousava na criatividade com imagens. Seu ousado trabalho, nas artes plásticas, com desenhos eróticos, e seu traço livre e agressivo ajudaram na desconstrução da comportada relação cliente-produção nas agências.

> A publicidade brasileira está correndo o risco de perder sua característica única, que demorou anos para ser conquistada. Falta ousadia nas campanhas de hoje porque todos têm medo. Temem o cliente, a globalização e a reação alheia. O medo não faz bem para a comunicação! (Zaragoza, 2005)

No início, as agências seguiam o processo criativo da roteirização do cinema em que o diretor que assina a produção tem controle absoluto sobre o tempo da narrativa. Esse tipo de roteirização é chamado *take a take*.

Fazem relativo sucesso entre os profissionais do audiovisual os manuais técnicos de direção de câmera da BBC (Watts, 1982) e dos diretores brasileiros Daniel Filho (2001) e Bonasio (2002), formados nas televisões brasileiras. O primor técnico, carregado de realismo, não será absorvido pelas produtoras. O processo de criação se faz diferente do das emissoras de tevê, que são presas à qualidade de transmissão. A força da linguagem e a naturalidade da atuação vão ser pré-requisitos para a boa peça publicitária.

O comercial, inicialmente, era montado com as seguintes etapas: o cliente se reunia com os diretores da agência e explicava a necessidade de fazer a propaganda do seu produto. Nessa etapa de elaboração do briefing, reuniam-se os profissionais de criação que abordavam o produto baseados no *feeling* e planejavam, por intuição, onde, como e quando o produto iria ser anunciado. Elaboravam um *brainstorming* (reunião de criação), produzia-se o layout ou um *rough* (rascunho), que iria voltar para o cliente, e depois de aprovado iniciava-se o processo de produção. Entre a elaboração do briefing até o produto acabado e gravado poderiam se levar semanas. Ação seria feita com o *story-line*, a sinopse, a decupagem em cenas e planos e gravação feita com um *storyboard*, que seriam iluminadas classicamente, e uma fortuna em dinheiro seria gasta em cenários, figurinos, e depois o material captado, em película, iria para a pós-produção. A produção seria impensável em videotape porque o formato não permitia qualidade. O cinema dependia do laboratório, da montagem em moviola, da colagem, e depois seria feita uma telecinagem em que o material passaria para o suporte magnético da fita de vídeo. A propaganda dirigida pela experiência pessoal não trazia resultados estáveis, e as imprecisões dos resultados fizeram o cliente duvidar de todo o processo. Sucessivas crises financeiras levam muitos clientes a divulgar diretamente, sem a participação dos publicitários. O processo é ainda mais complicado, o consumidor se segmenta em novas classes sociais, é cada vez mais ativo e participativo, escapa do olhar atento dos publicitários que transitam somente na classe dominante. O resultado é o aumento de novas pequenas agências populares com anúncios baratos e rápidos.

As grandes agências, sob pressão, pressionavam seus profissionais para que o processo criativo fosse realizado no tempo mais rápido possível.

Em relação às imagens em movimento, as pesadas máquinas de corte de edição em vídeo ofereciam limitadas possibilidades de efeitos, fusão de texto, composição com imagens.

O videotape, ainda assim, fazia sucesso porque liberava a linguagem televisiva da improvisação das produções on-line, possibilitando correções e acertos antes da transmissão. As novelas ganhavam em ritmo e ousadia com equipamentos mais leves que permitiam a gravação externa e edições requintadas. O editor, com seus cortes, passagens e efeitos também assume um lugar importante na etapa criativa e passa a dividir créditos com o diretor.

Mesmo com tantas dificuldades técnicas, os grupos ligados à comunicação permaneceram hegemônicos e influenciaram diretamente a composição estrutural da sociedade porque detinham o acabamento estético, ditavam o conteúdo e possuíam os meios de produção. A luta pelo acesso à produção e aos meios de comunicação teve avanços com a discussão da tevê e rádios educativas. Mas a grande mudança viria ao final da Guerra Fria, com a Internet. O dinamismo da sociedade, cada vez mais acelerada e interativa, vai clamar por mudanças e participação.

Tridimensionalidade, velocidade e mutação

Estava na redação de um grande jornal, no centro do São Paulo, quando passou pela primeira vez o videoclipe do Michael Jackson no qual as imagens mutantes transformavam rostos de homens e mulheres de diferentes raças e tipos de cabelo. A redação parou, hipnotizada pelo clipe que passava simultaneamente em todos os aparelhos. Um grande silêncio tomou conta de toda a redação. Poucos teriam consciência de que aquelas imagens prenunciavam uma mudança radical no processo de produção da comunicação. Aos poucos, o jornalista experiente, investigativo, de pauta, caneta e bloco de anotações seria substituído por jovens estagiários, ainda sem diploma, sem experiência, mas munidos de dinamismo, competitividade e auxiliados por sistemas complexos de telefone, computador e Internet. A intimidade da nova geração com o computador assustava o jornalista formado na rua, no bater de pernas, na datilografia ritmada da máquina de escrever, da experiência e do furo jornalístico.

A imagem mutante, dinâmica e complexa revelaria horizontes jamais imaginados pelo olhar qualificado pela experiência do tempo vivido. Algoritmos genéticos, sistemas de mineração de dados inteligentes ligados às lógicas complexas revelam cruzamentos e tendências que transformariam as comunicações, as agências, o sistema bancário, os supermercados, os jornais e as televisões.

Tudo começou com a meteorologia que, nos sistemas de previsão de tempo, empregava computadores que trabalhavam com teorias do caos, fractais e lógicas complexas. As informações das estações terrestres, radares meteorológicos e satélites alimentavam potentes máquinas que cruzavam todos esses dados e avaliavam tendências. Essas previsões começaram a ter um nível de acerto muito grande. Não demorou muito para alguns jovens usarem as mesmas máquinas que previam o tempo na meteorologia para especular na bolsa de valores. Nascia o ataque especulativo: os computadores alimentados com informações sobre um país apontavam tendências que forneciam antecipadamente o mapa da mina. Nasciam os índices que norteiam a economia globalizada nos dias atuais: Down Jones, Nasdac, Bovespa, risco de investimentos dos mais variados tipos.

A guerra dos suportes, linguagens e processos criativos

Com a invenção da imprensa e da tipografia, houve uma demanda crescente para o papel fabricado na Europa, sobretudo na Espanha e Itália. A importância do papel chega ao ponto de se proibir a exportação de trapos em alguns países europeus. A primeira fábrica de papel no Brasil surge em 1808, em Andaraí Pequeno (RJ), motivada pela vinda da família real que fugia de Portugal.

Na Europa medieval, os copistas[8] e os escribas[9] não venciam a demanda por seu trabalho. Até a imprensa automatizar o trabalho de produção de livros, o objeto é caro, considerado estratégico. Viajantes que passavam pela cidade medieval murada tinham seus livros originais confiscados e copiados.

A corte escondia seus procedimentos monetários para manter o poder e controlava a comunicação e o trânsito das pessoas. A modernidade vai se utilizar da transparência, dos jornais, dos cafés e dos folhetins para divulgar suas idéias, suas contabilidades e suas prestações de contas à população. Ávido por instrução e participação, o cidadão utiliza o consumo, o conforto, a proteção da cidade para o trabalho, o lazer e ascensão social. A informação, a linguagem, os seus suportes das idéias passam a ter uma importância enorme porque trazem consigo a possibi-

[8] Os monges copistas tinham a função de copiar os livros... eram um tipo de xerox da época!

[9] O escriba ou escrivão era a pessoa na Antigüidade que dominava a escrita e a usava para, a mando do regente, redigir as normas do povo daquela região ou de uma determinada religião (Wikipédia, a enciclopédia livre).

lidade de mais conforto, mais segurança para seus familiares. Como verificamos, a base da modernidade é a família. Dessa forma os meios de comunicação passam a pertencer às famílias fixas e rígidas com sobrenomes pomposos. Os grande grupos hegemônicos da comunicação se formam mantendo suas raízes familiares e fazem questão de não deixar escapar o controle dos meios, manter a linguagem e os suportes tradicionais aumentando a segurança e a estabilidade produtiva.

A dinamização da tecnologia impulsionada pela máquina abstrata e os novos meios de comunicação vão minar a base da sociedade moderna. O espaço do conforto e convívio do fogão da cozinha será substituído pelo rádio, tevê e vídeo. A base da sociedade pós-industrial passa a ser constituída por grupos, tribos, hordas nômades de comportamento e associações múltiplas e instáveis.

Tentamos esboçar a importância das vanguardas artísticas e sua sutil relação com a ciência e a tecnologia. O impacto dessas novas linguagens, suportes e comportamentos vai modificar a produção do audiovisual que atinge, cada vez mais, um público diversificado e complexo.

As agências são obrigadas a buscar ferramentas mais precisas e contam com equipes de profissionais diplomados que empregam ferramentas matemáticas para verificar os hábitos de consumo. Agora, as modernas ferramentas são acionadas já no processo de *brifar* o produto.

O consumidor ativo e mutante passa a armazenar informações preciosas, e novos valores em novos índices oriundos de novos cruzamentos vão ser importantes na relação com a compra, consumo ou demanda.

> A abordagem por valores fica bem distante das preocupações imediatas de compra e consumo. Ela pode parecer muito genérica ao empresário. A abordagem por produtos, por outro lado, é mais concreta, mas aos poucos generalizável: ela vincula-se satisfatoriamente às demais variáveis descritivas da demanda. A abordagem por atividades, interesses e opiniões (AIO) propõe uma nova via intermediária. Ela procura compreender os consumidores por meio daquilo que eles fazem e pensam, dentro de uma vasta gama de situações da vida em sociedade. (Karsaklian, 2004, p.138)

Pesquisas qualitativas e quantitativas desvendam comportamentos, desejos, tendências e resistências do consumidor, eleitor, telespectador, ouvinte, navegador.

O olhar qualificado do publicitário, ampliado pela máquina, consegue mapear as pegadas invisíveis do consumidor segmentado, do concorrente, do adversário, do político, do novo nicho de consumo e, até mesmo, pode verificar a eficiência do próprio fazer publicitário. Assim como ocorreu com o dinheiro, que tinha uma equivalência com o metal, e o lastro mudou para os índices eletrônicos, na propaganda perde-se a equivalência com a experiência e ganham-se novos lastros eletrônicos com as pesquisas feitas por amostragem, *clipping*[10] e pontos no Ibope.

Nesse contexto de evolução das linguagens e equipamentos, revolução nos suportes e amplificação das medições eletrônicas, verificam-se fortes mudanças na criação, no roteiro da produção comercial audiovisual. A seguir, acompanharemos o processo criativo de dois diretores publicitários que se adaptaram às novas tecnologias.

Vamos dissecar o processo criativo usando como exemplos duas peças feitas com os mesmos equipamentos de captação e edição, tendo também o mesmo ator principal, o jogador de futebol Ronaldo. As peças trazem resultados distintos, aparentemente diacrônicos. A decupagem clássica como forma de roteiro é abandonada, e uma nova forma é empregada nas etapas que antecedem a captação e produção.

Ricardo de Carvalho foi assistente de diretor da agência RBS no Rio Grande do Sul, veio para São Paulo onde trabalhou com o perfeccionista diretor, Doddi, da agência TVC, e se tornou conhecido pela série de propagandas da Parmalat. O trabalho do "Gordo" – apelido de Ricardo – sempre foi pautado por uma produção cara, de alta qualidade e com uma expressividade natural das pessoas, em razão de sua preferência pela utilização de não-atores.

No seu processo criativo, Gordo introduz a improvisação e flexibilidade no roteiro, como o músico de *jazz* que usa a partitura como base, montando uma

[10] *Clipping* (em inglês, "corte" ou "recorte", designando especialmente um recorte de jornal ou de revista) é o nome que se dá ao serviço de pesquisa, coleta, seleção e fornecimento de material veiculado por um ou por diversos meios de comunicação: a imprensa escrita, o rádio, a TV e, mais recentemente, a própria Internet. O material recolhido e selecionado pelo *clipping* pode ser tanto de natureza jornalística quanto publicitária, sobre qualquer assunto veiculado pela mídia. O serviço de *clipping* é feito sob encomenda e é prestado por empresas especializadas nessa atividade. Hoje, o *clipping* que tem por objeto os veículos da mídia impressa evoluiu para o fornecimento do texto das versões *on-line* de veículos na Internet; digitalização via *scanner* de notícias e imagens impressas; resumos de notícias e gerenciamento de informações setoriais por uma equipe de jornalistas (http://www.webclipping.com.br).

equipe afinada e bem orientada na busca pela improvisação. Sua rigorosa disciplina de trabalho é pautada pela seleção prévia de imagens já consumidas pelo público. O que orienta a pesquisa de imagens é o conceito, uma boa luz, um gesto, uma angulação de câmera. A equipe, depois de colar as imagens e sons pesquisados, segundo um processo de mixagem, apresenta para o diretor "o monstro" em baixa definição: fotografias, cenas de cinema e de outras propagandas são misturadas a pedaços de trilhas sonoras, (re)contando uma nova história.

A peça publicitária que nos servirá para compreensão de seu processo criativo traz cenas do jogador de futebol Ronaldinho. Verificamos que a peça tem a mesma cena e a mesma angulação de câmera de vários filmes de Hollywood.

O resultado passa, aparentemente, despercebido pelo telespectador, que previamente já tinha se envolvido com as cenas. Elas ganham em simulacro e contagiam o consumidor que, sem querer, transfere sua memória emocional ao novo produto. Além de encurtar o processo tradicional de decupagem, esse tipo de criação é embricado, partilhado e fragmentado entre os vários produtores e consumidores.

Gordo especializou-se em propagandas com crianças e teve um sucesso enorme com comerciais de contas como Bob's, Nestlé e outras em que se utilizam adolescentes e crianças, que não costumam se comportar direito nos estúdios.

Não intencionalmente, como um VJ ou um DJ, Gordo (re)mixa[11] coisas que já vimos ou já fizeram sucesso, impulsionando o desejo para uma nova embalagem. Não é de surpreender que o diretor tenha as contas dos produtos ligados ao público infantil, para os quais o processo de identificação e transferência se faz com maior naturalidade (ver Figura 6.1).

Aqui o rough é feito com a caneta eletrônica, a câmera, captando nossas memórias afetivas e transportando-as para o suporte eletrônico, que seria a fita magnética, e não é utilizado o papel.

Aprovado pelo cliente, o "monstro" é levado para a produção, que passa o material para alta definição. Durante a gravação, a equipe é instruída a captar

[11] Mixers ou mixar é o mesmo que "misturar"; na técnica do DJ significa juntar as batidas de duas ou mais músicas na mesma velocidade, nas mesmas bpms (batidas por minuto), buscando a passagem de um vinil ou CD a outro ou a fusão de uma música com outra. (Re)mixar aqui tem o sentido de misturar coisas já vistas ou novas coleções de músicas remasterizadas.

não só os instantes planejados e decupados no "monstro"; improvisações, sorrisos, trejeitos e outras formas de atuação dos figurantes podem ser incorporados pela edição e pós-produção (ver Figura 6.2).

Adotando uma postura inversa à de outros diretores, que fazem questão de controlar tudo no grito, Gordo senta silenciosamente na platéia e observa tudo atentamente. A captação de imagens é uma jornada exaustiva, mas os não-atores são parcialmente instruídos da sua representação, como no cinema dilatado de Tarkovsky,[12] no qual os atores não sabem o final do enredo para que seu cinema ganhe verdade.

> Quando faço um filme, tento não atormentar meus atores com discussões, e não admito que o ator estabeleça uma ligação entre o trecho que está sendo representado e o filme em sua totalidade; às vezes, não permito que ele o faça nem mesmo em relação às cenas imediatamente anteriores ou posteriores... (Tarkovsky, 1986, p. 170)

O que o diretor se propõe é uma captura da verdade, do tempo, sem a premeditação do ator em relação à objetiva da câmera. É uma pequena fração de segundo entre o estado natural do ator e o estado co-participativo que Barthes enunciou em *A câmera clara.* Semelhante busca faz Arthur Omar em *Antropologia da face gloriosa* (1997), fotografando personagens do carnaval de Salvador com a câmera em riste, à queima-roupa. Nesse trabalho, como em outras obras suas, Omar busca o homem primordial, o eu incorporado não só do ator como do cenário. Em *Esplendor dos contrários* (2002), desvela uma intocável e mítica paisagem, em que a câmera desvela e desnuda a paisagem. Omar chega ao ponto de ser castigado por esse pecado do clique fotográfico: sofre um naufrágio e perde todo o equipamento.

Desses processos descritos, podemos perceber como um olhar atento e seletivo do diretor age sobre o tempo de captura e a postura dos atores e até os

---

[12] Tarkovsky, cineasta russo, quis e fez "elevar o cinema à categoria de arte" e o fez genialmente. Antes da sua morte, disse: "Estou convencido de que qualquer tentativa para restaurar a harmonia no mundo só poderá apoiar-se na renovação da responsabilidade pessoal: conto-o a si como mais um!".

cenários. A atitude e a liberdade do diretor na orquestração da captura podem contar com a improvisação e com a naturalidade, desde que ele assuma a batuta de maneira incisiva e precisa.

Na contramão desse processo autoral de direção em audiovisual, Eduardo Xocante é um diretor-produtor que por muitos anos foi assistente de câmera da TV Globo.

Xocante iniciou seu trabalho como operador de som brincando com os equipamentos de edição com seus amigos durante as madrugadas. Com emprego estável e tempo para experimentação, Xocante foi um ótimo e comportado assistente de direção até desenvolver sua linguagem. Não achava a posição de diretor muito confortável para experimentar. Poucos diretores têm tempo, paciência e intimidade com os equipamentos. A linguagem que desenvolvia necessitava de tempo, espaço e, lentamente, seu trabalho foi crescendo e impondo respeito.

> Mesmo começando com alta tecnologia na TV Globo, com uma polegada, eu já tinha muita vontade de testar, de experimentar, de ser irreverente. Gostava do que o pessoal do Olhar Eletrônico, a produtora do Fernando Meirelles, produzia. Tive oportunidade de trabalhar com os dez fundadores da MTV, como John Klein de Londres, com o lado da MTV que vinha da videoarte alemã.[13]

O (des)controle de absolutamente tudo no processo criativo de Xocante faz da produção publicitária uma festa. Sua pequena e versátil equipe se diverte muito com o material captado, e a roteirização é uma salada de idéias, truques, erros e acasos. Xocante pilota bem a câmera, a ponto de não ficar contente com a maneira viciada dos câmeras profissionais. Como um soldado que desmonta e remonta sua arma no escuro, o diretor comanda toda a produção pela mira eletrônica da própria câmera. Na decupagem clássica, o diretor e o continuísta olham para o monitor auxiliar e exterior à câmera que é colocado distante da cena para que a dimensão do olhar do observador possa guiar os planos a serem captados.

[13] No endereço: http://www.mnemocine.com.br/cinema/crit/xocante.htm. Acessado em abril de 2005.

O contato visceral com a imagem não se dá apenas na captação; na edição e pós-produção, Xocante tem a mesma relação não-linear com a máquina, transformando a imagem em algo entre a pintura e a fotografia real.

A nova linguagem descontraída, divertida, em que o acaso, o risco, a imagem tremida, invertida e distorcida dariam um ritmo, uma indução abrindo novas possibilidade e saídas sem fechar a narrativa, ao contrário da tradicional narrativa comercial baseada no desfecho final. Como um videoclipe, a linguagem de Xocante, produzida pela relação íntima com as novas tecnologias, não se ajustava aos meios tradicionais de comunicação que mantinham antigos esquemas de produção atrelados às antigas máquinas, antigos efeitos de composição, corte e acabamento que conferiam uma imagem comportada e agradável que terminava bem ao gosto de quem produzia para dominar e controlar, sem a preocupação em inovar.

Assim, Xocante também retoca as imagens quadro a quadro (ver Figura 6.3) no comercial do Ronaldinho para a campanha do Guaraná Antarctica. Utilizando os mesmos equipamentos do diretor "Gordo", consegue uma espécie de animação em câmera lenta com riscos e efeitos sobre a imagem digital.

A linguagem do videoclipe foi forjada pela descontração e irreverência de uma geração de videoartistas que acharam o suporte magnético para suas experimentações e adaptação da linguagem fragmentada da contracultura ante a narrativa e a decupagem clássicas. As agências de propaganda, desesperadas, foram abandonando os equipamentos pesados e lentos que envelheciam rapidamente com seus técnicos incapazes de assimilar e operar as novas máquinas que só funcionavam ligadas ao computador.

> As agências de publicidade que começaram a apostar nos jovens videomakers fizeram da câmera uma usina de reciclagem estética, transformando "defeitos" em "efeitos", como imagens de fita voltando, acelerando imagens, filmando imagem de monitor, incorporando erros da filmagem na edição, ruídos, imagens em VHS ou usando wipes mais pops.[14]

[14] No endereço: http://www.mnemocine.com.br/cinema/crit/xocante.htm Acessado em abril de 2005.

Conclusão

Com a imagem gráfica e o som não foi diferente: dos jornais às rádios e às revistas, o público jovem foi chamado para a produção. A transformação seria arrebatadora, o profissional experiente e viciado seria substituído pelos jovens operadores da linguagem acelerada. O design da página iria imitar a tela do computador e da TV.

No início, a criação no audiovisual em peças publicitárias sofreu a influência das rádios com os jingles; profissionais do rádio improvisavam uma paisagem sonora que ilustrava o movimento das imagens. Aos poucos, atores do teatro trouxeram expressões do cotidiano, e depois, com as influências das agências americanas, a diagramação e a composição deram dinâmica à imagem e aos slogans. Nessa etapa, ainda era preciso o toque da "mão do diretor", que depois seria intermediado pela máquina. Nesse momento, a modelagem e a mixagem digital são indispensáveis à criação. A lenta, cara e viciada forma de conceber e criar na publicidade é descartada: as agências sofrem uma grande mudança, ficam parecidas com os lava-rápidos em que o empresário entra de um lado e sai de outro com a peça publicitária pronta.

Os profissionais resistentes e que não sabem operar a máquina numérica são obrigados a se reciclar. Assim, muitos criadores e formadores de opinião saem das agências, dos jornais e revistas e vão se abrigar em algumas rádios nas quais o bom texto e o conservadorismo ainda se fazem necessários. Uma profunda modificação está alterando a forma de conceber e produzir o audiovisual na publicidade.

Estamos saindo de uma fase romântica, na qual a criação era vista de forma idealizada, subjetiva e sedutora e a publicidade estava mais perto da arte. Onde os resultados dos concursos internacionais conferiam enorme status ao marketeiro e suas opiniões eram solicitadas por todos os lados do convívio social da classe dominante. O que está por vir, e já acumula bons resultados, principalmente entre os empresários da política nacional, são as novas ferramentas que vão das pesquisas às máquinas inteligentes, passando por novas técnicas como a do *neuromarketing*. Nesse caso, a criação em publicidade e propaganda aproxima-se mais da ciência e colhe resultados impressionantes.

A sedução na propaganda está, aos poucos, abandonando o ideal de beleza frágil, branco e esquelético por um ideal mais próximo do consumidor. Um exemplo com bons resultados e lucros extraordinários é a campanha da Dove, em que a propaganda audiovisual do sabonete explora um tipo de "mulher natural" de vários tons de pele e cabelo, na contramão da tendência das modelos frágeis e delicadas (ver Figura 6.4).

As novas ferramentas conseguem detectar sintonias finas e novos nichos de mercado seguindo o comportamento das tribos urbanas. O consumidor passa a se identificar com os produtos sem traumas, imposições e sentimentos de culpa. A tendência é o consumidor dar o "tom", afinando a criação nas campanhas: nos debates políticos, por exemplo, essa pesquisa é feita nos intervalos, com amostragem dos telespectadores, que direcionam e corrigem seus candidatos. Com essa sutil análise das novas ferramentas comportamentais, o consumidor passa a *brifar* a política, rompendo séculos de dominação, exploração e passividade. Resta saber se os políticos, depois da posse em suas pastas, desempenharão as vontades de seu público. Caso isso não ocorra, alguns índices negativos serão rapidamente depositados sobre sua mesa de trabalho.

O importante, nesse momento, é que os novos meios e tecnologias tragam a simplificação do ato criativo. Quem nos revela isso são as pessoas de livre trânsito nos vários tecidos sociais. É esse olhar de fora que traz a "democracia na criação" pelos novos meios. Democratização das imagens, já anunciada por Barthes, e a proliferação de pequenas agências publicitárias, roubando os clientes das grandes, desbancando os famosos profissionais "criativos". Esse movimento começou, como vimos, na figura do *layoutman*, que circulava de bonde, e hoje está nas mãos de habilidosos jovens que já circularam num ziguezague frenético entre os carros das grandes metrópoles brasileiras.

Esperamos aqui ter desvendado alguns novos caminhos e tendências que afetam a criação e a produção na ciência da comunicação publicitária. As equipes estão cada vez menores, mais equipadas e bem instruídas; diretores operam câmeras e equipamentos sofisticados. Equipes de cientistas, psicólogos, antropólogos e médicos fazem parte da criação e produção nos dias de hoje. A motivação deste texto é mostrar o verdadeiro abismo que existe entre as escolas e o mercado, no campo da publicidade e comunicação. Nas escolas e universidades, o aluno aprende que a criação depende de um "dom" e de um comportamento extravagante, contestatório e rebelde em máquinas ultrapassadas sob orientações pedagógicas e processos equivocados.

Bibliografia

ASCOTT, R. Cultivando o hipercórtex. In: DOMINGUES, D. (org.). *Arte no século XXI: a humanização das tecnologias.* São Paulo: Unesp, 1997.

AUGE, M. *Não lugar: introdução a uma antropologia da supermodernidade.* Campinas: Papirus, 1994.

__________. *Por uma antropologia dos mundos contemporâneos.* Trad. Clarisse Meireles e Leneide Duarte. Rio de Janeiro: Bertrand Brasil, 1997.

BARTHES, R. *A câmera clara.* Lisboa: Edições 70, 1980.

BONASIO, V. *Manual de produção & direção.* Belo Horizonte: Leitura, 2002.

CANEVACCI, M. *A cidade polifônica: ensaio sobre a antropologia da comunicação urbana.* Trad. Celina Prada. São Paulo: Nobel, 1993.

CRITICAL ART ENSEMBLE. *Distúrbio eletrônico.* Trad. Leila S. Mendes. São Paulo: Conrad, 2001.

COUCHOT, E. Da representação à simulação: evolução das técnicas e das artes da figuração. In: PARENTE, A. (org.). *Imagem e máquina: era das tecnologias do virtual.* Rio de Janeiro: Editora 34, 1996.

DEL NERO, H. S. *O sítio da mente: pensamento, emoção e vontade no cérebro humano.* São Paulo: Collegium Cognitio, 1997.

DELEUZE, G.; GUATTARI, F. *Mil platôs: capitalismo e esquizofrenia.* Trad. Ana Lúcia de Oliveira. Rio de Janeiro: Editora 34, 1995.

FILHO, D. *O circo eletrônico fazendo TV no Brasil.* Rio de Janeiro: Zahar. 2001.

HALL, S. *A identidade cultural na pós-modernidade.* Trad. Tomaz Tadeu da Silva e Guacra Lopes Louro. Rio de Janeiro: DP&A, 2000.

HEIDEGGER, M. *Ser e tempo.* Trad. Márcia de Sá Cavalcante. 3. ed. Petrópolis: Vozes, 1993.

KARSAKLIAN, E. *Comportamento do consumidor.* São Paulo: Atlas, 2004.

LÉVY, P. *A inteligência coletiva: por uma antropologia do ciberespaço.* Trad. Luiz Paulo Rouanet. São Paulo: Loyola, 1999.

MAFFESOLI, M. *Sobre o nomadismo: vagabundagens pós-modernas.* Trad. Marcos Castro. Rio de Janeiro: Record, 2001.

__________. *O tempo das tribos: o declínio do individualismo nas sociedades de massa.* Trad. Maria Lourdes Menezes. 3. ed. Rio de Janeiro: Forense Universitária, 2000.

MORIN, E. *A cabeça bem-feita: repensar a reforma reformar o pensamento.* Trad. Eloá Jacobina. Rio de Janeiro: Bertrand Brasil, 2001.

MORIN, E. *A inteligência da complexidade.* São Paulo: Petrópolis, 2000.

OLIVEIRA, M. B. *Da ciência cognitiva à dialética.* São Paulo: Discurso Editorial, 1999.

OMAR, A. *Antropologia da face gloriosa.* São Paulo: Cosac & Naify edições, 1997.

__________. *Esplendor dos contrários. Aventuras da cor caminhando sobre as águas do rio Amazonas.* São Paulo: Cosac & Naify edições, 2002.

PARENTE, A. *Imagem máquina. A era das tecnologias do virtual.* Rio de Janeiro: Editora 34, 1996.

PAZ, O. *Marcel Duchamp ou castelo da pureza.* São Paulo: Perspectiva, 1997.

PERNIOLA, M. *Pensando o ritual sexualidade, morte, mundo.* Trad. Maria do Rosário Toshi. São Paulo: Studio Nobel, 2000.

RAMIRO, M. Gravidade zero – uma nova dimensão para o objeto. *Mídias e artes: Os desafios da arte no início do século XXI.* São Paulo: Unimarco, 2002. p. 141.

REZENDE, D. A. *Engenharia de software e sistemas de informação.* Rio de Janeiro: Brasport, 1999.

ROLNIK, S.; GUATTARI, F. *Cartografias do desejo.* Petrópolis: Vozes, 1986.

SANTAELLA, L.; BARROS, A. (orgs.). *Mídias e artes. Os desafios da arte no início do século XXI.* São Paulo: Unimarco, 2002.

SILVA, C. De Cage à internet. In: TEIXEIRA, J. G. L. C. (org.). *Performáticos, performance e sociedade.* Brasília: UNB, 1996.

SOUZA, M. W. de. (org.). *Sujeito, o lado oculto do receptor.* São Paulo: Brasiliense, 1995.

TARKOVSKY, A. *Sculpting in time: Reflections on the cinema.* Trans. Kitty Hunter-Blair. Londres: The Bodley Head, 1968. [Sapetshatljonnoje vrenja/Die viersiegelte Zeit, 1984].

TAPPSCOT, D. *Geração digital.* São Paulo: Makron Books, 1999.

TURKLE, S. *O segundo eu: os computadores e o espírito humano.* Trad. Manoela Madureira. Lisboa: Presença, 1989.

VIRILIO, P. *Inércia polar.* Trad. Ana Luísa Faria. Lisboa: Don Quixote, 1993.

WALTERS, J. K. *Bolbitecture. Waveform architecture and digital design.* Massachusetts: Rockport Publishers, 2003.

WATTS, H. *On Câmera – O curso de produção de filme e vídeo na BBC.* Trad. Jairo T. Longui. São Paulo: Summus, 1982.

WERTHEIN, M. *Uma história do espaço: de Dante à internet.* Trad. Maria Luiza Borges. Rio de Janeiro: Zahar, 2001.

ZARAGOZA, J. *Layoutman.* São Paulo: Burti, 2005.

7

Fotografia digital: nova alquimia, velho substrato

José Carlos França*

Introdução

A fotografia, companheira inseparável do homem contemporâneo e elemento essencial na formação de nossa memória visual, ganhou novo status em uma década. Sua transformação se deu no momento em que sai da analogia e se transfere para o mundo matricial. A transição aparentemente inócua possui múltiplas dimensões, pelo fato de a fotografia servir como representação do mundo factual. Qual é o sentido da representação quando a matéria-prima utilizada no processo se torna fluida, maleável e fugidia?

Este capítulo pretende levantar alguns dos aspectos técnicos da imagem digital, comparando-os ao processo químico convencional.

Nova alquimia

Terminologia

Utilizaremos, aqui, o termo "superfície de assimilação" para definir a matriz onde a luz incide e forma a imagem fotográfica. O processo fotográfico tradicional,

* Mestre em Arte Publicitária e Produção Simbólica pela ECA-USP e arquiteto pela FAU-USP.

à base de sais de prata e produtos químicos, é denominado "convencional", em contrapartida ao digital. Em substituição ao filme, utilizaremos a palavra "mídia", quando nos referirmos ao suporte da imagem no mundo digital.[1]

A essência do processo

O fator mais importante e que dá definição e razão de ser à tecnologia digital se resume a uma única palavra: *conversão*. Convertemos o mundo analógico em sinais digitais e devolvemos aos seres humanos o analógico por meio de um processo de decodificação de caracteres binários. Quanto mais bem efetuado esse processo, melhor será a tecnologia e, conseqüentemente, seus resultados práticos.

O que fica e o que se torna obsoleto

O surgimento de um novo processo se faz acompanhado de uma nova terminologia técnica e conceitual. É importante definir três tipos de elementos:

1) Aqueles que pertencem ao processo fotográfico convencional e desaparecem no processo mais recente, seja por obsolescência, seja por necessidade técnica.

O principal elemento a perder seu lugar na fotografia digital é o filme. Suas características, como superfície de assimilação, não podem ser incorporadas à eletrônica, e suas funções são usurpadas pelo novo processo de captação da imagem. Seu desaparecimento, no entanto, é incerto, pois, por conta da sua versatilidade, o filme ainda pode ser utilizado como elemento para arquivar

---

[1] Cabe aqui uma explicação acerca do termo "digital": toda vez que usarmos essa palavra, estaremos nos referindo a um processo baseado em dados ou eventos *descontínuos*. Câmeras fotográficas digitais são assim chamadas pelo fato de, em seu nível mais básico de operação, poderem distinguir apenas dois valores, 0 e 1 (ou seus equivalentes em palavras – ligado/desligado, verdadeiro/falso). Não existe uma forma simples de representar, neste nível mais básico, um valor intermediário. Em outras palavras, não existem meias-verdades na essência do mundo digital. Toda informação sobre a imagem deve ser representada em uma seqüência de zeros e uns. O fato de experimentarmos o mundo de forma análoga ou analógica (ou seja, dentro de uma continuidade) faz com que a principal tarefa da tecnologia digital seja simular esse *continuum* a que estamos acostumados. Embora a representação digital seja apenas uma aproximação dos eventos analógicos, ela consegue ser suficientemente realista para enganar nossos sentidos. Seu grande mérito repousa na facilidade de armazenamento e manipulação de informações.

imagens geradas eletronicamente ou mesmo como meio de transporte e uso em ambientes convencionais, ainda não adaptados à imagem digital.[2]

O próximo elemento a ser parcialmente aposentado no processo é o laboratório fotográfico convencional, com seus produtos químicos e ampliadores. Veja-se que foi dito *parcialmente*, pois embora não seja mais necessário revelar filmes, preparar doses precisas de produtos químicos, mantê-los na temperatura certa e permanecer no escuro durante boa parte do tempo, ainda precisamos passar as imagens para o papel em muitos casos. Se a quantidade de cópias a serem realizadas é pequena, uma impressora com recursos adequados é suficiente. No caso de quantidades maiores, porém, a impressora torna-se antieconômica. O processo fotográfico digital acaba tirando partido do laboratório fotográfico, ao utilizar a reprodução em papel fotográfico como meio de impressão rápido e barato. É normal nos dias de hoje levar um CD com imagens ao laboratório digital e obter cópias em papel fotográfico por meio de um processo híbrido, no qual as imagens são ajustadas no computador e processadas quimicamente.

2) Os que prosseguem incólumes no novo processo, pelo fato de serem essenciais à existência dele.

Embora, como destacamos, o laboratório fotográfico não desapareça por completo, sua existência não é essencial ao processo fotográfico. É apenas a maneira mais conveniente de gerar cópias fotográficas em papel enquanto não surge um novo processo eletrônico mais econômico. Os únicos elementos que, de fato, permanecem no novo sistema pertencem ao corpo da câmera fotográfica:

- *Conjunto óptico*: a fotografia não existe sem luz, mas esta de nada valeria sem a filtragem através das lentes. Por mais avançada

[2] É claro que, em condições ideais, o filme seria completamente dispensável; a realidade, porém, faz com que os usuários ainda utilizem o método convencional, pelo fato de não estarem plenamente adaptados à metodologia digital – o que faz ser comum, em diversos segmentos da fotografia profissional, a utilização do filme como produto final de um processo de manipulação de imagens. Para o cliente que contratou um trabalho, é muito mais fácil visualizar o resultado por meio de uma transparência e uma lupa do que abrir um arquivo em um computador, que com certeza não estará calibrado para a checagem de cores, nem terá memória suficiente para arquivos de grande porte. O que acaba ocorrendo no dia-a-dia da publicidade, por exemplo, é a locomoção do cliente até a agência de publicidade ou ao escritório de artes gráficas, onde poderá visualizar sua imagem em equipamento apropriado. Isso vai frontalmente de encontro ao princípio de que a imagem digital faz o processo fotográfico ganhar tempo.

que seja a eletrônica, é impossível gerar imagens sem lentes. Estas se tornam cada vez mais sofisticadas, por causa do progresso nos processos de manufatura.

- *Obturador*: o mecanismo para controlar o tempo necessário de impressão da superfície de assimilação pela luz não mudou nem mudará jamais. Apenas evolui e passa a se utilizar de componentes eletrônicos, mais precisos que os mecânicos.
- *Diafragma*: o controle da profundidade de campo e da quantidade de luz que pode atingir a matriz de gravação também não muda.

3) Aqueles que não existiam no processo fotográfico convencional mas são essenciais no novo processo.

O progresso mais notável da imagem eletrônica, em relação à fotografia convencional, é o fato de não precisarmos mais de uma matriz única. A superfície de assimilação, tecnicamente chamada CCD,[3] será utilizada milhões de vezes antes de ser substituída. Pelo fato de tal superfície apenas receber os sinais luminosos, transformando-os em informação eletrônica sem armazená-los, a informação é transferida para um meio de armazenamento. O CCD, portanto, passa a ser o elemento essencial da fotografia digital.

O próximo elemento novo é a unidade de armazenamento ou mídia. Em constante transformação, tendo passado por diversos formatos em um curto período de tempo, passa a ser de importância fundamental em um mundo sem filme, pois carrega todo o histórico do fotógrafo de forma compactada.[4]

Por fim, o computador passa a ser de importância fundamental no processo, pois se torna o mediador entre o fotógrafo e aqueles que utilizam a imagem. É por intermédio do computador e de programas específicos de formatação e

[3] A imagem digital é armazenada temporariamente em um componente chamado CCD (charged coupled device ou dispositivo de carga acoplada), que funciona de forma similar ao olho humano, permitindo a captação da imagem antes de ela ser armazenada em mídia. O CCD é constituído por células fotoelétricas, que capturam a luz, transformando energia luminosa em elétrica.

[4] A título de curiosidade, seguem os nomes de algumas das mídias comumente usadas para armazenamento eletrônico nos últimos dez anos, em ordem de evolução tecnológica: disquete, Siquest, ZIP drive, CD-R, CD-RW, Smart Media, Compact Flash, DVD-R, DVD-RW, Memory Stick, MicroDrive, SD, Pen Drive.

manipulação de imagens que o fotógrafo define, em grande parte, o contexto da imagem por ele gerada.

A prata e o pixel

O processo fotográfico baseia-se na filtragem e seleção da luz por intermédio de dispositivos ópticos. A imagem resultante é então projetada sobre a superfície de assimilação, que registra a informação através de um meio químico sensível à luz. A superfície de assimilação sofreu diversas mudanças ao longo da história da fotografia. Do cobre polido ao celulóide, passando pelo vidro, as superfícies de assimilação se tornam mais leves e frágeis. A mudança da base física, porém, não afeta o modo de gravação da imagem.

Na fotografia digital a superfície de assimilação torna-se *matrix*. No CCD, cada ponto ocupa uma posição previsível, retornando um sinal específico dentro de parâmetros definidos *a priori*, por meio de equações matemáticas e programas de computador. O filme registra e o CCD transmite a imagem.

O elemento mínimo da imagem fotográfica na foto convencional é o grão de prata; na imagem digital é o pixel (*picture element*).

Os grãos espalham-se de maneira relativamente uniforme pela superfície. Em nível microscópico, porém, a imagem se apresenta bastante irregular. Não existe uma lógica nos grãos da imagem, nem podemos prever onde estes vão estar a partir do momento em que expomos o material à luz.

No filme, a ausência de luz ou a subexposição causam o aparecimento de grãos maiores. No CCD, a subexposição apresenta fenômeno similar, batizado de ruído, no qual temos perda de informação e o surgimento de artefatos eletrônicos indesejáveis.

Ambos os processos reproduzem o mundo visível, mas organizam tal reprodução de forma completamente diferente.

O filme e o arquivo

A imagem fotográfica é sempre única, uma vez que ocorre no tempo, sendo impossível repeti-la de forma idêntica quando se trata de seres vivos ou eventos temporais. Na fotografia convencional, a matriz também é única: o negativo é uma entidade absoluta, que pode ser duplicada por processos complicados, mas que sempre perderá algo de sua informação original ao ser copiada. Deve ser, portanto, preservado com o máximo de cuidado, pois jamais será gerado de forma idêntica novamente. Além disso, está sujeito à ação do tempo e pode se deteriorar por motivos que estão além do nosso controle. Na imagem digital, porém, cada arquivo tem o poder de ser reproduzido em qualquer quantidade, sem jamais perder quaisquer de suas características originais ou sofrer qualquer tipo de desgaste.

O negativo é prova única e irrefutável de um momento, um evento ou um fato. Pode ser duplicado e retocado, mas a falsificação poderá ser reconhecida por um perito. Um especialista pode transformar um arquivo e adulterar a informação ali contida sem deixar pistas. O conceito de original fotográfico deixa de existir. A diferença entre original, adulteração e cópia também perde o sentido: enquanto, por um lado, abre-se a porta de infinitas possibilidades estéticas e conceituais, por outro, perde-se o chão secular da veracidade, pilar da fotografia desde o seu surgimento.

O negativo permite a visualização imediata de seu conteúdo, apesar de nos mostrar um mundo invertido: os valores tonais e cromáticos estão ao contrário e a imagem está espelhada. O arquivo é inacessível pelo contato físico. Não sabemos o conteúdo da mídia pela inspeção visual. Ambos, portanto, necessitam de um tradutor, que transforme a informação codificada em uma imagem nos parâmetros de nossa retina. O tradutor do filme é o papel fotográfico ou a transparência. No caso do arquivo, o tradutor é o computador ou a própria câmera.

O negativo não necessita de uma interface, enquanto a imagem digital só existe no momento em que a interface está presente.

O arquivo está sujeito à obsolescência em seu meio físico, pois a mídia evolui de forma rápida. O fato de poder ser copiado indefinidamente de um meio para outro garante sua sobrevivência, em um processo quase idêntico à reprodução unicelular. O maior perigo que se apresenta à preservação da imagem digital é o dano físico à mídia, geralmente irreversível. O negativo, como já dissemos, não pode ser copiado sem deixar de abrir mão de uma parte de sua informação original. Embora essa perda possa ser insignificante quando da realização das primeiras cópias, a qualidade se degrada de forma acentuada quando fazemos a cópia da cópia. Em resumo, ambos os meios podem se degradar facilmente por razões distintas, mas a capacidade de reprodução e de mudança de meio físico sem perda das características originais só existe para a imagem digital.

As características intrínsecas de um processo baseado na sensibilidade à luz fazem com que o filme seja ainda mais frágil enquanto a imagem não é revelada. A chamada imagem latente deve ser mantida em escuridão absoluta, longe do calor e da umidade excessivos. Deve ser preservada de quaisquer danos antes de entrar no laboratório. Ao chegar neste, os cuidados devem ser dobrados, pois qualquer falha do operador pode danificar a imagem de forma permanente. A mídia eletrônica, embora seja delicada como suporte físico, não está tão sujeita a ser destruída por manipulação. A imagem gerada na câmera pode ser duplicada e armazenada no exato momento em que foi criada, assim como pode ser transmitida para um computador pela rede telefônica ou Internet. A possibilidade de redundância torna a imagem digital mais resistente à destruição. No caso do filme, a redundância também é utilizada como medida de prevenção, quando o fotógrafo faz diversos rolos de filme da mesma cena. E muitas vezes revela apenas alguns deles, guardando os outros para qualquer eventualidade que surja no processo de revelação ou transporte.

A poluição gerada pela revelação de materiais fotográficos encontra dificuldade para se justificar em um mundo tão cheio de problemas ambientais. A imagem digital e o filme, nesse contexto, revelam uma analogia entre os combustíveis fósseis e fontes alternativas de energia, como o hidrogênio. Com a vantagem de que, no caso da fotografia, isso está ocorrendo aqui e agora.

A grande vantagem do filme, neste momento da transição, é sua capacidade de armazenamento da informação bruta. Essa capacidade se mede pelo número de pontos que a superfície de assimilação possui em uma determinada área. O comparativo é vantajoso para o filme, e a relação entre as resoluções dos dois meios é de aproximadamente 1:10. Ou seja, para conseguir no CCD a mesma resolução que temos no filme, o custo do equipamento será dez vezes maior. Além disso, por causa dos procedimentos envolvidos na captura digital, existe a interferência de artefatos eletrônicos, que acabam por prejudicar a pureza da imagem. Essa interferência está sendo constantemente minimizada pelos fabricantes de câmeras digitais e com certeza será quase nula em algum momento futuro.

Apesar de todos os riscos associados ao uso do filme, principalmente em situações críticas, sua tecnologia e *modus operandi* se tornaram, ao longo dos anos, robustos o suficiente para durar até os dias de hoje – e para serem o principal meio de geração de conteúdos imagéticos em nossa sociedade.[5] A tecnologia digital, no entanto, nos promete a melhoria e a otimização de todo esse processo.

O laboratório fotográfico e o Photoshop[6]

Mesmo os técnicos e artistas mais habilidosos, mesmo aqueles extremamente criativos no uso das ferramentas e metodologias de um laboratório fotográfico jamais poderão contar com o arsenal de recursos à disposição de qualquer amador que se utilize do programa Adobe Photoshop. É óbvio que tal poder, entregue a qualquer mortal, não passa impune por parte dos artistas. É necessário, segundo eles, que o ritual não seja degenerado e que o poder da imagem não seja degradado pelo deslumbramento das massas. Segundo Gabriel Zellmeister, da agência de publicidade WBrasil,

> vamos ter uma leva de profissionais deslumbrados com a nova tecnologia. Falsos modernos que, na falta de um conteúdo consistente, apelam para tecnopirotecnias. A versão atualizada do fotógrafo sem nenhuma idéia na cabeça e uma máquina na mão. (Já sobrevivemos ao olho-de-peixe, à macrofotografia, ao *zoom* e ao *morph* na TV: sobreviveremos também à nova onda de efeitos.) Me ocorre agora que um leigo que esteja lendo esta entrevista não entenderá o que a digitalização tem a ver

[5] Existe, porém, o risco de perdermos grande parte de nossa memória fotográfica colorida, pelo fato de a maioria das películas comerciais e papéis fotográficos coloridos utilizados pela imprensa e laboratórios comerciais estar perdendo as cores originais, fazendo com que as imagens desapareçam. A única solução possível é digitalizar essas imagens antes que desapareçam por completo, tratá-las no computador e armazená-las digitalmente.

[6] O nome desse software, produzido pela empresa Adobe, tornou-se sinônimo de processos de tratamento de imagens no computador ao longo de suas várias versões. É possivelmente o programa mais utilizado no mundo inteiro para esse tipo de operação.

> com a profusão de efeitos. Explico: a partir do momento em que uma foto está digitalizada, um computadorzinho de mesa com um Photoshop, ou programa similar, permite todo e qualquer tipo de alteração na imagem. Ótimo para os bons profissionais. Deus nos proteja dos profissionais médios e dos medíocres...[7]

O que nos leva à seguinte conclusão: excluindo-se qualquer ranço de corporativismo por parte da elite da arte, o fato é que o poder de manipulação da imagem pode trazer mais problemas que soluções.

A imagem, agora susceptível à manipulação eletrônica, jamais irá recuperar sua relação incestuosa com a realidade. Não pode mais ser considerada referencial do mundo visível. Com isso acaba abrindo mão do simulacro, tornando-se interpretativa. Mesmo que, para a grande maioria das pessoas, ainda tenha capacidade de significação e represente o mundo visível, sua representação é parte de uma grande ilusão que foge do nosso controle.

O que nos leva a induzir que a imagem fotográfica (eletrônica ou não), ao virar interpretação, termina com a velha e surrada discussão sobre o fato de ser ou não arte...

Enxergando o invisível: a metafotografia

É durante o processo de consolidação da imagem digital como representação visível do mundo que nos damos conta do surgimento de novas possibilidades técnicas (e, por conseqüência, sensoriais), que enriquecem e acrescentam novas formas de entender o visível. Tais possibilidades extrapolam a mera captura visual e seu registro em um suporte, transformando a informação em uma experiência nova e de conseqüências ainda desconhecidas. Diante do amplo leque à nossa disposição, das possibilidades contextuais de representação do visível na contemporaneidade, vamos considerar três delas, a nosso ver as mais importantes e que mais desafiam tanto os nossos sentidos quanto a nossa análise convencional dos fatos, e fazer um exercício de previsão (acompanhado de uma pergunta, a nosso ver, pertinente).

---

[7] Entrevista concedida por Gabriel Zellmeister à revista *Irisfoto* em 4 de julho de 1996.

Enhancing ou aperfeiçoamento da imagem

Os programas de manipulação de imagem tornam-se cada vez mais inteligentes e especializados. Seu potencial é poder fazer muito mais que simplesmente corrigir imperfeições estéticas ou equalizar contraste e cor de uma imagem. Um dos usos mais interessantes para a inteligência artificial imagética é a possibilidade de extrair informação, previamente invisível ao olhar, com o uso de softwares de aprimoramento da imagem (processo comumente chamado de *enhancing*).

À medida que os programas se tornam cada vez mais inteligentes, maiores são as possibilidades de extrair informação de zonas da imagem que, a olho nu, parecem borrões. A imagem é reconstituída, à velocidade da luz, por meio da comparação com uma enorme biblioteca de possibilidades visuais. O programa consegue, baseado em similaridades, "adivinhar" o que existe por trás de um detalhe fora de foco. Ou ampliar um detalhe da imagem e trazê-lo à vida.

Se a eficiência de tais programas atingir uma determinada porcentagem de acerto muito grande, eles correm o risco de se transformar em referência universal e de fé pública para a decodificação de imagens.

Colocamos, então, a pergunta: estaremos trocando nossa interpretação dos fatos por um gigantesco olho mecânico, capaz de, ao mesmo tempo, nos fornecer a chave de muitos enigmas e criar uma prisão da qual dificilmente poderemos escapar?

A câmera de quatro dimensões

O CCD, ou filme eletrônico, captura a imagem em uma superfície de assimilação bidimensional e, ao fazê-lo, simula a fotografia convencional. Se a câmera fotográfica puder utilizar as informações fornecidas pelo sensor de foco automático (que tem hoje presença obrigatória em qualquer câmera; basta utilizá-lo de forma diferente ou aumentar o número desses sensores), é possível criar uma matriz tridimensional por meio do cruzamento da imagem com suas coordenadas espaciais. Basta um pouco de processamento, acoplado às informações fornecidas pelo sensor, para determinar a distância de cada ponto da imagem em relação ao ponto de vista da câmera. A tecnologia de mapeamento da imagem certamente poderá contar com lentes inteligentes, capazes de focalizar, simultaneamente, diversos pontos da imagem e assim enxergar melhor que o nosso olho. De posse dessa informação, é possível gerar uma imagem que nos dá um mapa espacial e nos fornece uma representação convincente em três dimensões. Tais imagens podem, então, ser visualizadas por meio dos tradicionais óculos 3D ou tecnologias similares. Ou virar holografias[8] a um custo muito reduzido. Se cada imagem puder ser codificada em um mapa de vetores de posição, será possível recriar a imagem de forma fiel ou utilizar tal informação para outros fins, que vão muito além da representação fotográfica.

Se essa mesma câmera puder capturar diversos quadros por segundo, terá sido acrescentada a quarta dimensão, por meio da variação no tempo.

Colocamos, então, a pergunta: dada a possibilidade universal de reproduzir o mundo visível em três dimensões de forma simples e barata, haverá ainda estímulo para o uso de meios bidimensionais na fotografia?

A biocâmera

Imagine um programa do gênero *reality show* em que não existem câmeras, mas todos os telespectadores podem ver tudo ao mesmo tempo através dos olhos dos participantes. Imagine a possibilidade de passar pelas experiências de terceiros, por intermédio do uso da retina alheia. No mundo da ficção cinematográfica, tal idéia é bastante atraente: James Cameron aventou essa possibilidade em 1995, no filme *Strange days*.[9] Em 1999, Spike Jonze dirigiu o roteiro de Charlie Kaufman, *Being John Malkovich*,[10] no qual o tema novamente vem à tona. Um pouco antes, em 1992, o diretor Win Wenders levou tal idéia ao refinamento

[8] *Holografia*: registro da amplitude e fase de um objeto usando a intersecção entre a onda gerada por um objeto e uma onda coerente de referência, as quais incidem sobre um meio fotossensível. Ao reconstruir, mediante iluminação específica, a intersecção de ondas da cena original, o resultado é uma imagem tridimensional com as propriedades espaciais da primeira imagem.

[9] *Estranhos prazeres*, na versão em português. Sinopse: trama baseada no uso de um gravador ligado ao córtex cerebral que permite a qualquer um enxergar e sentir as mesmas sensações da pessoa que gravou as imagens.

[10] *Quero ser John Malkovich*, na versão em português. Sinopse: um homem encontra uma porta que leva quem ultrapassá-la até a mente do ator John Malkovich, onde pode permanecer durante 15 minutos, até ser cuspido numa estrada. Impressionado com a descoberta, resolve alugar a passagem para outras pessoas, entre elas o próprio John Malkovich.

absoluto no filme *Until the end of the world* (Até o fim do mundo). Apesar de este último descrever um aparelho que grava imagens em movimento, não deixa de se encaixar em nossos pensamentos, pois o que é o movimento no cinema e no vídeo senão milhões de fotos em rápida seqüência?

A evolução do conhecimento científico em relação ao funcionamento da visão nos leva a considerar tal possibilidade como algo além da ficção. A lógica de utilizar a visão humana como câmera fotográfica e o subseqüente registro das imagens que por lá transitam podem representar um método viável para substituir outras formas de registro visual.

Colocamos, então, a pergunta: dada a viabilidade da biocâmera, estaremos nos transformando em criaturas cibernéticas, semi-robôs, encerrando nossa privacidade tal como a conhecemos hoje?

Velho substrato

Apesar de a captura digital de imagens ser uma revolução tecnológica, sua utilização pelas pessoas e instituições não representa, necessariamente, a evolução da linguagem fotográfica, nem mesmo o rompimento com o contexto tradicional. Na verdade, o processo digital justifica-se à medida que consegue fazer *melhor* (e não de forma *diferente*) aquilo que o filme já fazia, o que nos leva a pensar numa evolução apenas quantitativa. Verificaremos essa proposição por meio dos diversos setores que se utilizam da fotografia.

Evolução digital: diferentes contextos

A evolução do processo fotográfico e a criação de um meio ambiente digital podem ser divididas em três níveis:

Global

Apesar de freneticamente estimulada pela publicidade e entusiasticamente defendida por muitos, a imagem digital não representa um rompimento ou um novo início. O que temos, de fato, é a transição de uma tecnologia para outra, trazendo todas as vantagens de um processo aparentemente mais evoluído, mas também produzindo efeitos negativos sobre o modo de produção anterior. É difícil achar defeitos em uma tecnologia que torna nosso meio ambiente mais limpo, que aumenta a rapidez da troca de informações entre pessoas e instituições e que democratiza o uso e a produção da imagem. Apesar disso, e provavelmente em virtude disso, nossa comunicação visual não se torna necessariamente melhor. Na publicidade e no fotojornalismo, por exemplo, o fato de ser possível produzir imagens em um ritmo frenético faz com que a qualidade global da fotografia se torne menor, em virtude da demanda cada vez maior, por parte dos editores e clientes, de rapidez aliada à eficiência e preços menores pelo trabalho do fotógrafo. É como se a imagem digital criasse uma situação permanente de estresse visual, no qual não é possível assimilar cada imagem no ritmo natural da percepção humana, uma vez que a quantidade de imagens disponíveis tende a ser infinita, muito maior que nossa capacidade de assimilação da informação nelas contida. Um mundo em que as imagens criam mitos e não mais refletem o real não representa algo novo na história da humanidade, mas a continuidade de todos os processos históricos de civilizações passadas.

A tecnologia parece mais uma vez atropelar o homem. Se nosso uso do cérebro equivale efetivamente a apenas 10% de sua capacidade, nosso uso das ferramentas produzidas pela tecnologia tende a ser ainda menor, já que o ritmo frenético de surgimento das inovações não permite acompanhamento ou mesmo adaptação.

Profissional

Como em toda mudança de tecnologia ao longo da história, aqueles que vivem da produção de imagens estão entrincheirados entre as velhas e familiares práticas de produção[11] e a aquisição de novos equipamentos e a conseqüente incorporação de novos métodos e procedimentos de trabalho. Se bem planejada e bem-sucedida, a transição mantém o profissional no mercado de trabalho, podendo alçá-lo a um patamar mais lucrativo; do contrário, pode significar retra-

[11] Porque elas se tornam a cada dia mais caras e complicadas, pois diminui o número de fornecedores do processo antigo e aumenta a dificuldade de conseguir matéria-prima relacionada.

ção de trabalho e perda de oportunidades. A equação é difícil de resolver, pois depende de uma soma considerável de dinheiro, talento e vontade de aprender, além de muito tempo livre. À medida que o equipamento se populariza (tornando-se de mais fácil aquisição), o profissional que ficou para trás pode se incorporar novamente à tecnologia dominante. Aqueles que saíram na frente, porém, levam vantagem competitiva.[12]

Para os que usam a fotografia como ferramenta secundária em seus trabalhos, a tecnologia digital representa, com certeza, maior rendimento e eficiência, além de poupar tempo e recursos consideráveis. Algumas atividades, inclusive, passam a utilizar a fotografia para aumentar sua eficiência, pois o fato de não usar filme é um diferencial importante quando se pensa em economias de escala – e justifica o uso da câmera.

O digital amplifica e facilita aquilo que o filme já fazia; representa, portanto, uma melhor alternativa em relação ao antigo processo, mas não impõe uma mudança de linguagem ou de conteúdo, apenas torna mais simples a produção deste.

Pessoal

O fotógrafo amador pode estar a dois passos do paraíso: as câmeras tornam-se melhores e mais baratas a cada ano; os computadores e a Internet também. Produzir imagens, interagir com elas e enviá-las a qualquer lugar do mundo em alguns minutos: essa possibilidade jamais existiu em toda a história da humanidade. Se olharmos apenas o incremento do número de fotos produzidas ao redor do mundo passaremos, sem perceber, por um dado importante: o conteúdo de tais imagens é exatamente o mesmo, apenas se amplifica. As possibilidades intrínsecas do processo digital não se impõem como forma nem como conteúdo na produção. O que temos, então, é um amplificador do antigo paradigma e a continuidade da produção nos moldes antigos, só que agora embalados para viagem em arquivos eletrônicos. Existe, porém, esperança de evolução: como

[12] Essa vantagem é relativa, pois no mundo da fotografia a palavra "talento", com freqüência, tem mais peso que o equipamento utilizado. Profissionais veteranos e renomados, de modo geral, não passam por tais vicissitudes, pois têm seu trabalho reconhecido independentemente do tipo de tecnologia utilizado. Nesses casos, é o cliente quem se adapta ao profissional, não o contrário, como ocorre na maioria das vezes.

foi demonstrado por meio das imagens digitais produzidas na prisão de Abu Ghraib, a captura digital torna-se um elemento de denúncia social, pronto para entrar em ação e se propagar pelo mundo instantaneamente. O fato de a produção de imagens se democratizar, podendo um dia até chegar a ser um direito fundamental do cidadão, deixa no ar uma pergunta: qual será o fruto da universalização da produção de conteúdos digitais?

Evolução ou troca de processos?

É difícil pensar em evolução quando vemos que, qualitativamente, a imagem digital tenta provar ao filme que pode ser tão boa ou melhor que ele; em nenhum momento tenta se sobrepor como algo radicalmente diferente. Esse parece ser o desafio de qualquer nova tecnologia: é preciso tempo para que o novo processo adquira força suficiente para trilhar seu próprio caminho, diferenciando-se suficientemente de seu antecessor para ser considerado um novo modo de interagir ou pensar o mundo à nossa volta. Talvez este venha a ser o principal subproduto da fotografia digital: a proposição de um novo modo de pensar o mundo, o qual não se vincula necessariamente à realidade visível, pois se apóia em diversas "camadas de informação", principalmente nas camadas ligadas ao uso do computador e à nossa intervenção na imagem através dele. Talvez a imagem digital se torne, cada vez mais, algo a ser visto em computadores e artefatos do gênero, não no papel. À medida que se prende a seu suporte próprio (ou seja, a tela de um computador ou qualquer outro artefato eletrônico), sua capacidade de amplificar nosso conhecimento e gerar novas experiências sensoriais aumentará exponencialmente.

A imagem digital e sua dependência da palavra

A profusão de imagens digitais acaba por criar uma espécie de "poluição eletrônica", tornando difícil para nós o trabalho de localizá-las ou de efetuar sua catalogação. É impossível folhear milhões e milhões de imagens ao mesmo tempo sem passar por uma espécie de "pane" mental. Precisamos, portanto, que os arquivos contenham palavras-chave e indexadores, a fim de facilitar nosso trabalho de ordenação ou resgate da informação. Os arquivos eletrônicos possuem a facilidade necessária para armazenar informações em texto, denominadas "metadata",[13] dentro deles mesmos. O procedimento funciona de forma perfeita na teoria. Na prática, porém, o fotógrafo ou o editor não colocam necessariamente essa informação dentro da imagem no momento de sua captura nem depois. Os computadores, por sua vez, não têm a habilidade necessária para analisar uma imagem e definir palavras-chave. A conseqüência disso é que o processo de catalogação fica, desnecessariamente, muito mais complicado e dependente de intervenção humana.[14] Muitas vezes, a imagem de que precisamos existe, mas não temos como localizá-la. Paradoxo da imagem digital: sem o texto, ela pode desaparecer!

A dependência do texto e da catalogação faz com que as vantagens da imagem digital associadas à rapidez sejam anuladas. A organização das imagens no próprio momento em que são geradas passa a ser importante. O fotógrafo passa a ter mais uma atribuição associada ao seu trabalho – atribuição que não acrescenta conteúdo visual e que não intervém na interpretação da imagem por parte do observador. É como se a imagem adquirisse um código secreto, que pode ser lido apenas pelos iniciados que possuem o arquivo disponível.

O metadata cria uma nova camada, abaixo da linha de observação, que abre caminho para associações e contextos antes inimagináveis. É possível interagir com imagens sem vê-las, apenas usando metadata como fonte de referência. Talvez no futuro as imagens interajam por conta própria, por meio de programas de computador que criem relações entre elas. Um exemplo do que pode ser o futuro é o site de buscas Google,[15] no qual, além da pesquisa de textos, é possível consultar imagens relacionadas ao tema consultado.

Em suma, as ferramentas de integração entre imagem e palavra estão aí para ser utilizadas por qualquer um, em qualquer nível de complexidade. Resta descobrirmos o que acontecerá quando esse acervo ultrapassar certa quantidade e quão proveitoso será o fato de as imagens poderem carregar consigo mesmas sua ferramenta de catalogação.

---

[13] Definição de metadata: dados sobre os dados. Inclui informações nos próprios objetos que descrevem suas características e aspectos internos, tais como nome, formato, conteúdo e sistemas de controle sobre esses objetos (propriedade intelectual, por exemplo).

[14] O que rompe com o paradigma da automação, irmã siamesa da revolução digital.

[15] O Google (http://www.google.com) tornou-se referência mundial em sites de pesquisa e possui o mecanismo de busca mais sofisticado da Internet.

A luz, sempre a luz

A síntese de todo o processo se resume a uma frase: o uso da luz para registrar o mundo visível. Isso não muda nem mudará tão cedo. Continuamos apontando nossas câmeras para a cena, continuamos atrás do momento mágico. Usaremos as imagens para provar algo, para nos relembrar momentos, para chocar e para influenciar. Venderemos produtos, importantes ou supérfluos, por intermédio de imagens sensuais.

Só que agora essas imagens passam a ser, de forma definitiva, uma charada, ou um misto de realidade e idealização, pois não temos como saber se aquilo existiu efetivamente, no mundo visível, em algum momento. Ou se é obra de um artista do computador. Nossa percepção passa a aliar possibilidade com ficção, e a fotografia passa a estar tão próxima da pintura (ou de qualquer outra representação do real) como jamais esteve.

A iminência de substituição de processos, associada a ganhos (ecológicos, econômicos e de tempo) e perdas (a representação do real), torna este momento fascinante e difícil para os fotógrafos. Sua significação plena só poderá ser apreendida pelas futuras gerações. Neste momento, a dificuldade maior está ligada à adaptação e à sobrevivência. O tempo se encarregará das outras preocupações.

8

Da fotografia à fotopublicidade

Ivam Higor Duarte de Barbosa*

O que é fotopublicidade? Quais os conhecimentos mais importantes em sua concepção?

Introdução

Inicialmente parece-nos fundamental definir alguns parâmetros que nos possibilitem discutir a fotopublicidade, isto é, seu caráter técnico e sua formulação estética. Para tanto, buscamos então o significado do termo *fotografia*, que etimologicamente significa: a imagem desenhada ou escrita pela luz.

Procuramos fazer num primeiro momento deste capítulo uma pequena síntese sobre a fotografia sem, absolutamente, ter a pretensão de esgotar o assunto, para que num segundo momento possamos refletir sobre a poética fotopublicitária, que entendemos como um processo em que elementos teóricos, técnicos, tecnológicos, plásticos e estéticos devem ser unidos na criação e produção de uma imagem – a da fotografia publicitária.

* Doutorando pelo IA-Unicamp na linha de pesquisa: Cultura, audiovisual e mídia; mestre em Artes Plásticas pela ECA-USP, especialista em Comunicação e Marketing pela Cásper Líbero.

Breve síntese sobre a trajetória da fotografia

Em brevíssima diacronia, devemos nos lembrar de que a fotografia surge no início do século XIX quando efetivamente a primeira imagem fotográfica (ainda não chamada por esse nome) é fixada em 1826, quase conjuntamente à Revolução Industrial, isso provavelmente em razão do desejo de não mais se necessitar da intervenção direta da coordenação motora e da capacidade técnico-manual na produção de "retratos e paisagens"; a criatividade de alguns pesquisadores como Niépce e Daguerre, além da evolução gradual das ciências (óptica e química), levam o somatório desses fatores a formar um conjunto de elementos cabais para o surgimento da fotografia.

A fotografia veio a suprir a necessidade de imagens por parte da população, em sua maioria analfabeta, além de servir como forma de representação de uma nova classe social: a burguesia. Assim como a nobreza e o clero foram representados pela pintura, a burguesia também queria ser retratada, buscando, talvez, a legitimação de seu poder e status social, enquanto nova classe dominante. Uma vez que os pintores retratistas mais "talentosos" estavam "sobrecarregados" e demorariam para dar conta de suas encomendas, a fotografia surgia como opção de representação por um custo menos alto, mais rápida e em tecnologia emergente, mas não tão "sofisticada" quanto a utilizada para representar os nobres que, *grosso modo*, eram mais conservadores.

Contudo, a possibilidade de a fotografia servir como elemento de nova expressão visual foi ignorada, no princípio, pela maioria das pessoas, e os fotógrafos eram vistos, de modo geral, como "apertadores de botão", uma vez que o processo de captura das imagens "não teria interferência expressiva ou criativa" por parte do fotógrafo, já que a câmera capturaria, com um simples "apertar de botão", as imagens que outrora necessitavam do "dom divino inspirador" de alguns poucos e iluminados, os "escolhidos" artistas.

Já nos primórdios do século XX, os irmãos Louis e Auguste Lumière, em 1907, desenvolveram um novo processo fotográfico, o qual resultava numa transparência positiva e colorida, portanto, trazendo cor à fotografia que até então era "apenas" P&B, a esse processo denominaram autochrome. A tendência do ritmo mais acelerado que as novas tecnologias permitiam levou ao surgimento de alguns novos artistas fotógrafos, como Moholy-Nagly, com seus

▲ **Figura 4.1:** 1999 – Anúncio DDB/Londres para Mercedes SLK/Grand Prix Cannes.

▼ **Figura 4.2:** 1999 – Anúncio da DM9 para Catchup Picante Parmalat/Ouro Cannes.

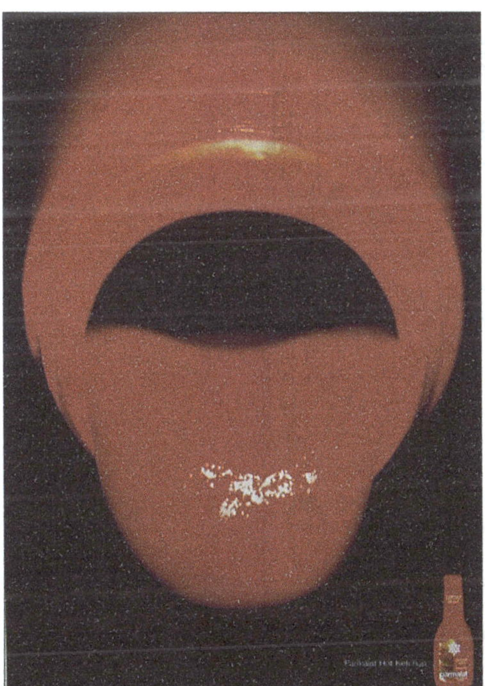

▲ **Figura 4.3:** Cartão-postal utilizado como mídia no começo do século XX. Na maioria dos casos, a mensagem do anunciante era impressa no verso do postal.

▼ **Figura 4.4:** Já no início do século XX, os fabricantes de cerveja eram atuantes na mídia.

▲ **Figura 4.5:** O dentifrício Odol marcou presença nas páginas de vários veículos por muitos anos.
► **Figura 4.6:** Anúncio da Lincoln Motor Company do final da década de 1930. Na época, a habilidade no desenho era fundamental para o diretor de arte.

▲ **Figura 4.7:** Nos anos 1940 a Lever lança no Brasil seu slogan mundialmente conhecido: "Usado por 9 entre 10 estrelas do cinema". Na época brigava no mercado com a líder Gessy.
► **Figura 4.8:** Anos 1950. Ocorre o Primeiro Congresso Brasileiro de Propaganda, que recebe homenagem do Guaraná Antarctica.

▲ **Figura 4.9:** Anúncio "Think Small"/Volkswagen.

▼ **Figura 4.10:** Anúncio "Lave e Use"/ Fusca (*Fonte*: Cadena, 2001, p. 166).

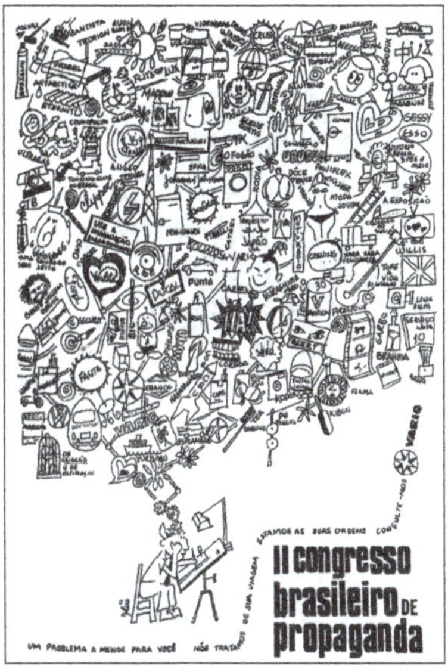

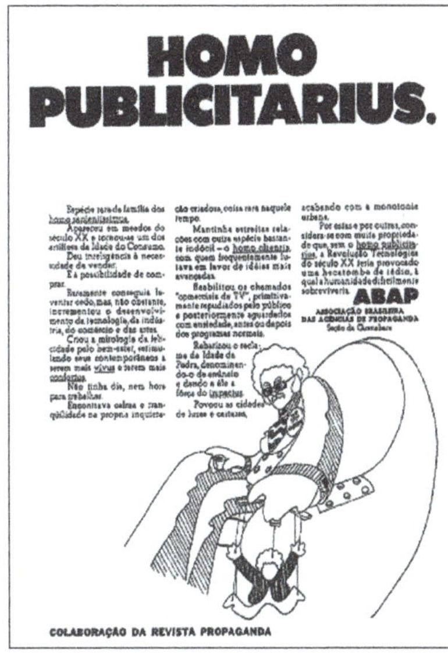

▲ **Figura 4.11:** Cartaz do II Congresso Brasileiro de Propaganda (*Fonte*: Cadena, 2001, p. 169).
► **Figura 4.12:** Anúncio "Homo Publicitarius"/ Abap (*Fonte*: Cadena, 2001, p. 174).

▲ **Figuras 5.1 e 5.2:** Aruba: Prêmio Abril de Publicidade 1994.

▲ **Figura 5.3:** Volkswagen: revista *Veja*, n. 937, 20 de agosto de 1986.

▼ **Figura 5.4:** Merthiolate Spray Lilly: *X Anuário do Clube de Criação de São Paulo*, p. 185.

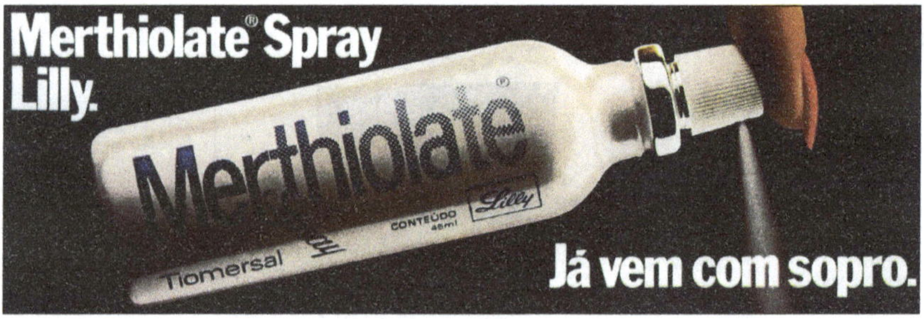

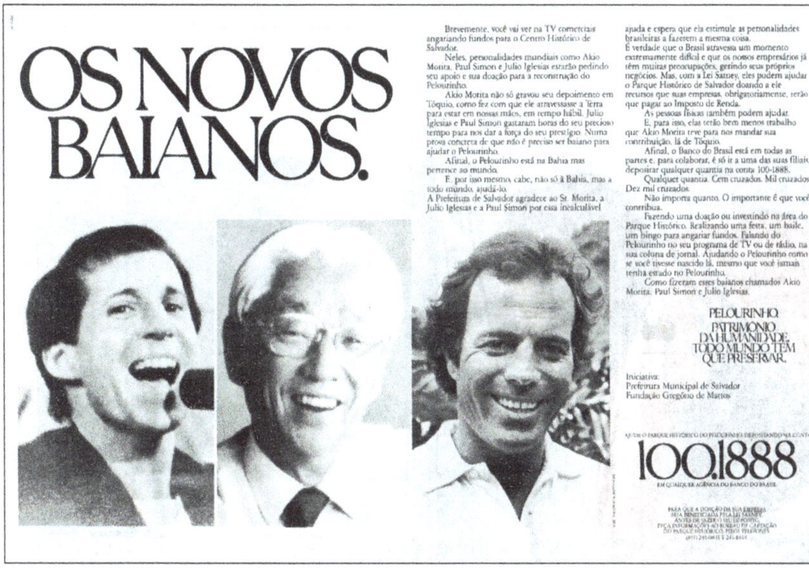

▲ **Figura 5.5:** Pelourinho: revista *Veja*, 6 de abril de 1988.

▼ **Figura 5.6:** TDB: revista *Elle*, n. 10, outubro de 1993.

▲ **Figura 5.7:** Vento: revista *Veja*, edição 1.668, ano 33, n. 39, 27 de setembro de 2000.

▼ **Figura 5.8:** Dunkin' Donuts: Prêmio Abril de Publicidade 1992.

▲ **Figura 5.9:** TV Gazeta: *XIII Anuário do Clube de Criação de São Paulo*, p. 234.

▼ **Figura 5.10:** Volkswagen: *X Anuário do Clube de Criação de São Paulo*, p. 138.

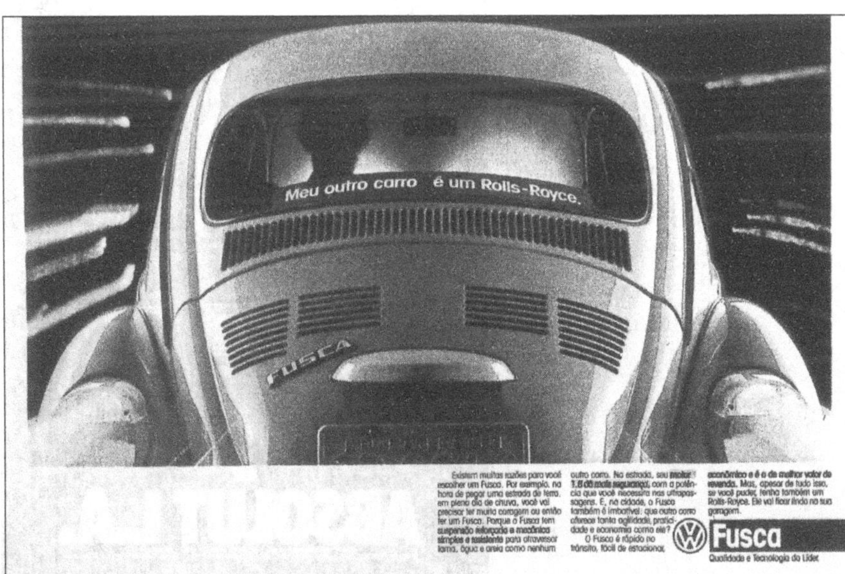

▲ **Figura 5.11:** Valisère: *15º Anuário do Clube de Criação de São Paulo*, p. 153.

▼ **Figura 5.12:** Anúncio da vodca Absolut. Fonte: *Absolut Story*. © 2003 V & Spirit AB.

▲ **Figura 5.13:** Triatop: *Folha de S.Paulo*, Ilustrada, 27 de setembro de 2001, p. E1.

▼ **Figura 5.14:** Sony: revista *Criativa*, ano V, n. 45, p. 23, 1997.

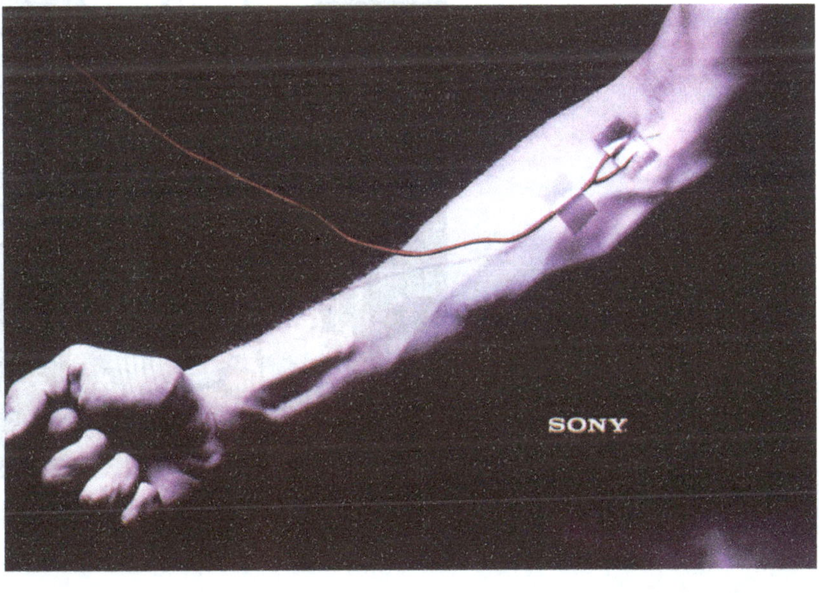

▲ **Figura 5.15:** *Folha de S Paulo*: revista *Propaganda*, ano 32, n. 384, p. 20, abr. 1987.
▼ **Figura 5.16:** Rodasol: Prêmio Abril de Publicidade 1994.

▲ **Figura 5.17:** Iberia: revista *Veja*, edição 1.671, ano 33, n. 42, 28 de outubro de 2000.

▼ **Figura 5.18:** Associação Parceria Contra as Drogas: *24º Anuário do Clube de Criação de São Paulo*, 1998, p. 96.

▲ **Figura 6.1:** Pesquisa de composição de imagem para filmagem da campanha publicitária da Parmalat, 2002.

▲ **Figura 6.2:** Montagem e edição de imagens para a campanha publicitária da Parmalat, 2002.

▲ **Figura 6.3:** Videografismo para a campanha publicitária da Antarctica, 2002.

▲ **Figura 6.4:** Dove. "Campanha pela Real Beleza".

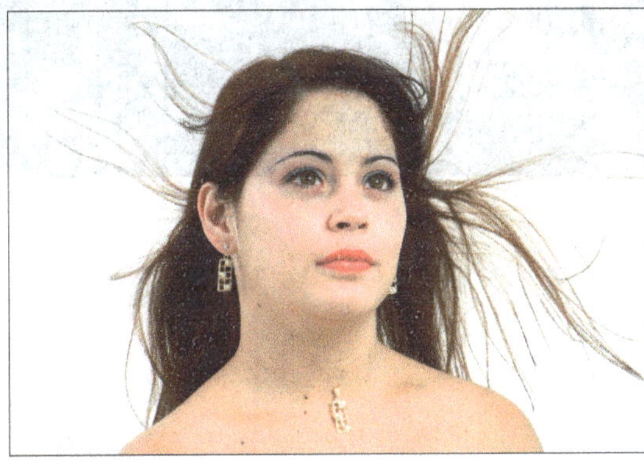

▲ **Figura 8.1:** Foto publicitária do autor sobre bijuterias, Limeira 2006.
▶ **Figura 8.2:** Foto publicitária do autor, com a modelo Irina, Limeira, 2005.

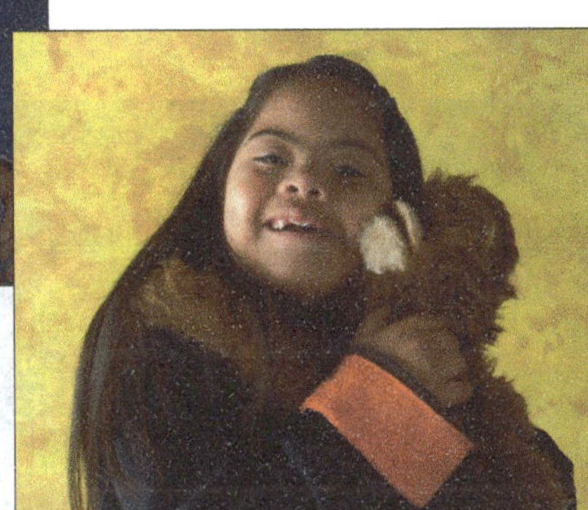

▲ **Figuras 8.3 e 8.4:** Foto publicitária do autor para a ARIL (Associação de Reabilitação Limeirence), 2005/2006, vários meios.

◄ **Figura 8.5:** Foto publicitária do autor para o ISCA (Instituto Superior de Ciências Aplicadas), Limeira, 2005, vários meios.

► **Figura 8.6:** Foto publicitária do autor, sobre frutas, Limeira, 2006.

◄ **Figura 8.7:** Foto publicitária do autor, cliente Invicta Vigorelli – Agência DU MKT, Limeira, 2004, vários meios.

fotogramas, e Man Ray, com suas solarizações, raiografias, imagens múltiplas e montagens. É a partir das primeiras décadas do século XX que se começa a utilizar efetivamente os princípios fotográficos e que se vislumbra o uso da fotografia na publicidade. Outros artistas, na antiga União Soviética, mais ou menos no mesmo período (ou seja, entre os anos de 1914 a 1930), como El Lissitsky e Kasimir Malévitch, por meio de fotos aéreas e com suas pinturas, criam imagens abstratas, texturas e formas "de uma livre interpretação". Em 1948, Edwin Land cria a fotografia instantânea com o desenvolvimento da Polaroid. Sublinham-se, também, as obras fotográficas e de princípio fotográfico de Andy Warhol, nos anos 1960, que captura os signos e arquétipos da vida social norte-americana na pop art. Verifica-se, portanto, a possibilidade de a fotografia ser utilizada como forma de expressão visual e status artístico.

A fotopublicidade e sua concepção

Em breve síntese, podemos pensar a fotografia e sua dimensão estética na fotopublicidade e mesmo em sua poética.

Tal qual na teoria da criatividade, o processo de desenvolvimento da fotopublicidade inicia-se com um "problema". Algumas vezes, este é apresentado na forma de um briefing fotográfico; outras, na de um "rought" ou um layout. A função do fotógrafo é, no caso do briefing, a de criar uma imagem que não apenas "represente" um determinado conceito, dando-lhe forma, mas principalmente possa persuadir ou seduzir um determinado target (público-alvo), além, é claro, do cliente que solicitou o serviço e que vai aprovar (ou não) as fotos produzidas.

No caso de um rough, o fotógrafo já tem em suas mãos um esboço da imagem que foi elaborado pela equipe de criação de uma agência publicitária, ao qual ele deve se ater ou no qual deve se basear no processo de produção de uma fotografia.

E, em última instância, temos o layout, que também foi desenvolvido por uma equipe de criação de uma agência que apresentou um conjunto de imagens, em geral retiradas de algum banco de imagens e que foram montadas de acordo com um determinado conceito; então, baseado nisso, cabe ao fotógrafo representá-las do melhor modo possível (técnica e estética), na forma-conceito específica.

A escolha dos materiais

Identificado o problema, através de uma destas formas, vamos buscar resolvê-lo primeiro pensando acerca do material necessário para a criação e depois, na captura fotográfica. Nesse momento, cabe ao fotógrafo a decisão sobre o melhor suporte de captação (filme ou digital) a ser utilizado. Devem ser levados em consideração aí: a velocidade e a praticidade do digital, mas sem se esquecer da altíssima qualidade que a fotografia óptica, através de um cromo, pode oferecer. Além disso, há escolha da "melhor" câmera, que pode ser de pequeno, de médio ou de grande formato; lembrando que em publicidade se exige uma excelente qualidade e alta definição de imagem. Daí, em geral, um bom equipamento de médio formato já ser normalmente uma boa opção, pois possibilita imagens de qualidade óptica superior à de câmeras de pequeno formato e mobilidade muito maior do que a oferecida pelas enormes e pesadas câmeras de grande formato.

A escolha do tipo de objetiva e de sua luminosidade também é de grande importância, pois deve ser levado em consideração que, se o objetivo for capturar imagens com um maior ângulo de abertura – por exemplo, nas fotos de paisagens –, deve-se optar por uma objetiva "grande angular", que oferece grande profundidade de campo, para isso, no caso da captação ser feita através de câmeras de médio formato, devem ser utilizadas objetivas de 70 mm ou menos; se a opção for para um ângulo "padrão" (entre 45 e 50 graus), pode-se optar por uma objetiva entre 75 e 90 mm (médio formato); se o desejado for um ângulo mais fechado, as objetivas "tele" (aquelas acima de 95 mm para médio formato e que oferecem uma pequena profundidade de campo) seriam as ideais. Mas também existe as objetivas zoom, que permitem uma mudança focal, aproximando e diminuindo o ângulo de abertura quanto ao referente a ser fotografado, abrindo-se o ângulo da imagem; contudo elas oferecem uma qualidade óptica inferior à das objetivas fixas. Para uso fotopublicitário, em que é exigido o máximo de definição, deve-se, preferencialmente, optar pelas objetivas fixas.

O estúdio

Decididos o suporte, a técnica de captura e as objetivas, vamos verificar a necessidade de se produzir (ou não) as fotos ao ar livre ou em estúdio fotográfico. Lembrando que "nada" leva à possibilidade do controle quase que absoluto de um estúdio, pois, como já dissemos, a fotografia é a imagem escrita ou desenhada pela luz, o ambiente em que o fotógrafo a domine parece o adequado. Aumentar ou diminuir a intensidade de luz de cada saída do gerador, ou mesmo utilizar elementos reflexivos como as famosas sombrinhas ou elementos difusores, como os *Haizy Lit*, ou até mesmo, em última instância, aproximar ou afastar as "tochas" de iluminação – isso pode nos garantir um controle muito maior na produção fotopublicitária, uma vez que toda luz é equalizada de acordo com a intenção do fotógrafo. Isso pode ser verificado pelo fotômetro, que indica se a abertura do diafragma da câmera e se o tempo de exposição do obturador estão adequados, com a sensibilidade "ISO" do filme ou simulação de ISO no suporte digital, em relação à intensidade de luz (para uma iluminação equilibrada, ou seja, para que a imagem não seja nem muito escura, nem muito clara). Contudo, a experiência ao se trabalhar com um fotômetro é muito importante, pois depende da interpretação de "números frios" (resultado "padrão" que necessita ser interpretado).

Isso posto, existem duas formas básicas de se fotometrar: por meio de uma medição de luz refletida ou de luz incidente, que, num primeiro momento, seria recomendada, pois diminuem-se as possibilidades de equívocos, que em geral ocorrem na medição de luz refletida, pela não-utilização do cartão cinza ou mesmo por erros em seu uso (portanto, a fotometria com luz refletida demanda experiência para uma "boa" e correta avaliação).

Para se trabalhar adequadamente a profundidade de campo que determina a área de foco (ou seja, os elementos que devem estar focalizados e os que devem estar desfocados), se faz necessário o controle rigoroso da abertura do diafragma, em conjunto com o foco; se houver a intenção de capturar movimento, esse mecanismo é controlado através do obturador da câmera fotográfica, que determina o tempo em que certa composição deve permanecer exposta ao suporte de captação (filme ou digital). Esses princípios fundamentais devem fazer parte do repertório básico de um fotopublicitário e estar alinhados à imagem mental já elaborada pela criação do próprio fotógrafo.

Esses elementos apresentados podem nos garantir um controle muito maior na produção fotopublicitária, tendo em vista que não ficamos dependentes da natureza, reféns das intempéries climáticas na produção fotopublicitária. Assim, pensamos produzir as imagens ao ar livre quando não houver a possibilidade de deslocarmos o referente (objeto, cenário ou paisagem) ao estúdio fotográfico, quando for necessário para alcançar os objetivos conceituais ou mesmo quando as condições da paisagem ou sua luz, por exemplo, forem indispensáveis.

A estética na fotopublicidade

Todos os elementos mais técnicos são extremamente importantes no fazer fotográfico, entretanto o que diferencia um bom técnico de fotografia de um fotopublicitário de excelência são os elementos estético-composicionais, isto é, a sensibilidade de um olhar interpretativo não ingênuo. O fotopublicitário cria para satisfazer os desejos, as necessidades e as aspirações de um determinado target, de certo segmento da população, além de uma agência e de um cliente. Portanto, toda a concepção estética deve ser pensada, articulada, formatada, criada e produzida de acordo com os valores simbólicos contidos em uma determinada cultura, grupo social, faixa etária, tribo cultural etc.

Deve-se buscar eliminar os "possíveis" ruídos de comunicação quando da recepção de um determinado conceito, pois não estamos criando e produzindo apenas para nosso deleite ou para satisfazer pretensões artísticas. Estamos criando e produzindo imagens para um determinado segmento público, pelo qual buscamos uma recepção "eufórica" em que seus valores culturais, estéticos e formais devem ser levados em consideração e atendidos, pois signos com o mesmo significante não têm, necessariamente, o mesmo significado para todos, e isso pode gerar significações distintas de uma mesma imagem para diferentes subgrupos.

Composição e olhar

Temos de discriminar os principais elementos de composição visual que, se articulados adequadamente, podem colaborar nas produções de sentidos, segundo intenções (e de acordo com um conceito) na poética fotopublicitária; então, destacamos:

- A simplicidade na composição colabora na facilidade de leitura de uma determinada peça (anúncio). O excesso de elementos, por outro lado, pode levar à poluição que desvia a atenção de um determinado sujeito, que num primeiro momento, não tem, entre suas maiores preocupações, o interesse de identificar o produto, marca ou serviço oferecido e, muito menos, o conceito transmitido.

- A preocupação com a angulação também é fundamental, pois uma *contre plogée* (ou contramergulho), por exemplo, pode aumentar o status de um determinado objeto, visto que o olhar do leitor se volta para cima (como quem entra num templo ou numa igreja gótica, cujo enorme pé-direito inspira respeito e contemplação, ou ainda na sala da diretoria de uma grande empresa, em que a cadeira do diretor é, em geral, mais alta que as demais, exigindo do "subordinado" um olhar para cima, caracterizando assim a posição "superior" do diretor). Já o oposto ocorre num ângulo *plongée* (ou mergulho), que provoca certa "diminuição" do referente fotografado, tornando-o "menor"; por exemplo, no retrato político, torna-se um ângulo extremamente desfavorável a quem deveria representar o "poder". Esse aspecto contraria a "leitura da imagem". Ao contrário do que normalmente se pensa, centralizar a angulação do objeto fotografado pode não ser boa opção, por retirar da imagem a capacidade de movimento e dinamismo. Portanto, devemos pensar na famosa regra dos terços, em que são feitas imaginariamente duas linhas paralelas na vertical e duas na horizontal, dividindo a cena (como se fosse um jogo da velha), e buscar posicionar o objeto "principal" numa das intersecções dessas linhas. Essa é uma boa opção, pois confere dinamismo à composição. Devemos também lembrar que, no Ocidente, a leitura é feita da esquerda para a direita e de cima para baixo, portanto o canto esquerdo superior deve ser valorizado.
- Se pensamos que o enquadramento adequado é primordial, porque um "simples" deslocamento de olhar (câmera) pode mudar completamente a leitura de uma composição, devemos nos ater também à questão das linhas que são formadas em uma composição, pois elas podem tanto conduzir o olhar a um determinado

> objetivo quanto desviá-lo dele completamente. Trabalhar com as perspectivas pode transformar uma imagem achatada numa interessante composição aprofundada; pensamos que a proximidade com o objeto principal numa composição possa torná-lo maior, destacando-o dos demais. Não devemos nos esquecer da nitidez que esse objeto deve nos oferecer, buscando imprimir a textura visual dos objetos fotografados. Essa é uma forma a mais de oferecer signos visuais que podem ir da suavidade e maciez da "pele de um pêssego" à dureza das "grades de um cárcere".

Assim, o trabalho de iluminação é primordial, pois posicionar a luz lateralmente aos objetos destaca significativamente a textura. A composição da iluminação é de fundamental importância, porque podemos criar uma imagem favorável a uma determinada leitura e à recepção de um "clima", destacando alguns pontos de uma imagem, em que a luz principal (aquela com maior intensidade) comanda a cena e as demais, como as luzes de enchimento (que preenchem os espaços sombrios), estão subordinadas. Isso, além da iluminação de fundo (que destaca os elementos que estão à frente), diminui a possibilidade de se produzir uma imagem chapada (achatada); a iluminação de cabelos, por exemplo, deve ser posicionada em ângulo *plongée*, tomando cuidado para que ela não atinja nem a testa nem o nariz do modelo, evitando-se um brilho indesejado. Dessa forma, podemos destacar e atribuir volume e brilho aos cabelos. A iluminação "still", em que podemos posicionar o ângulo *contre plongée*, abaixo da mesa de fundo infinito (*table-top*), no caso de superfícies translúcidas, é interessante, pois os ruídos visuais como brilho indesejado e reflexos são minimizados e consegue-se uma "aura" favorável nessa "natureza morta".

Imagens fotopublicitárias

Uma simples bijuteria pode tornar-se visualmente uma jóia numa fotopublicidade, em que suavidade e leveza são os "reflexos" dos seus olhos (Figura 8.1).

Na imagem da Figura 8.2, a modelo se destaca principalmente por uma iluminação equilibrada de cabelo e de fundo, que reforça os cabelos esvoaçantes e um colo quase totalmente desnudo, não fosse a "bijuteria" nele sutilmente posicionada.

As crianças da Aril (Associação de Reabilitação Infantil Limeirense) nos dizem que sua necessidade "especial" é o carinho. Assim, elementos intangíveis como, doçura, alegria, ternura e amizade nos norteiam no calendário Aril 2005 (figuras 8.3 e 8.4).

Nessas imagens, destaca-se a direção de modelo, pois as crianças representaram exatamente o que são: crianças puras. Para capturar essas imagens, entramos no seu universo de fantasias, no qual buscamos dialogar como iguais "amigos" (este foi, para o fotógrafo, um trabalho extremamente gratificante).

O anfiteatro sóbrio da faculdade (Figura 8.5) nos convida a entrar na instituição. Os principais elementos elaborados nessa imagem são o enquadramento em um ângulo bem aberto, no qual a perspectiva nos conduz à logomarca que está posicionada ao lado das bandeiras do município, do estado e da federação, e o aproveitamento da iluminação ambiente do anfiteatro (que transmite ar charmoso). Nessa imagem foram utilizados um ISO 1600 e uma obturação de 1,5 segundo.

A imagem "still" da Figura 8.6 tem, entre os elementos que se destacam, a iluminação produzida por filtros coloridos que realçam as cores da manga e atribuem ao gelo uma coloração diferenciada, além de destacar a textura por meio das gotículas na fruta, tornando essa criação gostosa até de ver e ainda geladinha, fazendo-nos imaginar a "polpa" dessa sensual fruta.

O enquadramento, o ângulo e a luz são os elementos que se destacam na Figura 8.7, na qual um disco de freio assume um caráter "nobre".

Conclusão

São inúmeras as possibilidades de articulação para compor os múltiplos elementos de sentido (e de forma) na composição fotopublicitária, contudo não existe nenhuma regra fixa e absoluta (nenhuma "receita de bolo"), pois devemos aliar os conhecimentos técnicos, tecnológicos à interpretação adequada de um conceito, com a sensibilidade do olhar, criando assim uma fotopublicidade, em que se unem elementos estéticos globais da arte da fotografia a conceitos determinados, fundamentos e intencionalidades explicitamente publicitárias, uma imagem cujo conjunto de signos seja o elo que possa encantar, persuadir e talvez até mesmo seduzir o fruidor.

Bibliografia

BARBOSA, I. H. D. *Iconografia estética de Udihara: Fotografia ; memória e cultura.* São Paulo. Dissertação (Mestrado) – Escola de Comunicação e Artes, Universidade de São Paulo, 2005.

BARBOSA, I. S. *Jogada publicitária – A construção lúdica de um projeto social.* São Paulo. Tese (Livre Docência) – Escola de Comunicação e Artes, Universidade de São Paulo, 1971.

________. *Où vivre?* Cabay: Libraire-Éditeur à Louvain-la-Neuve, 1982.

BARTHES, R. *Elementos de semiologia.* São Paulo: Cultrix, 1971.

BAUDRILLARD, J. *A sociedade de consumo.* Lisboa: Edições 70, 1991.

BENJAMIN, W. *Obras escolhidas.* Magia técnica, arte e política – Pequena história da fotografia – A obra de arte na era de sua reprodutibilidade técnica. São Paulo: Brasiliense, 1985.

DONDIS, A. D. *Sintaxe da linguagem visual.* São Paulo: Martins Fontes, 2000.

FARINA, M. *Despoemas. Fotografia cínica.* São Paulo. Tese (Doutorado) – Escola de Comunicação e Artes, Universidade de São Paulo, 2002.

HAUG, W. F. *Crítica à estética da mercadoria.* São Paulo: Editora Unesp, 1997.

PAIS, C. T. Sociossemiótica, semântica da cultura e processo histórico: Liberdade, civilização e desenvolvimento. V Encontro Nacional da Anpol. Porto Alegre. *Anais...* Porto Alegre, 1991.

FLUSSER, V. *Filosofia da caixa preta.* São Paulo: Hucitec, 1985.

GOMBRICH, E. H. A. *A história da arte.* Rio de Janeiro: Guanabara-Koogan, 1993.

KOSSOY, B. *Fotografia e história.* São Paulo: Edusp, 1989.

PINTO, V. B. N. *Cultura e comunicação, uma perspectiva histórica* – A questão teórica. São Paulo. Tese (Livre-Docência) – Escola de Comunicação e Artes, Universidade de São Paulo, 1983.

SOLHA, H. L. *A construção dos olhares.* Campinas. Dissertação (Mestrado) – Universidade de Campinas, Instituto de Artes, 1998.

9

A mídia – O conceito e as atividades

Arlindo Ornelas Figueira Neto*

Desde a década de 1960 a palavra *mídia* é sinônimo de "veiculação publicitária" no Brasil. Sua origem remota é o vocábulo latino *media*, plural de *medium* ("meios", em português), que foi incorporado à publicidade norte-americana – com a pronúncia "mídia" – e se estabeleceu definitivamente no Brasil com essa grafia.

> Apesar de terem significados correlatos, meios e veículos apresentam entre si uma diferenciação: enquanto normalmente a palavra *meio* designa o geral (TV, jornal, revista), *veículo* refere-se ao particular (TV Globo, jornal *Gazeta Mercantil*, revista *Veja*).

Nos dias atuais, *mídia* tem várias acepções, todas relacionadas aos meios de comunicação:

- o *departamento da agência de propaganda* que se dedica às atividades de veiculação. Por exemplo: A *mídia* fica no 4º andar;
- os *publicitários* que trabalham com a veiculação. Por exemplo: O Zé Francisco é um grande *mídia*;

* Mestre e doutor em Ciências da Comunicação pela ECA-USP. Professor de Mídia na ECA-USP.

- os *meios de comunicação* de maneira geral. Por exemplo: Não se discute a eficácia da *mídia* outdoor;
- a *exposição* de pessoas ou campanhas publicitárias pelos meios de comunicação. Por exemplo: O casamento de Daniela foi pura *mídia*; A campanha da Embratel está com uma *mídia* muito tímida.

Na atividade publicitária, cabe a definição, bastante abrangente: "Mídia é a função da propaganda cujas atividades coordenadas visam promover o encontro das mensagens de anunciantes com seus públicos-alvo, dentro da melhor relação técnico-financeira possível". Particularizando a definição, cabem algumas considerações.

- *É função da propaganda*: a mídia, na teoria, usa os meios publicitários, normalmente os voltados para atingir as massas. Material de ponto-de-venda, comunicação one-to-one etc. fariam parte de outras categorias de esforços de comunicação. Na prática, com a irreversível tendência à convergência das ferramentas de comunicação, cada vez mais os departamentos de mídia das agências esforçam-se criativamente para atingir os públicos-alvo, independentemente dos meios utilizados.
- *Atividades coordenadas*: como será visto a seguir, são várias as atividades desenvolvidas no processo de veiculação publicitária. Enquadrá-las no mesmo foco, integrá-las dentro do mesmo objetivo de mídia é condição básica para garantir o sucesso de uma campanha publicitária.
- *... encontro das mensagens de anunciantes com seus públicos-alvo*: é o objetivo básico da função, essencial à atividade da comunicação publicitária; note que se fala no plural, em públicos-alvo, reconhecendo que o processo persuasivo deve envolver múltiplos atores, com pesos e papéis diferentes nas dinâmicas de consumo.
- *Dentro da melhor relação técnico-financeira possível*: não basta levar a mensagem; é preciso que ela atinja os alvos dentro dos

parâmetros que garantam sua maior eficácia. E é quase desnecessário dizer que isso deve ser feito com a melhor relação custo–benefício no contexto dos mercados.

Nunca é demais deixar claro um erro grosseiro, freqüente entre pessoas alheias ao ambiente da comunicação: a expressão correta é *veiculação* publicitária, que se refere aos veículos que levam as mensagens comerciais, e não *vinculação* (de vínculo, ligação).

O resultado das atividades de mídia é de fácil percepção: você vê o anúncio no jornal e ouve o spot no rádio. Mal se imagina o complexo caminho normalmente percorrido até o resultado final. Vamos detalhá-lo a seguir.

As atividades da mídia têm como base o briefing do *cliente*, que gera um planejamento de *comunicação*, do qual faz parte o planejamento de mídia – parâmetro para as demais atividades. Sintetizando, o caminho da mídia passa por:

- *Estratégia*: estágio em que se definem os meios a serem utilizados, os formatos das peças, a cobertura geográfica, a penetração junto aos públicos, a freqüência de atingimento, o timing da veiculação.
- *Táticas*: normalmente abrangem a definição de veículos, a localização das peças, a freqüência das inserções; é comum a simulação de planos para comparação de custos e eficiência de atingimento.
- *Negociações*: busca de aperfeiçoamento das táticas, dentro do melhor custo relativo das inserções.
- *Compra/autorização*: é o procedimento pelo qual a agência e/ou o anunciante autoriza o veículo a proceder à veiculação de uma peça comercial e gera o compromisso legal de pagamento.
- *Envio de material*: normalmente feito com base em autorizações a fim de permitir a veiculação.
- *Checking*: verificação ou comprovação das veiculações.
- *Avaliação*: análises das inserções e respectivas audiências para verificação do cumprimento dos objetivos de mídia.

A *pesquisa* não se caracteriza como uma fase da mídia, mas é de fundamental importância por subsidiar todo o processo, embasando o planejamento (estratégias e táticas), as negociações e a avaliação. Podem-se citar basicamente dois grandes grupos de pesquisa: os de audiência e os de hábitos de consumo de mídia, cujas pesquisas são realizadas no Brasil basicamente pelo Ibope, Ipsos-Marplan e Instituto Verificador de Circulação (IVC). Trata-se de um verdadeiro capítulo à parte no estudo da mídia, dadas sua complexidade e importância.

O esquema mostrado na Figura 9.1 ilustra as atividades de mídia.

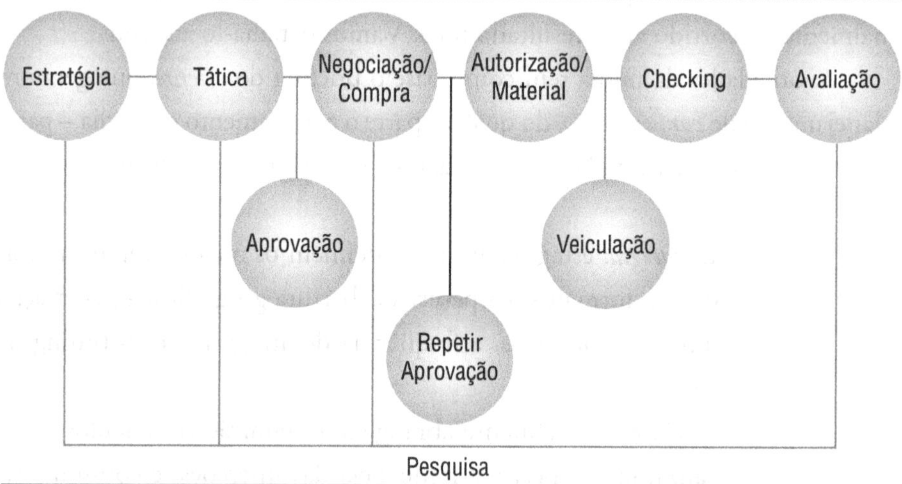

Figura 9.1 O fluxo da mídia.

A importância das atividades de mídia na propaganda

Já estamos acostumados a ver a publicidade brasileira receber, todos os anos, importantes prêmios de criação em Cannes, Londres ou Nova York. Não é de hoje que se louva a criatividade brasileira na área de publicidade. Isso se deve fundamentalmente a um mercado maduro, cujos *players* são altamente profissionalizados. Mesmo com as idas e vindas da economia, esse mercado movimentou em 2006 uma soma próxima a R$ 19,3 bilhões, pouco menos de 1% de nosso PIB naquele ano.

A existência e a manutenção de agências fortes e criativas são possibilitadas pela rentabilidade do negócio, que deriva *fundamentalmente das atividades de mídia.* Calcula-se que, do faturamento total de uma agência média/grande brasileira, aproximadamente 85% sejam gerados pela mídia. Em outras palavras, de cada R$ 1.000 que entram numa agência, R$ 850 são resultado do trabalho do "pessoal da mídia". É de estranhar que, com essa importância financeira, ainda não se tenha um reconhecimento profissional que destaque a essencialidade de tais profissionais.

Seguindo porém um pouco adiante, entende-se a mídia como função da propaganda que agrega características *funcionais e de gestão.* Ou, de outro ponto de vista, na qual importam os aspectos qualitativos e quantitativos. Assim, voltando à definição, reforça-se a dupla responsabilidade da mídia: o lado técnico, que busca sempre a melhor exposição da mensagem, o melhor contato com os públicos receptores, a excelência dos resultados publicitários; e, do outro lado, a visão financeira, de gerência dos recursos do anunciante, em que se procura a menor (ou a melhor) inversão de dinheiro. O equilíbrio entre o melhor desempenho técnico e o menor investimento financeiro é, portanto, a missão primordial das estruturas de mídia.

Na primeira abordagem, a *técnica,* devem ser levados em conta aspectos como:

- características intrínsecas dos meios;
- "personalidade" dos veículos;
- índices e perfis de audiência;
- potencial de impacto;
- penetração ou potencial de atingimento de públicos;
- alcance geográfico.

Já em relação aos *aspectos financeiros,* além dos preços das tabelas dos veículos, importam principalmente:

- margens de negociação;
- custos relativos (preço da inserção *versus* públicos atingidos).

O que jamais se pode esquecer em propaganda é a importância óbvia da mídia: *por mais criativa e persuasiva que seja a mensagem, ela precisa ser exposta, pelos meios adequados, na medida certa,* sob pena de ser inócua, de não produzir os resultados mercadológicos desejados ou, ainda pior, produzir resultados indesejados.

Contextualização da mídia – a estruturação na agência de propaganda

Da mesma maneira que a propaganda é um dos elementos da comunicação mercadológica, que, por sua vez, é um dos Ps do marketing (*promotion*), a mídia é uma das funções da propaganda. Justamente como vimos, a de levar a mensagem publicitária a sensibilizar seus públicos.

No início da atividade publicitária no Brasil, a venda de espaços publicitários era praticamente a única atividade dos agenciadores. Os anúncios eram criados pelos próprios anunciantes ou diretamente nos veículos. Com o desenvolvimento das empresas e a vinda de agências multinacionais, foram implantadas as estruturas de criação. Posteriormente, em paralelo ao desenvolvimento da indústria gráfica, o crescimento do rádio e o advento da tevê, as agências de propaganda evoluíram para estruturas departamentalizadas cuja configuração básica persiste até hoje.

Por sua vez, a estruturação da mídia em cada agência é variável, normalmente em função da carteira de clientes. No entanto, a estrutura básica é a que atribui a diferentes grupos de trabalho a maioria das atividades de mídia de um conjunto de clientes. Assim, por exemplo, o grupo A responsabiliza-se pelo *planejamento, negociação, compra e avaliação da mídia* de um número fixo de anunciantes, clientes da agência. Trabalhando em conjunto com todos os grupos, em geral estão as estruturas de *pesquisa de mídia* e *checking* (este normalmente subordinado à área administrativo-financeira).

Ainda que na maioria das agências sobrevivam estruturas condicionadas à veiculação apenas nos meios tradicionais de propaganda, a multiplicação, o desenvolvimento tecnólogico e a convergência dos meios de comunicação deverão "empurrá-las" inexoravelmente à utilização miscigenada de todas as ferramentas de comunicação. Os mídias (bem como os demais publicitários) precisam se preparar para gerir os contatos com os públicos visados de forma irrestrita, com criatividade, ética e eficiência.

Na Figura 9.2 pode ser observado um exemplo de estrutura atual de uma grande agência no Brasil.

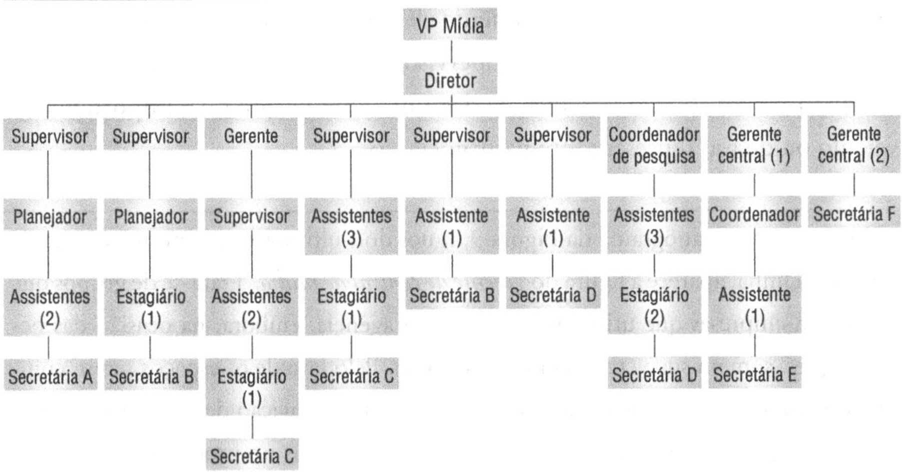

Figura 9.2 Estrutura de uma agência brasileira de grande porte.

Como se pôde notar, a composição dos grupos varia em função das necessidades e exigências de cada conjunto de contas. Quando o perfil do cliente exige mais planejamento, acrescenta-se um planejador específico; quando não, o supervisor encarrega-se totalmente dele. Quando se exige maior atuação política cotidiana, o grupo é comandado por um gerente; quando não, o supervisor conta eventualmente com a participação do diretor de mídia. Da mesma maneira, quando a conta exige maior trabalho de coordenação no dia-a-dia, aumenta-se o número de assistentes. E assim por diante.

Os cargos em mídia variam de agência para agência, e às vezes até na mesma agência, de grupo para grupo. As funções, porém, seguem normalmente o mesmo padrão. Vice-presidente e diretores têm funções predominantemente políticas, de representação com clientes e veículos, estabelecimento de filosofia de atuação e referencial técnico-teórico. Gerentes e supervisores encarregam-se do contato com o cliente, com as outras áreas da agência no que diz respeito às atividades de planejamento, atendimento e negociações com veículos, além de coordenar as atividades internas de seus grupos. Planejadores dedicam-se à parte técnica do planejamento, e assistentes normalmente executam as táticas de mídia das campanhas, negociam no dia-a-dia com os veículos e atendem cotidianamente seus representantes.

Como se percebe, existem superposições de tarefas entre os níveis hierárquicos da mídia. O que usualmente define, por exemplo, quem conduz a negociação com um veículo, se o supervisor ou o assistente, é o volume do investimento a ser aplicado, o nível de desconto a ser obtido ou a importância do veículo ou de seu representante na negociação.

Note que, no organograma da Figura 9.2, nos dois últimos quadrinhos à direita da primeira linha, aparece a figura do *gerente de central de mídia*. Trata-se de grupos que atendem empresas que utilizam mais de uma agência, embora, na ocasião das negociações, somem sua verba para ter mais peso. Pelo fato de os espaços serem comprados em conjunto, é necessário que as táticas de veiculação de cada produto (ou serviço) sejam validadas por todas as agências envolvidas no processo. Assim, normalmente, cada uma delas forma uma unidade modular da mídia do anunciante.

A estratégia de mídia – a essência do planejamento

Estratégia diz respeito às orientações essenciais, a uma visão macro, à ordem que se pretende dar às atividades de mídia; já *tática* diz respeito às orientações específicas, ao posicionamento detalhado das inserções. De um outro ângulo, a estratégia aponta para onde se quer chegar, enquanto as táticas detalham os caminhos a serem seguidos para que se atinjam as metas.

Portanto, *grosso modo*, a estratégia de mídia define quais meios de comunicação devem ser, de preferência, utilizados, enquanto as táticas, normalmente, vão apontar os veículos, programas, seções e horários a serem usados. É comum, na estratégia, optar por formatos maiores ou menores, ainda que o formato final possa ser definido taticamente. A estratégia vai indicar se a orientação é atingir mais público ou segmentos selecionados, se é suficiente atingir poucas vezes ou é necessária muita freqüência junto aos indivíduos dos targets.

A maior parte do trabalho intelectual na mídia é o realizado na definição estratégica. Ainda que não sejam puramente mecânicas, as elaborações táticas, ou a formatação das planilhas de inserção, exigem mais disposição física que intelectual. Por isso, sem diminuir a importância das outras atividades, costuma-se dizer que a estratégia – o "filé" do planejamento – é a atividade mais "nobre" da mídia.

A orientação básica para que se elabore uma estratégia de mídia é o planejamento geral da campanha – a *estratégia de comunicação.* Esta, como comentado antes, deve ser integralmente disponibilizada ao departamento de mídia. Assim, é fundamental para um bom briefing de mídia:

- tarefa: síntese do briefing de campanha;
- públicos-alvo: características demográficas e psicográficas;
- objetivos de comunicação: o que se deseja atingir com a comunicação;
- sugestões preliminares: meios, formatos, necessidades de mídia;
- obrigatoriedades: restrições, aspectos essenciais;
- verba disponível;
- regiões-alvo;
- sazonalidade/períodos de veiculação/cronograma;
- fatores incidentais (o que pode interferir – positiva ou negativamente – na percepção da campanha).

> É interessante ressaltar que até o final dos anos 1980 era comum que as informações à mídia não fossem tão abrangentes, limitando-se muitas vezes às informações demográficas dos públicos-alvo e à verba disponível. Com o reconhecimento do papel essencial da mídia, aumentou a carga de informação, principalmente qualitativa, disponibilizada para a estruturação eficaz das atividades de mídia em uma campanha publicitária.

É de acordo com essas informações, tendo como ponto de partida, principalmente, os objetivos de comunicação e a verba disponível, e como orientação os dados de pesquisa, que se elabora a estratégia de mídia. Embora os aspectos estratégicos possam variar de campanha para campanha, eles normalmente envolvem as seguintes definições:

- meios a serem utilizados: meios e não-veículos – estes são normalmente definidos taticamente;
- formatos das peças: duração e tamanho estimados;
- penetração: quanto, de cada target, deverá ser atingido pela campanha;
- freqüência: quantas vezes, em média, cada indivíduo atingido deverá ser exposto à campanha;
- intensidade: qual o tempo de veiculação e como será a distribuição da campanha durante esse tempo.

Como dito, isso não é rígido e, às vezes, um elemento tático pode se tornar estratégico. Imaginemos uma campanha que seja estrelada pela famosa apresentadora Hebe Camargo, por exemplo. A inserção de um comercial nos intervalos de seu programa (definição de veículo e programa) passa a ser estratégica por certamente influenciar em maior recall, empatia e eficácia da campanha.

> Não é pacífico que a definição dos formatos das peças faça parte da Estratégia de Mídia, esteja na essência do planejamento. Cada vez mais, porém, uma escolha adequada de formatos é o que vai determinar o sucesso ou o fracasso de uma campanha. Ganhar visibilidade, freqüência de exposição, gerar o "boca a boca", rentabilizar a verba são algumas das conseqüências positivas da utilização adequada dos formatos possíveis ou mesmo da criação de novas alternativas de veiculação. Com o desenvolvimento tecnológico e a predisposição dos veículos em ampliar as parcerias com as agências, é sempre possível inovar nos contatos com os públicos-alvo.

Deve-se entender que a estratégia inicialmente traçada vai se adaptando às soluções criativas desenvolvidas paralelamente. Assim, ela pode – e deve – sofrer correções de rumo conforme o maior ou menor potencial de impacto da campanha, facilidade de compreensão, atividades concorrenciais simultâneas etc. Observe-se que, em alguns casos, a estratégia de mídia assume uma importância tão grande que condiciona a linha criativa, estabelecendo parâmetros para a criação. Por exemplo, considere campanhas que obedecem a uma estratégia de longos períodos de veiculação para reforço de imagem e a fim de impedir uma queda do *share of mind* da marca. Nesse caso, as peças da campanha não devem causar demasiado impacto nos targets para evitar o *ware out* (cansaço) precoce. Tomemos como exemplo as campanhas da maioria dos produtos líderes de mercado da Unilever. Analise se a estratégia criativa não parece obedecer a essa lógica...

Escolha de meios – aspectos envolvidos

Por que veicular em jornal, e não em rádio? Devemos usar a tevê? Ou seria melhor concentrar toda a nossa verba em outdoors?

Para a escolha dos meios – ou do meio – a serem utilizados em nossa campanha, vários aspectos, qualitativos e quantitativos, devem ser analisados. Entre os quantitativos, devem-se considerar os números de contatos (normalmente conseguidos com base em audiências), as coberturas geográficas, a penetração junto aos públicos desejados, os custos absolutos e relativos, entre outros. Já os aspectos qualitativos envolvem os tipos de contatos possibilitados pelos meios (confrontados com as necessidades de comunicação da campanha), como visualização e demonstração, por exemplo, a "imagem" dos meios junto aos targets (transmissão de credibilidade, modernidade, prestígio etc.), entre outros aspectos. É claro que para cada produto, para cada situação, esses valores, quantitativos e qualitativos, podem variar, assumindo maior ou menor importância. Daí não haver regras únicas para a definição dos meios a serem utilizados.

> Como já foi dito, não é mais admissível que, na definição estratégica dos meios a serem utilizados, estejamos limitados apenas àqueles considerados publicitários por excelência. É fundamental pensar "360 graus", considerar as mais variadas possibilidades de atingir os targets, independentemente de o meio ser publicitário, promocional, de RP, de marketing direto etc.

O que normalmente orienta a seleção dos meios é:

- *Objetivos de comunicação.* Embora alguns anunciantes ainda reduzam os objetivos da campanha a "vender mais", esta é a visão mais simplista da propaganda. As características do produto, serviço ou marca anunciados, bem como seu contexto mercadológico, determinam os objetivos possíveis, como informar, mudar percepção, reforçar atitudes ou comportamentos, criar empatia com a marca ou com o produto etc. Assim, se o objetivo fosse despertar o desejo de posse do novo Gol da Volkswagen usando seu novo visual como *approach* de campanha, ou seja, mostrar como ele ficou mais bonito, uma tendência seria considerar a tevê, o outdoor e revista, por exemplo, em detrimento de rádio e jornal. Não se diga, porém, que o rádio não poderia fazer parte da campanha: ele poderia ser usado como meio de apoio, para aguçar a curiosidade dos targets, por exemplo.

Ambientes mercadológicos de alta atividade concorrencial em geral exigem lançamentos ou campanhas de sustentação de grande visibilidade. Assim, recomenda-se que vários meios sejam utilizados simultaneamente (mídia mix). "Bombardear" os públicos-alvo com mensagens em vários meios aumenta o recall da mensagem, amplia a percepção da campanha (dá-lhe mais "peso") e atinge mais rapidamente os objetivos de penetração e freqüência.

- *Cobertura geográfica e de targets*: como se sabe, os meios de comunicação têm características diferenciadas de cobertura. A maioria das revistas tem circulação nacional; um anúncio é visto por leitores do Brasil inteiro, mas algumas delas permitem que se usem encartes regionais ou mesmo locais. Já a tevê aberta pode tanto ser utilizada nacional, regional ou localmente. O rádio hoje tem atuação basicamente local, e, apesar do crescimento das redes, dificilmente irá voltar a ter cobertura nacional como teve até a década de 1950. Outdoor[1] e cinema, ainda que possam ser programados "nacionalmente" para as principais cidades, são mais utilizados local ou regionalmente. A maioria dos jornais é local, mesmo que existam títulos com boa cober-

[1] O outdoor foi proibido no município de São Paulo pela Lei Cidade Limpa (Lei Municipal n. 14.223/06 de 6/12/2006).

tura regional. Apesar de haver títulos de jornais que podem ser encontrados em todas as capitais, eles não atingem os públicos, de modo significativo, em todas essas cidades.

Se é verdade que revistas e tevê são meios nacionais, também é certo que as características de atingimento são bem diferentes: enquanto a tevê aberta normalmente é um veículo de massa, que atinge vários segmentos de público ao mesmo tempo, a revista geralmente atinge um número menor de pessoas, mas com uma segmentação maior. Comparando: um programa de grande audiência da rede Globo é visto por indivíduos de todas as classes econômicas. A revista líder do segmento, *Veja*, atinge predominantemente as classes A e B e uma parcela da C. Assim, enquanto a tevê aberta, o outdoor e outros meios de mídia exterior atingem a população em geral, rádio, cinema, jornal, revista, tevê por assinatura e Internet são geralmente focados em públicos determinados, segmentados por sexo, idade, classe econômica ou outros critérios, demográficos ou psicográficos.

Apenas um adendo quanto à Internet: sua cobertura potencial é universal, mas normalmente seu consumo é local ou regional. A Internet agrega conteúdos gerais e segmentados; porém, no total da população, atinge uma parcela ainda muito pequena, apesar de crescente. De qualquer forma, não se pode tratá-la simplesmente como outro meio, porque, além disso, ela é um canal de venda, de relacionamento e, em alguns casos, o próprio produto – ou seja, concentra os 4 Ps do marketing em si mesma.

- *Verba disponível.* Apesar de os meios abrigarem veículos de todas as faixas de preços e de, em um mesmo veículo, haver inúmeras alternativas de custos, as necessidades de comunicação da campanha, principalmente as relativas a penetração e freqüência, vão determinar os meios que são potencialmente utilizáveis. As características dos meios naturalmente encaminham para as soluções. Cobrir muitas cidades com rádio pode sair mais caro que com tevê. O mesmo caso para outdoor, que, entretanto, pode cobrir com custos bem razoáveis algumas capitais, uma única cidade ou ainda determinado bairro. Outros fatores, como as características de retenção de mensagem, intrínsecas aos meios, também são determinantes. A veiculação em rádio exige maior freqüência que na tevê, que, por sua vez, em teoria, deve ter maior freqüência que na revista. Em outras palavras, um anúncio no rádio deve normalmente ser veiculado mais vezes que um na tevê para ser eficaz. Sendo assim, é preciso imaginar, além do custo unitário, qual a freqüência necessária de veiculação para que se verifiquem os meios ideais para a campanha.

- *Ambiente de mídia e estratégias da concorrência.* Regiões geográficas diferentes costumam usar publicitariamente os meios de maneira diversa. E esse uso pode valorizar um meio em certa região e desvalorizá-lo em outra. É fácil imaginar como isso ocorre: numa cidade em que os dois jornais diários estão a serviço de diferentes correntes políticas locais, dificilmente o aspecto credibilidade vai poder ser transferido às mensagens comerciais neles veiculadas. Ou, em outro caso, em uma outra cidade imaginária, em que os outdoors tenham as tabuletas malcuidadas e uma política comercial predatória leve à sua ocupação por mensagens de produtos "de baixo nível", dificilmente esse meio seria adequado para o lançamento de um novo perfume de Lagerfeld, por exemplo.

Também as estratégias da concorrência podem influenciar na escolha dos meios. Se todos os concorrentes estão anunciando na tevê, fugir dela pode ajudar a construir um diferencial positivo. Isso, entretanto, vai depender da estratégia geral de comunicação da marca anunciada. Se estiver perseguindo um líder e quiser se posicionar como sucedâneo a ele, pode ser conveniente repetir a sua estratégia.

- *Estratégia criativa.* Derivada dos objetivos de comunicação, a linha criativa pode enfatizar um aspecto que determine – ou encaminhe – a mídia para um meio, ou meios, que valorizem esse aspecto.

Características dos meios

Os meios eram divididos a princípio em mídia *impressa* e *eletrônica*, além da antigamente chamada mídia alternativa, que hoje se encontra bem mais organizada e apresenta resultados comprovados aos anunciantes. Apenas para efeitos didáticos, vamos relacionar os principais meios, divididos em quatro grupos, entre eles a mídia *exterior* (ou *out of home* – OOH), cada vez mais desenvolvida e surpreendente, e a mídia *digital*, na qual a Internet e os celulares, apesar de apenas estarem debutando como meios de comunicação, já concentram estudos específicos, ações diferenciadas e enormes expectativas de agências e anunciantes:

1) na *mídia impressa* relacionamos: jornal; revista.
2) na *mídia eletrônica* temos: tevê (aberta/fechada); rádio; cinema.
3) na *mídia exterior*: outdoor; cartazes/banners; back lights/front lights; painéis eletrônicos; placas de rua; pontos de ônibus; busdoor; metrô/ônibus (envelopamento); bebedouros; dirigíveis; infláveis etc.
4) na *mídia digital* relacionamos: Internet; celulares; CDs; games.

Na divisão dos investimentos em mídia no Brasil, fica claríssima a importância da tevê aberta, que concentrou 61% das verbas em 2004 (ver Figura 9.3).

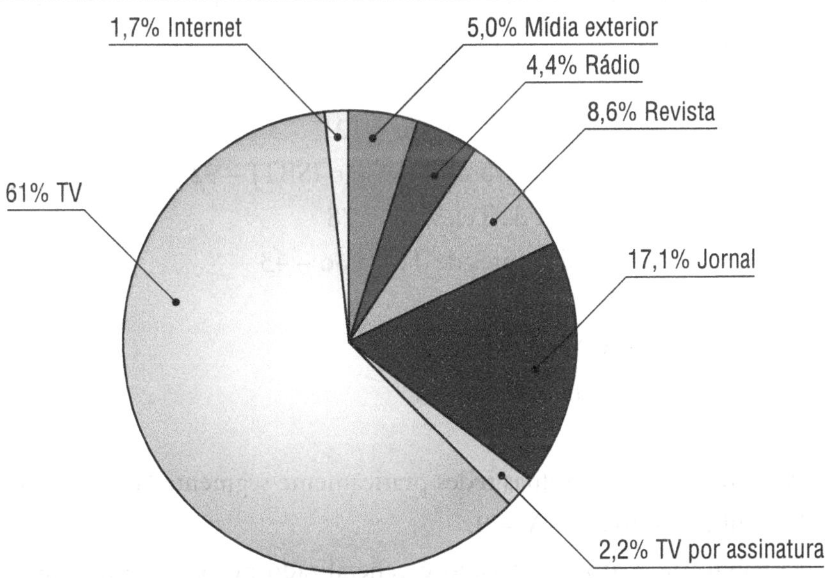

Fonte: Mídia Dados (2005).

Figura 9.3 Share dos meios em 2004.

Não cabe aqui falarmos sobre todos os meios publicitários disponíveis, o que, aliás, seria praticamente impossível. Vamos, todavia, apresentar as características mais significativas dos principais, no tocante aos aspectos publicitários.

Tevê aberta

É, de longe, o mais importante meio publicitário brasileiro. Segundo dados da FIBGE (PNAD/2005), no Brasil, em quase 48,5 milhões de domicílios existiam ao menos um aparelho de tevê (acima de 87% do total de domicílios brasileiros). Isso significa que a tevê está presente em mais lares brasileiros que o refrigerador. O sinal da tevê aberta cobre 100% dos municípios brasileiros. Aliados aos altos índices de audiência, esses números permitem afirmar que a tevê aberta é o meio perfeito para a divulgação de produtos de massa, nacionalmente. Apesar disso, a transmissão de tevê aberta comercial é feita por 399 emissoras (quase todas retransmissoras da programação das grandes redes), o que permite inúmeras alternativas de segmentação geográfica. A tevê pode ser utilizada tanto por grandes anunciantes em campanhas nacionais como por pequenas empresas em inserções locais.

As maiores redes de tevê do Brasil, com os respectivos números de emissoras geradoras, são:

- Rede Globo de Televisão – 121
- Sistema Brasileiro de Televisão (SBT) – 92
- Rede Record de Televisão – 78
- Rede Bandeirantes de Televisão – 43
- Rede TV! – 40
- TVJB/CNT – 4
- TV Gazeta S. Paulo – 1

Além dessas, existem duas redes praticamente segmentadas: Rede Educativa/TV Cultura – 26 e MTV – 9.

O hábito de assistir à televisão é generalizado no país. Donas de casa e crianças assistem, em média, a mais de quatro horas diárias de tevê. Outros segmentos têm um consumo médio menor, mas sempre acima de duas horas e meia. O chamado "horário nobre", que se estende das 18h às 23h, concentra as maiores audiências e agrega segmentos masculinos e profissionais, sendo, por isso mesmo, mais valorizado.

O formato padrão de comerciais para tevê é de 30 segundos. Múltiplos ou frações de 30 segundos são aceitos normalmente: 15, 45, 60 ou mais. Em programas específicos são aceitos 10 segundos. Outros formatos podem ser usados, mas normalmente estão vinculados a patrocínios, merchandising (ações comerciais inseridas em conteúdo editorial) ou a canais ou programas especiais de vendas (tipo shoptime).

A regra básica é a inserção de breaks comerciais com duração variável, mas geralmente em torno de quatro minutos. Na Globo, quase sempre o primeiro e o último comerciais do break são "da casa", ou seja, anunciam atrações futuras da própria rede. Esse procedimento ajuda o telespectador a identificar o espaço comercial e ao mesmo tempo pode contribuir para aumentar o afastamento do telespectador (por afastamento pode-se entender tanto a saída física da frente do aparelho como qualquer atividade paralela que diminua ou impeça a atenção ao comercial). Apesar de não existirem pesquisas acessíveis no Brasil, um estudo realizado há tempos em Porto Rico mostrou que o afastamento do comercial é, em média, 30% com relação ao programa. Conversar, ler, comer ou beber algo foram as atividades distraidoras mais freqüentes nessa pesquisa. Hoje, o *zapping* – mudança de canal que evita os comerciais com o uso do controle remoto (o que pode ser identificado pela pesquisa de audiência) – também deve ser considerado.

Os procedimentos comerciais são mais rígidos no tocante a cumprimento de prazos, formatos, descontos etc. nas maiores redes, nos maiores mercados. Com emissoras isoladas ou redes com menor demanda comercial, ou em mercados de menor expressão, o poder de negociação do anunciante aumenta. Essa, aliás, é uma regra válida para todos os meios e veículos.

Tevê por assinatura

Comparativamente à tevê aberta, as emissoras pagas têm pequenas audiências, dentro de segmentos bem definidos de público. Além de programações específicas que a pré-selecionam, a audiência circunscreve-se praticamente às classes A e B. Com efeito, quase 80% dos 4,5 milhões de domicílios brasileiros com tevê por assinatura em 2006 (Mídia Dados, 2005) pertenciam a essas classes. Quase todos os demais eram da classe C.

A utilização publicitária é favorecida nas regiões Sudeste e Sul – mercados brasileiros com maior potencial de consumo – pela grande concentração de assinantes existentes nesses locais e pela possibilidade de atingir classes mais elevadas. Por outro lado, os altos custos que limitam a expansão da base de assinantes, a pulverização de emissoras, além do alto custo relativo, têm impedido um maior desenvolvimento desse meio. Em 2006, o faturamento total das tevês por assinatura registrou um razoável aumento, mas ainda está limitado a 3% dos investimentos totais em mídia.

Nunca é demais lembrar que, apesar de a audiência da tevê paga ser limitada aos assinantes, isso não significa que eles assistem apenas às emissoras pagas. De fato, entre os assinantes, as audiências das emissoras abertas são invariavelmente maiores que as das pagas.

Com exceção de algumas emissoras, que têm procurado oferecer alternativas comerciais diferenciadas, a maioria se limita a reproduzir o modelo comercial das emissoras abertas. A prática de agências e anunciantes na maioria das vezes é a de utilizar na tevê por assinatura os mesmos comerciais veiculados nas emissoras abertas, nos mesmos formatos.

É um meio repleto de possibilidades, que se ampliam ainda mais com a chegada das transmissões digitais. Com criatividade e dedicação da parte das emissoras e das agências, será possível atingir os qualificados consumidores do meio, de modo cada vez mais interativo, diferenciado e eficaz.

Jornal

Meio mais tradicional de nossa publicidade, o jornal nunca teve no Brasil tiragens capazes de rivalizar com as dos jornais de países desenvolvidos. Altos índices de analfabetismo, pouca disposição para a leitura, baixo nível cultural do cidadão médio e limitado poder aquisitivo são os principais fatores que sempre inibiram o consumo de jornais por grandes camadas da população brasileira. Mesmo assim, é o segundo meio em faturamento publicitário, concentrando cerca de 17% do total das verbas de mídia. Vem, porém, perdendo terreno continuamente, diminuindo sua participação no bolo. Chega-se mesmo a questionar o futuro do meio, que não tem sensibilizado as faixas mais jovens da população para seu consumo.

Com o advento do Plano Real, títulos tradicionais tiveram suas tiragens bem aumentadas, e principalmente os veículos mais populares cresceram bastante em circulação. *O Dia,* do Rio de Janeiro, chegou a ter a segunda circulação do país, o que incentivou o surgimento de novos títulos populares (*Extra*, *Agora* etc.). Posteriormente, os jornais sofreram um refluxo, inicialmente de leitores e, depois, em 1999, de faturamento, inicialmente fruto da crise cambial.

Nos últimos três anos, o faturamento do meio vem se mantendo estável graças aos esforços comerciais de oferecer espaço e preços diferenciados, tornando os veículos do meio mais atraentes a agências e anunciantes.

Como já dito, não existe um jornal que atinja significativamente o Brasil como um todo. Os títulos com maior penetração são do Sudeste, concentrados em São Paulo (*Folha de S.Paulo* e *O Estado de S. Paulo*) e Rio de Janeiro (*O Globo*). Esses jornais chegam a ter presença regional, extrapolando um pouco as fronteiras dos próprios estados.

A maioria dos 532 jornais diários do Brasil (Tamanaha, 2005), porém, tem sua zona de influência circunscrita à cidade de origem. E, em grande parte das vezes, limita-se a veicular propaganda local. Por isso não é de espantar que muito do faturamento dos principais jornais brasileiros venha dos pouco charmosos *anúncios classificados.* E que o setor varejista, o comércio, seja o grande sustentáculo publicitário do jornal.

O jornal normalmente estabelece maiores laços com seus "consumidores". Linhas editoriais, posições políticas, colunistas fixos, estilo de reportagem e linguagem utilizada tendem a criar uma "personalidade" dos veículos, que gera empatia, credibilidade e até cumplicidade com os leitores. Tais laços vêm sendo expandidos pelas várias iniciativas de alcançar alternativamente os leitores, via edições digitais, RSS, *podcastings* etc. Essa cumplicidade e proximidade certamente podem ser usadas em alguns casos para potencializar os efeitos da publicidade veiculada.

Assim como a tevê tem seus programas, o jornal é composto por seções, freqüentemente coincidentes com seus cadernos: nacional, internacional, economia, esportes, cotidiano, variedades etc. Também como na tevê, as seções que despertam o maior interesse dos leitores mais qualificados têm maior valor comercial. Por outro lado, ainda que não apresentem grande contingente de leitores, alguns cadernos são muito interessantes para a veiculação de mensagens direcionadas a segmentos. Como exemplo, podemos citar os cadernos agrícolas, presentes semanalmente em vários jornais.

A maioria dos jornais vem oferecendo alternativas editoriais que também se caracterizam como novas possibilidades de mídia publicitária. É o caso das edições digitais que se atualizam várias vezes ao dia e também das revistas próprias, normalmente encartadas nas edições dominicais. Mais que a curiosidade por se tratar de "veículos extensão de linha" ou "mídia dentro da mídia", oferecem oportunidades reais de multiplicação de impactos e de diversificação de contatos ou mesmo de ampliação de penetração por atingir segmentos que o jornal, ele próprio, não atingiria.

O tráfego de leitura dos vários segmentos de leitores dos jornais pode ser conhecido nos estudos Ipsos-Marplan. Estudos desenvolvidos em universidades norte-americanas (*eye trackings*) mostraram que a maioria dos leitores naquele país vê primeiro as páginas ímpares, tendo como "linha de leitura" a diagonal, partindo do canto superior esquerdo para o canto inferior direito. Após essa "varredura" é que se dá atenção às páginas pares, com a leitura se fazendo no mesmo sentido. Alguns jornais, inclusive, estabelecem preços maiores para anúncios em suas páginas ímpares.

A unidade base para definir os custos de veiculação nos jornais é o coluna/centímetro. No formato standard os jornais são diagramados em 6 colunas, que somam 29,7 cm de *mancha gráfica* (área de impressão) e, de alto a baixo, 52 cm. Assim, para calcular o custo de um anúncio de uma página, que tem 6 colunas por 52 cm (312 col./cm), basta multiplicar o custo do col./cm, que consta nas tabelas de preços, por 312. Um anúncio de ¼ de página é um anúncio que normalmente tem 3 colunas por 26 cm (78 col./cm). No formato tablóide, a página se divide em 5 colunas, normalmente com uma altura de 32 cm.

Já os anúncios classificados têm colunas mais estreitas e a alternativa do preço pela linha de texto: é o chamado *classificado-linha*, que concentra a maioria dos anúncios de venda de automóveis, imóveis e empregados procurados.

Além disso, muitos jornais oferecem as alternativas dos módulos, formatos predefinidos, que são diagramados em locais privilegiados. É cada vez mais comum o oferecimento de alternativas dentro dos jornais, como anúncios em 3D (com óculos especiais para visualização), cintas que envolvem o exemplar, sobrecapas, encartes especiais com circulação delimitada, incluindo amostras de produtos etc. São formas de chamar a atenção e valorizar ainda mais as mensagens publicitárias junto ao público fiel dos jornais.

Finalizando, devemos destacar a melhoria da qualidade gráfica dos jornais. A utilização de quatro cores é cada vez mais freqüente, bem como a impressão em papéis que proporcionam maior qualidade de reprodução. É claro que ainda falta muito para que nossos jornais possam reproduzir imagens esteticamente sofisticadas, mas a distância já não é tão grande.

Revistas

O Plano Real impulsionou o crescimento de circulação da maioria das revistas brasileiras e aumentou o número de títulos existentes, principalmente os destinados às classes populares. De 1993 a 1998, registrou-se um crescimento de 86% na circulação de revistas filiadas ao Instituto Verificador de Circulação (IVC), o que mostra também o interesse das editoras em comprovar a circulação para agências e anunciantes.

Apesar disso, o consumo de revistas ainda é muito baixo em nosso país: menos de três exemplares *per capita* por ano (contra cerca de 20 na França, por exemplo). Por isso, mesmo com grande variedade de títulos (mais de 1.700 comercializados) e segmentos editoriais, a revista concentra 8,6% do total de investimentos publicitários no Brasil.

O público consumidor de revistas concentra-se nas classes A, B e C, que juntas representam 83% de todos os leitores (50% nas classes A e B). Portanto, mesmo no caso de revistas de interesse geral, de alta circulação, como *Veja* (mais de um milhão de exemplares semanais), *Caras* ou *Seleções do Reader's Digest*, temos representado um público socioeconomicamente segmentado. A maior segmentação, porém, diz respeito aos gêneros específicos. Em um apanhado rápido, encontramos revistas femininas, femininas de moda, femininas de saúde, masculinas, de negócios, carreiras, esporte, automóveis, arquitetura, astrologia, infantis, informática, agricultura, pecuária, culinária, fotografia etc. Nem é preciso dizer como essa segmentação atende aos interesses da publicidade: a oportunidade de direcionar mensagens para indivíduos com preferências e interesses comuns.

Os principais diferenciais das revistas em relação aos jornais têm diminuído sensivelmente. Os formatos, a qualidade gráfica, a periodicidade, que eram antigos diferenciadores desses meios, quase já não se prestam a isso. Jornais e revistas digitais, editados eletronicamente, não apresentam diferencial visível.

Publicitariamente, porém, pode-se dizer que as revistas em geral "falam" mais intimamente a seu leitor, que, em tese, dedica mais tempo e interesse a sua leitura. A durabilidade de uma revista também é maior. Pesquisas de Ipsos-Marplan mostram que o leitor médio retorna à leitura da revista várias vezes. O número de leitores por exemplar também é maior que no caso dos jornais. Isso significa que um anúncio em uma revista deva atingir mais de um leitor. E que, ao abri-la novamente para continuar a leitura interrompida, o leitor pode ser outra vez impactado pelo anúncio já visto anteriormente.

O parâmetro de inserção publicitária nas revistas é a página, cujo tamanho mais comum é 21 cm × 28 cm (às vezes não exatos). Páginas com tamanhos e proporções diferentes desse padrão não são raras. Os formatos de anúncios normalmente seguem os múltiplos e frações da página: página dupla, meia página horizontal, dupla meia página horizontal, 1/3 de página vertical, 1/3 de página quadrada, 1/6 de página etc. Note que a meia página é quase sempre horizontal, porque interfere menos no conteúdo, facilita a criação e também porque a maioria das revistas segue uma diagramação em 3 colunas: teria de se dividir 1 coluna ao meio para um anúncio de meia página vertical. No caso dos anúncios de 1/3 vertical de página, é a página inteira na altura por 1 coluna, e o 1/3 quadrado ocupa uma metade horizontal e 2/3 verticais (2 colunas).

Em dias atuais, pela diminuição do tempo disponível para a leitura de uma revista e também pelo aumento de conteúdo publicitário, é cada vez mais comum a utilização de páginas duplas ou de 4, 6, 8 e mais páginas seqüenciais, na busca de atenção, visibilidade e impacto. Por outro lado, a adoção de formatos especiais, como *gate folders*, ou o uso de facas e recortes especiais, de chips sonoros ou luminosos, a veiculação de anúncios perfumados, personalizados com o nome do assinante, entre outras diferenciações, também tem sido cada vez mais comum em nossas revistas, possibilitada pela evolução da tecnologia gráfica.

Rádio

No surgimento da tevê, cogitou-se o desaparecimento do rádio. Houve efetivamente perda de prestígio do meio e uma queda na participação no bolo publicitário, mas a sobrevivência e o posterior crescimento de sua importância como meio de comunicação acabaram ocorrendo pela segmentação, demográfica e psicográfica, de seus públicos.

Isso se reflete na existência das pouco mais de 3.700 emissoras no Brasil, mais de duas mil em freqüência modulada. A incrível mobilidade do rádio faz com que ele possa acompanhar o ouvinte no carro, no trabalho, em todos os lugares. As audiências, entretanto, são baixas, devido à segmentação. Como curiosidade, destaque-se que o horário nobre do rádio é o período da manhã, na AM, e da tarde na FM: noticiários, música contínua e programas dos chamados *comunicadores* fidelizam o ouvinte e possibilitam atingi-lo com alta freqüência, uma vez que a audiência é basicamente a mesma, diariamente. Outra característica do rádio é a rotatividade da audiência conforme o horário: em um noticiário matutino, com cerca de 2 horas de duração, a audiência pode permanecer com os mesmos índices em toda a duração, embora trocando quase totalmente os ouvintes por duas, três ou quatro vezes. É o hábito de ouvir rádio enquanto se vai de casa para o trabalho, ou enquanto se veste e se toma o café da manhã, por exemplo.

Os aspectos positivos do rádio não se refletem na sua participação no *market share* publicitário. De todas as inversões em publicidade, apenas 4,2% são destinadas a esse meio. A principal restrição que se faz ao rádio – de ser hoje meio eminentemente local, inviabilizando, portanto, campanhas regionais ou nacionais –, tem sido contraposta pela formação de redes de rádio, como a Jovem Pan Sat, a Antena 1, a Transamérica, entre outras. O esforço ainda não tem sido suficiente.

Rádio e Internet têm muito a convergir. Muitas emissoras já disponibilizam sua programação on-line por meio de seus sites. Mas a tecnologia cada vez mais democratizada pelos softwares de programação sonora tem permitido a criação de "emissoras personalizadas", ou *podcasts.* Ainda falta muito para que eles cheguem a ser uma sombra para as emissoras regulares da maneira que alguns blogs são para os jornais tradicionais e, principalmente, para que se constituam como alternativas de mídia para os anunciantes; no entanto, não se pode ignorar a evolução da tendência.

Os custos de rádio têm como base o espaço de 30 segundos. Múltiplos desse espaço, principalmente 1 minuto, são mais comumente utilizados que as frações de 30 segundos. E a produção do comercial tem sido cada vez mais incluída na negociação, sem custos adicionais, principalmente nas emissoras do interior. Isso, obviamente, barateia o custo do meio, apesar de quase sempre baixar a qualidade da produção. Uma das alternativas principais da propaganda radiofônica é o testemunhal – texto lido (ou improvisado) em favor do produto pelo comunicador (apresentador do programa).

A colocação das mensagens comerciais usualmente é feita ou nos programas previamente determinados ou em rodízio, nos chamados horários rotativos. Deve-se notar que, pelo fato de o rádio em geral ser ouvido em paralelo com outras atividades, a dispersão do ouvinte é maior que a do consumidor de outros meios. Além disso, pelo fenômeno da rotatividade da audiência, devem-se programar mais inserções que as que seriam recomendadas para a tevê, por exemplo. É claro que não existe uma fórmula única para isso, mas devem ser levadas em consideração a rotatividade da audiência da(s) emissora(s) e a criatividade e relevância das peças que serão veiculadas.

Outdoor

Apesar de a palavra, em inglês, designar genericamente as peças publicitárias que são veiculadas ao ar livre, outdoor é o cartaz cuja medida é de 3 m × 9 m. Essa é a definição da Central de Outdoor, associação de empresas criada para a valorização e o desenvolvimento do meio em 1977. Por esse critério percebe-se que outras formas de publicidade exterior não são denominadas outdoor no Brasil. Painéis pintados ou eletrônicos, back lights e front lights são considerados outras formas de publicidade exterior.

Enquanto os outros meios anteriormente abordados são meios de comunicação que aceitam propaganda em seu conteúdo, o outdoor e as mídias extensivas são exclusivamente propaganda. Ninguém espera ler uma reportagem ou adquirir conhecimento ao ler um outdoor; todos sabem que se trata de mensagens publicitárias. Por isso mesmo, eles têm de aliar uma excelente colocação a uma criação de altíssimo impacto. Chamar a atenção e permitir a decodificação da mensagem em poucos segundos é a regra básica do meio.

O outdoor tem o tamanho como característica básica. Por ser de grande dimensão, é naturalmente um meio de alto impacto. Colabora para isso o fato de se poder concentrar sua exibição em áreas bem definidas. Uma campanha com poucas tabuletas, embora concentradas em uma única área, vai projetar uma imagem de grande campanha para os moradores da área ou seus transeuntes. Sendo assim, o outdoor permite grande customização de cobertura geográfica. Uma campanha de alimentos, por exemplo, pode ser estrategicamente disposta nos acessos aos principais supermercados da cidade. Ou bebidas podem ser anunciadas em ruas próximas aos bares da moda.

A lei paulistana Cidade Limpa (Lei Municipal n. 14.233/06, de 6/12/2006) praticamente baniu quase todas as formas de publicidade exterior na capital paulistana, exceção feita ao chamado mobiliário urbano (ponto de ônibus, quiosques de informação etc.), cuja exploração publicitária será objeto de licitação pública. Essa disposição legal provocou um significativo revés nas principais empresas do setor, que de um dia para o outro se viram privadas de seu maior mercado.

Ainda que o meio outdoor esteja presente na maioria das médias e grandes cidades brasileiras, sua utilização é em geral local ou regional. A razão disso é a elevação de custos que ocorre com a inclusão de muitas praças. Em tais casos, a relação custo–benefício acaba fazendo a decisão pender para outros meios.

Outra característica do outdoor é sua veiculação por bissemanas ou quinzenas. Sabendo que a maioria das pessoas repete seu trajeto diariamente, é fácil concluir que muitos dos que verão a mensagem vão fazê-lo bem mais que uma vez.

O custo do outdoor é definido por placa, para uma colagem de 14 ou 15 dias, e varia de acordo com a praça e com a localização das tabuletas. Em muitas capitais foram criados vários roteiros, estudados para aumentar a eficiência da veiculação e criar mais impacto com menos tabuletas. *Roteiro shopping* e *roteiro supermercado* são exemplos cujos nomes já sugerem os efeitos objetivados.

O outdoor tende a perder impacto nos grandes centros, seja pela tendência à adoção de leis restritivas – na esteira da lei paulistana – seja pela quantidade exagerada de tabuletas claramente perceptível em algumas de nossas cidades. Nelas, locais inadequados ou irregulares provocam uma poluição visual prejudicial a todos: anunciantes, agências e as próprias empresas exibidoras. Para contrapor essa realidade, tem-se recorrido com freqüência cada vez maior ao uso de apliques (extensões espaciais que modificam o formato retangular e extrapolam a área do outdoor), junções de duas ou mais tabuletas ou colagens seqüenciais. Isso tudo aumenta a eficiência, mas também encarece a utilização. Nessas circunstâncias, o orçamento é feito especialmente em função do custo das modificações a serem feitas.

Internet

Apesar de muito recente e ainda pouco acessível à população brasileira em geral, a Internet se firmou definitivamente como meio publicitário. Já se comentou que a Internet agrega várias funções do composto de marketing: um site (ou parte dele) pode ser o próprio produto, fazer sua distribuição (por download, por exemplo), estabelecer preços e fixar condições de pagamento, além de, evidentemente, fazer a própria comunicação usando recursos até então impensados para a personalização da mensagem. Sem contar que, pelo caráter interativo da Internet, anunciantes e agências podem contar com o feedback on-line dos públicos atingidos e ampliar o contato com muito maior intensidade que nos meios tradicionais. Extrapolando o conceito apresentado por McLuhan, o meio é a mensagem, e tudo mais que sua criatividade permitir.

Percebe-se, portanto, que não estamos falando do surgimento de apenas mais uma mídia. Ao contrário, como já exaustivamente destacado, participamos de uma grande revolução no mundo dos negócios. Por isso, tratar de publicidade na Internet apenas como meio no qual se podem veicular banners, botões, pop-ups, e-mails e outras peças digitais é limitar-se ao óbvio; é analisar o novo com ferramentas antigas, porque essas peças são apenas transposições de ferramentas já utilizadas em outros meios; não aproveitam todo o potencial da Internet.

Tratar hoje a propaganda de maneira estanque, sem integrá-la a outras ferramentas de comunicação de marketing, como as relações públicas, o marketing direto e a promoção de vendas, por exemplo, é um anacronismo cujo resultado é a perda de competitividade pela subutilização ou utilização equivocada do marketing. Do mesmo modo, entendemos que considerar a Internet, isoladamente, como ferramenta de comunicação é equivalente a jogar dinheiro fora: o que se espera é que cada ação na Internet seja pensada de maneira integrada, com base na qual os tradicionais Ps do marketing fundam-se uns aos outros, sem poder ser desagrupados ou visualizados individualmente. Só assim a Internet poderá ser usada comercialmente em sua plenitude.

GRP, penetração e freqüência média – conceitos estratégicos

A sigla GRP é muito comentada – e certamente mistificada – em propaganda. Origina-se da locução inglesa *g*ross *r*ating *p*oints, cuja tradução (bem) livre seria *audiência bruta.* Mas, afinal, o que significa isso? Para entender, o primeiro passo é compreender o conceito de audiência.

Segundo o *Dicionário Brasileiro de Mídia, audiência* é o

> total de pessoas que lêem o conteúdo editorial de uma publicação (ou parte), ouvem ou vêem um programa (ou parte), transitam por onde há cartazes de rua e de pontos-de-venda, e que, portanto, têm oportunidade de ler, ver ou ouvir as mensagens publicitárias colocadas em cada um dos meios. Em geral a audiência é expressa em percentagem.

Depreende-se daí que a audiência pode se referir a qualquer tipo de mídia. E que é uma medida de quantas pessoas de um universo consomem os conteúdos, seja editorial ou publicitário, desses meios.

Na prática, a audiência – de um programa de tevê, por exemplo – é o percentual dos indivíduos de determinada localidade que assistem a certo programa. Assim, imaginando que em uma cidade residam 450 mil pessoas, um programa que tem audiência de 33% (ou simplesmente 33 pontos de audiência) tem 150 mil telespectadores. Como a audiência é variável ao longo de um programa (ninguém é obrigado a assistir ao programa todo), trabalha-se com a audiência média, que é a soma das medições de audiência dividida pelo número delas. Exemplificando: se a audiência do programa for medida minuto a minuto, e ele tiver a duração de 30 minutos, sua audiência média vai ser a soma das audiências das 30 medições, dividida por esse número. É exatamente esse o significado quando ouvimos dizer que "o programa da Hebe Camargo dá 8 pontos no Ibope".

Normalmente, para se fazer uma programação de mídia que utilize tevê, tomam-se como base as audiências médias dos programas (apesar de se saber que existe um afastamento da audiência nos intervalos comerciais). Portanto, se formos utilizar o programa da apresentadora citada anteriormente, vamos estimar a audiência do comercial como 8%. Se o comercial for veiculado duas vezes no mesmo programa, teremos uma audiência de 2 × 8%, ou 16 GRPs, vale dizer 16 pontos de audiência bruta. Trocando em miúdos: naquela cidade de 450 mil habitantes, conseguimos com essas duas inserções um número de impactos equivalente a duas vezes 8% da população, ou seja, 72 mil impactos.

Note que estamos falando de impactos, e não de pessoas impactadas. Isso porque não sabemos se na segunda veiculação foram atingidas as mesmas pessoas antes atingidas na primeira ou se pessoas diferentes (e quantas).

O GRP é, assim, a soma de todas as audiências, independentemente do número de pessoas atingidas. É um número que mostra o "peso", a força da campanha, embora não a qualifique quanto ao atingimento.

Penetração

Outro conceito que precisa ser esclarecido é o de *penetração,* que, por recomendação do grupo de mídia, substituiu o termo *cobertura.* A penetração é sinônimo de *audiência líquida, reach* ou *alcance* e representa o percentual de *indivíduos* de um universo que foram (ou serão) potencialmente *atingidos, ao menos uma vez,* por um conjunto de inserções publicitárias.

É um conceito fácil de ser entendido, porém de difícil operacionalização. Somente por meio do acesso a pesquisas específicas é possível conhecer a superposição de audiências dos vários programas e visualizar a penetração de uma programação.

Freqüência média

Sabe-se que a repetição facilita o aprendizado e ajuda a consolidar ou alterar atitudes e comportamentos. Por isso é fundamental saber *quantas vezes as mensagens de uma campanha foram (ou vão ser) vistas, em média, pelos públicos-alvo,* ou seja, qual foi (ou será) a *freqüência média de atingimento* da campanha.

Tendo a quantidade de GRPs e a penetração, é extremamente fácil chegar a esse número. Basta aplicar a fórmula:

$$FM = \frac{GRP}{\text{Penetração}}$$

Ao se aplicar a fórmula deve-se lembrar que cada GRP equivale a 1% de audiência, portanto a soma dos GRPs é uma medida em percentuais. Como a penetração também equivale a um percentual (das pessoas atingidas ao menos uma vez), temos como resultado um número absoluto, a *freqüência média.* Outro detalhe é que, como toda média, o número obtido pode não representar nenhum indício de normalidade; pode ter havido muita subexposição (muitas pessoas expostas aquém do desejado) e muita superexposição (grande número de pessoas expostas além do necessário). O ideal é que a média esteja em conformidade com o que seria o pico de uma curva normal das freqüências de atingimento.

Na Tabela 9.1 a seguir, fica fácil reconhecer na prática como ocorre a evolução dos GRPs, da penetração e freqüência média.

Tabela 9.1 **Penetração e Freqüência**

Indivíduos	**Semana 1**	**Semana 2**	**Semana 3**	**Semana 4**
A		(X)		
B	X	X		
C	X		X	X
D	X	X		X
E	X	X		X
F				
G			(X)	
H	X	X	X	X
I				
J				
GRPs %	50	100	130	170
PENETR. AC.	50	60	70	70
FREQ. MÉDIA	1	1,7	1,8	2,4

( ) = Novo

Como se percebe no exemplo, na inserção da primeira semana a audiência é igual à penetração, ou seja, todos os indivíduos atingidos o foram pela primeira vez. Já na segunda semana, apesar de a audiência ter sido a mesma, apenas o indivíduo A foi acrescido à penetração. Portanto, dobramos os GRPs (de 50 para 100), embora sejam acrescidos apenas 10% à penetração. Isso significa que 40% de nosso universo foi atingido duas vezes. E assim por diante, até chegarmos à quarta semana, na qual se aumentou a freqüência sem aumentar a penetração. Ao se elaborar uma campanha real, o raciocínio é exatamente o mesmo. Apenas não se fala em indivíduos, e sim em percentuais do universo, ou do target.

Apenas para complementar o exposto, hoje, na busca de eficácia publicitária, o GRP "puro" é cada vez menos usado por utilizar os índices gerais de audiência, sem diferenciação de targets: usa-se mais e mais o Tarp (GRP no target) para que se tenha uma idéia mais precisa da eficiência da mídia. Ao se usar o Tarp, também se deve substituir a penetração e a freqüência média por penetração no target e freqüência média no target.

Outra consideração a ser feita diz respeito a números ideais de GRPs, penetração e freqüência média para a maior eficácia da propaganda. Existem muitas empresas que controlam e avaliam sistematicamente suas campanhas publicitárias e por isso conseguem quantificar as metas a serem atingidas com grande precisão. Mas é claro que a multiplicidade de variáveis que podem interferir nos resultados de uma campanha de comunicação virtualmente impossibilita a criação e a validação de regras. Uma análise criteriosa do contexto mercadológico, um planejamento adequado, a experiência acumulada e as analogias possíveis, além, é claro, de cuidadoso acompanhamento, são fundamentais para a utilização eficaz do ferramental técnico da mídia.

Dentro desses parênteses, sabe-se que algumas agências e anunciantes trabalham com uma freqüência média mínima de 4, considerado o limiar da *freqüência eficaz*, número com base no qual um comercial passa, em condições normais de exibição, a ter sua "maturidade publicitária". Do mesmo modo, buscam-se em targets convencionais (não tão diferenciados quanto à classe socioeconômica, idade e sexo, principalmente) penetrações acima de 70%. No Brasil, graças aos altos índices de audiência, principalmente na tevê, não é difícil alcançar alta penetração.

Continuidade

Um elemento também estratégico é a *continuidade* ou *intensidade* da veiculação das campanhas, que é a forma definida como a mais adequada para sua distribuição no tempo.

De acordo com vários aspectos da marca, produto ou serviço a ser anunciado, de seu contexto mercadológico e de comunicação, pode-se distribuir a propaganda ao longo do tempo de modo: *linear*, *concentrado*, por *flights*, de forma *alternada* ou no padrão *lançamento/sustentação*. Os nomes podem mudar, de agência para agência, mas as cinco formas são as principais utilizadas em nosso meio.

A comunicação *linear* ou contínua é a que tem a intensidade programada em níveis bem próximos ao longo dos meses. Ou seja, distribui-se a verba igualmente durante os meses de atividade publicitária. Normalmente é utilizada quando se dispõe de verbas significativas, e o produto, serviço ou marca anunciados:

- têm ciclos de compra freqüentes;
- têm alto grau de compra por impulso (possibilitando troca de marcas);
- estão em mercados ou categorias em crescimento;
- necessitam de fixação de imagem.

A propaganda *concentrada* (*heavy up*) é a que se limita a um período de grande veiculação (ou a períodos distantes uns dos outros). Nesse caso, a empresa concentra em um único e curto período toda a verba e as ações publicitárias. É adotada para:

- grande (ou única) sazonalidade de vendas;
- apoio a promoções ou eventos esporádicos;
- verbas insuficientes para períodos significativos de veiculação.

Campanhas em *flights*, ou ondas de veiculação, são as que alternam meses de veiculação com períodos de ausência publicitária. Normalmente são utilizadas quando as verbas são limitadas e os bens anunciados têm:

- ciclos de compra não freqüentes;
- forte lealdade à marca ou pouca concorrência;
- desempenho ou imagem melhor que o dos concorrentes.

A continuidade no sistema de *lançamento/sustentação* é uma extensão da propaganda concentrada: depois de um lançamento forte, diminui-se o peso da campanha.

Normalmente, no mês de lançamento, já são atingidos entre 50% e 60% dos objetivos de mídia e, nos três ou quatro meses seguintes, se faz a sustentação, ao mesmo tempo que se verificam os resultados de venda para o estabelecimento de uma estratégia mais definitiva.

Já a forma *alternada* pressupõe um produto, serviço ou uma marca com a necessidade de melhoria de atuação ou imagem em um mercado fortemente competitivo: nunca se deixa de anunciar, alterando períodos de menor presença na mídia com períodos de veiculação mais intensa.

Custos de mídia – CPM e custo 1%

Por princípio básico, todos os preços em mídia estão relacionados à audiência presumida e ao potencial de influência de uma eventual veiculação. Assim, não há por que se espantar com o "alto" preço de 30 segundos no *Jornal Nacional* ou com o valor "irrisório" do col./cm do jornal *A Notícia*, de Pederneiras (São Paulo): ao se fazer uma análise da audiência e dos efeitos potencialmente atingidos por uma e outra veiculação, a impressão pode mudar.

E é justamente para que se tenha uma idéia mais objetiva do que representam os preços dos veículos publicitários que se usam instrumentos de relativização, como os mais usuais – sobre os quais iremos tratar aqui – custo por mil e custo 1%.

Apenas para efeito de raciocínio, vamos imaginar que uma inserção em SP1 (Grande São Paulo) no *Jornal Nacional* esteja custando R$ 70 mil. E que a audiência média individual nessa região seja, atualmente, de 30 pontos no Ibope (que representam, como já vimos, 28% dos indivíduos). Para que tenhamos o valor relativo do custo 1% da audiência, basta dividirmos o custo da inserção pelo número de pontos da audiência, ou seja, 28. O resultado é que o custo 1% do *Jornal Nacional* em SP1 seria de R$ 2.333,33. É simples, fácil, e com isso se cria um padrão para a comparação de inserções em programas diferentes, com preços diferentes.

O mesmo raciocínio vale para que se tenha uma idéia dos custos relativos dentro de targets específicos: se em vez da audiência geral nos interessassem apenas adolescentes, de 12 a 17 anos, das classes A e B, teríamos de verificar qual a audiência média do *Jornal Nacional* nesse target e dividir o custo da inserção por essa audiência. Supondo que a audiência fosse de 25 pontos nesse segmento, teríamos um custo 1% no target de R$ 2.800,00, ou seja, maior que o da audiência geral. O contrário pode ocorrer quando falamos em custo 1%: se a audiência específica, do target, for maior que a geral, o custo 1% será menor. Por exemplo, se focarmos um target de indivíduos acima de 60 anos, de ambos os sexos, aposentados, e descobrirmos que em SP1 a audiência do *Jornal Nacional* atinge 33% deles, vai custar R$ 2.121,21 atingir cada 1% do segmento. Aparentemente ficaria mais barato atingir o target que a população em geral, mas na verdade estamos falando de universos muito diferentes em termos de quantidade de pessoas; a quantidade de pessoas do target é uma parcela da população em geral.

Já o custo por mil tem a vantagem de quantificar o valor pago para se atingir grupos de mil pessoas, independentemente dos tamanhos dos targets, além de mostrar claramente qual o preço que estamos pagando para levar nossa mensagem até esses grupos. O raciocínio é apenas um pouco menos simples: lembrando que cada ponto percentual equivale a um certo número de indivíduos/impactos, basta dividir o custo de cada inserção pelo número de milhares de pessoas que ela atinge: se o custo é de R$ 70 mil, e cada ponto percentual de audiência é de 150 mil telespectadores, teríamos o seguinte cálculo:

Custo = R$ 70 mil
Audiência total = 30% = 30 × 150.000 = 4.500.000 impactos
Audiência dividida em grupos de 1.000 impactos = 4.500.000 : 1.000 = 4.500
Custo por mil = R$ 70 mil : 4.500 = R$ 15,56 para atingir 1.000 impactos em SP1.

Estender esse cálculo para segmentos do universo sempre vai resultar em valores maiores (o custo de veiculação é sempre o mesmo e segmentos são sempre menores que o todo). Portanto, se projetarmos os targets já usados antes para o cálculo do custo 1%, teríamos:

Total de adolescentes de 12 a 17 anos, classes A e B, na Grande São Paulo: 280.000
Audiência no *Jornal Nacional*: 23% = 64.400
Custo por mil = R$ 70 mil : 64,4 = R$ 1.086,96

Total de aposentados, com mais de 60 anos, de ambos os sexos: 130.000
Audiência no *Jornal Nacional*: 33% = 42.900
Custo por mil: R$ 70 mil : 42,9 = R$ 1.631,70

Os exemplos nos mostram, que quanto menores os segmentos, maior o custo relativo de atingi-los por veículos ou programas de audiência massiva. Por outro lado, usar veículos segmentados para atingir públicos específicos pode se tornar mais econômico.

Negociação

Não cabe aqui nos estendermos em estratégias e procedimentos de negociação. Segue apenas um breve comentário.

Os preços das tabelas muitas vezes representam aquilo que seria desejado pelo vendedor e comportam muita margem de descontos. Por isso, os custos relativos servem como base para negociações em mídia. Outros fatores obviamente interferem na negociação, como o volume de verba a ser aplicado, a procura por espaço no período em que se pretende veicular, o nível do relacionamento agência/veículo, o comportamento da concorrência (tanto do anunciante como dos veículos), o prestígio do anunciante etc.

Cabe à agência, como parceira do anunciante, conseguir o melhor (não necessariamente o maior) desconto para seus clientes. Um desconto exagerado pode significar colocações inadequadas. Além disso, um veículo forçado a conceder descontos abusivos dificilmente será um bom parceiro na época de prosperidade. Por outro lado, a agência de propaganda não deve entender que conseguir descontos significa diminuir faturamento; isso é pensar no curto prazo, sem entender que bons resultados com pouco dinheiro fazem aumentar a confiança do anunciante nos efeitos da propaganda e solidificam a parceria agência–cliente.

As táticas de mídia – a elaboração do plano de veiculação

Como já se disse, as táticas de mídia são o detalhamento da estratégia, a elaboração de planos tentativos de veiculação das peças publicitárias, de modo a conseguir viabilizar o disposto na estratégia. De um ponto de vista mais pragmático, as táticas são os estudos feitos para maximizar o investimento em propaganda pela distribuição das inserções.

Definida a estratégia, temos as bases para a construção dos planos de mídia: meios a serem utilizados, orientações gerais de formatos, metas de penetração, freqüência e distribuição espacial e temporal pretendidas. A estratégia pode ser cumprida das mais variadas formas, algumas mais eficientes que outras. Encontrar a melhor (ao menos teoricamente) é tarefa tática.

Isso é feito tentativamente. Buscam-se programas ou espaços que atendam aos requisitos de audiência nos targets, dentro da melhor relação de custo. O atendimento das idéias desenvolvidas pela criação, para a diferenciação da campanha, também deve ser levado em consideração. Trata-se, portanto, de procedimentos que consideram tanto critérios técnicos como comerciais. Na parte técnica, a pesquisa de mídia é fundamental para a seleção dos programas, horários, espaços, informando quantitativa e qualitativamente as audiências.

Hoje o trabalho braçal, de montagem das planilhas, é feito digitalmente, por meio de softwares específicos. Mas, com o acesso aos dados de pesquisa, nada impede que as várias alternativas sejam construídas manualmente e depois avaliadas uma a uma, pessoalmente, por profissionais de mídia, e não por critérios eletrônicos.

Uma orientação básica para a confecção das planilhas é a observação dos objetivos a serem alcançados no que diz respeito à penetração e freqüência média. Portanto, quando se quer privilegiar a penetração, ou seja, atingir o máximo de indivíduos diferentes, recomendam-se:

- uso de diferentes veículos, com perfis de "consumo" diferenciados entre si;
- alternância de dias, horários, programas, seções, localizações, conteúdos etc.

Por outro lado, quando se deseja fazer mais freqüência, em detrimento da penetração, o caminho inverso é recomendado:

- concentração em poucos veículos, com o mesmo perfil de "consumo";
- superposição de várias veiculações em curto espaço de tempo, no mesmo programa, no mesmo dia ou em dias próximos (mesma edição ou edições continuadas) etc.

Para tornar mais fácil a visualização do processo de elaboração do plano de mídia (ou das táticas), incluímos na seqüência um mapa de programação utilizado no dia-a-dia de uma agência, específico para as simulações de televisão.

Como se vê, além dos campos de identificação para que fique clara a campanha (*job*) a que se refere e o próprio estágio do plano, são previstos os espaços para:

- discriminação: os veículos e programas;
- os dias de veiculação: usa-se um X ou o algarismo correspondente ao número de veiculações diárias;
- custo unitário de cada inserção;
- número de inserções: total do mês;
- custo total: custo unitário × número de inserções;
- audiência: pontos percentuais da audiência média do programa;
- audiência no target: pontos percentuais de audiência do programa junto aos indivíduos do target;
- GRP: audiência bruta (audiência × número de inserções);
- Tarp (audiência no target × número de inserções);

Tabela 9.2 – Mapa de programação para elaboração de plano de mídia

Cliente: Produto:	Veículo: Praça(s):	Mapa de programação nº
Endereço:		Data:
C.N.P.J.: I. E.:	Título: Tamanho/Duração: Posição: Material:	Mês e ano de veiculação
Condição de Pagamento		

Discriminação	1	2	3	4	5	6	7	8	9	10	11	12	13	14	15	16	17	18	19	20	21	22	23	24	25	26	27	28	29	30	31	Custo Unitário	Nº Inserç.	Custo Total	Aud.	Aud. Targ.	GRP	TARP	Custo 1%	1% Target	Custo/ 1000	1000/ Target
																																TOTAL										

- custo 1%: custo de cada GRP (custo total dividido pelo número de GRPs);
- custo 1% no target: custo de cada Tarp (custo total dividido pelo número de Tarps);
- custo/1.000: custo total dividido pelo número de conjuntos de 1.000 impactos atingidos;
- custo/1.000 no target: custo total dividido pelo número de conjuntos de 1.000 impactos atingidos nos indivíduos do target.

No caso de termos mais de um target como objetivo, só se requer a alteração da planilha, eliminando uma das modalidades de custo ou aumentando-a lateralmente, quantas colunas forem necessárias. É importante que os dados sobre diferentes targets sejam dispostos na mesma planilha: facilita a visualização e a análise das alternativas de veiculação.

É claro que não são feitas planilhas indiscriminadamente. Para que não se perca tempo, são pré-selecionados os programas que, pelas pesquisas, atingem melhor o target (ou targets) objetivado ou que sejam os mais adequados para cumprir os objetivos de mídia. Não é preciso ressaltar a importância de dados confiáveis de pesquisa para que se possa trabalhar com maior grau de certeza na elaboração de estratégias e táticas eficazes.

Autorização, *checking* e avaliação da mídia

A *autorização* é o coroamento das negociações e é a formalização da compra do espaço no veículo. Apesar de normalmente ser transcrita para formulários próprios dos veículos, normalmente chamados PIs (pedidos de inserção), a autorização pode ter qualquer formato, desde que preencha os quesitos comerciais necessários.

As chamadas APs (autorização de publicação), AVs (autorização de veiculação), ou quaisquer outros nomes que lhes sejam dados, literalmente autorizam o veículo a incluir em sua programação comercial a publicidade do anunciante, de acordo com as orientações estipuladas. Em geral é a agência que autoriza o veículo em nome do anunciante. Por sua vez, ao emitir a autorização, a agência já deve ter obtido a concordância do cliente em pagar o veículo, de acordo com os valores e as condições constantes da autorização, incluída aí a comissão da agência.

É certo que, uma vez autorizada a veiculação e enviado o material aos veículos selecionados, pode haver incorreções ou falhas na programação de exibição. Um anúncio pode ser veiculado em local errado, com falhas de impressão, ou simplesmente não ser veiculado. É necessário que haja uma fiscalização para que nem se proceda a pagamentos indevidos, nem se imagine concluída uma mídia que, por problemas na veiculação, não cumpriu seus objetivos de audiência. Esse é o papel do *checking*: contratar e coordenar os trabalhos de terceiros, encarregados especificamente de fiscalizar o cumprimento da veiculação acordada, ou receber e conferir a documentação comprobatória dos veículos contratados.

O *checking* é um dos instrumentos usados na avaliação das campanhas. Uma vez constatado o problema, o grupo responsável pelo planejamento de mídia da conta é avisado e deve estudar a melhor forma de solucioná-lo, negociando com o veículo e o anunciante em que condições isso será feito.

A *avaliação*, entretanto, não se esgota no acompanhamento das veiculações. O principal escopo da avaliação de campanhas é conferir as audiências dos programas *a posteriori*. Como todo o planejamento é feito tomando-se por base as audiências médias anteriores (normalmente a média das últimas quatro semanas) e somente depois de algum tempo é que a campanha efetivamente vai ser veiculada, em geral ocorrem diferenças entre a audiência esperada e a realmente obtida. Essa diferença pode ser não apenas quantitativa, mas também qualitativa. E tanto pode ser desfavorável como favorável aos objetivos de mídia. A análise das pesquisas vai determinar a necessidade de complementação, alteração de rumos, ou a possibilidade de antecipação do término da campanha em função das diferenças de desempenho da programação contratada.

Mídia – um universo em evolução

Não há como se falar em mídia, ainda que de maneira generalista como a aqui abordada, sem que se ressalte a efervescência que toma conta da área nos dias atuais e que parece ser apenas o princípio de um longo processo evolutivo no campo da comunicação mercadológica.

Com efeito, muito mais que selecionar meios e veículos para atingir públicos, a tarefa da mídia se amplia para a formatação dos contatos entre anunciantes e seus consumidores e *prospects*. A função se redesenha e se reestrutura, bem como os profissionais de mídia, que progressivamente vêm ganhando importância e responsabilidade no processo publicitário. É impossível apontar todas as mudanças que vêm ocorrendo e as muitas mais que estão prestes a eclodir. Vale, porém, destacar quatro pontos, os que consideramos fundamentais:

1) Chega de fronteiras

Durante muito tempo a mídia se limitou ao estudo e à utilização dos veículos publicitários, notadamente os MCM (meios de comunicação de massa). Foi estabelecida a "linha da propaganda" e a outras ferramentas de comunicação cabia o trabalho no *bellow the line*. Ainda que se possa continuar com as circunscrições teóricas, cada vez mais o profissional de mídia precisa estar atualizado e capacitado a discutir, recomendar e utilizar todas as formas de contato que possam colaborar no atingimento dos objetivos de comunicação dos anunciantes. Assumir a direção desses contatos, seja por meio da comunicação de massa, one-to-one, advertisement, comunicação no PDV, ações de relacionamento, comunicação por atitude etc., deve ser o objetivo do mídia. É a condução única, dentro de uma estratégia integrada, que vai fazer, cada vez mais, a diferença nos resultados da comunicação.

2) Mostrar resultados

A mídia é a área da propaganda mais habituada a apresentar resultados: número de Tarps, penetração e freqüência obtida etc. Embora sejam sempre informações relevantes, a propaganda – e a comunicação de forma geral – necessita com urgência criar e estabelecer critérios mais eficazes de avaliação de suas ações e mensuração de seus resultados. Tanto pela tradição como pelos contatos que promove com os públicos-alvo, a mídia deveria se transformar na área responsável pelo desenvolvimento e controle dos instrumentos e metodologias de aferição dos resultados da propaganda.

3) Dar asas à criatividade

Há muito tempo que os profissionais de mídia deixaram a cômoda posição de só pensar nas possibilidades já disponibilizadas pelos veículos e se dedicam a ampliar as alternativas possíveis. Criar novos contatos com os públicos, surpreendê-los com novas formas e espaços nos veículos existentes ou ainda viabilizar novos canais de comunicação com os targets, potencializando o atingimento das mensagens, são tarefas cada vez mais desafiadoras para os mídias.

4) Ser cada vez mais ético

A tecnologia permite que os indivíduos sejam atingidos das mais variadas maneiras. Levar a mensagem até eles, de maneira ética, é contudo cada vez mais fundamental para que o atingimento resulte em positividade para o produto, serviço ou marca. Invadir espaços sem o consentimento, atacar a privacidade, poluir sonora ou visualmente os ambientes é interferir de modo negativo na qualidade de vida dos consumidores. Em uma época na qual se exige das empresas uma postura crescentemente cidadã, querer apenas obter vantagens junto a públicos mais e mais esclarecidos é, no mínimo, tolice.

Bibliografia

FERREIRA, I. G. et al. *Dicionário brasileiro de mídia.* 2. ed. São Paulo: Mercado Global, 1996.

FRANZÃO NETO, A. Mídia – função básica. In: PREDEBON, J. (org.). *Propaganda: profissionais ensinam como se faz.* São Paulo: Atlas, 2000.

GOODRICH, W. B.; SISSORS, J. Z. *Praticando o planejamento de mídia.* São Paulo: Nobel/Grupo de Mídia SP, 2001.

JONES, J. P. (org.). *A publicidade como negócio.* São Paulo: Nobel/Grupo de Mídia SP, 2002.

RIBEIRO, J. et al. *Tudo o que você queria saber sobre propaganda e ninguém teve paciência para explicar.* São Paulo: Atlas, 1985.

SHAVER, M. A. *Como vender a mídia.* São Paulo: Nobel/Grupo de Mídia SP, 2002.

SIROTSKY, N. Convergência da mídia e o futuro dos veículos. *Revista da ESPM,* n. 1, v. 13, p. 36-46, jan./fev. 2006.

TAHARA, M. *Contato imediato com a media.* São Paulo: Global, 1986.

TAMANAHA, P. *Planejamento de mídia: teoria e experiência.* São Paulo: Pearson Prentice Hall, 2006.

__________. *Mídia dados 2005.* São Paulo: Grupo de Mídia SP, 2005.

VERONEZZI, J.C. *Mídia de A a Z.* São Paulo: Edicon, 2002.

__________. *Outdoor. Uma visão do meio por inteiro.* São Paulo: Central de Outdoor, 1997.

__________. *Agências e anunciantes.* São Paulo: Meio e Mensagem, 2006.

ZELTNER, H. *Gerenciamento de mídia.* São Paulo: Nobel/Grupo de Mídia SP, 2001.

Parte 2
Tendências da Publicidade

10

Mídia impressa: o papel do papel na era da convergência de meios

Marina A. E. Negri*

Qual o valor da mídia impressa para a inserção publicitária em pleno século XXI?

Em um mundo dominado por altas novas tecnologias e grandes avanços comunicacionais, qual seria o papel do papel?

Essas são indagações que profissionais como jornalistas, gráficos, escritores e publicitários já se fizeram muitas vezes. Com a introdução das vantagens da televisão e do computador, sobraria alguma chance de sobrevivência para as mensagens impressas prosseguirem em sua função de conquistar as mentes de sociedades cada vez mais cercadas e bombardeadas por imagens digitais, flashes, clipes, fragmentos de cenas, de falas, de microrrecados, de incessantes chamadas, como se configura, afinal, na cena publicitária da atualidade?

Muito se especulou sobre o melancólico fim da era da mídia impressa, logo no início da década de 1980, quando aparelhos de televisão eram facilmente

* Pesquisadora da evolução do texto publicitário na contemporaneidade e especialista em Criação Publicitária; doutoranda em Cultura Audiovisual e Mídia pela Universidade Estadual de Campinas – Unicamp; mestre em Comunicação e Mercado pela Fundação Cásper Líbero – FCL; docente dos cursos de Publicidade e Propaganda, Design Digital, Psicopedagogia e Extensão Universitária do Centro Universitário de Osasco – Unifieo, do curso de Pós-graduação / Especialização em Publicidade e Mercado – Poéticas Verbais, da Escola de Comunicações e Artes da Universidade de São Paulo – ECA / USP.

adquiridos e se disseminavam como nunca antes no Brasil, pelos recantos mais remotos, sem distinção de classes sociais, e o computador estabelecia definitivamente seu poder no ambiente doméstico, deixando de ser ferramenta exclusiva de grandes organizações empresariais.

E se, por um lado, as televisões e os microcomputadores encolhiam em seu tamanho físico, modernizando o design para se adaptar aos lares, por outro aumentavam sobremaneira a facilidade de penetração e potencializavam sua capacidade de influência.

Em meio a todo esse furor eletrônico, céticos já decretavam o fim da Idade do Papel e faziam escola, capitaneados por Bill Gates, porta-voz oficial da idéia. (Ironicamente, o mesmo Bill Gates informatizado, para explicar isso a um mundo perplexo com tão rápidas e definitivas mudanças, escreveu um livro no melhor estilo Gutenberg – *A estrada do futuro* (1995) – e pareceu não se dar conta do paradoxo.)

O número de dissertações de mestrado, teses de doutorado e estudos científicos de menor porte sobre o tema tornava-se cada vez mais crescente, inevitavelmente redundante, previsível até, e dava mostras de que a discussão, febre de estudiosos dos últimos 20 anos, viera para ficar.

Para muitos de seus autores, parodiando Bill Gates, o fim da Idade do Papel e a hegemonia da Década da Digitalização eram apenas uma questão de tempo. Jornais acabariam sendo fechados, editoras de revistas faliriam e a publicidade seria toda feita apenas pela Internet. No entanto, muitos desses estudos, ainda que respeitáveis, acabaram dando contribuições acadêmicas discutíveis pelo fato de, em certos casos, serem apocalípticos em seus prognósticos.

Mas eles não estavam sozinhos. O mercado tem nomes conhecidos que, embora não sejam unanimidade, também fazem suas previsões.

André Chaves, diretor comercial da revista *Carta Capital*, em artigo veiculado pela revista *About*,[1] chega a sentenciar:

> Os profissionais de veículos de comunicação ficam incomodados por um único e simples motivo: as vendas de espaços de mídia como eram feitas

[1] Vice-presidente executivo da ABA e diretor comercial da revista *About*, em reportagem da revista *About*, 10 out. 2004.

> no passado não estão mais funcionando. A era da convergência de meios vem assombrando cada vez mais o dia-a-dia desses profissionais. Eles estão se dando conta de que quem não se reciclar, aprender a criar, habituar-se com a tecnologia e souber vender neste novo cenário, não vai sobreviver mais dois anos nesse mercado competitivo.

(Destino incômodo para mim, pesquisadora que, diante de toda essa vanguarda, ao definir a temática de seus estudos de *stricto sensu*, passava a impressão [sem trocadilho] de estar fora de seu tempo, dedicando anos de investigação a precisamente o oposto de tudo que se entendia como premente e relevante nas fileiras pós-graduadas: a importância da publicidade verbal feita para mídia impressa. Pré-histórica, minha pesquisa colidia com as demais, uma vez que os computadores dominariam o mundo e tudo o mais não teria lugar nem importância no tocante à veiculação de mensagens.)

No entanto acredito ser possível demonstrar, por conta desses estudos, que, mesmo sendo fundamental considerarmos a inevitável convergência de meios, tendência universal da comunicação publicitária, a produção para mídia impressa em seu padrão ortodoxo ainda mostra muito fôlego.

Este capítulo tem a intenção de realizar breve exposição sobre a publicidade feita para mídia impressa em seu caráter formativo e em relação a seu poder de comunicabilidade na cultura contemporânea, e elementos colhidos ao longo dessa pesquisa ajudaram a concebê-lo.

Não é o fim

"O tempo todo com você"
slogan do Banco do Brasil

Uma das primeiras constatações que todos podemos fazer, sendo estudantes, especialistas, doutores ou leigos, é que a era do papel não chegou ao seu tão decantado fim. Embora seja verdadeiro que jornais e revistas sofreram um déficit em vendas, que exista muito mais publicidade visual do que verbal, mais investimento em publicidade eletrônica do que em impressa, é igualmente verdadeiro que o papel ainda mostra sinais de vigor, fato que garante sua permanência no espaço contemporâneo e, inequivocamente, na cena publicitária, recorte do qual se ocupa este livro.

Orçamentos milionários continuam sendo dedicados à publicidade para que campanhas inteiramente impressas não raro sejam produzidas por agências com carteira de clientes estelares.

Anúncios para outdoors, a modalidade mais antiga que se conhece de fazer publicidade, ainda despertam a atenção de transeuntes e se consolidam como uma das mais eficazes formas de obtenção de recall, quando bem realizados e oportunos, no tocante a conteúdo e localização. Bem como seus novos irmãos, o busdoor e o elevadoor, que, por força da Lei Cidade Limpa, 2006, PMSP, que proíbe a veiculação de outdoors na capital de São Paulo, no intuito de reduzir a poluição visual, são cada vez mais considerados e atraem o interesse tanto quanto o conseguem o marketing direto e o encarte ou até, quando há felicidade na criação, o clássico anúncio de revista ou de jornal.

Em uma contramão das previsões dos estudos científicos anteriormente mencionados, o que se entende agora, no mesmo século XXI, é que essa tradicional forma de fazer publicidade é menos pulverizada e mais facilmente lembrada do que os indesejáveis pop-ups ou os insistentes e quase sempre indesejáveis telefonemas do telemarketing, por exemplo, até pouco tempo atrás considerados persuasores imbatíveis.

As mais de 30 inserções de anúncios que se verificam semanalmente nas maiores revistas de informação do país demonstram que, se quisermos ser criadores publicitários, hoje, deveremos ter pleno domínio sobre a abordagem feita para veículos de mídia impressa tanto ou mais do que o tinham nossos antecessores, que trabalhavam em um mundo à parte dos bytes.

Isso posto, é necessário que conheçamos critérios básicos de criação publicitária feita especificamente para meios de comunicação que dependem do papel para existir. Basicamente: ar livre, ônibus, elevadores, jornais, revistas, correio, e daí sermos capazes de elaborar para cada um deles as respectivas peças e suas possíveis variações. Porém, convenhamos, elaborar não basta, é preciso elaborar muito bem, para que o dinheiro do anunciante não seja desperdiçado e o formato final da criação não se assemelhe por demais ao de suas contemporâneas, deixando, assim, de provocar o interesse do público que lhe interessa atingir.

> O mais antigo dos meios de comunicação de massa é a imprensa, que alterou a história do mundo a partir da possibilidade de reprodução de mensagens complexas, como livros, inicialmente, e na forma de jornais, revistas, cartazes e toda sorte de impressos para uma multiplicidade de fins. Mas o material impresso acabou banalizando-se. [...] O que antes assegurava uma certa capacidade de comunicação pelo impresso em si hoje não é mais suficiente. A qualidade técnica passou a ser condição básica, mas não resolve de modo automático. Há uma tendência a se repetir fórmulas tradicionais, sem considerar alternativas mais criativas, a adequação da linguagem visual e de texto, a qualidade de imagens e riqueza de produção. Existem casos em que papéis simples, um all type de bom gosto, um P&B bem-feito são perfeitos para atender a uma certa demanda de comunicação.[2]

Um anúncio página dupla *all type* (modalidade de anúncio composto apenas por texto, sem imagem) idealizado pela agência Leo Burnett para o cereal fibroso All Bran, da Kellogg´s, foi ganhador de um Leão de Bronze em Cannes. Em duas páginas de excelente desempenho escrito, o produto foi apresentado e ainda convidou o leitor a interagir de maneira inusitada.

O eixo central do texto firmou-se no benefício máximo do cereal All Bran, que é o de facilitar a digestão e, em decorrência, a evacuação. Com um tema tão delicado pela frente, a saída dos criadores foi conversar longamente com o leitor/consumidor (decisão pelo texto de página dupla) sobre as mazelas da constipação intestinal e do poder de All Bran para resolver isso. Se ao cabo de tal leitura ele não tivesse conseguido evacuar, seria recomendável, então, a ingestão de All Bran.

O título "Este anúncio é para você ler no banheiro..." era instigante; o texto, verdadeiro em cada afirmação; o produto, bem explicado e sedutor na medida em que se pode admitir para o caso, foram os fatores que, em concomitância, culminaram na premiação internacional e nas boas vendas subseqüentes.

O fato de a peça ter prescindido da presença de imagens não diminuiu seu impacto nos leitores; pelo contrário, qualificou-a ainda mais. O fato de a peça ter sido produzida para revista, e não para Internet ou televisão, não reduziu

---

[2] Rafael Sampaio, vice-presidente executivo da ABA e diretor comercial da revista *About*, em encarte da revista *About*, 10 out. 2004.

seu valor final; pelo contrário, potencializou-o. O fato de a peça ter apresentado texto longo não afastou o interesse do público pela leitura; pelo contrário, levou-o a ler, a entender o produto e, finalmente, a comprá-lo.

Nesse sentido, passaremos, portanto, a expor algumas formas de pensar uma peça publicitária para os meios impressos que citamos, de modo que sua criação possa se diferenciar e se destacar em meio a tantas outras que com ela concorrem, seja nas ruas, nas revistas, nos jornais, seja na correspondência diária; que seja capaz de fazer o receptor parar a fim de assimilá-la e, depois, lembrar dela, refletindo sobre tudo o que captou.

Se conseguirmos que ele dê esses primeiros passos, o objetivo maior do trabalho terá sido alcançado.

Ao contrário do que muitos erroneamente acreditam, a publicidade não existe para vender produtos, mas para informar a uma possível clientela específica que determinados produtos estão em circulação e podem satisfazer eficazmente algumas de suas necessidades, reais ou não, por meio de seu uso – plano concreto (*reason why*) – ou por meio da imagem que eles lhes podem conferir – plano abstrato (*human interest*).

Como comunicar isso eficientemente é a verdadeira alma do negócio.

Texto feito para briefings e texto feito para publicidade: distinções inconciliáveis e necessárias

Texto para briefings: base orientadora denotativa (*reason why*)

"Nossos negócios são seus negócios"
slogan do Unibanco

Quando dizemos briefing, ou brief, referimo-nos ao detalhado e realista histórico de um produto, posicionado em certo espectro temporal, composto por inúmeros itens importantes, formadores de um relatório que é preparado pelo anunciante (freqüentemente com a participação do representante do atendimento da agência) para ser entregue ao pessoal do departamento de criação da agência de publicidade responsável pela conta. O briefing é o objeto principal em uma reunião com os responsáveis pela futura concepção de uma campanha publicitária, ou seja, o diretor de criação, redatores, diretores de arte, contatos e a equipe do anunciante/cliente.

Tal documento, embora longo muitas vezes, tem natureza objetiva e traz um panorama consistente da situação em que se encontra determinado produto, seu diagnóstico momentâneo, contextualizado, sem omitir seus possíveis problemas nem sua real posição no mercado, eventuais deficiências, fragilidades e pontos fracos, tanto quanto enumera logicamente seus diferenciais positivos, caso existam, suas qualidades intrínsecas e seus pontos fortes.

Essa gama diversificada de traços formadores do produto deve ser clara e verdadeira e, principalmente, isenta de qualquer traço de subjetividade, para ser capaz de conferir confiabilidade aos profissionais incumbidos de estudá-la.

A linguagem do briefing, por se tratar de um documento que circulará entre especialistas, dentro de um ambiente interno, restrito a profissionais, precisa ser a mais denotativa (*reason why*) possível, a fim de que não haja nele pontos de vista discutíveis sobre o produto, e sim uma radiografia fiel de sua realidade. A redação do texto de um briefing não pode, portanto, extrapolar o terreno da racionalidade, nem passar perto de considerações pessoais ou implicativas. É fria, em sua essência, e se propõe a explicar com verossimilhança o que o anunciante almeja alcançar por intermédio da campanha publicitária solicitada.

No entanto, o fato de a linguagem ser racional, aparentemente de mais simples redação, não exime o redator de um briefing de ter muito bom domínio da língua e de saber se expressar com clareza, uma vez que não pode haver contradições, ambigüidades ou duplas interpretações no texto. O uso de adjetivação para caracterizar o produto (nos seus melhores e piores traços) e a objetividade na exposição das intenções do anunciante são elementos reveladores e devem contribuir na composição fidedigna do quadro a ser passado à agência.

Aos criadores competem: o pleno entendimento dessas intenções e a apreensão real do produto, bem como de suas características formadoras, que deverão, a partir daí, ser transferidas da esfera da produção (onde se produziu o produto) para a esfera do consumo (onde está o consumidor) da melhor forma possível (Rocha, 1995).

Não se espera de um bom criador a cópia exata das informações contidas num briefing sobre um produto, situação, serviço ou causa que sejam seu objeto principal a ser divulgado. Não se deseja ainda que ele se prenda com obediência demasiada a elas para tecer o aspecto final do texto da peça a ser criada. Seria recomendável que ele as assimilasse inteligentemente e soubesse transformá-las em mensagens digeríveis e atraentes ao público receptor, que, infelizmente, não raro, depara com peças que se limitam a reproduzir as palavras do briefing em sua fria exatidão, sem que por meio dela se desdobre uma abordagem de fato original, atribuição direta de um redator competente.

Esse procedimento cômodo é bastante visível em peças publicitárias sobre automóveis e telefones celulares, por exemplo. O clássico desses gêneros é uma infalível página dupla com uma enorme fotografia bem produzida do carro, ancorada por um microtexto em corpo 8 no rodapé, que recita: "... rodas de liga leve, *airbag* lateral, *intercooler* com 195 cv..." – informações literais extraídas do briefing, sem nada que possa ser visto como preparado devidamente a um público específico.

Esse tipo de texto saiu da reunião entre especialistas direto para a mídia impressa, quando seu caminho natural seria sair da reunião entre especialistas, aportar na sala de criação, ser transformado em bom texto publicitário, ainda que construído com utilização das informações necessárias, e só então ir para a mídia impressa. Trata-se de trajeto mais longo, portanto.

Em 1964, a Volkswagen anunciou seu principal produto, o popular Fusca, por meio de uma bem-vinda comparação, em estrutura formal descritiva, do carro com uma tartaruga, e, num texto impagável para a época, deixou nas entrelinhas a superioridade do automóvel de maneira indireta, simulando em um primeiro momento colocar-se contra ele e não a seu favor, idéia que obviamente se dissipa ao final da leitura.

O anúncio em formato página simples, de produção bem mais barata do que custam as atuais, teve sua força persuasiva concentrada no aspecto verbal e foi fruto de maior esmero por parte dos criadores do que podemos constatar hoje em dia em peças correlatas.

Vejamos a seguir esse exemplo, publicado na revista *O Cruzeiro*, em sua literalidade.

Ao lado da fotografia de uma tartaruga caminhando de costas para o leitor, tendo em seu casco o desenho de um Volkswagen (*approach* bastante favorecido pela semelhança das formas do carro e do quelônio), lê-se o seguinte texto:

A tartaruga mais veloz do mundo

Já reparou como o Volkswagen se parece com a tartaruga? Na longevidade, por exemplo. Ninguém ainda descobriu qual a quilometragem máxima de um Volkswagen: os primeiros Volkswagen ainda rodam por aí. Outra semelhança: a resistência. O Volkswagen, assim como a tartaruga, tem uma construção sólida, compacta. Os dois são fechados por baixo, é a mesma carcaça dura, inviolável. Numa coisa, porém, o Volkswagen é diferente da tartaruga: na velocidade, pois ele anda a 110 km por hora. A tartaruga não faz dessas coisas. Só se for aquela tartaruga da fábula, que ganhou uma corrida contra um coelho metido a corredor. O Volkswagen não participa de corridas. Para que, se venceu no uso diário em 136 países?

Volkswagen.

O bom senso sobre rodas.

Agora, tracemos um paralelismo com um exemplo correspondente atual, publicado em 2004, na revista semanal *Veja.*

É fácil perceber a drástica incompatibilidade de intenções que existe entre o redator nº 1, que procura entrar no mundo do leitor, considerando a possibilidade de ele vir a se tornar um consumidor, com a falta de compromisso do redator nº 2, que mal se dirige a seu receptor, limitando-se a recitar as características técnicas do produto.

Ao lado de uma superfotografia preto-e-branco de um carro, lê-se, em corpo 8, um texto descritivo objetivo assim concebido:

Se você tivesse direito a três pedidos, quais seriam os outros dois?

Pajero Full HPE 2004.

– Novas versões de motores: 3.8 V6 gasolina com 233 cv ou 3.2 HPE turbo diesel – Intercooler *com 195 cv – M-ASTC: sistema inteligente de controle de tração e estabilidade ativa, que monitora e equaliza a performance em condições extremas, garantindo mais controle e segurança e proporcionando mais prazer ao dirigir – Tração Super Select 4WD II com acionamento eletrônico – Banco com ajuste elétrico –* Airbag *frontal e lateral para motorista e passageiro – Acabamentos em titânio – Sensor de estacionamento.*

Mitsubishi Motors.

Qual das duas abordagens você prefere?

Texto para publicidade: base orientadora conotativa (*human interest*)

"Movidos pela paixão"
slogan da Fiat

Tratando-se de texto publicitário, sabemos que sua formulação é completamente diferente em natureza, função e concepção do texto de briefing. Enquanto este tem por receptor um profissional definido, acostumado com o jargão da área, o primeiro tem como alvo um público amplo, volátil e, de certa forma, desconhecido sob o ângulo pessoal; por isso, deve ser muito mais cuidadosamente redigido. São direcionamentos, contextos e situações diferentes.

Como já vimos, o briefing é um relatório bem completo escrito pela equipe do anunciante em conjunto com os representantes do setor de atendimento da agência e endereçado ao pessoal do setor de criação da agência de publicidade que o atende, para relatar a situação pontual de determinado produto e os objetivos que ele pretende alcançar numa campanha publicitária a ser oportunamente veiculada. Sua redação denotativa não prevê malabarismos lingüísticos ou abordagens emocionais; quer, sim, objetividade na comunicação.

Entretanto, se observarmos a publicidade impressa atual, veremos, sem ter de procurar muito, que grande parte dos anúncios de revista ou de jornal apresenta em seu aspecto verbal a reprodução exata do texto do briefing. Nenhuma inspiração, nenhuma sensibilidade criativa, nenhum direcionamento ao leitor, apenas e tão-somente a transcrição do que o produto é, nas palavras insípidas do relatório.

Quando isso ocorre, pode-se dizer que o redator comportou-se equivocadamente, produzindo a peça com aparente desconsideração pelo cliente, que lhe confiou a tarefa de comunicar ao público a existência do produto que fabrica, fazendo-o crer que este satisfaria alguma necessidade verdadeira ou desejo inconsciente que tivesse. Limitar-se a repetir com a aridez própria do briefing, e não com a técnica redacional publicitária, as características de um produto não é uma boa tática nem para o portfólio do redator, nem para o enquadramento do produto na mente de um potencial consumidor.

Em mídia impressa, um anúncio produzido nesse molde se converteria em um forte candidato à indiferença dos leitores e passaria solenemente despercebido pelo público específico (target) que lhe cumpriria atrair. Perigo iminente para quem fez e para quem pagou para fazer. Recall zero para quem deveria atingir. Vantagem para a concorrência, se ela soube ser mais inteligente na proposta de sedução do consumidor.

Como dinheiro não nasce em árvores, e mesmo o melhor relacionamento profissional acaba não resistindo a resultados adversos, seria oportuno àqueles que tencionam ingressar na área de criação publicitária conhecer alguns mecanismos que podem reger a criação de uma peça impressa, de modo a fazer com que ela passe longe desses riscos e não reincida em fórmulas desgastadas.

Um bom redator publicitário sabe, em primeira análise, que não se deve falar com o público como se fala dentro das salas do circuito profissional. O vocabulário indicado é outro; a abordagem, diferente. O texto feito para a publicidade é, portanto, diametralmente oposto, em sua natureza criativa, ao texto feito para briefings. É conotativo, por excelência, o que não o impede de trazer informações técnicas sobre o produto, quando se fizer necessário, compondo, assim, um conjunto híbrido em sua formulação final. Ele não deve dizer religiosamente, item por item, tudo que o produto é ou faz, mas sim traduzi-lo em imagens verbovisuais ricas em significações polissêmicas e, dependendo do caso, sinestésicas.

Isso requer pleno conhecimento do produto e também do perfil padrão do público que potencialmente o compraria e não é uma tarefa tão simples como parece. Porém, esse cuidado é imprescindível e, sem dúvida, trará para todos os envolvidos no processo melhor resultado.

Os anúncios e slogans mais lembrados e admirados pelo público em geral (não necessariamente pelo target deles) foram concebidos por criadores que se preocuparam em ficar a par dos atributos mais interessantes da marca para quem trabalhavam e dos benefícios e sensações que o seu público esperava obter ao utilizá-la. Realizadas com base notadamente *human interest*, essas criações souberam instigar de maneira inteligente a emoção das pessoas e conseguiram adicionalmente ser repetidas sem falhas quando solicitadas em pesquisas de recall, ou mesmo entre cidadãos comuns, para emendar com efeito certas falas do cotidiano, por exemplo.

Em um país em que os habitantes são incapazes de cantarolar com firmeza o próprio hino nacional, essa reação a determinadas falas publicitárias pode ser considerada uma proeza.

Quem não se lembra do antológico "Nós viemos aqui pra beber ou pra conversar?", slogan da Antarctica que marcou para sempre a face descompromissada e quase anárquica, característica do contexto em que se bebe uma cerveja? E do célebre e engraçado "Não é assiiim... uma Brastemp", que serviu para descrever pessoas e situações não ideais na vida de todos nós? Ou ainda do sensível "Existem coisas que o dinheiro não compra. Para todas as outras, existe MasterCard", que explorou bem a grande verdade de que o dinheiro não pode adquirir valores intangíveis?

Na linguagem publicitária esses três bons exemplos ilustram com particular eficiência o que quisemos dizer no título com a expressão "... distinções inconciliáveis e necessárias". Inconciliáveis porque, no texto publicitário, a redação traduzirá o produto muito mais pela emoção do que pela razão. Necessárias porque, na redação do briefing, o contrário é o indicado.

Avaliando imparcialmente, qual seria a vantagem para a Brastemp se, no lugar de seus bem-humorados anúncios baseados na irônica frase-tema, os criadores resolvessem partir para uma plataforma mais cartesiana e explicassem tediosamente como a máquina lavadora de roupas funciona, do que é feita e quanto mede, por exemplo? Essas informações, sem dúvida, esclareceriam os compradores reais e até os potenciais de que a marca Brastemp é sinônimo de alta qualidade, mas será que alguém se lembraria de um anúncio assim? Alguém se daria ao trabalho de parar para lê-lo no detalhe? E, por outro lado, uma peça criada nesse formato conseguiria repercussão suficiente para se tornar citação popular?

(Não nos esqueçamos de que, quando uma marca cai na simpatia do público e sua publicidade passa a fazer parte da fala cotidiana de populações, sua memorização é potencializada ao máximo, e esse é um fator propulsor de vendas.)

Certamente o percentual de interessados nesse tipo de abordagem racional (*reason why*) seria bem inferior se comparado ao dos que retiveram a mesma informação, ou seja, a de que a marca Brastemp é sinônimo de alta qualidade, por intermédio da oportuna e inteligente brincadeira feita com a frase-tema: abordagem emocional (*human interest*).

O mesmo aplica-se às citadas Antarctica, MasterCard e a inúmeras outras, que, em momentos brilhantes de suas trajetórias, contaram com o profissionalismo e o senso de oportunidade dos publicitários responsáveis por sua divulgação e se cristalizaram nas mentes por meio de seus memoráveis slogans, alcançando também subseqüentes *increases* em vendas, como McDonald's, "Gostoso como a vida deve ser"; "Amo muito tudo isso", ao demonstrar a essência da ideologia universal da cadeia de lanchonetes, que se apressa em esclarecer que não tem como objetivo principal vender sanduíches, mas sim promover os melhores momentos de descontração na vida de seus consumidores; Coca-Cola, "Gostoso é viver"; "Isso é que é!", traduzindo o arquétipo "alegria de viver", no qual se enquadra a categoria refrigerantes; ou Volkswagen do Brasil, "Você conhece. Você confia", resumindo com sonoridade e pertinência a maior qualidade da marca, precisamente a confiança que inspira no público.

Seriedade do trabalho publicitário

"Essa é a real"
slogan da Coca-Cola

Antes que alguém possa chegar a prematuras e inverídicas conclusões, como "trilhar carreira publicitária é a forma mais fácil de se ganhar dinheiro" ou "o criador publicitário é um profissional que dispensa formação acadêmica, é só um espertalhão pago para fazer brincadeiras inconseqüentes com um público incauto, eternamente à sua mercê", torna-se fundamental ressaltar que as frases temáticas, os slogans, às vezes com três ou quatro palavras apenas, ao contrário do que sugerem, não são simples *insights*, relâmpagos instantâneos de inspiração que casualmente iluminam o cérebro dos criadores, sentados com as pernas sobre suas mesas, aguardando as grandes idéias aparecerem, enquanto folheiam anuários de criação na esperança de se inspirar. São, sim, resultado de muito labor físico e mental, que ocorre quase sempre dentro de um ambiente mantido sob pressão e tensão constantes.

Transferir para uma linguagem acessível a leigos informações técnicas sem nenhum glamour é trabalho para especialistas, não para espertinhos de plantão, e requer bom preparo intelectual, acervo cultural em permanente expansão, nível de informação atualizado e muita leitura diversificada.

Na esteira desse pensamento, Washington Olivetto, um dos redatores mais consagrados da publicidade brasileira, em prefácio do último livro do também redator João Anzanello Carrascoza (2004), afirma, sem qualquer constrangimento, que "... o caminho para poder se dar ao luxo de dizer bobagens de tamanho porte passa por leituras e aprendizados bem mais consistentes e conseqüentes". E em artigo veiculado pela revista *About*,[3] intitulado "Com alguma razão e certa sensibilidade", o mesmo Olivetto vê-se na obrigação de refletir sobre a imagem que criadores publicitários passam à sociedade e que, sem dúvida, incomoda profissionais sérios do meio.

> A maioria absoluta dos melhores anúncios contém o maravilhoso fenômeno da perda da autoria: de tão lógicos e pertinentes que são, parecem ter sido criados pelo próprio produto anunciado. Esses mesmos anúncios provocam ainda no receptor uma outra deliciosa ilusão: devido a sua objetividade, espontaneidade e leveza, transferem a esse mesmo receptor a sensação de terem surgido em momentos de total descontração e irresponsabilidade.
>
> A realidade não é bem assim. Bons anúncios são o resultado da soma de informações rigorosamente armazenadas, codificadas, desestruturadas, decodificadas e processadas por brilhantes intuitivos. Na maioria dos casos, em momentos de angústia e tensão.
>
> Não defendo a paranóia do dia-a-dia como método para a busca de um bom produto final em nenhuma atividade. E acho que trabalhar sob tesão é mais produtivo do que trabalhar sob tensão.
>
> Mas seja qual for a circunstância a que os profissionais estejam sendo submetidos, de uma coisa não tenho dúvida: todos os criadores de anúncios exercitam técnicas – apesar de a maioria não ter sequer consciência disso. Caminhos apolíneos e dionisíacos são trilhados no cotidiano de todas as agências de publicidade. Mas essa observação, se submetida a jovens criadores em busca de seus primeiros 15 minutos de fama, pode, no máximo, conseguir algumas expressões de espanto.

[3] Washington Olivetto. Com alguma razão e certa sensibilidade. Revista *About*, 19 jul. 2004.

As colocações de Washington Olivetto contribuem para corroborar o que vimos defendendo ao longo deste capítulo e não devem ser de maneira alguma subestimadas.

Em mídia impressa, especificamente, devemos ter claro o fato de que o formato final do anúncio, da redação da mensagem à produção da imagem, é trabalho árduo que deve passar por elaboração antes de ser dado como pronto e veiculado.

> Os verdadeiros gigantes sempre foram poetas, homens que saltam dos fatos para o reino da imaginação e das idéias. (apud Steel, 2001, p. 106)

É, a um só tempo, ingênuo e arriscado pensar que fazer publicidade é fazer brincadeira, ou fazer, em última análise, o jogo do cliente, mas é correto admitir que afirmações como essas geram muita polêmica e distorção até mesmo entre profissionais qualificados do meio. Há os que jocosamente afirmam que o bom anúncio é aquele que o cliente aprovou, o resto é elucubração barata. Outros acreditam no exato contrário, ou seja, que o melhor anúncio é justamente aquele que o cliente reprovou, uma vez que ele não entende nada, não se preocupa com forma nem com conteúdo, é só mais um capitalista selvagem, preocupado, sim, com lucros...

> Nós não perguntamos aos consumidores o que eles querem. Eles não sabem. Em vez disso, aplicamos a nossa capacidade cerebral no que eles precisam e vão querer, e garantimos que vamos estar lá, prontos. (apud Steel, 2001, p. 201)

Premiações são igualmente objetos de discórdia e a cada dia dividem mais e mais as opiniões. Na corrente dos fanáticos por prêmios, poderíamos nomear um sem-número de publicitários (jovens, em sua maioria) que vêem nas premiações nacionais e internacionais um passaporte seguro para a obtenção de reconhecimento de seu trabalho e constroem suas peças com base nessa busca. Estão na carreira apenas para locupletar-se e, talvez, preencher carências com os elogios efêmeros que recebem. São, todavia, improdutivos dentro de uma visão sistêmica do processo. Fazem a famosa publicidade para festival, não para o mercado.

Os que não vislumbram premiações, por outro lado, e os que sinceramente as desprezam consideram-nas mero acordo entre comadres, cartas marcadas, nada que mereça ser levado a sério. Mesmo na literatura que temos disponível sobre propaganda e publicidade, é possível dimensionarmos o conflito de pontos de vista sobre a real função de um publicitário.

Em seu livro *Publicidade: teoria, técnica, prática* (1998), um dos mais conhecidos e utilizados por estudantes de comunicação no Brasil, Armando Sant'Anna, nome respeitável do meio, abre amplo panorama do universo publicitário, esmiuçando em detalhes todo o contexto em que se enquadra, e expressa também algumas regras de elaboração das peças publicitárias para mídia impressa e eletrônica, enquanto faz recomendações sobre a postura que deve reger o comportamento de um profissional da área, bem como colabora, a seu modo, para um mais realista entendimento da profissão, desmistificando-a e retirando-lhe qualquer indício de falso glamour.

Sant'Anna, em alguns trechos, chega também a contradizer frontalmente outros autores igualmente respeitáveis, como Luiz Celso Piratininga, ao fazer ruidosas alegações, como

> O redator deve ter em mente que propaganda não é arte – é uma técnica comercial. Não é feita para ganhar elogios, é feita para ganhar dinheiro para o cliente. (p. 164)

Ou, ainda:

> O anúncio não é uma peça literária que tem por fim deleitar, distrair ou dar uma sensação de beleza. Visa um fim prático: implantar uma idéia ou vender um produto. (p. 161)

Já seu contemporâneo Piratininga, em sua obra mais notável, *Publicidade: arte ou artifício?* (1996), vê as coisas de um prisma bem diverso, conseguindo entender e definir publicidade como uma forma de arte dentro do contexto da modernidade, e procura fundamentar essa idéia ao longo de toda a sua conceituada obra.

Dessa maneira, poderíamos mencionar inúmeros outros nomes que colidem entre si ao emitir opiniões acerca da face artística ou comercial da carreira publicitária e da verdadeira função da publicidade em si.

Jon Steel (2001), publicitário e escritor norte-americano, atuante na área de planejamento, assim tenta resumir esse velho impasse:

> A arte de uma agência tem de ser um meio para atingir um fim que, quer se goste ou não, é puramente comercial. A arte é o veículo que pode tornar uma peça publicitária diferenciada, mais fácil de ser lembrada e, em sua melhor forma, apresentar a mensagem visando torná-la mais eficaz no desafio de influenciar o público. Mas isso é apenas em seu melhor molde, e só acontece quando o criador sabe que os elementos comerciais e artísticos têm de conviver lado a lado, numa relação quase simbiótica. Se um começa a dominar sobre o outro, a relação se torna mais parasitária que simbiótica, e sua eficácia está comprometida tanto a curto quanto a longo prazo.

Responsabilidade do trabalho publicitário

"Nosso negócio é diversão"
slogan da Semp Toshiba

Para adicionar ainda mais lenha nessa fogueira, transcrevemos o preocupante resultado de uma pesquisa não tão recente (1992), mas até hoje emblemática, realizada pelo Instituto Gallup, na qual foi solicitado que consumidores norte-americanos de todas as classes sociais classificassem 26 tipos de profissionais diferentes, de acordo com o grau de confiança que transmitiam.

Em um honroso primeiro lugar pontificaram os farmacêuticos, e em 25º (adivinhem!), os ilustres profissionais de publicidade. Perdendo apenas para os vendedores de automóveis (não precisamos explicar por quê...), a classificação dos publicitários revelou de modo contundente uma realidade que todos, de certa maneira, já antevíamos, mas que precisávamos agora enfrentar.

Para alterar essa relação minada é preciso que os integrados nessa carreira não apenas amem o que fazem, mas também se proponham a fazer com a devida responsabilidade. Tratar, ainda que indiretamente, com a comunicação de massa é trabalho que requer entrega, dedicação e a certeza de não se deixar incorrer em inverdades, repetições inócuas e apelos excessivamente fantasiosos.

Alguns dos grandes problemas com os quais muitos publicitários convivem aparentando total despreocupação são: a própria, muitas vezes fraca ou inexistente, formação intelectual; seu descompromisso com as reações do público receptor; e um conseqüente alinhamento com modismos de curta duração, estratégia presente em parte esmagadora dos anúncios expostos maciçamente em veículos de comunicação, em especial de mídia impressa.

Não é difícil a um leitor comum deparar com uma reportagem bem escrita sobre um tema palpitante qualquer dentro de uma revista inteligente e bem diagramada como *Carta Capital*, por exemplo, entremeada por um anúncio da cerveja Brahma, dizendo que "É hora do nã, nã, nã, nã"..., seja lá o que isso signifique, e outro, da Beiersdorf, expondo uma modelo fatalmente jovem e loura fazendo uso do Creme Nivea antiidade. Apelos muito contrastantes em qualidade técnica e em perigosa e simultânea recepção por parte do leitor.

Enquanto a reportagem se esmera para informar e opinar com excelência sobre os fatos a que se refere, em uma linguagem ágil e gramaticalmente impecável, com o suporte de ilustrações visuais bem produzidas e reveladoras, os anúncios nela inseridos batem nas mesmas teclas históricas: a que fomenta o consumismo, em toda a sua gratuidade (a instigação de beber por beber certa cerveja), e a inverossimilhança em sua catalogação mais banal (uma jovem com aspecto físico nórdico anunciando produtos para mulheres brasileiras de meia-idade).

Essa comparação entre as duas estruturas formais (a reportagem/jornalismo e os anúncios/publicidade) e seus respectivos discursos pode gerar conclusões inevitáveis, como a que aponta para o fato de todas as linguagens terem evoluído e procurado se superar ao longo dos tempos: a do cinema, do teatro, da música, do jornalismo, da editoração, do rádio, da televisão... exceto a da publicidade.

> Mas geralmente, a forma publicitária é aquela em que todos os conteúdos singulares se anulam no próprio momento em que podem transcrever-se uns aos outros, enquanto que o que caracteriza os enunciados

"pesados", formas articuladas de sentido (ou de estilo) é não poderem traduzir-se uns aos outros, tal como as regras de um jogo. (Baudrillard, 1991 p. 113)

O fotógrafo italiano Oliviero Toscani, autor do obrigatório *A publicidade é um cadáver que nos sorri* (1995), em uma tensa entrevista concedida ao programa *Roda Viva,* da Rede Cultura de Televisão, em 1996, expôs com singular veemência essa noção, lembrando que até o *rock-'n'-roll* evoluiu e chega a ser mais profundo que a publicidade que vemos estampada mundo afora, já que tematiza vida e morte, razão e emoção muito mais inovadoramente. Embolorada e morta, segundo o fotógrafo, a forma tradicional de fazer publicidade, com a participação de elementos redundantes como modelos com biotipo ariano, cenários deslumbrantes, homens viris, carrões reluzentes e exagero no efeito de uso dos produtos, está completamente ultrapassada, e as populações de diferentes países e culturas assimilaram esse desgaste, desacreditando e entediando-se quando expostas ao incessante e repetitivo apelo publicitário, em geral imbecilizante e alienado.

Toscani alerta ainda que é possível atrair o interesse de um público já farto de abordagens insustentáveis e irreais para informar a existência de um produto se este for associado a causas sociais, por exemplo, como ele próprio ensejou fazer com as campanhas da Benneton, nas quais fotografias de cenas chocantes emolduravam a marca, contextualizando-a muito mais com as duras realidades da vida do que com a dourada fantasia que sempre esteve associada à publicidade.

Talvez por ter se indisposto com o sistema que sustenta o discurso publicitário em sua concepção ortodoxa, como se o compreendia até então, Toscani conseguiu angariar uma legião de oponentes, que o crucificaram, e, ao mesmo tempo, chamar a atenção do mundo para seus inusitados cartazes, ampliando à exaustão o necessário debate sobre o tema.

Considerando que, em tese, "o discurso publicitário embute uma ideologia que perpassa todos os textos particulares que produz, independentemente do grau de criatividade e das eventuais 'transgressões' aos códigos tradicionais que algum deles possa apresentar como diferencial" (Contrera & Hatori, 2003), a iniciativa de Oliviero Toscani é digna de nota e foi capaz de movimentar o círculo da publicidade mundial, agitando suas águas paradas. É importante assinalar que, mesmo classificado como totalizante e global, o discurso publicitário, cujos elementos componentes, por sua vez, devem exibir coerência no objetivo precípuo de alimentar o consumo e eternizar o hedonismo, pode ser realizado de múltiplas maneiras criativas. Nele, o uso da "transgressão" pode funcionar como recurso atrativo e persuasivo bem mais eficiente do que a manutenção acovardada das promessas convencionais.

A Estratégia da Privação, ao mostrar dramática ou bem-humoradamente o inferno em que pode se transformar a vida de um consumidor diante da ausência de certo produto, pode ser mais provocante e convincente do que a surrada Estratégia da Satisfação, que se presta a apresentar as indefectíveis mil maravilhas que sobrevirão aos consumidores que utilizarem determinado produto (Steel, 2001).

Essas táticas simples, mas muito pouco aproveitadas por profissionais de criação, podem: levar o receptor das mensagens publicitárias a parar a fim de decodificar as peças assim produzidas com muito mais interesse; fazê-lo entrar em contato mais detido com a mensagem por elas emitida; e, ainda, induzi-lo a amplificar suas significações, não como naturalmente aconteceria diante de uma legítima obra de arte, mas porque simplesmente ele estaria diante de variações bem-vindas de um discurso já requentado, que há muito deixou de surpreendê-lo.

Vemos, assim, que dominar o processo de formação de novas relações do produto com a publicidade, e da publicidade com o público receptor, é condição determinante para se alcançar maior ou menor grau de consistência e riqueza na concepção de uma única peça. Trata-se de um encadeamento de conexões bastante complexo em sua administração e, uma vez posto em prática, quebra a falsa idéia de que a profissão se assemelha a uma fortuita atividade de lazer bem paga.

Construção de peças publicitárias destinadas à mídia impressa

"Tudo é possível"
slogan da Hewlett-Packard

No boxe a seguir figuram a nomenclatura das principais peças publicitárias destinadas à mídia impressa e os veículos de comunicação que podem a elas ser associados.

Peças	Veículos de Mídia Impressa
Teaser	Jornal / Revista
Outdoor (com restrições na capital paulista)	Suporte ao ar livre
Busdoor	Vidro traseiro e laterais de ônibus
Elevador	Elevador
Anúncio	Jornal / Revista
Informe Publicitário	Jornal / Revista
Mala Direta	Correio
Flyer / Volante	Mídias diretas / Entrega / Distribuição pessoal
Folheto	Mídias diretas / Entrega / Distribuição pessoal
Folder	Mídias diretas / Entrega / Distribuição pessoal
Encarte	Jornal / Revista
Broadside	Entrega / Distribuição pessoal

Cada uma das peças aqui listadas possui suas peculiaridades estruturais, bem como os veículos que as exibem. Neste tópico serão feitas recomendações simples, porém efetivas (não as chamaremos de regras), sobre procedimentos de elaboração e aproveitamento, que pretendem facilitar sua execução.

Teaser

Chamamos de teaser a peça publicitária veiculada tanto em mídia impressa quanto em mídia eletrônica, a qual transmite uma mensagem normalmente instigante, mas sempre incompleta em seu nexo lógico, omitindo propositalmente o nome da marca anunciante, seu logotipo e slogan, para não dar pistas de sua seqüência.

O teaser tem o propósito de criar expectativa favorável no leitor ou espectador da mensagem e busca atrair seu interesse exatamente pelo fato de esconder sua real intenção, que é a de anunciar, lançar ou relançar um produto, serviço ou causa de maneira encadeada.

Essa peça, na maior parte das vezes, é bem-sucedida em seu propósito final e pode ser seqüenciada imediatamente por uma ou mais páginas, que entregarão, passo a passo, a mensagem publicitária em sua totalidade, ou pode também guardar essa seqüência de complementações para as próximas edições do veículo no qual se insere, tornando a mensagem final do teaser ainda mais curiosa a seu target e segurando, por assim dizer, durante mais tempo sua atenção.

Os melhores exemplos dessa modalidade são criados por meio de abordagens iniciais interrogativas, negativas ou afirmativas, desde que provocantes, podendo ser acompanhadas ou não de imagens.

Em outdoors, os teasers costumam funcionar muito bem, quando, por exemplo, o espaço em que se localizam consegue ser bem aproveitado no texto. Um exemplo desse bom aproveitamento seria o do revigorante Ginsana, que manteve acesa por quase um mês seguido a curiosidade do público com uma sucessão de teasers que faziam referências ao provável estado físico e emocional do transeunte costumeiro, em determinados locais da cidade de São Paulo, dirigindo-lhe perguntas certeiras como "Você está neste ponto de novo, e o ônibus vai chegar lotado mais uma vez?". E outros títulos dessa natureza davam andamento à campanha, que apenas trabalhou a expectativa do público com perguntas que ele mesmo se faria por estar certamente estressado, em virtude das situações vividas no dia-a-dia das grandes metrópoles.

O segredo da abordagem do teaser é conhecer o target de maneira a se dirigir a ele com total pertinência, procurando se colocar em seu lugar quando for utilizar o produto a ser anunciado, evocando suas possíveis necessidades, angústias e vontades. A resposta será, então, o produto aparentemente preparado para satisfazer todas elas.

É preciso ter cuidado, no entanto, com exageros, como ocorreu há pouco tempo com o anunciante Purina, em sua campanha inteiramente criada com teasers, ao manter a população de São Paulo em alerta com a utilização de faixas de pano espalhadas pela cidade, dando conta do desaparecimento de uma cadela de estimação, Daisy, e o conseqüente desespero da criança que seria sua dona, que acabara adoecendo. À medida que o tempo passava, os textos retratavam a piora no estado de saúde da suposta criança e ofereciam até recompensa em dinheiro para quem encontrasse o animal.

Quando finalmente a resposta aos teasers veio, "Se a Daisy comesse ração da Purina, jamais fugiria de casa...", aconteceu um certo repúdio por parte da população, que se sentira traída pelo falso episódio criado, tendo se condoído pela situação da tal criança doente a ponto de alguns até quererem doar filhotes para substituir a cadela perdida.

Reações incômodas à parte, o fato é que essa campanha chamou a atenção de todos e acabou direcionando significativamente o foco para a marca de uma forma ou de outra, objetivo, afinal, de qualquer ação publicitária.

Melhor resultado do que conseguiriam versões infantilizadas de teasers, como muitas que não sabem aproveitar o potencial intrínseco da peça e ostentam títulos contra-indicados, banais além do previsível, como os da seguinte exemplificação fictícia de seqüencial triplo:

Página 1: "Prepare-se para conhecer o mais novo lançamento do..."
Página 2: "... creme dental Sorriso..."
Página 3: "... agora com juá, mais refrescante do que nunca!"

Teaser: peça que objetiva a criação de expectativa favorável ao anúncio posterior de um produto, por meio de inteligente e provocante emissão de mensagem verbal, visual ou verbovisual.

Anúncio

Entre as muitas variações de formatos gráficos de anúncios existentes, serão colocadas em evidência aquelas que mais freqüentemente aparecem em veículos de mídia impressa, a saber, os chamados: página simples; página dupla; seqüencial duplo, triplo, quádruplo...; meia-página; "tripa" lateral; de rodapé; inserido em matérias.

Em relação às principais variantes de categorias dessa peça, serão selecionadas aquelas mais utilizadas pelos criadores, as denominadas: promocional; institucional; social; varejo; contextualizada/*tie-in*/de oportunidade; datada.

Os tipos de discursos/estruturas fundamentais verbais empregados na confecção textual dos anúncios são três: descrição; narração; dissertação, com os possíveis e respectivos desdobramentos: descritivo objetivo e descritivo subjetivo; narrativo linear e narrativo alinear; e dissertativo descritivo e dissertativo argumentativo opinativo, todos eles com finalidade persuasiva.

Tipologia de formatos gráficos

Quanto ao formato gráfico, é importante salientar uma distinção entre o página dupla e o seqüencial, às vezes erroneamente confundidos. No primeiro modelo, a mensagem, em sua completude, se dará de uma vez, sendo totalmente compreendida dentro do espaço destinado a duas páginas seguidas de jornais ou revistas; no segundo, a mensagem se complementa em etapas consecutivas, com ou sem a presença de teasers em sua organização. Para que se compreenda o todo, é necessário virar uma a uma as páginas do veículo, até que se conclua a seqüência.

O anúncio página simples, modalidade das mais comuns, deve ser encarado, de certa maneira, como indesejável aos leitores, visto que se interpõe na leitura das reportagens, sendo, por isso, rapidamente descartado.

Por outro lado, se bem concebido criativamente, e sendo original na abordagem do plano de expressão e do plano de conteúdo em comparação à média de seus concorrentes, pode fazer os leitores frearem o impulso de virar a página e se deterem nele.

Títulos não ortodoxos, textos convidativos e imagens harmoniosamente combinadas não para serem fotos-legenda, mas denotação e conotação em medidas bem estudadas e coerentes, podem significar mais do que as fórmulas consagradas e nitidamente desgastadas, que se resumem ao padrão da clássica publicidade visual: enormes fotografias ou ilustrações, nenhuma linha de texto e um logotipo assinando a peça.

Já o meia-página tem a vantagem de entremear uma reportagem e pode, por sua estratégica inserção, ser lido com muito mais probabilidade do que o seria uma página simples, por exemplo. Se também for possível fazer uma conexão entre produto/serviço/causa anunciados e o assunto da reportagem, provocando uma associação de idéias e/ou benefícios (ainda que leve), o resultado do trabalho se revelará duplamente gratificante.

Uma ilustração fictícia de aplicação dessa modalidade:

- A revista *Veja*, em determinada edição, traz como matéria principal (ou mesmo secundária) uma reportagem sobre o desmatamento na Amazônia.

- A anunciante Faber-Castell, notificada previamente da opção da revista por publicar tal matéria, insere um anúncio meia-página dentro dessa reportagem, concebido com o objetivo/bandeira da empresa: divulgar a preocupação dela com a preservação do meio ambiente, tanto que, por isso, fabrica seus lápis somente com madeira reciclada.

O mesmo se aplica ao anúncio inserido em matérias, bem como ao "tripa" lateral e ao anúncio de rodapé, que, em detrimento de seu tamanho (eles são menores que os outros tipos de anúncios), podem ser concebidos pelos criadores mediante prévia ciência da natureza das matérias a serem publicadas e sua inteligente capitalização em cima delas, gerando bom aproveitamento, buscando, assim, melhor visualização sobre a peça e até sua memorização.

Categorias básicas

É preciso pontuarmos que as categorias de anúncios citadas foram definidas com base nas linguagens por eles adotadas.

- **Anúncio para publicidade institucional**

O anúncio institucional, normalmente escrito na 3ª pessoa do singular ou na 1ª pessoa do plural, é aquele que tem como objeto principal de abordagem a própria instituição anunciante da peça. Refere-se à empresa, remetendo o leitor a sua história, tradição, peculiaridades, ambiente, produção, função mercadológica e participação em iniciativas sociais, entre outros aspectos. É uma abordagem quase sempre descritiva racional, podendo, em melhor hipótese, ser narrativa emocional também.

O institucional tem sua força de expressão no desempenho verbal e apresenta, na maior parte das vezes, um texto longo, corretamente paragrafado, escrito em linguagem culta (não confundir com rebuscada), formal e direta, com baixo índice de conotações em seu desenvolvimento e mais carga denotativa, em geral. Prestando-se a fornecer um retrato atualizado e convincente da empresa anunciante, resulta, na verdade, um tanto parcial em seu ponto de vista, inevitavelmente favorável a ela.

Anúncio para publicidade promocional

O promocional, de mais simples execução e indicação reservada a épocas em que determinado produto encontra-se em promoção de vendas, limita-se a comunicar isso ao leitor, convidando-o a não perder tal vantagem e ampliando suas intenções de compra do bem por conta dessas melhores condições de venda, com a clara exibição do preço, dos descontos, da queda de juros em prestações etc.

Os personagens centrais desse tipo de anúncio em mídia eletrônica revelam-se freqüentemente figuras estereotipadas, com características marcantes: são loquazes, têm fala rápida e incessante; são ágeis, movimentam-se de forma expansiva; são redundantes, mostram-se repetitivos e insistentes em seus apelos frenéticos e, apesar de serem lembrados, cansam os espectadores. Entretanto, não precisaria ser tão evidente o barateamento da concepção desse tipo de anúncio. Mesmo tratando-se de uma situação específica e muito comum, a redação do texto e a seleção das imagens para representá-la podem e devem, perseguir uma formatação menos preconcebida, além de valorizar o conjunto da mensagem com novas propostas de criação.

Em mídia impressa, os mesmos personagens que encenam os anúncios de mídia eletrônica são as estrelas das peças, em nada diferindo em sua abordagem final. No lugar dos gritos, letras garrafais; em vez de movimento, inúmeras fotos de grandes ofertas.

Impõe-se, então, a pergunta para esse caso, que seria a mesma feita para mídia eletrônica: por que e para que manter um formato tão igual, durante tanto tempo, se sempre é possível inovar?

Há os que justificam essa forma simplória e repetitiva de fazer publicidade promocional, com ponderações que vão desde a falta de instrução das classes menos favorecidas, para quem, em síntese, ela é destinada, até o fato de ela ser constantemente renovada, não contando com tempo suficiente para a criação de grandes produções.

A eles, uma contra-argumentação de cunho apenas técnico: as classes menos favorecidas, embora não tenham suficiente nível de instrução, são boas pagadoras e mais seletivas do que parecem.

Marcas anunciadas de modo muito semelhante, quase copiado da concorrência, tendem a ser confundidas com a própria concorrência.

- **Anúncio para publicidade social**

O anúncio de cunho social pode ser entendido como a face mais nobre da publicidade. Buscando divulgar temas de natureza abstrata, de grande alcance e importância social, o objeto principal dessa modalidade são causas pelas quais valha a pena a sociedade lutar. Não se trata de persuadir o receptor para a aquisição de um bem tangível, como deve acontecer em um anúncio de varejo, por exemplo, mas de tocá-lo na consciência sobre um bem intangível, que pode ter como resposta uma atitude individual ou coletiva, um determinado comportamento, uma nova forma de entendimento, uma contribuição ou uma reação de simpatia a ele.

Devendo sempre ser construída com base no sentido orientador conotativo e em tom emocional (não excessivamente dramático ou próximo da pieguice), a peça precisa conquistar as mentes dos receptores por meio da urgência, coerência e peso da causa defendida. Bem arquitetado em sua escolha vocabular e na correta dosagem de emoção e informação em texto e imagem, esse é o tipo de anúncio que tem a capacidade de fazer o leitor parar para ler e refletir, conseguindo dele respeito e adesão à causa em questão.

- **Anúncio contextualizado/ *Tie-in***

Um dos mais interessantes tipos de anúncio publicitário, capaz de atrair atenções e provocar comentários, na maioria das vezes, de admiração por sua pertinência é o contextualizado, de oportunidade ou tie-in.

Diferentemente do anúncio datado, ou seja, aquele que é realizado com o devido aproveitamento de datas específicas ou oficiais, propensas a favorecer o aporte publicitário sobre um produto, o anúncio *tie-in* é aquele que se vale de certo acontecimento real e atual, de razoáveis proporções e de qualquer natureza, para "amarrar" nele um produto, serviço e até uma causa, demonstrando com isso sua contextualização com a realidade que o cerca.

Realidades momentâneas de variados matizes são o escopo desse tipo de peça, e o recurso do humor é quase sempre o mais utilizado pelos criadores publicitários em sua concepção.

Equivocadamente se diz que o anúncio de oportunidade tem pouco valor, pois é aquele que consegue fazer com que os produtos espertamente peguem carona nos grandes acontecimentos e, por meio de sua repercussão, se dêem bem.

No entanto essa idéia pode ser derrubada, quando se considera o fato de que esse tipo de peça precisa, mais que qualquer outra coisa, do senso de oportunidade do criador, de sua inteligência no aproveitamento de episódios, nem sempre positivos em sua essência, para divulgar um produto, durante muito pouco tempo, ou seja, apenas enquanto o acontecimento tiver espaço na mídia.

Por outro lado, esses episódios marcantes para a sociedade tendem a ser observados e utilizados igualmente no universo publicitário, pelos criadores responsáveis por várias marcas anunciantes, e imediatamente colocados em veiculação. Esse trâmite não pode levar muito tempo; as idéias precisam mais do que nunca ser originais, uma vez que muitos outros farão uso da mesma base para a criação de peças que serão inseridas em simultaneidade com as concorrentes e brigarão pela atenção dos receptores.

Não é necessário que o acontecimento real a ser utilizado pelo anúncio contextualizado seja sempre bom ou favorável em sua amplitude, mas sim que ele consiga ser um bom pano de fundo para o produto que se deseja anunciar, fazendo-o ganhar notoriedade e funcionar eventualmente como resposta ao fato em foco.

Um exemplo bastante comentado e polêmico do aproveitamento de um acontecimento não exatamente positivo, mas favorável ao produto anunciado, refere-se aos comprimidos Engov, indicados para curar ressacas de memoráveis bebedeiras.

O remédio valeu-se oportunamente do antológico caso que envolveu Zeca Pagodinho, garoto-propaganda da campanha de lançamento da cerveja Nova Schin, da anunciante Schincariol, o qual, numa primeira aparição, endeusou o produto e, ato contínuo, foi a estrela da tempestuosa campanha da cerveja Brahma, concorrente feroz da primeira, protagonizando um dos mais antiéticos exemplos de cases malsucedidos da publicidade brasileira, culminando em desdobramentos judiciais.

Sem perda de tempo, nem do calor da pendenga, numa página simples, de baixa produção, o medicamento Engov era recomendado a Zeca Pagodinho, já que ele "estava misturando bebidas alcoólicas", uma clara alusão às duas cervejas que, em curto espaço de tempo, ele próprio anunciara...

Em um outro momento, também não positivo, quando um súbito *black-out* jamais explicado atingiu vários bairros de São Paulo às 22 horas de um dia de semana, causando enorme caos urbano, a Ford ilustrou um momento feliz ao anunciar o Ka numa página inteira de jornal, fundo negro apenas com a imagem dos dois faróis triangulares do carro acesos (lembrando que o traço principal do Ka é o design arrojado de suas formas) com o seguinte título: "Até no escuro a gente é reconhecido".

O anúncio tie-in é também o que consegue maior lembrança, interesse e tempo de observação por parte dos receptores, conquistando facilmente a simpatia deles.

Tipos de discurso

- **Descrição**

O discurso descritivo é subdividido em dois tipos: o objetivo e o subjetivo, sendo, no entanto, elaborado quase sempre com o aproveitamento de ambos em concomitância, estratagema que confere um retrato mais completo do objeto a ser descrito.

A descrição objetiva busca a racionalidade e a precisão na abordagem sobre um produto, e o descritivo subjetivo pretende sua implicação, a ampliação de sua rede de significados, a analogia ou suas possíveis conexões. A descrição é um texto estático, sem marcadores do percurso temporal, próprio para ser captado como uma fotografia verbal de certo objeto. Indicado para lançamentos, ou ainda para explicar produtos que requeiram informações mais detalhadas sobre seus modos de uso, formulação e outras particularidades, o discurso descritivo na esfera publicitária não deve se limitar a reproduzir informações obtidas em briefings, como já mencionamos neste capítulo, mas valorizá-las, transformando-as em boa redação publicitária.

Um bom exemplo de descrição bem-sucedida foi um anúncio de revista assinado pela General Motors, que, provavelmente, na tentativa de escapar da velha fórmula que mostra a foto de um automóvel ao lado de um boxe com uma lista de itens de fábrica, conseguiu inovar, chamando a atenção para um anúncio página simples, com a apresentação de um *curriculum vitae* do carro, e, em estrutura descritiva objetiva, todo o rol de características dele pareceu leve e interessante, dado o fato de os criadores terem se preocupado com forma e conteúdo na medida em que se espera.

Ficou a impressão de que o carro declinava suas maiores qualidades, pedindo para ser comprado. Bem melhor do que fazer colagem de briefing.

Narração

O discurso narrativo, emocional por excelência, é marcado pelo encadeamento de ações que podem ocorrer em tempo cronológico, formando um enredo linear (contínuo e lógico), ou em tempo psicológico, responsável pela arquitetura bem mais burilada e complexa, própria do enredo alinear (fragmentado e de mais difícil elaboração, já que nesse formato, as ações são mostradas de acordo com as lembranças do foco narrativo, em ordem de importância psicológica, e não cronológica), sendo ambos precipitados por um conflito detonador, que se desenrolará e culminará num desfecho/solução final, seja ela agradável ou não à expectativa do leitor. Contemplando elementos fundamentais e de certa forma complexos em sua projeção, como narrador, personagens, tempo, espaço, a narrativa na publicidade de mídia impressa costuma perder um pouco de seu caráter emocional e imprevisível e nesse molde ganha contornos menos elaborados, mais maniqueístas, pois seu fim precípuo é o anúncio de um produto; em última análise, um mero convite ao consumo.

Suas áreas conflituosas restringem-se a problemas humanos de baixa intensidade e implicação emocional, como higiene, aparência, saciedade etc., passíveis de resolução imediata – desfecho róseo –, que seria o uso de determinado produto. Diferente da vida real, palco em que conflitos muitas vezes se resolvem mal e os desfechos acabam sendo frustrantes, a narrativa publicitária é normalmente infantilizada para que o produto ganhe crédito e importância como solucionador de questões cotidianas, como: mudar a aparência de um rosto com acne; reduzir a oleosidade de um tipo de cabelo; fazer um jantar em tempo recorde, sem os dissabores do preparo tradicional dos pratos; parecer viril às mulheres; parecer irresistível aos homens; tirar manchas difíceis das roupas; deixar banheiros perfumados e louças brilhando etc.

Existem exemplos notáveis, no entanto, de narrativas muito bem realizadas em mídia impressa tanto verbais quanto visuais. Em todas elas se percebe a presença de um conflito mais realista, verossímil e bem resolvido na vida de um personagem (consumidor) do que talvez um simples cabelo oleoso (conflito detonador) ser "solucionado" por certo xampu (desfecho).

Uma das últimas campanhas publicitárias do cartão de crédito MasterCard, "Existem coisas que o dinheiro não compra. Para todas as outras existe MasterCard", teve toda a sua abordagem central realizada sobre micronarrativas bastante emocionais e pouco previsíveis ou convencionais, que conseguiram como poucos anunciantes, tocar a emoção dos brasileiros, e por conta disso, ainda são bem lembradas.

- **Dissertação**

O discurso dissertativo, como o descritivo, subdivide-se em dois tipos: o dissertativo descritivo, que, em todo o seu decorrer, presta-se à constatação de determinadas situações, e o dissertativo opinativo, que, em tese, tem tríplice finalidade: a exposição de um ponto de vista sobre determinado tema, sua defesa com sólidos e justificáveis argumentos e o convencimento do receptor de que a tese, em si, procede.

Argumentos seriam as razões ou justificativas plausíveis que fariam alguém adotar determinada postura perante uma discussão e eles podem, por sua vez, se subdividir em inúmeras categorias, às quais comumente chamamos de recursos argumentativos. Os mais conhecidos e utilizados na publicidade são:

- *Argumento de autoridade*, que faz uso do prestígio, presença, fama ou condição de uma personalidade importante e bem conhecida para ser associada a determinado tema, produto, causa ou serviço divulgados publicitariamente.
  Por exemplo: utilizar a figura conhecida e confiável do doutor Drauzio Varella numa campanha antitabagista.
- *Argumento de comparação explícita*, que coloca frente a frente dois produtos concorrentes, nomeando-os e expondo a superioridade de um sobre o outro declaradamente.
  Por exemplo: o sabão em pó Omo ser anunciado como mais eficaz do que Ariel.
- *Argumento de comparação implícita*, que coloca um produto como superior a todos os outros ou a vários outros concorrentes sem, no entanto, nomeá-los.

Por exemplo: o refrigerante guaraná Antarctica se colocar como o melhor dos guaranás brasileiros.

- *Argumento de consenso*, que apresenta o produto como *top* em sua categoria, conseguindo ser adotado por grande ou pela maior parte dos consumidores.
  Por exemplo: o carro Gol, da Volkswagen do Brasil, sendo apresentado como o mais vendido do país por três anos consecutivos.
- *Argumento de prova concreta*, que se baseia em números, percentuais, gráficos, estatísticas e estimativas oriundas de fontes fidedignas para corroborar a eficácia de um produto.
  Por exemplo: o cigarro Galaxy, da Philip Morris, ao ser lançado, mostrou que tinha percentuais claros de menor teor de alcatrão e nicotina em sua fórmula; ou o sabonete Dove, que sempre alardeava seu um quarto de creme hidratante.
- *Argumento de exemplificação*, que diversifica usos, targets, ambientes e situações nos quais um produto pode ser utilizado, potencializando suas formas de consumo.
  Por exemplo: o relógio Citizen pode ser usado em festas, na praia, no trabalho, na escola, por jovens, por adultos, pelo fato de seu design moderno adaptar-se bem ao uso em quaisquer situações.

Informe publicitário

Originalmente criado para ser veiculado em mídia impressa ou eletrônica, com o fim de explicar; prestar contas e esclarecimentos; justificar; fazer um recall de emergência; pedir desculpas em virtude de algum problema sério apresentado pelo produto que possa atingir o público; prevenir sobre algum perigo iminente com o uso equivocado de algum produto; solicitar a troca de um produto devido a defeito de fabricação, entre outros, o informe publicitário é uma peça elaborada com texto denotativo, longo, sério e colunado, redigido em linguagem formal e culta, sem qualquer propósito claro ou implícito de anunciar um produto ou serviço.

Pretende, antes, consertar e reverter, na medida do possível, uma situação de natureza vexatória, perigosa, urgente ou necessária protagonizada por um produto ou serviço.

O fabricante que assina um informe publicitário deve sempre colocar-se à disposição de seu público para quaisquer maiores esclarecimentos e oferecer-lhe o SAC, a devolução do dinheiro empregado ou a substituição imediata do produto.

O informe publicitário é normalmente veiculado em uma hora difícil para a empresa anunciante, mas pode vir a se tornar uma peça-chave para a melhoria de sua imagem, caso seja bem redigido e coerente nas explicações que apresenta. Acaba sendo, quase sempre, um pequeno antídoto para a crise.

A indicação de utilização de um informe publicitário ocorrerá, em tese, por causa de um momento *low profile* (em baixa), na trajetória de um anunciante, por isso, nele, o conteúdo verbal deverá ser honesto e franco para que possíveis más interpretações ou omissões não se interponham na relação anunciante/target.

Se bem sucedido em seu propósito, poderá conseguir que o momento *low profile* da marca anunciante seja superado e revertido para um momento *high profile* (em alta).

Broadside

A tradução literal do inglês para *broadside* é "ataque violento", expressão que não corresponde à real função dessa peça, como a entendemos em publicidade no Brasil.

De execução não tão simples, o broadside é uma peça paginada ou elaborada em formatos incomuns, algumas vezes até extravagantes e chamativos, destinada não ao grande público, mas sim ao fornecedor, revendedor, lojista, para que ele conheça determinada linha de produtos (ou um produto) a ser lançada, relançada ou simplesmente mantida, em seus detalhes mais importantes, e, assim, tenha mais segurança e informações técnicas e mercadológicas para tomar a decisão de comprar os lotes para revendê-los à população.

O broadside deve apresentar em suas páginas iniciais um histórico da empresa fabricante, em linguagem acessível a seu leitor, que seria um revendedor, por exemplo, alguém que de certa maneira conhece o jargão da área. Diferente da linguagem que se utiliza nas peças feitas para a comunicação de massa, que enfoca as qualidades de um produto, a redação de um texto para broadside caracteriza-se por informar seu receptor sobre a idoneidade da empresa que fabrica o produto, dos esforços de marketing e de comunicação (ou seja, as promoções de vendas viabilizadas, as campanhas publicitárias que darão suporte à divulgação) com os quais ele pode contar para que o produto seja bem explorado no mercado, assim como as vantagens comerciais que ele certamente obterá ao concordar em oferecê-lo em seu estabelecimento.

Normalmente muito bem produzido graficamente também, o broadside muitas vezes se apresenta em forma de pequenos displays, que podem ser usados como objetos de decoração de mesas de escritório, por exemplo; em outras, pode se transformar em bloco de anotações, agendas, mouse pad, calendários ou até risque-e-rabisque, no intuito de permanecer em contato com o revendedor em seu dia-a-dia, rememorando-lhe constantemente a marca.

Últimas considerações

Na finalização deste capítulo, relembramos que, em toda e qualquer forma de criação publicitária para mídia impressa, o cuidado maior deve ser tomado em relação ao primarismo de certas abordagens, por demais elementares, gastas e certamente superadas.

Da mesma maneira, o excesso de criatividade sem freio, ou o que se costuma catalogar como surrealismo, no seu pior sentido, pode levar o resultado final a um *nonsense* ou até uma não-assimilação indesejada da mensagem por parte do consumidor, o que representaria um risco dos mais graves, em uma visão macroscópica do processo. Ambos podem ser considerados estratagemas nocivos e contra-indicados à criação publicitária, capazes de levar a marca a prejuízos certos.

Não devemos deixar de perceber, por fim, que na era da digitalização, da convergência de meios, quando se inauguram novas e inusitadas formas de comunicação e expressão, a produção publicitária para mídia impressa permanece se reinventando mais do que nunca, a fim de salvaguardar seu espaço no cenário cultural desses novos tempos de constantes desafios criativos.

Bibliografia

BAUDRILLARD, J. *Simulacros e simulação.* Lisboa: Relógio D'Água Editores, 1991.

CARRASCOZA, J. A. *Razão e sensibilidade no texto publicitário*. São Paulo: Futura, 2004.

CARVALHO, N. de. *Publicidade – A linguagem da sedução*. São Paulo: Ática, 1996.

CITELLI, A. *Linguagem e persuasão*. São Paulo: Ática, 1997.

CONTRERA, M. S.; HATORI, O. T. (orgs.). *Publicidade e Cia.* São Paulo: Thomson Learning, 2003.

GATES, B. *A estrada do futuro*. São Paulo: Cia. das Letras, 1995.

GUIRAUD, P. *Semântica*. São Paulo: Cultrix, 1990.

JAKOBSON, R. *Lingüística e comunicação*. São Paulo: Cultrix, 1970.

LIPOVETSKY, G. *O império do efêmero*. São Paulo: Cia. das Letras, 1989.

MELO, G. C. de. *Ensaio de estilística de língua portuguesa*. Rio de Janeiro: Ao Livro Técnico, 1977.

PIRATININGA, L. C. de. *Publicidade: arte ou artifício?* São Paulo: T. A. Queiróz, 1994.

PLATÃO; FIORIN. *Para entender o texto*. São Paulo: Ática, 1999.

__________. *Lições de texto: leitura e redação*. São Paulo: Ática, 1999.

PRETI, D. *A gíria e outros temas*. São Paulo: T. A. Queiroz, 1984.

SANT'ANNA, A. *Propaganda: teoria, técnica, prática*. São Paulo: Pioneira, 1998.

STEEL, J. *Verdades, mentiras e propaganda. A arte do planejamento*. São Paulo: Negócio, 2001.

ROCHA, E. P. G. *Magia e capitalismo*. São Paulo: Brasiliense, 1995.

TOSCANI, O. *A publicidade é um cadáver que nos sorri*. São Paulo: Ediouro, 1995.

11

Mídia exterior

Agustín Perez Rodrigues*

Introdução

Não se pode mais pensar em propaganda como um fenômeno isolado. Ela faz parte do panorama geral da comunicação e está em constante envolvimento com fenômenos paralelos, dos quais colhe subsídios.

O termo *comunicação*, todavia, envolve uma esfera mais ampla, margeando o absoluto. A comunicação é um campo animado de investigação e teoria. É uma das matérias mais interessantes no estudo do comportamento humano, o que é compreensível, uma vez que a comunicação é um processo social fundamental. Sem a comunicação, não existiriam os grupos e as sociedades.

Nos estudos que vêm sendo realizados não se cuida apenas da comunicação de massa, mas também da comunicação interpessoal: da palavra falada, do sinal, do gesto, da imagem, da exibição, da impressão, da radiodifusão, do cinema, de todos os signos e símbolos por meio dos quais as pessoas tratam de transmitir significados e valores a outros seres humanos. Como expressa Santaella

* Doutor em Comunicação e Semiótica e mestre em Administração Mercadológica pela PUC-SP. Administrador. Professor da Faculdade de Economia, Administração e Contabilidade (FEA) da PUC-SP, da Fundação Armando Álvares Penteado (Faap) e da Faculdade Campos Salles.

(1996, p. 31), "Podemos dizer que, onde quer que uma informação seja transmitida de um emissor para um receptor, tem-se aí um ato de comunicação".

Muito se debate sobre a questão dos meios de comunicação coletiva e de massa. Nesse sentido, o meio de comunicação coletivo é tão-somente um comunicador que tem relação de entradas e saídas muito grandes e, por vezes, complexas.

Abraham Moles (1986, p. 483-484) diz que "Comunicação de massa é aquele tipo de comunicação que ocorre entre um emissor e uma multiplicidade de receptores espalhados através de um campo geográfico e social, isto é, receptores sem qualquer conexão entre si".

Comunicação é o processo de transmitir idéias entre indivíduos. Para os seres humanos, o processo não só é fundamental como vital. É fundamental, na medida em que toda sociedade humana – da primitiva à moderna – baseia-se na capacidade do homem de transmitir suas intenções, desejos, sentimentos, conhecimentos e experiência, de pessoa para pessoa. É vital, à medida que a habilidade de se comunicar aumenta as chances de sobrevivência do indivíduo, enquanto sua falta é geralmente considerada uma séria forma de patologia.

Do ponto de vista do marketing, a comunicação tem garantida sua importância por meio do chamado *mix de comunicação*. O mix é composto por propaganda ou publicidade, promoção, venda pessoal e relações públicas. Um dos maiores desdobramentos é o da propaganda, em que são analisados os veículos nos quais se encontram. O estudo do veículo, ou mídia, é fundamental na determinação dos objetivos da comunicação, que invariavelmente passam por: a) conhecimento de um produto, empresa ou idéia e b) convencimento do consumidor, o que deverá levar ao ato de compra.

A propaganda experimentou grande avanço com o desenvolvimento dos meios audiovisuais. O cinema e particularmente a televisão há mais de 50 anos vêm sendo os maiores e mais eficientes meios de difusão de produtos, empresas e idéias.

A mídia exterior difere substancialmente das demais formas de comunicação mercadológica. Enquanto o folheto, o rádio, a tevê etc. vão até a residência do consumidor e o jornal e a revista são comprados *motu proprio*, o cartaz e o luminoso são percebidos de passagem, nas vias públicas, mais ou menos casualmente. Entretanto, pelo seu tamanho e pelas cores, exercem impacto sobre o público e, pela repetida exibição, conseguem influir, fixar uma imagem breve, veiculando uma impressão. Em tais condições é uma publicidade tipicamente para as massas, vista indiscriminadamente por todo tipo de gente. Possui, entre outras, as seguintes características:

- *Maleabilidade*: pode ser usada numa extensa região, numa cidade ou apenas num bairro.
- *Oportunidade*: pode ser usada nos momentos mais precisos e ter a mensagem substituída logo que necessário.
- *Impacto*: impressiona geralmente pelo tamanho e pela cor viva ou em contraste com a do local em que está colocada.
- *Memorização*: como, em geral, passamos diariamente diante de vários exemplares do mesmo cartaz, a coisa anunciada tende a se fixar na mente pela repetição.
- *Simplicidade*: porque é uma mensagem concisa e breve, é facilmente compreendida.

A ação essencial da mídia exterior é de produzir impacto. Põe imediatamente em evidência o nome da coisa anunciada, a marca ou o produto, impondo-se de modo rápido aos olhos, e atrai potencialmente a atenção da massa. De maneira geral, a fixação de "cartazes" está relacionada à qualidade do meio publicitário e à multiplicidade dos locais empregados no espaço e no tempo.

Com a evolução técnica da mídia no país; a valorização natural das alternativas de mídia; a evolução técnica da mídia em todo o mundo; sabendo da importância que a marca exerce hoje num mercado extremamente competitivo e globalizado; com a consciência da necessidade na análise da relação da rentabilidade, da eficácia e da eficiência em qualquer processo de comunicação e de que os meios extensivos podem, devem e potencialmente propõem um grande auxílio a esse trabalho, a mídia exterior vem conquistando espaço significativo, de grande importância no processo de comunicação.

História da mídia exterior

Registros que contam a história de nossa civilização relatam que na Mesopotâmia, por exemplo, os comerciantes de vinho anunciavam em pedras talhadas em relevo (*axones*). Os gregos gravavam suas mensagens em rolos de madeira denominados *cyrbes*. Na Roma antiga, a propaganda já era mais próxima do nosso atual cartaz mural: retângulos divididos por tiras de metal eram instalados sobre os muros e pintados com cores claras, nos quais qualquer interessado poderia escrever, com carvão, mensagens de venda, compra ou troca de mercadorias. Nas ruínas de Pompéia foram encontrados, numa única rua, 23 quadros destinados à propaganda. Na Idade Média, sob o monopólio da Igreja e do Estado, eram divulgados, por meio de cartazetes em papel, os feitos realizados pelos senhores feudais e as indulgências concedidas.

Não se pode falar em história de mídia exterior sem fazermos um breve relato da história do outdoor. A história do outdoor começa na era pré-histórica, quando o homem primitivo pintava as paredes das cavernas e árvores a fim de registrar fatos, traçar estratégias e trocar seus produtos. Passa pela Roma antiga e vai até a era medieval, em que se pintavam, em espaços predeterminados, anúncios do governo e de venda de escravos. Foi no período da Revolução Industrial que Gutenberg possibilitou a confecção de cartazes e cartazetes para divulgação de idéias e produtos como os que vemos hoje.

Os cartazes veiculavam os mais variados assuntos: comércio, festas públicas, convocação para guerras ou mesmo esclarecimento à população quando a grande peste assolou a Europa.

De 1480 a 1820, o cartaz não era nada além de um simples texto tipográfico com uma vinheta. Em 1772, era tão grande a quantidade deles que a profissão de colador de cartazes foi regulamentada. Em 1791, o governo francês determinou que a impressão preto-e-branco seria exclusiva para mensagens oficiais. Data de 1818 o estabelecimento de uma lei que tornava obrigatória a selagem de cada cartaz colado sobre muros de Paris, de modo semelhante à nossa atual legislação. Era o início da organização do mercado de mídia exterior.

Com a invenção da litografia, em 1793, pelo austríaco Alois Senefelder, o aperfeiçoamento da impressão dos cartazes passou a ocorrer mais rapidamente.

Henri de Toulouse-Lautrec (1864-1901) ficou famoso pelo movimento expresso em suas obras. Para a publicidade e propaganda é um marco histórico, pois foi o primeiro a imprimir em litografia o cartaz colorido *La Goulue* ou *Ja-*

ne Avril (1893), obra que transformou um cabaré de má fama em uma das casas noturnas mais procuradas de Paris.

Aos 26 anos, Lautrec começou a produzir pôster de estilo revolucionário, fato que rapidamente lhe trouxe fama. Durante toda a vida ele desprezou os conceitos temáticos de *La Belle Peinture* – a pintura acadêmica – para se ocupar da captação de imagens realistas, como essa obra. Toulouse-Lautrec introduziu nas artes gráficas e na propaganda inovações que ainda hoje são válidas. O enfoque incomum e direto do motivo e seu conceito de linha e colorido mínimo fazem parte da estética moderna.

Tanto na propaganda como nas artes em geral, cada veículo de comunicação tem sua linguagem específica. Não é difícil perceber que uma mesma idéia pode e deve ser comunicada dos modos mais diferentes possíveis, dependendo do veículo que está comunicando. Cada veículo vai necessitar de uma linguagem diferenciada. Em propaganda, o raciocínio é exatamente o mesmo. Devemos levar em consideração onde será veiculada a peça publicitária: na televisão, rádio, revistas, jornais, cinema, mídia exterior etc.

Mídia exterior e seus conceitos

Mídia exterior é a denominação genérica dos meios de comunicação que expõem propaganda ao ar livre. Abrange diversas formas de veicular mensagens publicitárias: fachada, totem, frontlight, backlight, painel digital, triedo, empena (parede), relógio/termômetro, letreiro luminoso, placa de esquina, painel rodoviário, táxi, ônibus e o tradicional outdoor.

Quem vê um cartaz publicitário quase sempre está em movimento (ninguém pára e fica olhando um outdoor). Seja de automóvel, de ônibus ou mesmo a pé, o fato é que a mensagem tem de ser comunicada de maneira extremamente rápida. O consumidor senta-se para assistir à televisão, para ler jornais e revistas, mas raramente alguém permanecerá de pé, durante alguns segundos, na frente de um outdoor só para vê-lo.

Rapidez na comunicação é fundamental. Existe até mesmo uma tendência no mercado publicitário norte-americano com base na qual os criadores, antes de qualquer coisa, desenvolvem o outdoor para a campanha, ainda que não esteja previsto esse tipo de mídia para o produto. Criado o outdoor, o restante da campanha é desenvolvido em função dele, tamanha é sua capacidade de síntese, o que favorece bastante o resultado final, em termos criativos.

Simplicidade e clareza são requisitos básicos para a criação de um outdoor. A mensagem será mais eficiente na medida em que for mais concisa, enxuta, de fácil memorização, além de conter a dose necessária de criatividade e emoção indispensáveis a todo e qualquer tipo de peça publicitária.

Alguns cuidados básicos são importantes para a criação da peça publicitária, como os citados na seção seguinte.

Utilização de letra de fácil visualização

Evite tipos enrolados, complicados, barrocos, com muito rococó etc. Quanto ao número máximo de palavras que devem constar num outdoor, não há nada definido. David Ogilvy, fundador da Ogilvy & Mather, uma das maiores agências de propaganda do mundo, defende a tese de que um outdoor não pode ter mais do que cinco palavras. William Bernbach (da norte-americana DDB, uma das agências mais criativas de que se tem notícia) é mais condescendente e amplia esse número para oito. Já Washington Olivetto, publicitário e presidente da agência W/Brasil, argumenta que não deve ser colocado nenhum tipo de limite, defendendo que uma boa idéia independe do número de palavras necessárias para externá-la.

Nos modernos centros urbanos, com o crescente número de automóveis, a visualização de um outdoor ocorre de maneira cada vez mais compulsória, mas mesmo assim devemos tomar alguns cuidados para que essa visualização se torne mais eficiente:

- Não conte história; tente sintetizar ao máximo a idéia e o conceito do produto ou serviço a ser anunciado, tanto no texto quanto no layout. Não abuse das informações visuais – a proliferação de informações visuais distintas (logotipo, chamada, foto, ilustração, splash, endereço, tarja etc.) só tende a poluir o visual do cartaz e, conseqüentemente, diminuir seu impacto.
- É importante não apenas sintetizar o número de informações visuais, como apresentá-las de maneira limpa, nítida e legível.

O outdoor é um meio essencialmente visível, portanto não pode deixar dúvidas quanto a sua visualização. É conveniente ainda que as cores utilizadas no cartaz apresentem um sensível contraste entre si. A criação deve se aproveitar do fato de o outdoor estar em exibição também durante a noite.

- Em todos os veículos publicitários, o anúncio tenderá a ser mais eficiente na medida em que se destacar dos demais. Um anúncio de outdoor deve sobressair não somente dos outros outdoors colocados a seu lado, como também dos prédios, ruas, sinais de trânsito, placas diversas, automóveis, postes, fios etc.
- Contrariamente aos demais veículos, o outdoor só veicula propaganda. Poucas pessoas ligam a tevê, compram jornais e revistas com a finalidade principal de ver os anúncios. No outdoor, não há nada além dos anúncios para se ver, motivo pelo qual a criação deve realizar todos os esforços a fim de que ele seja o mais atraente possível. O observado, em vez de passivo, sujeito. Sujeito observa o observador, o modifica, "se" modifica e o interpreta. O espectador, em vez de receptor passivo, é um decodificador ativo. Conforme atesta Winkin (1981, p. 7), "A comunicação é um sistema de múltiplos canais, o ator social participa a cada instante, com gestos, olhar, silêncio, até com sua ausência".

O canal faz parte do jogo

Segundo Flusser (1983),

> O nosso mundo se tornou colorido. A maioria das superfícies que nos cercam é colorida. Paredes cobertas de cartazes, edifícios, vitrines, latas de legumes, cuecas, guarda-chuvas, revistas, fotografias, filmes, programas de TV, tudo está resplandecendo em tecnicolor. Tal modificação do mundo, se comparada com o cinzento do passado, não pode ser explicada apenas esteticamente. As superfícies que nos cercam resplandecem em cor, sobretudo porque irradiam mensagens. A maioria das mensagens

> que nos informam a respeito do mundo e da nossa situação nele é atualmente irradiada pelas superfícies que nos cercam.

São as superfícies, e não mais as linhas textuais, que codificam preferencialmente nosso mundo. No passado, o mundo codificado era dominado pelos códigos lineares dos textos e atualmente é pelo código bidimensional das superfícies, como fotografias, telas de cinema, tevê, vitrines, portadores das informações que nos programam. São as imagens, e não mais os textos, que são os media dominantes.

Início no Brasil

O início do mercado de mídia exterior no Brasil se confunde também com o início do aparecimento dos outdoors.

Em 1929, mais de uma década depois do fim da Primeira Guerra Mundial, o Brasil inicia um processo de crescimento urbano desenfreado. É nesse clima de desenvolvimento que, em 1º de agosto, surge a Publix Marta Paturan de Oliveira, fundada por Amadeo Viggiani e, como o próprio nome diz, por Marta Paturan de Oliveira (provavelmente a única mulher publicitária naquele tempo). Ernesto Emílio de Feo e Nicola Citadini fundaram a primeira empresa de outdoor no país, localizada em São Paulo, capital. Naquela época, os outdoors eram pequenos, recortados de forma oval e afixados em postes. Nessa mesma época, Amadeo Guiliermo trouxe o conceito de publicidade exterior como se conhece hoje, com cartazes e painéis.

Os anunciantes eram bem diversificados: peças de teatro, filmes, além dos artistas que produziam peças para fabricantes de purê de tomate, refrigerantes, cervejas, lingerie, camisas, automóveis, cremes dentais, cigarros etc. No meio da década de 1950 existiam 300 quadros na rua.

Em 1936, o mercado foi surpreendido com mais uma inovação – a instalação do primeiro painel com aplique, hoje um conceito bastante aplicado em outdoors. Trata-se de emoldurar os cartazes com *passe-partout*, procedimento básico nas exibidoras dos nossos dias. A essa época, nem se falava em chapas galvanizadas, muito menos em plásticos e acrílicos. Quase tudo era artesanal e os anúncios eram pintados à mão, o que propiciou o desenvolvimento de uma escola de letristas e ilustradores de cartazes.

Cartazes de meia folha eram instalados nas plataformas de bondes pela Companhia de Cartazes de Bonde. Posteriormente começaram a surgir os quadros de duas e até quatro folhas, impressos em gráficas que estavam começando a se especializar em cartazes. A implantação dos cartazes de oito folhas gerou grande impulso para o meio e revelou para o outdoor importantes anunciantes multinacionais como a Rhodia, a Alpargatas (com seu produto Lona Sempre Viva) e a Sidney Ross, com os famosos Melhoral, Sonrisal e sal de frutas Andrews.

Sem dúvida as peças de mídia exterior e publicidade precursoras da mídia exterior no Brasil foram os painéis pintados, num primeiro momento, em paredes e, posteriormente, em chapas instaladas em pontos em que pudessem ter grande visibilidade.

Um dos primeiros marcos da mídia exterior no Brasil foi o luminoso Fontoura no topo do edifício Martinelli, localizado no centro da cidade de São Paulo, que era o prédio mais alto e marco referencial da capital. Certamente as casas comerciais daquele tempo já possuíam identificação visual com nomes e letreiros colocados nas fachadas, mas o surgimento dos primeiros outdoors impulsionou sobremaneira essa atividade. Esse impulso foi tão grande que o edifício Martinelli já tinha, em sua concepção arquitetônica, espaços destinados especialmente para a inclusão de painéis de publicidade exterior nas paredes, prova de que a atividade despertava interesse.

O primeiro painel rodoviário do Brasil foi levantado em 1926, pela Americana de Anúncios em Estrada de Rodagem (AAER). Era um painel pintado à mão de 8 m^2, do cliente Dunlop, instalado na beira do acostamento, na rodovia Presidente Dutra. No final da década de 1930 surgiram os primeiros painéis nos altos dos morros, com cerca de 200 m^2, nos moldes dos painéis rodoviários ainda existentes.

É evidente que as primeiras peças de publicidade exterior despertaram harmoniosamente a cidade, que já apresentava um *boom* de crescimento espantoso. E, da década de 1930 para cá, ela não parou de crescer; conseqüentemente, os anúncios acompanharam esse progresso.

Nos anos 1940 os cartazes contribuíram bastante para a nova mídia. Desse período podemos destacar a Publix, a Época, a Karvas e a Pintex como algumas das empresas responsáveis pelo crescimento do setor. Entre anunciantes de mídia exterior destacam-se empresas de pneus, entre elas, Firestone, Goodyear e Pirelli; laboratórios, entre outros o Fontoura; além de alguns bancos que começavam a simpatizar com essa mídia. Em seguida à utilização do espaço urbano do topo de prédios, das empenas cegas e fachadas, dos terrenos e das rodovias, várias empresas iniciaram o seu uso para veiculação de grandes anúncios. Como destaque devemos mencionar o luminoso Itaú do conjunto Nacional em São Paulo que, com seus 2.754 m^2, é um dos maiores do mundo, sendo, sem dúvida, o referencial da cidade. Em 1975, surgiram os primeiros backlights e frontlights, assim como luminosos de acrílico, e atualmente os triedos e a geração de anúncios eletrônicos e lâmpadas; e mais recentemente, os leds.

Os primeiros anunciantes que apostaram na mídia exterior foram as indústrias de cigarros, em especial a Souza Cruz e, posteriormente, a Philip Morris. Em 1981, foi construído e instalado o primeiro backlight em policromia do país, o qual era recortado, forma também inusitada para a época. O anunciante era a Philip Morris e o produto, o caubói da Marlboro, que iniciava uma longa parceria de anúncios.

São Paulo, como um dos grandes centros comerciais e industriais do país, tinha realmente de ser o foco desse tipo de atividade. Mas pelo Brasil surgiram outras empresas que continuaram a operar com mídia exterior por décadas e com sucesso.

Em 1978 surgiu o mercado de busdoor, época em que eram permitidos anúncios somente nas laterais e na traseira dos ônibus. A empresa Lamarca 3 foi a pioneira no processo de adesivação dos ônibus, o qual antes era realizado em uma chapa de madeira em moldura de alumínio.

Recentemente começou a ser explorada a mídia em shopping centers por meio de painéis de pequeno porte.

Com relação aos anunciantes e até mesmo às agências, pairava certa descrença a respeito do sucesso da mídia exterior, tendo maior credibilidade apenas a mídia televisiva, rádio e jornal. Com o passar do tempo o outdoor conquistou o seu espaço e hoje a mídia exterior como um todo é utilizada com grande êxito por agências e anunciantes diretos.

O poder público, ao longo dos anos, sempre se mostrou interessado em regulamentar a publicidade exterior, formulando regras por meio de decretos que, devido ao rápido surgimento de outras mídias que não se enquadravam no decreto anterior, foram ficando ultrapassados. Em 1999, foi publicado no *Diário Oficial* do município um novo decreto no qual se enquadram todas as mídias existentes até o momento.

Um dos pontos da mídia exterior que ajudaram na difusão desse tipo de propaganda foi, sem dúvida, a identificação de postos de gasolina de grandes redes, um trabalho que vive hoje, no Brasil, um processo de revitalização. Os primeiros postos a apresentarem testeiras iluminadas, totens e pôsteres, coberturas forradas e muito iluminadas começaram a atrair a atenção do usuário de combustíveis pela segurança e conforto oferecidos. O surgimento das lojas de conveniência explorou ainda mais essa sensação de conforto. Poderíamos dizer que a admiração daquelas estruturas foi o primeiro chamariz, que apresentavam então algum retorno para o revendedor. Hoje sabemos que tal satisfação é reservada à beleza e limpeza do posto, bem como ao oferecimento de bom serviço de manutenção da clientela. É difícil determinar, neste caso, qual distribuidora seria a grande incentivadora, pois praticamente todas acordaram para a importância dessa comunicação visual, não só de suas bandeiras, como de seus produtos ali vendidos.

A preocupação de levar a imagem ao consumidor se dá hoje mais intensamente com a desregulamentação do mercado e o surgimento de diversas distribuidoras independentes, todas cientes da importância desse contato com o público consumidor.

Visando recuperar certos direitos fundamentais da cidadania que haviam se perdido com o tempo, a Prefeitura de São Paulo normatizou o uso de propaganda exterior com a Lei nº 14.223, a Lei Cidade Limpa. Este texto, acrescido do decreto regulamentado nº 47.950 aprovado em setembro de 2006, surgiu para equilibrar melhor os elementos que compõem a paisagem urbana de São Paulo.

Cada estabelecimento só poderá ter na fachada um único anúncio indicativo com todas as informações necessárias ao público. Além disso, o anúncio deverá ter um tamanho máximo, definido segundo a dimensão da testada, que é a linha divisória entre o imóvel e o logradouro ou via pública. Para facilitar o cálculo do anúncio indicativo permitido, a lei agrupou os imóveis de São Paulo em três categorias, de acordo com a dimensão de suas testadas.

Imóvel pequeno: Possui testada inferior a 10 m, a área total do anúncio com o nome do estabelecimento não poderá ter mais que 1,5 m^2.

Imóvel médio: Imóvel cuja testada é igual ou superior a 10 m e inferior a 100 m lineares; o tamanho máximo permitido para colocação de placa com o nome do estabelecimento será de 4 m^2.

Imóvel grande: Possui testada de tamanho igual ou superior a 100 m lineares; poderá receber dois anúncios indicativos na sua fachada, a área total de cada um deles não poderá ultrapassar 10 m^2. Além disso, os anúncios deverão também estar separados por uma distância mínima de 40 m.

Cada anúncio indicativo só poderá avançar até 15 cm sobre a calçada ou passeio público; se o imóvel estiver no alinhamento a placa deverá também estar a uma altura mínima de 2,20 m do solo. Anúncio em toldo retrátil, nesse caso, pode avançar sobre a calçada além dos 15 cm, porém o nome do estabelecimento deverá estar colocado no frontão do toldo e suas letras não poderão ultrapassar 20 cm.

Quando se tratar de imóveis localizados em esquinas ou com mais de uma frente para a rua, a lei autoriza a colocação de anúncio indicativo em cada testada do imóvel, respeitada a regra de tamanho máximo para placas.

Totens: Segundo a lei, o estabelecimento poderá ter seu anúncio indicativo afixado em um totem ou em uma estrutura tubular, porém é preciso respeitar duas regras: o totem ou estrutura tubular deverá estar, necessariamente, dentro do terreno do imóvel e não poderá ter mais do que 5 metros de altura, incluindo a base de sua estrutura e a área total do anúncio.

Propaganda no interior de imóveis: Qualquer tipo de propaganda, como cartaz de vitrine ou banner instalado na porta do estabelecimento, deverá ser descolado para a parte de dentro do imóvel com recuo de 1 m no interior do imóvel.

Com base no princípio de tornar São Paulo visualmente mais agradável e amistosa para toda a população, a lei determinou o fim dos anúncios publicitários em veículos automotores (carros, ônibus, microônibus), motos, bicicletas e similares. A única exceção aberta pela lei é para os veículos que transportam carga, que poderão trafegar pela capital com anúncios.

Há um tipo de propaganda que continuará presente nas áreas externas: a lei possibilita a veiculação de anúncios publicitários em mobiliário urbano (conjunto de elementos autorizados a ocupar o espaço público mediante concessão e instalados direta ou indiretamente pela administração municipal). Exemplos: abrigos de ônibus e de táxi, lixeiras, caixas de correio, protetor de árvores, relógios de rua, cabines de segurança e informação, bancas de jornal e revistas.

O projeto foi elaborado e concebido pelos urbanistas, pensando no futuro; existe inclusive uma comissão de proteção à paisagem urbana que analisa os projetos e demanda, contribuindo para uma cidade moderna e visualmente limpa.

Bibliografia

AICHER, O.; KRAMPEN, M. *Sistemas de signos en la comunicación visual.* Madri: GG.Diseño,1999.

AUMONT, J. *A imagem.* Campinas: Papirus, 1993.

BARILI, D. A. *Contramão do marketing.* São Paulo: Siciliano, 1997.

BAUDRILLARD, J. *Tela total.* Porto Alegre: Sulina, 1999.

BELCH, G.; BELCH, M. *Advertising and promotion.* Nova York: Irwin/McGraw-Hill, 1998.

BONNICI, P. *Lenguaje visual: la cara oculta ed la comunicación.* Madri: Index Book, 2000.

BOONE, L.; KURTZ, D. *Marketing contemporâneo.* Rio de Janeiro: LTC, 1998.

CADET, C.; CHARLES, R.; GALUS, J.-L. *La communication par l'image.* Paris: Nathan, 1998.

CANEVACCI, M. *Antropologia visual.* Rio de Janeiro: DP&A, 2001.

CARVALHO, N. de. *Publicidade: a linguagem da sedução.* São Paulo: Ática, 1998.

CASTRO, Á. de. *Propaganda e mídia digital.* Rio de Janeiro: Qualitymark, 2000.

CESAR, N. *Direção de arte em propaganda.* São Paulo: Futura, 2001.

COELHO NETTO, J. T. *Semiótica, informação e comunicação.* São Paulo: Perspectiva, 1996.

DEELY, J. *Semiótica básica.* Trad. Júlio C. M. Pinto. São Paulo: Ática, 1990.

DURANDIN, G. *Les mensonges en propagande et en publicité.* Paris: Universitaires de France, 1982.

ECO, U. *Viagem na irrealidade cotidiana.* Trad. A. F. Bernardini e H. F. Andrade. Rio de Janeiro: Nova Fronteira, 1984.

__________. *O signo.* Lisboa: Presença, 1986.

EPSTEIN, I. *O signo.* São Paulo: Ática, 1999.

FERREL, C. et al. *Estratégia de marketing.* São Paulo: Atlas, 2000.

FIGUEIREDO, J. C.; GIANGRANDE, V. *Comunicação sem fronteiras.* São Paulo: Gente, 1999.

FLUSSER, V. *Pós-história.* São Paulo: Duas Cidades, 1983.

GIACOMINI FILHO, G. *Consumidor* versus *propaganda.* São Paulo: Summus, 1991.

IACOBUCCI, D. (org.). *Os desafios do marketing.* São Paulo: Futura, 2001.

KAY, P. *O desafio da comunicação nos movimentos sociais.* Suzano: Abre Olho, 1999.

KOTLER, P. *Administração de marketing.* São Paulo: Prentice Hall, 2000.

__________. Semiotics of person and nation marketing. In: UMIKER-SEBEOK, J. (ed.). *Marketing signs: new directions in the study of signs for sale.* Berlim: Mouton de Gruyter, 1987.

LAS CASAS, A. (org.). *Novos rumos do marketing.* São Paulo: Atlas, 2001.

LESSA, W. D. *Dois estudos de comunicação visual.* Rio de Janeiro: UFRJ, 1995.

LUPETTI, M. *Administração em publicidade.* São Paulo: Thomson Learning, 2003.

MARTINS, J. *O poder da imagem.* São Paulo: Intermeios, 1992.

MARTINS, Z. *Propaganda é isso aí!* São Paulo: Futura, 1999.

McLUHAN, M. *Os meios de comunicação.* São Paulo: Cultrix, 1998.

MELLOR, D. (org.). *Formas de comunicação.* Lisboa: Teorema, 1995.

MOLES, A. Mass communication. In: SEBEOK, T. A. et al. (eds.). *Encyclopedic dictionary of semiotics.* Berlim: Mouton de Gruyter, 1986.

NOTH, W. Advertising the frame message. In: UMIKER-SEBEOK, J. (ed.). *Marketing signs: new directions in the study of signs for sale.* Berlim: Mouton de Gruyter, 1987.

PETIT, F. *Propaganda ilimitada.* São Paulo: Futura, 2000.

PIGNATARI, D. *Informação, linguagem e comunicação.* São Paulo: Cultrix, 1986.

PREDEBON, J. (org.). *Propaganda: profissionais ensinam como se faz.* São Paulo: Atlas, 2000.

RANDAZZO, S. *A criação de mitos na publicidade.* Rio de Janeiro: Rocco, 1996.

RUBIM, A. A. (org.). *O olhar estético na comunicação.* Rio de Janeiro: Vozes, 1999.

SANT'ANNA, A. *Propaganda: teoria, técnica, prática.* São Paulo: Pioneira, 1998.

SANTAELLA, L. *A teoria geral dos signos – semiose e autogeração.* São Paulo: Ática, 1995.

__________. *O que é semiótica.* São Paulo: Brasiliense, 1983.

__________. *Cultura das mídias.* São Paulo: Experimento, 1996.

__________. *Comunicação e pesquisa.* São Paulo: Hacker, 2001.

SCHMITT, B.; SIMONSON, A. *A estética do marketing.* São Paulo: Nobel, 2000.

SOUZA, S. E. Marketing & Semiótica. *ESPM,* São Paulo: Referência, v. 3, n. 3, 1996.

TISKI-FRANCKOWIAK, I. T. *Homem, comunicação e cor.* 3. ed. São Paulo: Ícone, 1997.

TOMÁS, L. (org.). *De sons e signos.* São Paulo: Educ, 1998.

VASSALO, M. I. *Comunicação. Pesquisa em comunicação.* São Paulo: Loyola, 1990.

WINKIN, Y. *La nouvelle communication.* Paris: Edition da Seuil, 1981.

Sites

Central de Outdoor: www.outdoor.com.br

Prefeitura Municipal de São Paulo: www.prefeitura.sp.gov.br

12

A função da publicidade na construção das paisagens e das formas deslocativas da sociabilidade contemporânea

Paisagens flutuantes, outdoors e arquiteturas móveis

Massimo Di Felice*

Metalinguagens P

> De todas as mudanças de língua que o viajante deve enfrentar em terras longínquas, nenhuma se compara à o que espera na cidade de Ipasia, porque não se refere às palavras, mas às coisas [...].

Assim, na famosa obra *As cidades invisíveis*, Italo Calvino descreve a alteração de olhar e de percepções que o visitador precisa fazer ao chegar em um espaço novo, outro e deslocante.

* Sociólogo pela Universidade La Sapienza di Roma e doutor em Ciência da Comunicação pela ECA-USP, onde atualmente é professor. Idealizador e coordenador da coleção *Atopos, novos espaços de comunicação*, editada pela Studio Nobel.

Para descrever as deslocações que nos são propostas pelas multiplicações contínuas de imagens na época em que vivemos, as palavras, a forma e a escrita resultam ineficazes. Por milênios a história da cidade foi feita "através" e "pela" escritura, traduzida em formas arquitetônicas geométricas, simétricas e ordenadas, como as construções lingüísticas de um texto, expressões de uma racionalidade ordenadora que, por milênios, juntou o construir ao pensar, fazendo do habitar uma forma lógico-racional.

Desde *A República* de Platão, as simetrias das cidades renascentistas, até o funcionalismo modernista, a arquitetura foi a forma material e "pedrosa" do logos e da razão escrita. Desde *A cidade do Sol*, de Campanella; a *Cidade de Deus*, de Santo Agostinho; *Utopia*, de Thomas More, até *A carta de Atenas* de Le Corbusier, os espaços urbanos saíram da forma escrita, desenvolvendo-se como textos feitos de arquiteturas e de espacialidades tecnotextuais.

Na nossa época as formas materiais dos espaços arquitetônicos são flanqueadas e substituídas por aquelas das imagens móveis e imateriais e pelos fluxos comunicativos de informações e signos que passam a desenhar paisagens-fluxo, feitas de esquinas informativas e praças eletrônicas onde tudo é atravessável e fluido.

Com o termo *agorazein*, os antigos gregos exprimiam aquela atividade cotidiana que os moradores das cidades helênicas e aqueles da Magna Grécia faziam passeando e conversando ao mesmo tempo. Sem meta nem direção certa. O caminho se fazia fazendo, seja na construção lógica e seqüencial da maiêutica, seja nas direções dos múltiplos caminhos possíveis pelas vielas das cidades. A cidade e a palavra, isto é, a arquitetura e o conhecimento lógico-racional, eram indissociáveis, e o filósofo-morador percorria ambas, atravessando as arquiteturas-pensamento do espaço urbano. Como descrever o andar contemporâneo nas "metrópoles-fluxos" feitas de outdoors, sinais luminosos, videoscreen, e de cruzamento de informações em rede de todos para todos? A forma dialética "centro e periferia" da época da comunicação de massa se torna obsoleta, e com ela a literatura urbana dos romances do século XX.

Georg Simmel, advertindo sobre a intensidade e a qualidade das transformações sociocomunicativas, fala da necessidade de introduzir uma sociologia do sentido, que passa a descrever as formas desordenadas das multiplicações de espaços e pessoas próprias do meio ambiente urbano e das metrópoles industriais. Mas como pensar e narrar os sentidos nas esquinas digitais e nas passagens eletrônicas onde passamos a adquirir outras funções, puxados e expandidos pelas deslocações informativas e pelas extensões midiáticas dos nossos acessórios eletrônicos (walkman, telefone celular, agenda eletrônica, bilhete eletrônico, cartão de crédito)?

As paisagens pós-urbanas das arquiteturas móveis e as experiências das deslocações "nem sedentárias nem nômades" do habitar contemporâneo não cabem em um texto. Podem ser narradas e expressas como texto, também como imagem ou como música, mas como texto, imagem e música não lineares, nem coerentemente geométricos.

Que linguagens escrevem as múltiplas paisagens flutuantes do habitar contemporâneo? Se a música e a arquitetura barrocas criaram curvas contínuas, assim como o cinema e o jazz narraram a metrópole tardo-industrial, as representações múltiplas das paisagens artificiais do nosso cotidiano devem ser narradas em forma de fluxos não seqüenciais, como as estéticas adiacrônicas da música eletrônica ou como as apropriações fragmentárias que adquirimos deslocando-nos nas imagens veiculadas dos vários suportes publicitários. Assim como as novas tecnologias digitais e as formas virtuais desenvolvem novos sentidos, os espaços-fluxos pedem outras linguagens.

O texto que segue busca, provavelmente sem conseguir, representar, na forma, o conteúdo deslocativo próprio da experiência do cruzamento das paisagens "informativo-arquitetônicas" dos metaespaços, onde, heteronômica e atopicamente, habitamos. O texto segue a impossível tentativa de alcançar uma aproximação aos nossos diversos reais expressos das paisagens visuais publicitárias, multiplicando texto, reflexões, sensações e imagens, expressando em tal incoerência a sua própria derrota.

Como numa rua cheia de publicidade, o nosso olhar e a nossa sociabilidade deslocam-se livremente, ora num detalhe, ora numa imagem, ora numa paisagem. Assim, as peças que compõem este texto são intercambiáveis, imitando as infinitas possibilidades de escolha do percurso geográfico-informativo do nosso transitar cotidiano pelas paisagens flutuantes.

Entre ausência e presença: a função social da imagem no pensamento ocidental

> Oh, imagem, que tens o poder de impor-te à nossa faculdade e à nossa vontade e de raptar-nos em um mundo interior tirando-nos do mundo externo, tanto que, até se tocassem mil trombas, nós não nos daríamos conta de onde chegam as mensagens visuais que a imaginação recebe...?
>
> Dante,
> *A Divina Comédia,*
> Purgatório XVII, 13-18

> Se o final do século XIX e o início do século XX assistiram ao advento de veículo ferroviário, rodoviário e aéreo, esse fim de século anuncia uma última mutação, com o advento do veículo audiovisual.
>
> Pierre Lévy

Na história do pensamento ocidental, a imagem, bem como os seus significados e as suas funções estão associados a duas concepções que no decorrer das distintas épocas históricas tornaram a se contrapor, assumindo formas e suportes novos, mas mantendo a própria oposição.

Podemos idealmente reconduzir a origem de uma das visões no dualismo platônico e, em particular, na concepção que via a imagem e todas as produções artísticas como uma ausência, um esvaziamento do real e, portanto, como a produção de uma cópia desprezível da natureza, cópia por sua vez de algo verdadeiro e imaterial que se encontrava no mundo das idéias, alcançável somente com o pensamento filosófico e com a metafísica.

A segunda concepção, ao contrário, contempla a imagem como uma revelação e uma presença e, embora não possa ser reconduzida à percepção de um único filósofo, encontra nas produções artísticas, e naquelas de distintas linhas de pensamento, claros momentos de identificação. Nesta segunda concepção que ganha força, e em outros desdobramentos com a invenção do telescópio, depois, sucessivamente, com o advento da fotografia, do cinema e das reproduções visuais das paisagens, a imagem poderia ser pensada como uma fresta, um metaterritório, um lugar de encontro de significados e, sobretudo, de novas sociabilidades.

A primeira linha tem, como já foi dito, a sua própria origem no monoteísmo e na recusa das imagens, atribuídas a Jhavé, e na conseqüente associação destas aos ídolos. Mas será em Platão que a condenação das imagens encontrará uma justificação plena. Distinguindo entre os vários tipos de conhecimento, a *doxa* (a opinião) e a *episteme* (a ciência) em *A República*, o filósofo grego passa a subdividir esta última em mais dois níveis, a *diánoia* e a *nóesis*. A primeira indica o conhecimento e o raciocínio matemático-geométrico, e a segunda, o conhecimento puro e dialético das idéias, superior porque não mais ligada às imagens e às figuras visíveis. Daí a crítica ao mundo das imagens, à *doxa*, a opinião baseada em imagens, reflexos e sombras. Mas será sobretudo na definição de arte como *mimesi* (imitação) no livro décimo de *A República* que se encontra a condenação mais severa. Nele, Sócrates, retomando a crítica à arte, demonstra que se deve condenar qualquer tipo de arte que seja produtora de imagens imitadoras da natureza e de objetos materiais que, por sua vez, nada mais seriam que cópia das idéias destes: "Chamo de imagens em primeiro lugar as sombras, depois os reflexos que vemos nas águas ou na superfície de corpos opacos, polidos e brilhantes e todas as representações do gênero" (Platão, 2000, p. 120).

A concepção hostil das imagens, devida à aceitação das teorias platônicas, se difundirá, no pensamento ocidental, e encontrará uma ulterior expressão no conflito entre católicos e reformados, acontecido no começo da época moderna na Europa. A constituição de duas facções contrapostas, os iconófilos e os iconoclastas, tinha por trás duas distintas concepções dos significados e das funções atribuídas às imagens religiosas. Segundo uns, as imagens veneradas de Deus, assim como as distintas devoções de santos, eram expressões de idolatria, isto é, de uma religiosidade pagã ligada aos cultos politeístas, enquanto para os outros a imagem objeto de culto era a representação da presença de Deus na comunidade, símbolo da encarnação e da presença de Deus na história.

A ruptura e a queima das imagens foram, nessa época, como é sabido, uma prática cotidiana, expressão de uma cultura austera e severa que encontrava as suas formas estéticas nas escuras catedrais góticas. Reencontramos a hostilidade perante as imagens na época industrial quando a invenção de novas tecnologias comunicativas permitiu a reprodução visual de paisagens (fotografia) e a construção de narrativas audiovisuais (cinema). Entre os outros autores, será Adorno a transmitir a continuidade do pensamento que percebe a imagem como a negação do real e, na época da indústria cultural, como o instrumento de persuasão e de divulgação do consumo de massa. O cinema e, sucessivamente, a televisão serão pensados, pelo estudioso alemão, como os instrumentos responsáveis pela corrupção das consciências e pela difusão de estilos de vida alienadores. As imagens teriam aqui uma função anestésica e inebriante, parecida com aquela desenvolvida pelas visões das sereias homéricas:

> Ao invés de dar ao inconsciente a honra de elevá-lo ao consciente e com isso simultaneamente atender ao seu ímpeto e satisfazer à sua força destruidora, a indústria cultural, tendo à frente a televisão, reduz os homens ainda mais a formas de comportamento inconscientes [...] (Adorno, apud Chong, 1971, p. 353)

Limitando a análise às finalidades expositivas da nossa argumentação e chegando em época mais recente, encontramos na obra de Jean Baudrillard (1997, p. 31), e na elaboração do conceito de simulacro, um ulterior e definitivo exemplo de aversão às imagens. Se

> a sociedade primitiva tinha suas máscaras, a sociedade burguesa seus espelhos, nós temos nossas imagens. Nós acreditamos forçar o mundo pela técnica. Mas pela técnica é o mundo que se impõe a nós [...].
> A imagem é por excelência o médium dessa publicidade gigantesca que o mundo faz de si mesmo [...].

Continuando a tradição judaico-cristã, que recusava as imagens de Deus como ídolos, Baudrillard (1997, p. 32) é categórico e platônico na sua definição que põe a imagem como causa do desaparecimento do real:

> Se uma coisa quer ser fotografada é justamente porque ela não quer entregar seu sentido, não quer refletir-se.

> Ela quer ser capturada diretamente, violada ali mesmo, iluminada no seu detalhe, na sua qualidade fractal. Sente-se que uma coisa quer ser fotografada, quer tornar-se imagem que não é para durar: é, ao contrário, para melhor desaparecer [...].
> Pela imagem, o mundo impõe sua descontinuidade, seu esfacelamento, seu inchamento, sua instantaneidade artificial. Nesse sentido, a imagem fotográfica é a mais pura, porque ela não simula nem o tempo nem o movimento, e respeita o irrealismo mais rigoroso. Todas as outras formas de imagem (cinema etc.), longe de representarem progresso, não passam, talvez, de formas atenuadas dessa ruptura da imagem pura com o real. [...]
> Criar uma imagem consiste em ir retirando do objeto todas as suas dimensões uma a uma: o peso, o relevo, o perfume, a profundidade, o tempo, a continuidade e, é claro, o sentido. A custo dessa desencarnação, desse exorcismo, a imagem ganha esse fascínio a mais, essa intensidade, torna-se o médium da objetalidade pura [...].

O que parece evidente dessas breves considerações é que, além da sua função de indução ao consumo, expressão dos interesses e dos valores da indústria cultural, a imagem publicitária encontra uma ulterior causa de rejeição no interior do pensamento ocidental que se evidencia propriamente na sua natureza de imagem e, portanto, como simulacro de paisagem e de significados.

Com base na concepção da imagem, no interior de uma parte do pensamento ocidental, e na análise da função social desenvolvida da publicidade no interior da indústria cultural, não há outra possibilidade de pensar, se não de forma crítica e moralista, a difusão infinita de imagens e de publicidade nos nossos cotidianos e nas paisagens urbanas.

A multiplicação de imagem, nessa percepção, coincidiria com o incremento da poluição visual e com a integração-alienação perceptiva dos indivíduos nas malhas das redes da sociedade de consumo de massa. Como elemento indispensável da difusão das estéticas do consumo, a publicidade, nesta visão, desenvolveria um importante papel instrumental no interior da sociedade capitalista. A sua multiplicação ilimitada é, ao mesmo tempo, sinal e causa da expansão dos níveis de alienação, daí a conclusão de que as imagens dos outdoors e aquelas publicitárias em geral são a expressão de uma dupla ausência, a do sujeito e a da verdade.

Existiria uma outra forma de pensar o papel social da publicidade na sociedade contemporânea? Isto é, existe no mesmo pensamento ocidental uma outra forma de pensar a imagem?

Encontramos na mesma tradição filosófica e estética ocidental elementos para pensar as funções sociais das imagens e os seus significados com base em outros prismas. Regis Debray (1994, p. 45), na sua obra *Vida e morte da imagem,* evidencia a relação existente entre as imagens e a morte:

> O nascimento da imagem está envolvido com a morte. Mas se a imagem arcaica jorra dos túmulos é por recusar o nada e para prolongar a vida [...]. A imagem – primariamente esculpida; em seguida, pintada – é, na origem e por função, mediadora entre os vivos e os mortos, os seres humanos e os deuses; entre uma comunidade e uma cosmologia.

Ao contrário de quanto pensado por Baudrillard, nesta outra interpretação a imagem remeteria, mais que a uma ausência, a uma presença e, sobretudo, a uma relação comunicativa. Debray cita o exemplo de *Alceste*, a tragédia de Eurípedes, que narra a história de Admeto, rei de Fere, que deve morrer. No entanto, pela intervenção de Apolo, pode evitar a própria morte se alguém substituí-lo e morrer em seu lugar. Na história conta-se que nem o seu velho pai Ferete, nem a sua velha mãe consentem dar a própria vida para salvar o filho, somente a sua esposa Alceste aceita o sacrifício. Logo depois da morte da sua esposa, Admeto suplica ao melhor escultor da cidade para esculpir uma estátua que seja a cópia perfeita da imagem da sua esposa para ele poder, assim, continuar a estar perto dela:

> Trabalhando com a mão de hábeis fabricantes de imagens (*tektonon*), teu corpo será estendido na minha cama; vou deitar-me junto dele e enlaçando-o, chamando teu nome, julgarei ter nos abraços a minha querida mulher, embora ausente [...]. (Eurípedes, 2005, p. 23, verso 348)

Apostando na mesma direção, que percebe a imagem como uma presença comunicante, segue a análise feita pelo filósofo Mario Perniola sobre o ritual funerário na antiga Roma. Neste, o que era venerado e chorado não era o corpo em putrefação do imperador, mas uma imagem sua, um boneco, que passava a significar naquele momento a presença real do corpo do imperador. Mas será discutindo o conflito entre os iconoclastas e os iconófilos que Perniola (2000, p. 128-129) passa a descrever a análise da imagem como um problema ligado à identidade:

> O problema teórico fundamental da imagem é a sua relação com o original. Para os iconófilos, entre a imagem e o original, entre a forma e o espírito, entre o ícone e a divindade, existe uma relação de identidade ou, pelo menos, uma relação de ligação metafísica [...].
> O ponto de vista da iconoclastia religiosa, ao contrário, é afirmado com toda energia pela ala extremista da Reforma protestante na primeira metade do século XVI, para a qual Deus, o original, o espírito, é absolutamente diferente e outro em relação à imagem, à figura, ao mundo.

Na época contemporânea a iconoclastia estaria ligada à visão profética de uma sociedade futura e, portanto, negaria a sociedade moderna e todas as suas produções culturais e audiovisuais. Os iconoclastas contemporâneos reproduziriam, portanto, todas as características dos velhos modelos platônicos:

> O jornalismo, a publicidade, a propaganda política, os meios de comunicação de massa constituem precisamente, segundo os iconoclastas modernos, uma sociedade do espetáculo que deve ser rejeitada em bloco em nome de uma realidade, de um original que se expressa na subjetividade radical de quem se rebela contra as instituições [...] a pureza do moralismo monoteísta torna-se a coerência do indivíduo ou do grupo revolucionário. (Perniola, 2000, p. 132)

Ao contrário, a iconofilia moderna se expressaria na defesa da necessidade de uma proximidade entre as imagens veiculadas pelos meios, ou pelas publicidades, à realidade:

> A iconofilia moderna consiste em defender a necessidade de um nexo íntimo, de uma relação de estrita afinidade entre a notícia publicada no jornal e o fato ao qual ele se refere, entre a imagem oferecida pela publicidade e a mercadoria anunciada, [...] em suma entre a imagem e o original. (Idem, p. 131)

Afastando-se da análise de Baudrillard, Perniola defende a necessidade de superar a dicotomia iconoclastia–iconofilia como condição necessária para entender os específicos significados das novas imagens veiculadas pelos meios de comunicação de massa:

> Iconofilia e iconoclastia convergem na pretensão metafísica de estabelecer uma relação entre a imagem e o original; quer essa relação seja de identidade, como na iconofilia, quer de diferença, como na iconoclastia, pouco importa: o importante é o pressuposto metafísico, comum a ambas, que afirma a existência de um original. [...] No entanto, a imagem produzida pelos meios de comunicação de massa não possui original – trata-se de uma construção artificial que não possui protótipo. (Idem, p. 134)

Surge daí a inadequação das duas tradicionais posições pela análise das imagens contemporâneas, como aquela das fotos publicitárias e dos outdoors que compõem as paisagens móveis dos nossos espaços cotidianos. Estas não são nem expressão de uma ausência nem visualização de uma presença.

Metalinguagens 0

Olhando o interior da Cappella degli Scrovegni, pintada por Giotto em 1306, tem-se a sensação de se estar deslocando em um videogame, isto é, em um espaço comunicativo, feito de imagens e de informações. O visitante sente-se envolto por figuras e cores. À esquerda, à direita, na frente, embaixo e em cima as imagens preenchem a paisagem. Tudo é visualmente percebido. O fundo fortemente azul contribui para amplificar a visão, ressaltando os fortes contrastes das cores.

Os afrescos são cheios de personagens representativos, ora cenas da vida de Maria, ora as imagens dos evangelistas e dos doutores da Igreja, bem como aquela do julgamento universal na parte final. Uma história visual da salvação.

A pequena estrutura da arquitetura da capela amplia o efeito narrativo com a proximidade. O resultado é a construção de uma paisagem visual em que o visitante sente-se incluído – experiência comum nas igrejas da época medieval e da Renascença. As imagens eram a arquitetura fixa dos interiores dos espaços sagrados e das salas de palácios e edifícios importantes.

Antes da publicidade, os afrescos decoravam os espaços urbanos multiplicando significados e ampliando visualmente a paisagem. A função social do *affresco* não era simplesmente decorativa ou somente pedagógica, mas também experiencial, na medida em que conseguia projetar o sujeito recolhido na reza ou em meditação para além do lugar, em outras dimensões e em metassensibilidades.

Sociabilidades visuais

Desde as primeiras representações em madeira até a invenção da perspectiva no século XV em Florença, a pintura desenvolveu importante papel na percepção da sociedade e na criação de seus significados.

As distintas transformações iconográficas e estilísticas não obedecem exclusivamente à introdução de novas técnicas, nem tampouco as mutações das formas dos sujeitos retratados e das cores podem ser consideradas como um fato relacionado exclusivamente à escolha e à criatividade do artista. Do início do ano 1000, até próximo do Renascimento, as representações visuais tinham, na quase-totalidade, um único argumento, e os sujeitos pintados representavam exclusivamente santos, personagens divinas ou imagens inspiradas nas narrações dos textos sagrados.

A importância de tal monoexpressão e o seu impacto social são facilmente compreensíveis em uma época na qual a maioria da população era analfabeta e o controle e o domínio das consciências passavam com facilidade pela difusão espacial de imagens-textos que ofereciam sentidos e metáforas. Tudo levava, por meio das imagens, a uma narrativa vertical, "epifânica" e "ierocrática".

Desse ponto de vista, se foram as imagens, na época medieval, o meio de difusão do poder, o espaço simbólico da presença do sobrenatural e das suas leis, deve-se atribuir a Giotto o começo do processo de emancipação das populações européias da dominação do poder temporal da Igreja Católica que, passando pelo Renascimento, chegará somente três séculos depois na sociedade dos lumes, marcando a definitiva separação entre o poder político e o religioso.

A laicização da sociedade e a crise do poder da Igreja começaram nas imagens, nas linhas mais redondas e realistas do trato do pintor italiano que, indo além das categorias da pintura bizantina, introduziu realismo e contexto na pintura e, por intermédio destes, no imaginário coletivo da época, modificando as concepções do mundo com as "novas" formas dos seus desenhos. É o caso dos afrescos da Basílica Superior, onde Giotto, em várias partes, retrata imagens de vida cotidiana num contexto urbano, colocando prédios da arquitetura real da Assis da época, historicizando o imaginário coletivo e cumprindo, assim, uma revolução que realizava a passagem de uma narrativa metafísica para um cronotopo histórico e imanente.

As novidades das estéticas dos afrescos começaram aquele longo processo de laicização, que alcançaria as suas formas histórica, política e social somente séculos depois. Tal inversão de valores e de visão de mundo, que marcará a história da modernidade européia, está toda contida na obra de Ambrogio Lorenzetti, *Effetti del buon governo in città e nel contado,* de 1340. Nela, sendo representada pela primeira vez na sua integridade, está uma cidade medieval, retratada como numa foto instantânea, cujos habitantes estão empenhados nos seus afazeres, trabalhando, comprando coisas no mercado, assistindo da varanda ao acontecer do cotidiano.

As transformações na forma de ver e representar a sociedade anteciparam, em muitos casos, as transformações sociais, políticas e culturais. Como no caso da revolução da perspectiva realizada por Alberti e Brunelleschi na Florença do século XV, a qual, por meio de uma translação do olhar, que substituía a verticalidade com a profundidade, permitiu a mutação do olhar e a representação subjetiva do espaço. Dessa maneira, séculos de absolutismo e de domínio da verdade viriam a cair. Foi assim que, a partir de uma modificação de ponto de vista, de um jogo visual, de uma mutação de perspectiva, foi possível redesenhar e repensar o mundo. Por meio do aprimoramento dos cálculos geométricos, passaram-se a realizar mapas mais precisos, que facilitaram os cálculos para novas rotas e a descoberta de novas terras.

Do mesmo modo com que a luneta de Galileu e o seu olhar tecnológico modificaram a percepção do universo, assim também a abstração visual do território, quer dizer, a recusa da visão direta da paisagem e a sua apropriação indireta por meio da reprodução cartográfica, permitiu as descobertas de mundos novos.

> A Renascença, no entanto, testemunhou uma reconstrução radical de visões do espaço e do tempo no mundo ocidental [...] As regras fundamentais da perspectiva – regras que romperam de maneira radical com as práticas artísticas e arquitetônicas medievais e que viriam a dominar até o começo do século XX – elaboradas na Florença da metade do século XV por Brunelleschi e Alberti [...] geram um sentimento de espaço friamente geométrico e sistemático. (Harvey, 1996, p. 220-223)

Sem querer propor uma hierarquia entre os vários e complexos fatores de caráter político, econômico e sociocultural que determinaram as transformações do velho continente e das suas visões, consideramos suficiente acrescentar, embora muito sinteticamente, o importante papel desenvolvido pelas imagens no interior das profundas mudanças na disputa do imaginário e do poder que marcaram a história da Europa na época medieval e renascentista, relevando, assim, como o visual e o imaterial contribuíram, em vários níveis, para a construção e a transformação da sociedade de diversas formas.

Mas será sem dúvida na época moderna que a visualização das relações sociais ganhará importância maior no interior dos novos estilos de vida da classe burguesa e no contexto das novas formas urbano-industriais. Nela as multidões nas ruas atravessam espaços e distâncias, criando novas formas de relações anônimas nas quais a forma momentânea e visual substitui as formas pessoais cara a cara dos pequenos vilarejos e da pequena cidade.

Se, de fato, superadas as interpretações teológicas do mundo, a época moderna será a época da observação científica e da euforia experimental, no âmbito social, a fotografia e o cinema, de um lado, e as formas visuais das relações sociais urbanas, de outro, tornarão a sociedade industrial uma sociedade fortemente marcada pela visualização das suas relações. A importância do olho e da sua atividade ao fim da formação e das regulamentações da sociedade e dos atos sociais é assim sintetizada por Georg Simmel (1989, p. 121) no seu "Excursus" sobre a sociologia dos sentidos:

> Entre os distintos órgãos, o olho é feito para oferecer uma atividade sociológica absolutamente única: a conexão e a ação recíproca entre os indivíduos que consiste em se olhar entre si. Provavelmente esta é a ação recíproca mais imediata e mais pura que exista em geral.

A relevância da função do olhar no âmbito social é vista, pelo sociólogo alemão, na sua capacidade de criar comunidade, quer dizer, pela capacidade de abstrair, a um nível superior, aquele visual, as formas das relações interpessoais:

> Os operários num galpão de uma fábrica, os estudantes numa sala de aula, os soldados em um quartel, sentem-se de qualquer forma uma unidade. E se esta unidade brota também de elementos metassensíveis, esta é co-determinada no seu caráter do fato que o sentido essencial e ativo por esta é o olho. (Simmel, 1989, p. 123)

Na mesma direção, Walter Benjamin (1985, p. 172) tinha descrito a transformação trazida pelos novos meios de comunicação como uma transformação experiencial culminada na substituição da mão pelo olho:

> Com a fotografia, pela primeira vez, a mão se liberou das tarefas artísticas essenciais, no que toca à reprodução das imagens, as quais, doravante, foram reservadas ao olho fixado sobre a objetiva. Todavia, como o olho apreende mais rápido do que a mão desenha, a reprodução das imagens pode ser feita, a partir de então, num ritmo acelerado que consegue acompanhar a própria cadência das palavras.

Se por um lado o visual sempre foi um elemento coagulador capaz de sintetizar e produzir o social, como demonstram as representações públicas, quer dizer, visíveis, de cada ritual, de cada desfile público ou de cada parada, onde se mostrarão o sentido profundo e os elementos constituidores de cada sociedade, os processos de urbanização e as evoluções tecnológicas dos meios de comunicação incrementarão tal importância até modificar significativamente a forma do perceber. Será a Revolução Industrial a transformar as relações interpessoais, favorecendo, àquelas baseadas na fala, as formas visuais próprias das grandes massas urbanas.

> Este conceito extraordinariamente eficaz, que unifica o elemento geral de todos os trabalhadores assalariados independentemente do objeto do próprio trabalho, era inacessível nos séculos precedentes onde as uniões de aprendizes eram muito mais estritas e íntimas, pois baseadas essencialmente sobre relações pessoais e orais. Somente no galpão da fábrica, onde se vê inúmeros indivíduos sem escutá-los, cumpre-se pela primeira vez aquela alta abstração do que é comum a todos estes indivíduos. (Simmel, 1989, p. 167)

As novas formas de vida no meio urbano, ligadas às concentrações de grandes grupos de pessoas nos centros industriais, modificarão não somente as relações sociais, mas as formas de perceber dos indivíduos. Essas últimas, até então, ligadas a paisagens naturais, aos ciclos das estações e ao tempo biológico, passaram a ser marcadas por um incremento da importância das relações visuais, em conseqüência da impossibilidade de se relacionar de maneira verbal com as imensas multidões das cidades.

No interior dos novos aglomerados urbanos, a forma de se apropriar do espaço e de interagir com o meio ambiente torna-se predominantemente visual. Na grande parte das relações, a interação não-verbal e o frenético transitar das pessoas e dos meios de transportes aumentam as percepções rápidas típicas do olhar:

> O trânsito que acontece, comparado com aquele de uma pequena cidade, mostra uma predominância desmesurada do ver sobre o ouvir os outros.

> E isto não somente porque os encontros na estrada da pequena cidade acontecem entre uma quantidade grande de conhecidos com os quais se trocam algumas palavras ou a cuja vista nos reproduz a inteira personalidade, não somente aquela visível, mas, sobretudo, pelos efeitos dos meios de transportes públicos. Antes do desenvolvimento do ônibus, das ferrovias e das linhas de trem do século XIX, os homens não estavam absolutamente na situação de se poder e se dever olhar entre si por minutos e horas sem se falar. O trânsito moderno, em relação à parte predominante de todas as relações sensíveis entre pessoas, fá-las cada vez maiores ao sentido simples da vista, e em tal forma dever-se-iam pôr os sentimentos sociológicos gerais de forma completamente nova. (Idem, p. 182)

A respeito disso, Walter Benjamin relaciona a experiência do espectador de cinema com as prestações perceptivas necessárias a um indivíduo que anda no meio do trânsito de uma grande cidade. Como no cinema, a rápida seqüência das imagens nos torna espectadores do "filme" da cidade, que se manifesta perante os nossos olhares como fluxos contínuos de imagens. Como o cinema, também a cidade é feita de imagens quebradas e em seqüência: mal se forma uma cena, logo é substituída por outra, à qual o olho e a mente do espectador têm de se adaptar novamente. O espaço urbano que se concretiza com a Revolução Industrial e que se desenvolve com as novas técnicas de comunicações é um meio ambiente comunicativo, onde predominam as percepções visuais e os fluxos de imagens.

Se desde a *polis* grega a arquitetura e as formas estéticas tiveram importante função na construção arquitetônica e simbólica dos distintos espaços públicos, formando identidades e comportamentos, a época que surge com a ruptura industrial parece ser marcada por algo distinto. A vocação comunicativa da arquitetura urbana e a sua apropriação visual são abordadas por Massimo Canevacci (1996, p. 67) em *A cidade polifônica*, que constitui, além de um relato antropológico e visual sobre São Paulo, um verdadeiro manual de metodologias para experimentações perceptivo-metropolitanas. A percepção da cidade é, nesse texto, visual e dialógica:

> A comunicação é a viagem de uma diferença que contém o sentido da informação.
> A comunicação urbana exacerba essas diferenças, multiplica-as, fá-las coexistir, entrar em conflito. [...] Por isso um enfoque antropológico que elabore um mapa qualitativo (e parcial) de uma megalópole como São Paulo deve se basear na seleção das diferenças. Diferença é também um edifício, a própria rua, uma residência particular, os novos ritos protestantes, as fotos *hard* num quarto etc. [...] O problema entretanto complica-se na cultura urbana, quando se escolhe como fonte com a qual se comunicar edifícios, ruas, árvores, hipermercados, pontes, panoramas, teatros etc. Encontramo-nos aqui diante de objetos arquitetônicos, elementos naturais, desenhos urbanísticos que falam outros tipos de linguagem.
> Neste caso não serão entrevistados os bandos de jovens que vivem pelas esquinas [...]. Não é, portanto, a audição que deve apurar-se ou a linguagem verbal. Mas sim o olhar e a linguagem dos signos.
> O visual torna-se assim o centro polimórfico que deve ser interpretado e o meio da interpretação. O visual é objeto e método.

O visual é sujeito, interlocutor ativo, não apenas simples meio, método de observação, nem apenas a simples forma de expressão da cidade. Se a arquitetura da metrópole é visual, múltipla e dissolvente, o olhar do seu morador-observador se torna também tal. Além de um relato sobre São Paulo, portanto, o texto oferece uma interpretação do sujeito metropolitano.

A relação entre cidade, sociedade e imagens é uma relação considerada central também para o sociólogo francês Michel Maffesoli (1995, p. 112), que define a época contemporânea como caracterizada por uma passagem do "ideal democrático", que unia grandes populações sob ideais e valores, para o "ideal comunitário", caracterizado pela afirmação de pequenos grupos reunidos em torno de *estilos estéticos*:

> Assim como pode se falar de um estilo teológico, na Idade Média, ou de um estilo econômico, durante a Modernidade e certamente até esses últimos decênios, tentarei demonstrar que está sendo elaborado, sob nos-

> sos olhos, um estilo estético. Neste sentido, tão próximo possível de sua etimologia, o "estilo" é aquilo pelo que uma época se define, escreve-se e se descreve a si mesma.

Assim como Marx considerava a sociedade como algo baseado nas relações produtivas, como Weber considerava a cultura como elemento constituinte do húmus social e como Durkheim verá na estrutura moral os pressupostos de cada conviver, Maffesoli (1995, p. 121) prefere descrever a época presente como caracterizada pela atração pelo visual e pela estética.

O sociólogo francês aponta para o *retorno das imagens*, usando suas palavras:

> é o retorno das imagens, a importância do contágio emocional, o recurso a esses múltiplos simbolismos que são a afirmação da identificação religiosa, a efervescência étnica, a busca do território, são coisas que servem de matriz à socialidade nascente, coisas que constituem o caldo da cultura do qual a atualidade nos oferece muitos exemplos, mais ou menos explosivos.
>
> Não há nenhuma sociedade que escape a esse estilo em gestação.
>
> [...] A civilização enlanguescedora de uma modernidade econômico-utilitária está em vias de suceder uma nova cultura, onde o sentido do supérfluo, a preocupação com o inútil, a busca do qualitativo assumiriam o primeiro lugar. A pulsão estilística, enquanto maneira de pensar, de agir, de sentir, é seu mais nítido indicador.

Para Maffesoli, longe de ser uma superestrutura, o estilo estético de uma época influencia profundamente as relações sociais, da mesma forma que o conjunto das instituições religiosas, políticas e econômicas, uma vez que este mesmo torna-se visível por meio de uma forma. Mas a força maior do estilo estético, em virtude de passar a ser consumido coletivamente nas suas distintas formas, está na sua capacidade de ser fator de agregação:

> Que o lamentamos ou não, trata-se de um tempo das tribos que se esboça. Um tempo em que o estilo de ver, de sentir, de amar, de se entusiasmar

> em comum e no presente se impõe, sem dificuldade, às representações racionais voltadas para o futuro.
> Conseqüência: o estilo é como uma espécie de língua comum. Mesmo e sobretudo se esse comum se referir apenas a alguns. (Maffesoli, 1995, p. 122)

Se Bakunin definia a força que originava as pontuais revoltas no decorrer da história humana como "força coletiva invisível", Maffesoli atribui, na época contemporânea, a esta força o nome de *cultura estética*:

> Dando ao termo cultura seu sentido mais forte, o de húmus ao qual enraíza a vida social, pode-se falar de uma cultura estética. Isto é, de um momento em que os valores estéticos contaminam o conjunto da vida social, momento em que nada escapa à sua influência, momento em que as diferenças sociais não são de maior importância. (Idem, p. 134)

Encontramos sinais nas ruas das nossas cidades de uma nova forma social, caracterizada pela relações estéticas e pelo predomínio do visual sobre o ideal identitário. São estas afinidades "fúteis", no sentido atribuído a esta palavra por Maffesoli, que marcam a passagem da identidade para as "identificações", isto é, para formas de identidades menos rígidas e baseadas sobre estilos de roupas, cores, uso de acessórios, afinidades comuns etc., que não implicam uma exclusividade nem uma pertença territorial rígidas. Mais que clãs fechados e secretos, as novas formas de agregações urbanas são grupos abertos nos quais os indivíduos entram e saem com desenvoltura e leveza. O que os caracterizam, em lugar das ideologias rígidas das velhas formas de agregações urbanas, é a comunicação e a visibilidade. À comunicação o sociólogo francês dá o nome de *comunicação tátil*,

> que tenha apenas por objetivo "tocar o outro", entrar simplesmente em contato, participar junto como uma forma de gregarismo. É a comunicação do esporte, da música, do consumo, ou ainda aquela banal, da deambulação cotidiana ou semanal nos locais urbanos previstos para tal

> fim. Essa comunicação tátil também é uma forma de interlocução: fala-se tocando-se. (Idem, p. 132)

A imagem, portanto, seria uma nova forma de identificação e de agregação que colocaria os indivíduos em relação com os outros, criando sentidos por meio de uma forma-conteúdo estética. A sociabilidade torna-se "aquilo que me faz experimentar sentimentos, sensações e emoções com os outros", tornando a imagem um laço de relação entre o sujeito e a sociedade, entre o um e o múltiplice, entre o singular e o plural: "A imagem é uma espécie de 'mesocosmo', um mundo do meio entre o macro e o microcosmo, entre o universal e o concreto, entre a espécie e o indivíduo, entre o geral e o particular. Donde sua eficácia própria, e aquilo que ela representa" (Idem, p. 133).

Ao lado das relações econômicas e estruturais que preencheram o imaginário social da época moderna, o meio ambiente metropolitano seria caracterizado também pelo domínio do visual e das relações estéticas. Parafraseando Durkheim, seriam as imagens a "fundar a sociedade" e a fazer de cada sociedade "uma sociedade visual". As novas formas de agregações urbanas são, neste sentido, um exemplo evidente: rappers, skatistas, surfistas, punks, clubbers expõem as próprias identidades pelos seus estilos estéticos.

Olhando pelas ruas das cidades, nos mercadinhos e nos bazares alternativos, nos ônibus ou no metrô, não é difícil distinguir a gramática estética de cada um e a sua temporária *etnia visual*[1] de pertencimento.

A percepção da centralidade da imagem como fator constituinte da sociedade contemporânea encontramos também em Featherstone (1995, p. 96), segundo o qual:

> A superprodução de signos e a reprodução de imagens e simulações resultam numa perda do significado estável e numa esteticização da realidade,

[1] Cabe aqui ressaltar a inadequação da utilização da palavra "tribo", um conceito exótico que Maffesoli toma emprestado da antropologia. Se, como colocado pelo mesmo sociólogo francês, as relações sociais metropolitanas são caracterizadas pela própria forma instável e deslocada, sem dúvida a expressão "tribo" resulta inadequada. É difícil pensar na possibilidade, no interior das subjetividades nativas, de trocar de tribo ou de etnia e de passar de uma para outra com a mesma facilidade com a qual um jovem troca a sua roupa e o seu *look* da manhã com o da tarde ou o da noite.

na qual as massas ficam fascinadas pelo fluxo infinito de justaposições bizarras, que levam o espectador para além do sentido estável.

Metalinguagens S

Entro na avenida Paulista. Como é comum neste horário, ela se encontra cheia de carros. Ando muito devagar. Acelero e paro. Em volta, carros e pessoas, corpos de latarias e corpos de carne. Trânsitos de corpos e metais. Homens parados em carros em movimento. Aos poucos chego na esquina da Paulista com a rua Augusta. Paro no farol. À minha esquerda um outdoor, quase do tamanho de um prédio, mostra as imagens de duas garotas usando jeans. Logo na minha frente passa um *busdoor* coberto com as imagens da publicidade de um sapato – um enorme tornozelo atravessa a Paulista. Logo em seguida um outro *busdoor* com uma enorme cabeça mostra os benefícios de um remédio contra as dores. Pedaços de corpos. Ao meu lado um sinal luminoso do McDonald's. Na minha frente passantes cruzam a rua. Sapatos, jeans, bolsas, cores, imagens.

O rádio do meu carro toca uma música... Tudo em volta de mim é imagem...

Toca o meu celular – do outro lado me perguntam: "Onde você está...?"

A época das imagens de mundo: publicidade e niilismo

Superando a contraposição *iconofilia* e *iconoclastia* chegamos a poder repensar a relação e o significado social das imagens, questão central para discorrer não somente o papel da publicidade na nossa sociedade, mas também o significado do habitar contemporâneo onde imagens, informações e paisagens eletrônicas e visuais multiplicam-se ao nosso redor.

Uma primeira questão a ser colocada é o advento de um outro tipo de imagem depois da chegada dos meios de comunicação de massa, isto é, em seguida à invenção da fotografia e do cinema. O grande elemento inovador é a introdução de uma imagem "mecânica", isto é, de uma imagem elaborada por meio de máquinas que se torna externa ao sujeito, móvel e independente, e que, sobretudo, como sublinhado por Mario Perniola, não se constitui como "cópia", isto é, como imitação de natureza.

As imagens dos outdoors que formam, junto aos prédios, a arquitetura e as paisagens das nossas cidades são expressão de uma natureza híbrida que se desloca além das margens que separam o sujeito do objeto, o humano do inorgânico, o corpo do comunicativo.

De fato a introdução de uma imagem mecânica e de uma reprodução artificial da paisagem, resultado de uma interação fértil entre o olhar, a máquina e a paisagem, tem o seu marco inicial com as visões oferecidas a Galileu pelo seu telescópio. Neste o universo deixava, para sempre, de ser o universo mostrado pelos olhares nus e pelos dogmas tolemaico-aristotélicos. Desde então as naturezas científicas passavam a criar outras paisagens, outras imagens de mundo veiculadas por alguns meios técnicos – telescópios, microscópios – capazes de mostrar uma metarrealidade inalcançável aos olhos somente humanos. Desde então a natureza e a paisagem passarão a ser o resultado de uma interação entre sujeitos-meios/mensagem-paisagens.

Será comentando essa realidade nova que Heidegger, no texto "Veredas interrompidas", passará a definir a modernidade como "a época das imagens de mundo", isto é, a época na qual o mundo se constituiu segundo a imagem construída e verificada pela ciência.

Com tal expressão o filósofo alemão, no texto citado, entende definir a modernidade como a "época das imagens", isto é, como a época na qual o mundo se constituiu segundo a imagem construída com base no conhecimento científico. Não é exatamente neste sentido que nos referiremos aqui. Em lugar da ciência, a "imagem do mundo", da qual falaremos, será aquela criada pelos *mass media*, isto é, pela influência das novas tecnologias no campo da comunicação que multiplicaram as imagens de objetos, pessoas, acontecimentos, isto é, da mesma realidade, influenciando a nossa percepção dela e abrindo um amplo debate sobre os conceitos de "realidade", de "sociedade", de simulacro, entre outros.

Na época contemporânea a realidade parece suspensa, posta em discussão pela abundância de imagens e de simulações, levando-nos a uma espécie de "sonambulismo" que nos suspende entre o sonho e a realidade, em uma paisagem felliniana,[2] iluminada por "luzes a néon".[3]

E a objetividade da razão? A verdade histórica?

Existe toda uma literatura que aponta para o "desaparecimento" da realidade, ou, pelo menos, por sua problematização em conseqüência da influência dos assim chamados *new media* sobre a nossa percepção do mundo e sobre o contexto social, de forma mais ampla. O resultado de tal ação seria uma transformação da percepção da realidade; a esta última deveria se substituir, ou somar, uma realidade imaterial, virtual, ou, simplesmente, "super", sem a consideração da qual não seria possível entender o sentido do nosso cotidiano.

De fato, se por um lado a realidade desmaterializa-se, de outra parte multiplicam-se as nossas percepções de imagens imateriais, tanto que a supremacia do olhar sobre os demais sentidos parece ser uma das principais características da experiência do convívio das sociedades contemporâneas. O olhar mecânico determina o começo de uma nova forma de apropriação e de significação da realidade, que passa a ser o resultado de uma mediação entre os olhos e a máquina fotográfica, antes, e a filmadora ou o microscópio, logo em seguida.

A importância de tais fenômenos é já sublinhada por Walter Benjamin (1985, p. 176), que, no seu ensaio "A obra de arte na época da sua reprodutibilidade técnica", define a realidade social da época marcada pela experiência da perda do "*hic et nunc*", provocada pela reprodução mecânica do real e pela metafórica passagem "da mão para o olho". Pondo em relação a perda do espaço com a introdução da tecnologia de reprodução de imagens cinematográficas, o filósofo alemão passa a determinar a mutação da percepção do real de forma

---

[2] É conhecido que o diretor italiano amava buscar a inspiração dos roteiros dos seus filmes nos seus sonhos. O costume de escrever os seus sonhos o levou a uma produção contrária em relação à produção neo-realista do cinema italiano de Rossellini, Visconti, Zavattini, De Sica, entre outros. Se por estes era a realidade, assim na sua objetividade, sem nenhuma mediação, a ser filmada, para Fellini a realidade era filmada por meio do irreal, chegando a suspender a linha que define a separação entre realidade e magia, entre verdade e imaginação, entre história e fábula, entre sonho e realidade. "Tudo é sonho, tudo é realidade", "Nada se sabe, tudo se imagina". Basta assistir a *La strada*, ou a *La dolce vita*, ou ainda *La voce della luna*, entre a extraordinária e ilimitada produção "real-fantástica" do diretor italiano.

[3] Fazemos aqui referência ao texto do Waldenyr Caldas, *Luz a néon*, em que se descreve a arquitetura musical da cidade de São Paulo nas décadas passadas, demonstrando a importância do imaterial na construção da cultura urbana.

original e sintética, que aponta não somente para a mutação da mesma significação da natureza, mas para a sua transformação tecnologicamente definida, uma vez que especifica a natureza que fala à filmadora como distinta daquela que falava ao olho.

A supremacia do visual, ou pelo menos do incremento da sua relevância no cotidiano e na construção da nossa percepção da realidade, é sublinhada por Gianni Vattimo que, em seu texto *A sociedade transparente*, examinando as profundas transformações que interessam à sociedade pós-industrial, põe o fim da percepção unitária e objetiva da realidade, causada pela difusão dos meios de comunicação de massa, como um dos aspectos principais das grandes transformações da época pós-colonial.

A crise que Jean François Lyotard denomina "grandes narrativas" e, conseqüentemente, aquela da concepção unitária da história são vistas pelo filósofo italiano como crises decorrentes "da idéia de progresso e do fim da modernidade" (Vattimo, 1991a, p. 43). Tais transformações não seriam apenas acontecimentos determinados por transformações teóricas, ou pelas críticas que o historicismo do século XIX (idealista positivista, marxista etc.) sofreu no plano das idéias, mas também mais pela crise do colonialismo e do eurocentrismo:

> Os povos ditos "primitivos" colonizados pelos europeus em nome do bom direito da civilização "superior" e mais evoluída revoltaram-se e tornaram problemática a idéia de história unitária e centralizada. O ideal europeu de humanidade foi revelado como um ideal entre outros, não necessariamente pior, mas que não pode, sem violência, pretender ter o valor de verdadeira essência do homem, de todos os homens. (Vattimo, 1991a, p. 45)

Ao lado destes existe, para o filósofo italiano, um outro elemento que contribui de maneira determinante para a dissolução da idéia unitária de história e para o fim da modernidade, isto é, o advento da sociedade de comunicação. Vattimo destaca o papel determinante desenvolvido pelos *mass media* no surgimento da sociedade pós-moderna, por ele caracterizada como uma sociedade mais caótica, mais complexa e, portanto, tendencialmente mais pluralista.

Contrariamente à tradição do pensamento filosófico moderno, que sempre viu com suspeita ou literalmente negou-se a pensar o papel desenvolvido pelos meios de comunicação, não somente no interior das relações sociais, mas na forma de construção de significados e na forma de ver o mundo, Vattimo (1991a, p. 52) defende, na linha de Benjamin e de McLuhan, a importância estratégica das tecnologias comunicativas para a construção do espírito das nossas sociedades, isto é, das formas do mundo da nossa época, marcada pela:

> impossibilidade de pensar a história como um curso unitário, impossibilidade que, segundo a tese aqui defendida, dá lugar ao fim da modernidade, não surge apenas da crise do colonialismo e do imperialismo europeu; é também, e talvez mais, o resultado do aparecimento dos meios de comunicação de massa. Estes meios – jornais, rádio, televisão, em geral tudo aquilo a que hoje se chama telemática – foram determinantes para o processo de dissolução dos pontos de vista centrais [...].

A análise de Vattimo continua observando como, ao contrário das previsões catastróficas proferidas por Theodor Adorno na obra *Dialética do Iluminismo*, escrita em colaboração com Max Horkheimer, ou em *Mínima moralia*, que apontavam para a tendencial homologação dos pensamentos e das vontades dos indivíduos em conseqüência do advento dos *mass media* e para o perigo da formação de ditaduras e governos totalitários facilitados pelo surgimento da cultura de massa,

> o que de fato aconteceu, não obstante todos os esforços dos monopólios e das grandes centrais de capitalistas, foi que o rádio, a televisão e os jornais se tornaram elementos de uma explosão e multiplicação generalizada de Weltanschauungen, de visões de mundo.
>
> Esta multiplicação vertiginosa da comunicação, esta tomada de palavra por parte de um número crescente de subculturas, é o efeito mais evidente dos *mass media* e é também o fato que – interligado com o fim ou, pelo menos, com a transformação radical do imperialismo europeu – determina a passagem da nossa sociedade para a pós-modernidade. (Vattimo, 1991a, p. 52)

Estamos diante de uma inversão da concepção midiática adorniana e de uma superação do lugar-comum que limita a análise da interação e das esperanças midiáticas à análise dos seus efeitos e dos seus conteúdos, que problematiza o conceito de cultura e de sociedade de massa.

O que parece ter entrado em crise é um determinado e datado pensamento crítico que, além de simplificar o processo comunicativo reduzindo o receptor a objeto passivo e indefeso, expele ou elimina da sociedade a mesma possibilidade de mudança e de transformação social. Mas, além deste elemento sociológico, existe, como observado, a implícita questão da percepção da realidade e da sua suspensão, considerada por Vattimo como um dos principais elementos caracterizantes da sociedade da pós-modernidade.

Em direção distinta segue a visão de Vattimo, que enxerga a crise do racionalismo moderno no pensamento de Nietzsche e de Heidegger (Vattimo, 1991a, p. 53) e no advento das novas formas comunicativas:

> De fato, a intensificação das possibilidades de informações sobre a realidade nos seus mais variados aspectos torna cada vez menos concebível a própria idéia de uma realidade. Talvez se verifique uma "profecia" de Nietzsche no mundo dos *mass media*: o mundo real torna-se, afinal, uma fábula. Se temos uma idéia da realidade, esta, na nossa condição de existência tardo-moderna, não pode ser entendida como um dado objetivo que se situe a um nível inferior, para lá das imagens que nos dão os *media*. Como e onde poderemos atingir uma tal realidade em si? Realidade, para nós, é o resultado do encadeamento de relações da "contaminação" (no sentido latino) das múltiplas imagens, interpretações, reconstruções que, em concorrência entre si, ou de algum modo sem qualquer coordenação "central", os media distribuem. A tese que pretendo propor é que, na sociedade dos media, em vez de um ideal emancipativo modelado na autoconsciência completamente definida, no perfeito conhecimento de quem sabe como estão as coisas (quer seja o Espírito Absoluto de Hegel, quer seja o homem já não escravo da ideologia, como Marx), está a surgir um ideal de emancipação que, na sua própria base, reflete oscilação, pluralidade e, finalmente, a erosão do próprio "princípio de realidade". (Idem, p. 49)

Está aqui posto um ponto de vista interessante que faz da tecnologia um elemento importante nos processos de transformação social, reivindicando, para esta, um papel ativo e transformador. É, de fato, pelo efeito da multiplicação das vozes e das linguagens permitidas pela difusão da mídia que se realiza um desprendimento da realidade e uma discussão do sentido objetivo e unitário da história. Tal acontecimento de desprendimento da realidade e de perda de sentido é considerado pelo filósofo italiano, de fato, como um aspecto positivo:

> Se com a multiplicação das imagens do mundo perderemos o sentido da realidade, como se diz, talvez não seja, afinal, grande perda. Pela sua perversa lógica interna, o mundo dos objetos mensuráveis e manipuláveis da ciência-técnica (o mundo do real, segundo a metafísica) tornou-se um mundo de mercadorias, de imagens, o fantasmagórico mundo dos *mass media*. Deveremos contrapor a este mundo a nostalgia de uma realidade sólida, unitária, estável e com legitimidade? Tal nostalgia corre o risco de se transformar continuamente num comportamento neurótico, num esforço de reconstrução do mundo de nossa infância, no qual as autoridades familiares eram, ao mesmo, ameaçadoras e reconfortantes. (Idem, p. 50)

É, de fato, o ambíguo e o desenraizamento provocado pelo "enfraquecimento" da própria noção de realidade que delineiam a hipótese da realização de processo de criação e de liberdade no interior da "sociedade da comunicação generalizada":

> Contrariamente ao que a sociologia crítica acreditou durante longo tempo – e com boas razões, infelizmente – a massificação niveladora, a manipulação do consenso, os erros do totalitarismo não são o único resultado possível do advento da comunicação generalizada, dos *mass media*, da reprodutibilidade. Paralelamente à possibilidade – que deve ser decidida politicamente – destes resultados, abre-se uma possibilidade alternativa: de fato, o advento dos *media* comporta igualmente uma acentuada mobilidade e superficialidade da experiência que contrasta com

> as tendências para a generalização do domínio, dando lugar, entretanto, a uma espécie de enfraquecimento da própria noção de realidade, com o conseqüente enfraquecimento, também, de toda a sua coação. A sociedade do espetáculo, de que falaram os situacionistas, não é só a sociedade das aparências manipuladas pelo poder; é também a sociedade em que a realidade se apresenta com características mais flexíveis e fluidas e na qual a experiência pode adquirir os aspectos da oscilação, de deslocamento, do jogo. [...]
>
> A experiência da ambigüidade é [...] constitutiva da arte, tal como a oscilação e o desapossamento; são estas as únicas vias através das quais a arte se pode configurar (não ainda, mas talvez finalmente) como criatividade e liberdade no mundo da comunicação generalizada. (Vattimo, 1991a)

O impacto dos meios de comunicação seria, portanto, responsável pela difusão de um efeito de pluralização que experimentamos em diversos níveis nas nossas realidades. Em particular as nossas experiências existenciais parecem ser marcadas, diferentemente do passado, por formas contraditórias e múltiplas. Nas identidades, no gênero, nas formas de experiências místicas, na moda, as opções únicas e rígidas parecem ser substituídas por formas e estéticas fluidas e híbridas.

Portanto, mais que o sentido e o valor do real, a esvair-se estaria o seu significado unitário, objetivo e singular, num processo que transforma o cotidiano em um conjunto de opções e de possibilidades transitivas, e o espaço, seja no seu sentido geográfico-arquitetônico, seja naquele social agregativo, transformaria-se num conjunto de paisagens intercambiáveis, que se podem sobrepor e atravessar pluralmente.

Na sua obra *No sense of place*, Meyrowitz analisa como a mídia eletrônica influencia as relações sociais. O aspecto central do seu estudo é exatamente a superação do sentido do lugar e a definitiva separação entre o lugar social e o lugar físico, provocadas pela atuação dos meios de comunicação. Se McLuhan defendia a superação tanto do tempo quanto do espaço, Meyrowitz (1995, p. 153) concentra-se no impacto da mídia no espaço e nas interações sociais. Partindo do conceito de situação social, ele prefere, à relação entre lugar e comportamento, assim como elaborada por autores como Goffman ou Barker, aquela que considera a situação social como um sistema informativo: "A natureza da interação não é determinada pelo meio ambiente físico enquanto tal, mas pelos modelos de fluxos informativos". E se, em conseqüência, as situações sociais e o desempenho social podem ser modificados pela introdução de novos meios de comunicação, é necessário também superar a tradicional concepção segundo a qual as relações sociais limitam-se às formas de interações cara a cara (*face to face*). Daí a necessidade de repensar o sentido exclusivamente antropomórfico das formas sociais e da sociabilidade.

O enfraquecimento do real, as multiplicações das vozes e as crises das metanarrativas nos convidam para outras formas de cidadanias, além do sentido do lugar e das formas territorialmente políticas e dialéticas da cidade. Desenvolvendo um papel parecido com aquele desenvolvido pelas imagens sagradas nos afrescos das igrejas católicas medievais e renascentistas, as imagens publicitárias não são expressões de uma cultura autoritária e austera. Pelo contrário, erotizando os espaços e os trajetos, acariciam os desejos, transformando a paisagem cotidiana e poluindo a ordem moral e o sentido comum. Desde as ambigüidades de relações homossexuais até as hibridações entre pele, tecidos, perfumes, aos erotismos de curvas e linhas, as imagens publicitárias que atravessam conosco os espaços da metrópole não nos impõem morais severas, nem uma moral única, mas, multiplicando informações e ampliando sentidos, dissolvem significados e valores.

Está nisso a própria função niilista da publicidade na sua capacidade de nos transferir para uma desterritorialização visual, em que mais que instrumentalmente induzido, o seu significado social aponta para uma multiplicação experiencial de paisagens informativas e de um habitar-fluxo, imaterial, dinâmico e comunicativo e, portanto, não reconduzível a um único paradigma funcional.

Nessa visão as funções percepto-estética e cognitivo-informativa superam aquela do mercantilismo industrial, que queria a publicidade como mero instrumento de indução ao consumo. Ao contrário, a multiplicação das informações publicitárias e a hibridação destas com as paisagens arquitetônicas dos nossos espaços pós-urbanos acabam superando a função instrumental, remetendo aos significados do habitar contemporâneo e atingindo a esfera da relação entre corpo–imagem–paisagem–comunicação que se constituem como uma das fronteiras existenciais da nossa época.

Paisagem I – Do monumento para os outdoors

Na Roma antiga existiam duas populações: uma de cidadãos vivos e outra de cidadãos de pedra, de bronze e de mármore. Segundo Cassiodoro, essa última encontrava-se em condições bem melhores que a outra. Calcula-se que nesta época a cidade podia contar com um número superior a dez mil estátuas, das quais 3.875 eram de bronze.

A população imóvel, de mármore, bronze ou pedra, era composta pelos heróis, os grandes guerreiros, os imperadores, os generais, exemplos de uma essência superior. Na cultura materialista romana ganhar a eternidade significava assumir a forma do mármore e do bronze. A ambição de cada homem público era se tornar, embora o mais tarde possível, uma estátua, posta para compor a paisagem do espaço urbano, testemunho eterno do próprio valor e da sua imagem.

Está na percepção histórica da passagem da cidade-monumento para a paisagem-fluxos da publicidade uma das chaves de leitura dos novos significados sociais da imagem. Os monumentos que embelezavam as praças e os largos, ao mesmo tempo, os ordenavam e os submetiam a uma identidade, de valores quase sempre violentos, pelos quais era necessário o sacrifício do herói cidadão de mármore. As imagens dos monumentos eram expressões dos valores e das morais da cidade, imagem concreta de algo duradouro e imutável. As imagens de pedra e de mármore imprimiam mensagens que atravessaram a história, perpetuando valores, normas, éticas e supremacias.

Os corpos e os objetos irreais que substituem as paredes dos prédios e os perfis das torres e dos campanários das nossas cidades são a realização de multiplicações de paisagens, linhas de fuga, metageografias, feitas de corpos transorgânicos e imagens coloridas nas quais cotidianamente nos deslocamos.

Em poucos dias as imagens publicitárias mudam, substituídas por outras que passam a redesenhar, de maneira distinta, a paisagem transitória dos nossos espaços urbanos.

Publicidades, ecossistemas informativos e espacialidades flutuantes

Recentemente chamado a desenhar a Pinacoteca pela coleção da família Agnelli, o arquiteto italiano Renzo Piano transformou uma ex-fábrica onde se produziam carros em um *scrigno*, um espaço de arte e beleza.

Sinais dos tempos.

Mas, sobretudo, refletindo sobre a realização da estrutura, Piano pensou em construir não uma arquitetura externa, mas em realizar uma estrutura com base em imagens que esta deveria conter. Isto é, pensou em uma arquitetura baseada em tela e pinturas, construída e edificada sobre imagens.

É possível pensar uma relação estrita entre as imagens e o habitar? Entre as multiplicações de informações visuais e os significados do habitar e das sociabilidades contemporâneas? E, sobretudo, quais seriam os significados de tal habitar, conseqüências de uma flutuação contínua de imagens nos espaços sociais que, de modo diferente dos afrescos e das pinturas, mudam em continuação, redefinindo espacialidades e significados?

A relação entre espaço, o habitar e a imagem é assim sintetizada por Benjamin (1985, p. 176):

> Nossos cafés e as ruas de nossas grandes cidades, nossos escritórios e quartos mobiliados, nossas estações e fábricas pareciam aprisionar-nos sem esperança de libertação. Veio então o cinema e, pela dinamite de seus décimos de segundos, explodiu este universo concentracionário; assim, abandonados em meio aos estilhaços arremessados ao longe, agora empreendemos viagens de aventureiro.

Analisando a passagem da mão para o olho, isto é, a passagem da imagem de primeira geração (a pintura) para aquela de segunda (a foto e o fotograma), Benjamin sublinha que não seria apenas o suporte a mudar, da tela ou da parede, para o papel ou a película, mas a mesma natureza da paisagem: "É bastante claro, conseqüentemente, que a natureza que fala à câmera é inteiramente diversa da que se dirige aos olhos" (Idem, p. 177).

Se tal transformação tecnológica da imagem, como acontecido na nova visão do universo elaborada pelo olho mecânico de Galileu, modifica a natureza e sua própria percepção, a introdução da imagem eletrônica, da imagem *pixel* e da imagem de síntese impõe ulteriores dinamismos e o surgimento de outros tipos de deslocações. Existe um consenso muito difundido entre os vários especialistas da mídia eletrônica de que o tipo de imagens produzido pelas novas tecnologias, isto é, a "infoimagem", ou as "imagens de síntese", provocaria uma ruptura com aquelas produzidas pela pintura, pela foto e pelo cinema, uma vez que são imagens virtuais, "auto-referentes" e autônomas.

De fato, se a pintura, a foto e o cinema pressupõem o real, as imagens da terceira geração rompem com os modelos de representação, sendo elas mesmas simulações. Para autores como Popper, Couchot, Quéau e Plaza,[4] as imagens de síntese não seriam a projeção ótica de um real preexistente, mas a visualização de um modelo que simula o real e o reinventa.

> Trata-se, portanto, da idéia de um corte epistemológico entre a pintura, a fotografia e o cinema como modelos de representação que supõem o real, e a imagem eletrônica e a imagem de síntese como processos de simulação que rompem com os modelos de representação. (Parente, 1999, p. 25)

Além de inventar novas realidades e novos espaços, as imagens da terceira geração seriam imagens sem suportes materiais que circulam soltas em todos os espaços numa velocidade que ultrapassa a percepção humana:

> Se recorremos à história dos suportes – pintura rupestre, pedra gravada, afresco, pintura sobre tela, fotografia sobre papel, projeção cinematográfica e imagem digital – percebemos que, hoje, as imagens existem menos sobre a durabilidade de um suporte do que na fugacidade de uma memória. Da permanência do suporte (pedra, parede, tela, papel) passamos à persistência da retina cinematográfica e videográfica. (Parente, 1999, p. 27)

[4] Estamos nos referindo aos trabalhos destes autores contidos no texto de A. Parente (org.). *Imagem máquina.* 3. ed. Rio de Janeiro: Editora 34, 1999.

Se as imagens da terceira geração não reproduzem a realidade, mas pluralizam a nossa experiência sobre ela, não somente nos fazem perder o sentido único do "aqui e agora", mas acabam por nos levar para novas formas de habitar, novos metaespaços, isto é, novas imagens-moradias flutuantes. Daí provém a necessidade de esclarecer a segunda questão, apresentada no começo e relativa à relação entre a multiplicação de imagens e o habitar contemporâneo.

O primeiro significado de ruptura do habitar contemporâneo apresenta-se na sua forma não antropocêntrica e no seu caráter exotópico. Se historicamente o habitar foi o resultado de uma transição do sujeito "arquiteto e político" sobre a natureza e a paisagem – elemento este que tece um fio imaginário que vai desde *A República* de Platão até Brasília –, o habitar contemporâneo parece ser caracterizado por um movimento inverso, isto é, por uma experiência da flutuação das paisagens e pela constituição de ecossistemas informativos.

Analisando o significado da experiência estética, Perniola (2000, p. 138) destaca a crítica de Bakhtin ao conceito de empatia que limita a experiência estética à projeção do eu sobre as coisas: "em oposição a esta ele introduz o conceito de exotopia, que designa a condição de se encontrar fora de si mesmo. O centro da experiência é aqui deslocado no externo...".

O habitar contemporâneo seria, portanto, um habitar "exotópico", não somente no sentido de que as deslocações que nos propõe, por meio das imagens publicitárias e das paisagens informativas, acabam puxando o sujeito em metapaisagens e em ecossistemas informativos, onde ele se encontra não como arquiteto-político, mas como parte dos mesmos. Muito mais, o habitar contemporâneo é "exotópico" porque nos propõe a deslocação contínua em espaços-imagens e paisagens artificiais, isto é, em metageografias reais e sintéticas ao mesmo tempo.

> A imagem não reproduz o real, o real é um aberto que não se deixa reproduzir, como cópia ou dado, senso comum. Se a imagem reproduz o real ela o faz literalmente, ela o produz uma segunda vez. A imagem mora do lado do sujeito, pessoal ou coletivo. [...] Mas desde o momento que a imagem passou a se reproduzir, ela passou a reproduzir o sujeito: a imagem na era da reprodutibilidade técnica é a imagem na era da automação do sujeito. (Parente, 1999, p. 29)

Segundo Edmund Couchot (1999, p. 76), ao observarem-se as evoluções das técnicas figurativas percebe-se como um momento importante a passagem da exigência de criação das imagens para aquelas de transmissão e comunicação destas, que determinou a sua decomposição, antes em linha (pantelégrafo), depois em pontos (televisão). Mas será com a tecnologia numérica que a lógica figurativa mudará completamente, e com ela o modelo geral de figuração, depois do advento da exigência de transmissão e das imagens pixel?

> Enquanto para cada ponto da imagem ótica corresponde um ponto do objeto real nenhum ponto de qualquer objeto real preexistente corresponde ao pixel. O pixel é a expressão visual, materializada na tela, de um cálculo efetuado pelo computador, conforme as instruções de um programa. Se alguma coisa preexiste ao pixel e à imagem é o programa, isto é, linguagem e números, e não mais o real. Eis porque a imagem numérica não representa mais o mundo real, ela o simula. Ela o constrói, fragmento por fragmento, propondo dele uma visualização numérica que não mantém mais nenhuma relação direta com o real, nem física nem energética.

Esses tipos de imagens, além de alterar a percepção da realidade, propiciam um novo tipo de relação que supera a contraposição entre o emissor e o receptor, instaurando um sistema de comunicação bidirecional entre usuário e máquina. Sobretudo nas imagens do computador, o *feedback* instantâneo é necessário para tornar a comunicação entre imagem e receptor efetiva, criando um tipo de diálogo homem–máquina/homem–imagem, que supera a dialética emissor/receptor:

> a interatividade que opera em tempo real permite o nascimento de formas imagéticas diante dos olhos do operador, de forma rápida, versátil e fluida. A imagem não se apresenta como uma totalidade absoluta, e sim como uma imagem diálogo que a mão, o olho e o cérebro podem mudar, modelar, armazenar e visualizar, multiplicando ao infinito seus pontos de vista internos e externos, incorporando e narrando o sujeito

> no interior da imagem. O sujeito se desloca visualmente no seu interior, questionando-a através dos seus inputs ou entradas alfanuméricas dos teclados, dedos da mão, corpo, olhos, cabeça, respiração e voz, amalgamando-se com ela. (Plaza, 1999, p. 77)

A relação emissor/receptor se relativiza, de um lado, por intermédio da interatividade com a máquina/corpo e, do outro, com a possibilidade de o receptor escolher o modo de diálogo. Podendo interagir com a imagem que visualiza e contribuindo com a sua formação, cria-se uma nova relação que supera aquela clássica unidirecional "sujeito–objeto–imagem" e os pontos de vista únicos:

> A relação clássica, centrada no emissor, é desarticulada através da interatividade que coloca o sujeito em relação dialógica com os diversos códigos memorizados. [...] Ao ponto de vista único, típico da fotografia e do cinema, se superpõem múltiplos pontos de vista que relativizam a imagem. [...] Como a imagem se desloca dos suportes através das interfaces e transdutores, ela permite criar novos contatos entre emissor e receptor. [...] É nas interfaces (conexão, contato) onde existem as sementes da criação; esta passa assim a depender mais das relações e diferenças entre os meios, provocando o fenômeno da "in media". (Idem, p. 78)

A aceitação de novos espaços e de novos tipos de interações veiculadas pelas imagens é produtora de processos de metamorfoses. Aceitar o diálogo com as imagens de síntese significa entrar em um processo dinâmico de interação que leva a processos heteronômicos e a formas de habitar "nem sedentárias nem nômades".

Argumentando sobre a relação entre vídeo, imagem e realidade, Perniola distingue três momentos fundamentais. Um primeiro momento no qual a atenção foi concentrada na experiência, isto é, no impacto das tecnologias audiovisuais sobre a forma de perceber a realidade, como expresso na obra de McLuhan. Um segundo momento no qual autores como Baudrillard e Boorstin analisaram o poder alienador das imagens. Enfim, um terceiro momento, ainda no estádio inicial, no qual a imagem passa a ser concebida como "coisa".

Se na primeira fase, que chega até 1968, a "realidade televisiva" é percebida como capaz de mudar o mundo e as formas de se relacionar com este e, na segunda, que segue até o começo dos anos 1980, a imagem passa a se substituir à realidade, na terceira caracteriza-se pela possibilidade de guardar e possuir as imagens por meio da tecnologia do videocassete, do DVD:

> Na terceira fase o vídeo parece ser um meio capaz não mais de mudar o mundo, nem de desrealizá-los, mas de mudá-lo em coisa. Certo, em um gênero muito especial de coisa, que não tem mais nada a que ver nem com o utensílio nem com o objeto industrial: em uma coisa videomática – se pode dizer como primeira aproximação – na qual o saber, a sua conservação e a sua transmissão parecem estritamente conjuntos. (Perniola, 1986, p. 29)

Assim, se as imagens da primeira e segunda geração são as imagens da cidade e dos espaços visuais da mídia (cinema e televisão), as imagens da terceira geração são as imagens da coisa videomática e a dos metaespaços virtuais, são imagens de uma outra forma de habitar, pós-geográfica e pós-urbana. As imagens pixel, as coisas videomáticas, convidam-nos para outros tipos de habitar. Se nas formas antropocêntricas o habitar era dividido nas duas contraposições, nômade–sedentário, na época da reprodução tecnológica das paisagens, dos corpos e dos ecossistemas informativos, em que tudo torna-se comunicável, tal antinomia perde a sua força explicativa. Nas formas exotópicas do habitar contemporâneo são as paisagens a migrar, são os corpos a se deslocar em fluxos comunicativos e a sofrer alterações por meio de processos exotópicos e extensivos.

Podemos agora, enfim, tentar responder ao terceiro quesito inicial que resulta um desdobramento do segundo e que reflete sobre quais seriam os significados de tal habitar, caracterizado por uma flutuação contínua de imagens e de informações. Ou melhor, como se poderiam definir um espaço e uma paisagem continuamente submetidos a alterações estruturais e intervenções de vários gêneros? Sem dúvida deveríamos pensar formas de espacialidades plurais, fluxos experienciais, nos quais o conceito de paisagens-espaço e aquele de informação misturam-se, gerando um habitar exotópico e atravessável, que pode ser expresso em parte com imagens e conceitos experienciais.

Mostraremos alguns em seguida.

Paisagens II – Ukiyo – mundo flutuante

O termo japonês *ukiyo* é composto de dois ideogramas: *uki* e *yo*. O segundo significa "mundo"; o primeiro pode ser traduzido, de acordo com uma tradição budista, como *sofferenza*, mas também, conforme uma outra interpretação (Terrosi, 2003, p. 17), como *fluttuante*, que destaca um significado positivo de futilidade e leveza da vida montada.

Paisagens III – Metoikos

O termo grego *metoikos* se compõe de duas palavras: *oikos*, que significa "casa", "habitação"; e *meta*, "além". O termo pode ser interpretado literalmente como "fora de casa" ou como substantivo que indica alguém que mora fora da sua casa, isto é, fora de um hábitat, concebido sedentariamente como singular e único.

Paisagens IV – Metalinguagens e intervenções urbanas

Diferentemente dos grafites, as pichações são uma linguagem autóctone. Elas existem somente em São Paulo, embora recentemente possamos encontrá-las também nas superfícies-texto de alguns prédios do Rio de Janeiro e de Belo Horizonte, ali deslocadas por grafiteiros paulistanos. Cada geração constrói a sua própria cidade, a modifica, intervém na paisagem, tornando-a temporariamente outra. A lógica da intervenção não deve ser confundida com a lógica estável e ideológica da arquitetura e da política. O grafite é uma intervenção que não vem para ficar, mas para aparecer. Por isso, é um ato pós-político; não precisa de consenso nem de aprovação. Sendo assim, logo desaparece.

Paisagens V – Rotas de fugas

Seja ligada a uma cópia (iconoclastia); seja reprodução de um real (iconofolia); seja, como no caso das imagens contemporâneas, expressão de uma realidade inédita, a imagem remete, em todos os casos, sempre a um trânsito, a um movimento. Em um primeiro caso temos um movimento de um original em direção a uma imagem-cópia, simulacro; no segundo, de um original em direção a uma imagem-similitude, presença; e, no terceiro, um movimento em direção a uma meta, ou pós-realidade.

As imagens publicitárias compõem as paisagens flutuantes dos espaços pós-urbanos; constituem rotas de fuga, metageografias transitáveis.

Arquiteturas móveis I

O artista mexicano-canadense Rafael Lozano-Hemmer criou o termo "arquitetura relacional" para denominar os eventos interativos para um amplo público que transformam edifícios e arquiteturas emblemáticas com base em novas interfaces tecnológicas

Suas obras, realizadas em colaboração com o engenheiro-compositor Will Bauer, basearam-se na utilização de redes de dados, projeções gigantes, luzes robóticas, sensores feitos sob medida, *samplers* e outros periféricos para criar experiências coletivas nos espaços públicos.

Em 1998, na celebração do fim do milênio na cidade do México, o Consejo Nacional para la Cultura y las Artes encarregou Lozano-Hemmer de criar uma instalação de arquitetura relacional na Plaza Mayor.

Arquiteturas móveis II

No período compreendido entre 22 de abril e 3 de maio de 2004, o céu de Dublin foi preenchido com uma grande quantidade de esculturas luminosas. Alguns conjuntos de feixes de luzes direcionados e modificados por um computador criavam desenhos e figuras no céu, visíveis a uma distância de até 15 quilômetros. Desenhando as formas projetadas pelos raios estavam os mesmos transeuntes que, interagindo com a tela do computador, podiam alterar as formas e as direções dos raios, assistindo em tempo real à modificação da vista do céu da cidade e das paisagens.

O projeto foi comissionado e realizado pelo Department of Arts, Sport and Tourism for Ireland 2004 Presidency of the European Union e foi produzido pelo St. Patrick's Festival.

O programa permitia também a visão das alterações produzidas por vários ângulos e a gravação delas em arquivos.

Arquiteturas móveis III

Um outro exemplo de arquiteturas interativas foi aquele realizado em Yokohama, Japão, em 1986, denominado *Tower of Winds*. Nele as cores eram feitas por feixes de luzes luminosas que se modificavam segundo a velocidade e a direção do vento. O resultado era uma arquitetura-paisagem móvel, que alterava continuamente a percepção da paisagem.

Bibliografia

ADORNO, T. Apud: CHONG, G. *Comunicação e indústria cultural.* São Paulo: Brasiliense, 1971.

BAUDRILLARD, J. *Tela total: mito-ironias do virtual e da imagem.* Porto Alegre: Sulina, 1997.

BENJAMIN, W. *Magia e técnica, arte e política.* São Paulo: Brasiliense, 1985.

CALDAS, W. *Luz néon: canção e cultura na cidade.* São Paulo: Studio Nobel, 1995.

CANEVACCI, M. *A cidade polifônica.* São Paulo: Studio Nobel, 1996.

COUCHOT, E. Da representação à simulação: evolução das técnicas e das artes da figuração. In: PARENTE, A. (org.). *Imagem máquina.* 3. ed. Rio de Janeiro: Editora 34, 1999.

DEBRAY, R. *Vida e morte da imagem.* Rio de Janeiro: Vozes, 1994.

DELEUZE, G.; GUATTARI, F. *Mil platôs.* Rio de Janeiro: Editora 34, 1997.

EURÍPEDES. *Alceste, Electra, Hipólito.* São Paulo: Martin-Claret, 2005.

FEATHERSTONE, M. *Cultura de consumo e pós-modernismo.* São Paulo: Studio Nobel, 1995.

HARVEY, D. *Condição pós-moderna: uma pesquisa sobre as origens da mundança cultural.* São Paulo: Loyola, 1996.

MAFFESOLI, M. *A contemplação do mundo.* Porto Alegre: Artes e Ofícios, 1995.

MEYROWITZ, J. *Oltre il senso del luogo.* Bolonha: Baskerville, 1995.

PARENTE, A. (org.). *Imagem máquina.* 3. ed. Rio de Janeiro: Editora 34, 1999.

__________. Os paradoxos da imagem-máquina. In: __________. (org.). *Imagem máquina.* 3. ed. Rio de Janeiro: Editora 34, 1999.

PERNIOLA, M. *Pensando o ritual.* São Paulo: Studio Nobel, 2000.

__________. *O sex appeal do inorgânico.* São Paulo: Studio Nobel, 2005.

__________. *Transiti.* Bolonha: Cappelli, 1986.

PLATÃO. *A República,* livro X. São Paulo: Martin Claret, 2000.

PLAZA, J. As imagens de terceira geração, tecno-poéticas. In: PARENTE, A. (org.). *Imagem máquina.* Rio de Janeiro: Editora 34, 1999.

SIMMEL, G. *Sociologia.* Milão: Edizioni Comunità, 1989.

TERROSI, R. Filosofie dell'acqua. Dal mondo fluttuante al postumana. *Agalma,* n. 6, Meltemi, 2003.

VATTIMO, G. *A sociedade transparente.* Lisboa: Edições 70, 1991a.

__________. *La crise della modernità.* Milão: Garzanti, 1991b.

13

Hipermídia: a margem digital e o cotidiano do consumidor

Sérgio Bairon*

A margem digital tem, em sua essência mutante, estruturas de construção que ameaçam o equilíbrio de qualquer processo de comunicação que se apresente como definitivo. Não se trata de estabelecermos uma distinção estética totalmente revolucionária para ela, mas de a realçarmos como uma manifestação da linguagem que pode expressar boa parte da interatividade presente em nosso cotidiano. Como tal, não estamos diante de um horizonte terminal, mas de um conjunto de horizontes que se encontram como que numa formação múltipla de cruzamentos. Daí a universalidade de o modo de ser da interatividade na margem digital se apresentar, sempre, como um momento inaugural de uma nova compreensão. A mesmice do cotidiano talvez seja o grande referente, pois o inesperado, aquilo que chama a nossa atenção, depende essencialmente da repetição.

O grande potencial está no fato de a margem digital conjugar, a partir do mesmo espaço, tanto a produção de uma consciência e a determinação de uma experiência, quanto as consciências desse fazer-se produzido e ser determinado.

* Pós-doutor pela Universidade Livre de Berlim. Doutor pela FFLCH da USP. Professor do Programa de Comunicação e Semiótica da PUC-SP e do Programa de Educação, Arte e História da Cultura da Universidade Mackenzie. Coordenador do Núcleo de Pesquisa em Hipermídia (NUPH).

Passado, presente e futuro estão delimitados pela interatividade, entenda-se experiência que, por sua vez, age enquanto momento efetivo de expressão da própria identidade criada com a interatividade. Na margem digital, qualquer processo de identificação na ação do consumir depende da interação que estivermos fazendo, assim como quando buscamos uma marca, dependemos muito mais das inconstâncias que simulam nosso objetivo do que de um processo linear do desejo de consumo. Este, é bom realçar, jamais será consciente, justamente porque, assim como as multifaces da fotógrafa Cindy Sherman, o sentido que associamos ao desejo é movediço e, sempre, natimorto, por mais clichê que pareça.

Na margem digital, comunicação e possibilidade de compreensão não precisam lutar entre si. A medição quantitativa, tão presente e tão possível nas metodologias de análise do consumo, não se apresenta com tanta facilidade na margem digital. Criar padrões universais, em grandes traços, é impossível e nossa saída está em levar a sério a essência de toda compreensão que sempre se apresentou, *a priori*, descomprometida ante qualquer rigidez metodológica. Nós que demoramos muito tempo para compreender isso.

Apesar de a ciência normal, identificada por Kuhn, fazer questão de esquecer o modo de ser da compreensão no senso comum e na obra de arte – já que suas experiências com a verdade geralmente não podem ser medidas com os meios tradicionais de avaliação –, ela já está tendo enormes surpresas com a margem digital, sobretudo com a freqüente desintegração dos sentidos dos signos que a compõem. Cabe lembrar uma das clássicas perguntas de Gadamer diante dos modelos rigidamente metodológicos: *que classe de conhecimento é esse que compreende que algo seja como é porque assim já vem sendo?* Não podemos esquecer que nossa relação com a compreensão se dá, inevitavelmente, pela construção dialógica não mais entre estranhamento e familiaridade, entre distanciamento e identidade, mas entre condições diversas de estranhamento. Nesse contexto, a interatividade na margem digital permite a formação de uma consciência histórica, que se apresenta como resultado da possibilidade da reconciliação consigo mesmo, por meio do reconhecimento efêmero da própria presença no outro. Superlativa-se nessa margem hipermidiática o desafio de manter-se aberto ao outro e navegar pela valorização do si próprio.

O encontro dos horizontes da arte, do senso comum e da ciência na margem digital elege a inevitabilidade do encontro essencial entre linguagem e comunicação como o modo de ser próprio da compreensão, que nunca pode ser entendida como, simplesmente, um fato ou um acontecimento metodológico. O caminho da compreensão tem a chance de alcançar uma plenitude no interior da experiência estética. Ou seja, assim como a obra de arte contém um mundo em si, o vivido esteticamente na margem digital deve arrancar de si mesmo o sentido de sua existência. A vivência nessa interatividade apresenta uma pertença de sentido que não está somente relacionada com um aspecto particular, mas transmite o conjunto do sentido que se apresenta na margem. Aproximando-se do princípio de que toda vivência estética contém uma experiência inacabada e, sobretudo, inacabável com o mundo. Seu sentido torna-se infinito, porque representa um todo e não a unidade de um processo aberto. Podemos ter, então, na margem digital, uma habilitação plena da significação simbólica da vida, tal como podemos encontrar igualmente em toda vivência. Essa plenitude, porém, não se apresenta como a manifestação plena de sentido, mas como o resultado da tomada de consciência de que isso é impossível.

Quiçá uma ótima relação com as potencialidades da margem digital esteja localizada na reabilitação da alegoria feita por Walter Benjamin. Quebrando a tradição que vê o símbolo como o particular no universal e a alegoria como o universal no particular (Goethe), Walter Benjamin reabilitou o conceito de alegoria em seu *Ursprung des deutschen Trauerspiels* (Benjamin, 1996). A arte barroca, por exemplo, passou a trabalhar com o princípio da morte, não enquanto o fim derradeiro, mas como a ação da metamorfose da vida na morte. Na linguagem barroca, um quarto vira um túmulo, uma coroa real, espinhos e um instrumento musical, um machado. No caminho de reabilitação da alegoria o sentido é escorregadio. Na perda do sentido único, a história é o resultado circunstancial da união de ruínas, não no aspecto catastrófico, mas enquanto fruto da determinação de que para algo renascer é necessário que um mundo inteiro padeça. Para tornar-se objetivo da alegoria, o mundo deve ser desmembrado e em seus fragmentos encontraremos a significação alegórica. O encontro entre o barroco e o pós-moderno estaria na conservação dessa imutabilidade primordial revelada pela alegoria.

Talvez tenhamos mais uma vez a oportunidade da valorização da subjetividade alegórica, não enquanto expressão do não objetivo, mas como fundamento de uma linguagem que pretende revelar a comunicação em sua manifestação reticular. O mundo apofântico da metodologia científica sofre um baque. Por isso, o tempo da alegoria barroca vai de encontro ao iluminista linear dos setecentos. Na modernidade dos novecentos, a compreensão da arte trilhou um caminho de oposição à realidade prática, a arte vira aparência e a ciência contém o poder mais conseqüente de compreender a realidade. A grande guinada da pós-modernidade se dá a partir da passagem de uma formação e educação pela arte para uma educação para a arte. Começam a abundar conceitos como aparência, imitação, ilusão, encanto, fantasia etc., para caracterizar a arte, como se essa fosse a antítese de uma forma de vida autêntica e inimitável. Aquela que a ciência moderna, no uso de sua potente metodologia, pode alcançar. Na tradição da tecnicidade científica, o campo da arte transformou-se no mero ver ou ouvir. A arte transformou-se em forma. A margem digital, quiçá, possibilitará a inversão desse processo, toda vez que vai ao encontro da linguagem ordinária.

A modernidade é o resultado da lapidação propagada pela cultura ordinária. Mesmo o pensamento científico não pode dar conta nem de suas continuidades, nem de suas inconstâncias. Apesar de a ciência procurar dominar a compreensão da cultura ordinária enquanto "resto" do todo, como representação do poder de seu saber, mesmo assim, sempre deixou uma grande fenda nessa compreensão. O labor teórico de De Certeau, no que tange à cultura e à escrita, encara a produção de linguagens cotidianas similarmente ao trabalho da produção dos bens de consumo. Por um lado, a cultura erudita é atropelada pelo mundo ordinário, que vem se impondo ao longo dos tempos. Por outro lado, não se trata de evidenciar um "popular" na cultura, que sempre tendeu ao esquecimento da vida nas narrativas ordinárias. De Certeau quer tratar das criações anônimas, da irrupção do marginal, não necessariamente do poder do saber, mas da linguagem e suas relações com a cultura escrita metodológica (De Certeau, 1975). Desde a *Cultura no plural,* De Certeau já vinha insistindo nessas premissas. Há, desde essa obra, um privilégio para a compreensão de uma antidisciplina que constantemente realça nas artes de fazer as tarefas cotidianas. Assim como o indígena não fora catequizado pelos conquistadores espanhóis e portugueses, em função do processo de metaforização de quase toda a informação européia, o consumidor do mundo moderno subverte a mensagem da propaganda. A prática do dia-a-dia possui uma liberdade gazeteira: nela, o mundo do movimento cotidiano se revela como que numa descrição literária. Todo esse mundo é desprezado pelo "expert", pelo especialista. O especialista quer substituir o filósofo; acredita, na verdade, poder esnobar a filosofia, e a ciência normal está repleta deles. Muitas vezes, quanto mais crê agir como cientista, mais confunde o discurso técnico com o lugar social.

Confundindo esses dois discursos, segue um qüiproquó cuja ordem que representa em seu texto desconhece totalmente: "Reconhecido como científico, seu discurso não passava da linguagem ordinária dos jogos táticos entre poderes econômicos e autoridades simbólicas" (De Certeau, 1994, p. 54). Buscando não só dar palavra às linguagens ordinárias, De Certeau quer escutar profundamente a filosofia, de preferência aquela que sempre valorizara o "senso comum". É só aqui que ele encontra Wittgenstein. Grande crítico do filósofo enquanto perito, Wittgenstein efetua uma análise do ordinário, coisa que o parágrafo 120 de *Investigações filosóficas* procura transmitir:

> Quando eu falo acerca da linguagem (da palavra, da proposição etc.) tenho de falar a linguagem de todos os dias. É esta linguagem um pouco grosseira, material, para exprimir aquilo que queremos dizer? E como é que se constrói uma outra? E que notável que é podermos de todo fazer alguma coisa com a que temos! (Wittgenstein, 1985)

Para De Certeau, Wittgenstein elegeu para si o escopo de ser o cientista da atividade significante na linguagem comum.

A linguagem ordinária é o paradigma preterido por De Certeau, justamente, como na tradição heideggeriana, por ser por meio dela que o ser se revela. Trata-se da postura de nunca procurar falar algo dela fora dela, nunca falar em outro lugar em seu nome. Chamando Wittgenstein de "faxineiro das estrebarias de Ágias da intelectualidade contemporânea" (De Certeau, 1994, p. 75), De Certeau se inspira na delimitação elaborada por aquele de tudo que ultrapassa os limites do ordinário. "É do lado de dentro (da linguagem ordinária) que ele reconhece um fora indizível" (Idem, p. 78). Wittgenstein erode por apontar o que não se pode dizer e por mostrar como a linguagem não pode se transformar em "objeto" de discurso: "Raras vezes a realidade da linguagem foi tão rigorosamente levada a sério, isto é, o fato de ela definir a nossa historicidade, de nos superar e envolver sob o modo do ordinário, a ponto de nenhum discurso poder portanto 'sair dela' e colocar-se à distância para observá-la e dizer o seu sentido" (De Certeau, 1994, p. 87). Daí a importância de entendermos que técnica na hipermídia pode se aproximar do ato de desapropriação do significado pela valorização da polifonia dos sentidos das coisas. Vídeos, animações, efeitos de áudio etc. mesclam-se na construção de caminhos e de ambientações que possibilitam a perda dos limites institucionais da arte e da ciência em prol da valorização do senso comum no cotidiano. Desse hibridismo midiático podemos encontrar o estético no sentido comum, assim como o científico na arte. Há uma estética iluminista que pretende julgar o belo por meio de sua aproximação com a natureza, o que só pode ser feito pelo gênio. Agora, com a possibilidade do domínio do estético pelo senso comum, o gênio não se apresenta mais como o único referencial do gosto estético, não é mais o responsável pelo sentimento vital que gera a imaginação ou a compreensão do que é belo.

A linguagem ordinária, nesse contexto, surge como uma espécie de dissimulação da forma de ser da metodologia iluminista, reforçando a noção de cotidianeidade em detrimento da noção de objetividade defendida por aquela. Assim, precisamos questionar a visão metodológica que nada vê de interessante no fazer cotidiano, já que este não tem consciência de si próprio enquanto saber. Uma de suas mais defeituosas características seria tornar o superlativo da repetição um acontecer freqüente. Seu abandono na improvisação é condenado à descrença. No entanto, precisamos compreender que esse abandonar-se na falta de sentido, esse não precisar de sua apropriação, essa repetição erosiva, como dizia De Certeau, "esconde" seu maior fascínio. No contexto da cultura das mídias, Santaella (1997) também realça tal questão:

> Aquilo que costuma ser chamado de repetição ou redundância, quando se julgam as mensagens das mídias, deveria ser repensado, uma vez que, se, de fato, tudo parece se repetir, a repetição se dá dentro de uma diversidade funcional do caráter comunicativo diferencial de cada mídia.

A retórica que busca ficar distante dessas características transforma-se numa logorréia monológica. Ou seja, aprendemos com De Certeau que o consumidor ou o trabalhador provocam uma grande erosão na linearidade cotidiana do "consumismo" e da "produtividade", tanto no uso de determinado produto quanto no interior do seu processo de produção. As formas de vida que se manifestam no cotidiano contêm a representação mais poderosa da maneira de ser da compreensão.

É justamente pela promoção deste encontro (cotidiano–mídia digital) que delações como as de De Certeau poderão ser colocadas à prova. Assim, talvez possamos ver com mais clareza que o ser não pode ser redutível a qualquer concepção de doutrinação discursiva; pois qualquer ação de consumo, na modernidade, revela uma liberdade gazeteira, característica da prática cotidiana. Poderemos notar com mais transparência que onde geralmente só identificamos submissão e comportamento uniforme, simula-se um mar de microdiferenças, agindo por meio de atitudes sutis e táticas silenciosas que, num todo, corroem o sentido pretendido, tanto do ditador quanto do planejamento de marketing para o lançamento de um produto. Diz De Certeau: "O cotidiano se inventa com mil maneiras de caça não autorizada" (De Certeau, 1994, p. 82).

Como se definisse os trabalhos de Cindy Sherman (http://www.cindysherman.com), o cotidiano será mais que nunca uma colagem, a montagem de um quebra-cabeça sobre o qual deveremos juntar os pedaços das ruínas de informação e propor novos sentidos. Por um lado, temos nas promessas desse mundo da digitalização uma profunda descorporificação de toda referência espacial. Por outro lado, é justamente essa falsificação do espaço que amplia nossas referências de mundo, enquanto grande depósito de imagens, sons, vídeos etc., que nos localizam no mundo.

No entanto, uma das conclusões que podemos tirar está no fato de que é no próprio ser derrisório do cotidiano que temos a imbecilização da milenar dualidade entre *physis* e *téchne*. O fato de promovermos o encontro entre natureza e técnica não está necessariamente vinculado às mídias digitais, pois há muito esse encontro é possibilitado pelo palco do dia-a-dia. Veremos mais adiante como que uma revisão filosófica do conceito grego de *experiência estética* pode ressituar o lugar da tecnologia nesta virada de milênio. Por enquanto vale frisar que uma maior ou menor "reprodutibilidade" tecnológica ou "artificialidade técnica" não são critérios válidos enquanto formas de compreensão do modo-de-ser do cotidiano no mundo digital. Vamos imaginar uma situação em que poderíamos interagir, concomitantemente, com o "mundo real" e com o digital. O complemento estaria em alguns requintes para cliques num dedo (como um anel) ou no pulso e está montada a *rede corporal: bodynet* (Dery, 1993). Assim como as transformações de Sherman, que falam por si próprias.

O "terminal" dessa rede corporal está nos olhos, onde temos óculos com lente "normal" que permite tanto uma visualização, como quaisquer óculos, quanto (nas mesmas lentes) o contato com telas miniaturizadas que apresentam as mais diversas funções e possibilidades à interação. A interatividade digital é possibilitada pela ação de um computador do tamanho de um celular (dos pequenos) que podemos carregar em qualquer bolso desocupado. Esse instrumento pode carregar uma TV, agenda, relógio, telefone celular, palms etc., cada instrumento desses com menos de quatro centímetros. No ambiente da rua pública há um mar de pessoas "falando sozinhas" e trocando informações. Neste ínterim, todos estão recebendo vídeos, textos, animações etc., seja para o trabalho, estudo ou entretenimento. A diversidade dessas manifestações pode ser constatada na obra *Future cinema* (Shaw, 2003).

Essa relação sensorizada com o corpo e com as coisas é transposta às ações cotidianas de cozinhar, consultar o médico, escutar música, assistir a notícias, dirigir, consumir etc. Isso tudo, como qualquer desafio no âmbito de novidade tecnológica, traz inúmeros benefícios e novos problemas, ou seja, vantagens e patologias que não tínhamos. A própria elevação das particularidades ao genérico-reticular delegará à catarse, definitivamente, seu lugar primordial como tema ético. A escolha é que deve ser a grande beneficiada na estrutura cotidiana. Este é um dos princípios básicos que devemos tirar do encontro cotidiano–mídias digitais: a opção é tanto mais conseqüente, democrática e representante do desejo quanto mais espaço à nossa realização oferece e quanto maior é a rede de possibilidades que temos à nossa frente. Reclama-se muito dos meios de comunicação que representam o popular da compreensão. No entanto, devemos abandonar a visão romântica de querer ver no popular o educacional e o político acima do festivo e do entretenimento. Na hierarquia do agir os dois primeiros parâmetros sempre serão sacrificados pela massa, pois eles não possibilitam o gozo tanto quanto os dois últimos.

A busca do gozo manifesta, sempre, no cotidiano os pólos do individual e do genérico, característica que nossa política e educação ainda estão ensaiando compreender:

> Na vida cotidiana, a esmagadora maioria da humanidade jamais deixa de ser, ainda que nem sempre na mesma proporção, nem tampouco com a mesma extensão, muda unidade vital de particularidade e genericidade. Os dois elementos funcionam em si e não são elevados à consciência. O fato de se nascer já lançado na cotidianidade continua significando que os homens assumem como dadas as funções da vida cotidiana e as exercem paralelamente. (Heller, 1991)

O riso cotidiano, tão bem explorado pelos estudos de Bakhtin, aquele riso aberto e recheado de mundanidade, com a proximidade do digital com o cotidiano talvez retome um pouco seu estar-no-mundo que o riso irônico-iluminista botou à tona. A relação do riso cotidiano com as possibilidades do mundo digital é um tema interessantíssimo para se aprofundar. O riso popular apresenta essa magia de brincar com a morte e o renascimento do conteúdo lógico. Sherman faz da morte a essência para o seu próprio renascimento como ser comum. É profundamente palinódico e subversivo de qualquer sentido que se queira único. Há uma citação de Goethe que descreve perfeitamente o palinódico: "*Und so lang dudas nicht hast; Dieses stirb und werde; Bist du nur ein trüber Gast; Auf der dunklen Erde*" (Enquanto não compreenderes esse morre e renasce, tu não passarás de um hóspede melancólico sobre a terra tenebrosa) (Köll, 1995). A característica fundamental da cotidianidade está em seu modo-de-ser espontâneo, característica da qual, até a década de 1990, nenhum meio de comunicação conseguiu dar conta. Para a espontaneidade cotidiana há uma grande luz no meio digital, cuja interatividade pode acompanhar nossas atitudes impulsivas e, por isso mesmo, contrárias a qualquer tentativa de totalidade. A televisão, durante o século XX, foi uma grande barreira a essa espontaneidade, não chegou a ser uma ferramenta, foi apenas um instrumento eletrodoméstico, um meio frio, como dizia McLuhan.

No cotidiano, espontaneidade e repetição, sob hipótese alguma, se contradizem. O encontro dessas formas de vida na estrutura digital pode se dar exatamente no interior do desdobramento das atividades cotidianas. Nunca, até hoje, uma ferramenta tecnológica promoveu o seu encontro com o conceitual do cotidiano, daí nosso relativo entusiasmo com tais mídias, pois considerando que nosso ser é definido, sobretudo, por nossa cotidianidade, nada mais justo que eleger como *mor* uma estrutura comunicacional que lhe sirva de palco. Devemos torcer para encontrarmos, cada vez mais, sites, CDs etc., que procurem não só apresentar seu conteúdo na junção dos interesses das linguagens individual e universal, como também que respeitem nossa ação cotidiana do aprofundamento de uma curiosidade até atingirmos, por que não?, o nível analítico. Até mesmo nossos impulsos cotidianos a caminho da imitação poderão ter alguma vez com tais mídias. Com a câmera portátil, as famílias de classe média puderam exercer, num lugar imaginário, o papel de produtores de programas.

A avalanche de "documentários" familiares sobre casamentos, aniversários, momentos importantes da vida de um homem, como começar a andar, lambuzar-se com a comida etc., foi um sintoma e, quiçá, um exercício para tudo que estava por vir. Hoje podemos transformar nossa individualidade em informação reticular ou, até mesmo, em CD-ROM, DVD etc. "Não há vida cotidiana sem espontaneidade, pragmatismo, economicismo, andologia, precedentes, juízo provisório, ultrageneralização, mimese e entonação" (Heller, 1992). Heller nos lembra de que as formas da vida cotidiana não podem se cristalizar em absolutos, e quando encontramos um discurso que assim representa seu desejo, encontramos-nos em pleno distanciamento da vida cotidiana.

Bibliografia

BENJAMIN, W. *Ursprung des deutschen Trauerspiels.* Frankfurt: Insel Verlag, 1996.

De Certeau, M. *A escrita da história.* Rio de Janeiro: Forense-Universitária, 1975.

__________. *A invenção do cotidiano.* São Paulo: Vozes, 1994. p. 54.

DERY, M. *Escape velocity. Cyberculture at the end of the century.* 1. ed. Nova York: Grove / Atlantic, 1996. New Line Productions, 1993.

HELLER, A. *História e cotidiano.* Rio de Janeiro: Forense-Universitária, 1992. p. 22.

_________. *Historia y futuro. Sobrevivirá la modernidad?* Barcelona: Ediciones Península, 1991. p. 34.

KÖLL, U. (coord.). *Goethes reisen.* Munique: Universität München Muldimedia LE – Systeme MBH, 1995.

SANTAELLA, L. *Cultura das mídias.* São Paulo: Experimento, 1997. p. 39.

SHAW, J.; WEIBEL, P. *Future cinema.* Massachusetts: MIT Press, 2003.

WITTGENSTEIN, L. *Investigações filosóficas.* Lisboa: Calouste Gulbenkian, 1985. p. 260.

Bibliografia Básica

ACKERMAN, D. *A natural history of the senses.* Nova York: Random House, 1990.

BAKHTIN, M. *Estética da criação verbal.* Rio de Janeiro: Hucitec, 1991.

BENJAMIN, W. *Ursprung des deutschen Trauerspiels.* Frankfurt: Insel Verlag, 1996.

BOLTER, J. D.; GRUSIN, R. *Remediation.* Cambridge: The MIT Press, 1999.

BURKE, P. *A social history of knowledge. From Gutenberg to Diderot.* Oxford: Polity, Press & Blackwell Publishers, 2001.

CASTI, J. L. *Would-be worlds.* Nova York: John Willey & Sons Inc., 1997.

DARLEY, A. *Visual digital culture.* Londres: Routledge, 2002.

DAVIS, E. *Techgnosis.* Nova York: Harmony Books, 1998.

DE CERTEAU, M. *A escrita da história.* Rio de Janeiro: Forense-Universitária, 1975.

_________. *A invenção do cotidiano.* São Paulo: Vozes, 1994.

DERRIDA, J. *La vérité em peinture.* Paris: Flammarion, 1980.

GADAMER, H. G. *Wer bin Ich und wer bist Du? Ein Kommentar zu Paul Celans Gedichtfolge: Atemkristall.* Frankfurt: Suhrkamp, 2000.

HABERMAS, J. *Theorie des kommunikativen Handelns.* Frankfurt: Suhrkamp, 1997.

HEIM, M. *Electric language.* Nova York: Oxford University Press, 1992.

_________. *Virtual realism.* Nova York: Oxford University Press, 1998.

HELLER, Á. *Historia y futuro. Sobrevivirá la modernidad?* Barcelona: Ediciones Península, 1991.

_________. *História e cotidiano.* Rio de Janeiro: Forense-Universitária, 1992.

JOYCE, M. *Of two minds: hypertext, pedagogy and poetics.* Michigan: Michigan Press, 1998.

KÖLL, U. (coord.). *Goethes reisen.* Munique Universität München Muldimedia LE–Systeme MBH, 1995.

KRAUSS, R. *The optical unconscious.* Cambridge: Massachusetts/Londres: The MIT Press, 1994.

KROKER, A.; KROKER, M. (ed.). *Digital delirium.* Nova York: St. Martin's Press, 1997.

KUHN, T. *A tensão essencial.* Lisboa: Edições 70, 1988.

_________. *A estrutura das revoluções científicas.* São Paulo: Perspectiva, 1989.

McLUHAN, E. *Electric language.* Nova York: St. Martin's Press, 1998.

MIRZOEFF, N. *Visual culture reader.* Nova York: Routledge, 1999.

PUTNAM, H. *Realism with a human face.* Boston: Harvard University Press, 1999.

SANTAELLA, L. *Cultura das mídias.* São Paulo: Experimento, 1997.

SCHULMEISTER, R. *Grundlagen hipermedialer lernsysteme. Theorie, didaktik und design.* Bonn: Addison-Wesley, 1997.

SHAW, J.; WEIBEL, P. *Future cinema.* Cambridge, MA: MIT Press, 2003.

TURKLE, S. *Life on the screen.* Nova York: Touchstone, 1997.

WILLIAMS, R. *Sociologia de la cultura.* Barcelona: Paidós, 1994.

WITTGENSTEIN, L. *Investigações filosóficas.* Lisboa: Calouste Gulbenkian, 1985. p. 260

ZIZEK, S. *Looking awry.* Cambridge/Londres: MIT Press, 1991.

_________. *The tiklisch subject. The absent centre of political ontology.* Londres/Nova York: Verso, 1999.

14

Comunidades virtuais: heterodoxia informacional

Hernani Dimantas*

Na era digital os conceitos da administração mercadológica têm de ser colocados de lado, e há de se recomeçar tudo outra vez? Empresários sabem que a Internet é um bom negócio. Mas como identificar essas oportunidades? Como implementar? A maneira tradicional de fazer negócios está entrando em colapso. Faz-se um lindo plano de negócios. Com idéias inovadoras. Tudo certo. Mas na realidade tudo acaba em pizza.

Aprendemos que marketing poderia ser resumido nos famosos 4 Ps. Esse conceito, imortalizado pelo consagrado Philip Kotler (1992), tem seu poder no mundo empresarial. No entanto, quem iria imaginar que, após mais de 20 anos estudando tantos livros, o mercado daria a volta por baixo, e tudo seria diferente? Pois é, a Internet chegou. É um novo modelo de relacionamento entre consumidores e empresas. Um modelo emergente. O consumidor volta a se relacionar com o mercado de forma participativa e justa. Os Ps esquecem a variável consumidor. Quem manda no marketing tradicional é a empresa. Na Internet quem manda é a torcida.

* Mestre em Comunicação e Semiótica pela PUC-SP. Pós-graduado em Marketing pela FGV-SP. Editor de cultura cibernética da *Nova-e*.

Contudo, por que esse conceito não funciona? Ora, o produto é a satisfação do cliente, a praça é o mundo todo; o preço depende do custo e da margem de lucro; e promoção é um vale-tudo. A questão não é a interpretação. Os Ps se liquefazem quando utilizamos ferramentas de busca e filtros. O produto na Internet se torna uma commodity; o preço é sempre o mais barato, pois podemos comparar e analisar preços em bancos de dados dinâmicos, rápidos e, na maioria das vezes, organizados e gerenciados de maneira descentralizada; considerar a praça, ou o mercado, o mundo todo, é equivocado. Os mercados estão se fragmentando em nichos ou micromercados globalizados. A logística é uma ferramenta importante de marketing. Quem distribui melhor tem mais chance de se dar bem; promoção sempre será promoção, mas será que funciona?

A revolução não televisionada

Não é fácil compreender essa revolução. É um processo sutil e vagaroso que vem tomando corpo, ensinando a nova geração a compartilhar conhecimento. Uma nova ordem está sendo construída.

A revolução dos bits se contrapõe ao padrão da sociedade ocidental. O mundo digital já se deu conta de que é possível quebrar paradigmas. Isso se torna verdadeiro quando detonamos a forma egoísta com a qual nos acostumamos a pensar. Para entender a ruptura dos paradigmas temos de pensar e participar. O mundo não é mais o mesmo. As grandes corporações, embora continuem apostando no comando e controle, já não acreditam na continuidade desse modo de gerência, de cima para baixo e controladora.

As pessoas são propensas a encarar a Internet como um novo não-lugar, o ciberespaço em que "habitam'" fazendo desse lugar uma extensão da própria vida. Nesse não-lugar existem pessoas que conversam com pessoas: trocam informações, conhecimento, músicas e links. E agora, numa ação proativa, saem em busca dos seus próprios interesses, motivadas também pela popularização do acesso de banda larga. Uma comunidade sem regras explícitas, que organiza o caos individualmente por meio de projetos pessoais.

A colaboração reaparece como uma das formas de diminuir a fricção entre a sociedade e os anseios das pessoas. Está surgindo uma consciência inequívoca de que a construção emergente tem muito para oferecer ao desenvolvimento do processo coletivo. Apresentam-se novas possibilidades para escolher um projeto pessoal com um grupo de convívio que extrapola os limites territoriais e temporais.

Assim, tudo muda. Crianças aprendem a colaborar, a desenvolver projetos on-line e a espelhar os sonhos no ambiente Web. O mundo virtual não é diferente do nosso bom e querido mundo real. No entanto, escancara as portas da comunicação, facilitando a publicação das idéias e o acesso indiscriminado destas a qualquer ponto da rede. A Internet está ensinando os usuários a se inter-relacionar nesse espaço virtual.

Criar para a sociedade. Fazer acontecer independentemente do retorno financeiro em curto prazo. É esta a grande novidade. A metodologia de trabalho é simples e virtual. Qualquer pessoa com um computador conectado à rede e com um pouco de conhecimento tem a possibilidade de participar voluntariamente de alguns projetos importantes. Tem de saber conversar, pois a voz humana tem o poder de transpor as maiores barreiras. O ser humano está se transformando. Está catalisando as informações. O conhecimento está fervendo na rede.

A era da conexão

Desde o século XIX, grande parte do esforço científico tem sido aplicada no desenvolvimento de meios de translação e comunicação, ou seja, de novas formas de conectar pessoas. Carros, aviões, rádio e televisão, de certa maneira, encurtam a distância entre os seres humanos. Carros, aviões, rádio e televisão, ao mesmo tempo, se constituem em poderosos instrumentos estratégicos por onde circulam idéias e modos de vida. A Internet segue nessa mesma linha: serve para conectar pessoas, idéias, modos de vida e produção social (a Internet é um modo de produção social, como foi a escrita). David Weinberger (2006) denomina esse esforço de Era da Conexão, embora outros termos pareçam descrever igualmente estes tempos marcados pela comunicação, informação, conexão.

Weinberger entende a Web como um mundo compartilhado que estamos construindo juntos. Esse processo de construção seria caracterizado por uma ruptura dos contêineres do tempo e espaço, ou a "desconteinerização da metafísica-padrão". Nesse sentido, a Internet pode ser entendida como um novo não-lugar. Um ambiente diferente. Internet não é apenas uma nova mídia, um canal de comunicação. Com relação aos demais meios de comunicação e informação, a Internet é mais abrangente. Ela não apenas aproxima as pessoas. Ela cria um novo lugar de convivência. A Internet é um mundo diferente daquele no qual crescemos.

Tempo e espaço não têm o mesmo significado que aprendemos nas experiências comuns ou com os demais meios de comunicação. O meio físico caminha para a virtualidade. E a virtualidade caminha para a realidade. O paradoxo, assim, se transforma em paradigma. Portanto, o paradigma é o humano, as idéias, os sentimentos, as ações. Nisso reside a capacidade de lutar pela liberdade no contexto contemporâneo.

Internet não depende apenas de computadores, mas necessita da tecnologia para estabelecer o *status quo* virtual. Sem meios de acesso ficaremos marginais à sociedade virtual. Democracias interconectadas, para existir, precisam de acesso irrestrito para se garantirem como tais. Nesse contexto, a tendência é de que haja convergência de tecnologias, no sentido de operar a passagem da tecnologia anterior para a digitalidade da rede. Telefones devem conversar com a rede, enviando e recebendo informações. Televisões devem fazer o mesmo. Os portáveis, incluindo celulares e PDAs, deverão estar conectados em rede, propiciando aos usuários uma conexão ao mundo virtual, em que possa ser possível aceder às informações e blogar suas análises, retroalimentando a rede.

Atualmente utilizamos uma tecnologia que remonta a mais de 30 anos. Por que propor avanços? Simples: avanços significam barateamento e massificação da tecnologia. Assim, a grande novidade está em dar vazão a essa conectividade. Buscar o potencial para incrementar o inter-relacionamento dos mercados, como mediações entre pessoas, produção, produtos e signos.

Desse modo, é impossível desvincular cibercultura de inteligência coletiva e da catalisação dessas inteligências pela Internet. Por trás de cada computador há um ser humano buscando uma nova forma de aprender, produzir, se expressar, ensinar, aproveitar e prosperar. E humanos representam sonhos, sentimentos e contradições, não apenas razão, cérebro e máquina. Já disseram que dentro de nós há multidões. Também já disseram que somos símbolos ou signos. Hoje podemos dizer que somos links. Links que se conectam a outros links.

Comunicação de massa

Toda vez que pensamos em nos comunicar com os mercados, logo vem à cabeça a velha retórica da comunicação de massa. É um costume, um velho bom senso estabelecido. Criticamos o conceito, mas estamos cegos às soluções diferentes ou às soluções conflitantes. Porém, essas soluções devem ser complementares. As fórmulas da comunicação de massa estão arraigadas na nossa cultura, de modo que as usamos. Sem preconceitos.

Como destapar os olhos para enxergar alguma luz? Acho que primeiro temos de nos adaptar a um pensamento de rede. *Small is beautiful*, não é? Esse é o ponto de partida para uma política de comunicação tática, portanto pragmática e híbrida, local, linkada, e não global. O foco está nas comunidades de interesse. Quando pensamos nas massas, englobamos mais gente e menos relacionamento.

Numa comunicação focada nos mercados digitais temos de nos valer do diálogo como forma de engajamento. Sem engajamento é impossível estabelecer projetos de marketing e comunicação on-line. As pessoas querem conversar. Elas querem participar de projetos que tenham a ver com seus interesses. As ferramentas tecnológicas nos dão possibilidades de brincar, de copiar e colar, de fazer bricolage e de dar vazão às emoções humanas. Pessoas gostam de pessoas. Por mais que o bom senso vigente diga o contrário, não é o dinheiro que move o mundo.

A Internet nos deu esses recursos. Esse dado é importante para a análise que fazemos, pois oferece um modo de produção social que permite, pelo menos no contexto mercadológico, a descentralização dos mercados. Não é por acaso que as comunidades engajadas, a exemplo das comunidades de software livre e de idéias, vêm crescendo e amadurecendo. Essa maturação tem a ver com as experiências. Estamos testando alternativas para a criação de uma comunicação descentralizada, independente e para os lados.

Mercados são conversações

Os mercados digitais mostram a força da nova mídia que está se formando, num movimento de baixo para cima. As pessoas estão conversando pela rede.

Essa conversação nos mostra que algo diferente acontece nas comunicações. Pessoas que conversam com voz própria. Um movimento conversatório que aponta para a revolução da voz.

Os mercados são um fenômeno natural, presentes muito tempo antes de o mundo dos negócios utilizar o termo *market*, ou mercado, para rotular categorias, demografias, regiões geográficas e outras abstrações. Esses mercados naturais estão ocupados com vozes humanas. Pessoas que falam com pessoas sobre coisas que as interessam.

Essas conversações acontecem também dentro das empresas, pois a rede interconectada não tem fronteiras. A revolução, a meu ver, é a restauração de um balanço natural do poder, um relacionamento natural entre oferta e demanda, entre vendedores e clientes. Isso acontece dessa maneira. A voz falsa da propaganda das empresas, os press releases e as declarações de missão empresarial parecerão cada vez mais antigos e estranhos.

Um novo sistema

Mas será que um programa de computador pode ser revolucionário? O Linux é um sistema operacional. Ele é subversivo, pois transforma a estrutura imposta pela Revolução Industrial. É o primeiro produto moderno e competitivo criado num modo de produção não capitalista. A distinção do Linux diante do modelo comercial dominante de software, caracterizado pelos produtos da Microsoft, é, sobretudo, sua abertura, que significa liberdade na cessão, alteração, utilização e distribuição do software. Mas a grande inovação do Linux, ao contrário do que muita gente pensa, não está no aspecto técnico, e sim no social.

Essa é a proposta do movimento dos códigos livres. Uma organização colaborativa, anárquica e disforme, poderosa pela essência que une as pessoas num projeto comum. A rede faz esse movimento aflorar. O investimento inicial para desenvolver o Linux foi zero. Nada. Apenas colaboração.

Compartilhar informações e conhecimento foi o que permitiu a maioria dos grandes avanços da ciência. Do mesmo modo que pesquisadores permitem a todos os demais em seus campos de estudo examinar e utilizar suas descobertas, para serem testadas e desenvolvidas além do ponto em que se encontram, os hackers que participam do projeto Linux permitem a todos os demais utilizar, testar e desenvolver seus programas. Isso é conhecido como ética científica. Na programação, esse comportamento recebe o nome de código-fonte aberto, ou *open source.*

Os mercados são conversações. As pessoas têm a possibilidade de interagir com as comunidades na Internet e, assim, protagonizar sua própria existência, buscando e construindo nas comunidades informacionais os interesses comuns. Logo, o modelo aberto não é uma invenção alucinada de um nerd finlandês. É um conceito há muito conhecido e considerado alternativa para o crescimento colaborativo.

Isso faz parte de uma nova maneira de pensar. Trabalhar para satisfazer as necessidades vitais. Buscar a satisfação nas tarefas rotineiras. Fazer da nossa existência algo mais importante. A Internet facilita essa aproximação. Libera a mente humana para estabelecer a diversidade. O meio digital abre espaço para a criatividade. Estamos constantemente trocando informações e recriando conceitos, seja com programas, palavras ou imagens. O artesão volta à cena após tanto tempo de segregação.

Novo bom senso

Será que o bom senso que corre nas nossas veias ficou intacto? Já que, pela Internet, as regras estão sendo modificadas com muita velocidade, onde encontrávamos o bom senso, agora, não temos mais referência. O "bom senso" está em efervescente mutação. Ainda há muita coisa para acontecer, mas já podemos vislumbrar alguns sinais:

O conteúdo deve ser livre. A música é livre. O software é livre. Milhões de pessoas estão trocando músicas pela Internet. Software livre está a dois cliques de alguém interessado. Isso não significa que na Web todo o conteúdo será livre. A presunção dos primórdios da rede, de que a Internet seria cooptada pelo sistema, foi por terra. O novo bom senso mostra que as informações correm soltas.

Estranhos são bons. No mundo real somos prisioneiros do nosso corpo. Aprendemos que falar com estranhos não é aconselhável. No entanto, a troca de informações na rede se dá por meio do relacionamento entre estranhos. Podemos afirmar que os principais valores da Web vêm de pessoas estranhas.

Errar é humano. Na Internet não temos muito tempo para manter certa consistência. Temos de agir rápido, e errar não traz muitos problemas. Bola pra frente!

Seja direto. Fomos treinados na arte dos bons costumes, embora tenhamos de segurar as pontas para não atravessar nossos limites. Ser direto na Web é um ponto positivo, pois a linguagem escrita favorece essa característica. Além de ser bem mais rápido. Mas não confundamos ser "direto" com ser "mal-educado".

Faça humor, não faça guerra. A falta de bom humor é patológica. Com humor podemos criar diferentes contextos com rapidez. Mais importante ainda: a carência de humor leva a uma seriedade egocêntrica, que não acrescenta valores ao dinamismo da Web.

Revolução é bem-vinda. A sociedade é conservadora por natureza. Na Internet respiramos revolução. Enquanto no mundo real não queremos mexer em nada, na Web estamos ansiosos por mudanças, e cada vez com mais velocidade. O medo da revolução continua habitando fora das fronteiras virtuais. A sociedade virtual aceita os "novos bons sensos" sem debate profundo. Estamos rompendo as amarras sem muita discussão. A revolução é um novo bom senso.

Manifesto Cluetrain

O Manifesto Cluetrain traz novo enfoque para essas conversações. Temos de explicar o motivo dessa afirmação. Tem muita história por trás dessas palavras. Estamos falando de uma nova ferramenta que está propiciando o retorno da voz e que pode ser reverberada indeterminadamente.

O Manifesto Cluetrain aponta para o fim dos negócios da maneira que estamos acostumados a fazê-los. Locke, Levine, Searls e Weinberger postularam

95 teses que desmontam a maneira tradicional de se fazer negócios, e apresentam um novo paradigma. Essas 95 teses foram inspiradas nos 95 postulados de Martinho Lutero. Cluetrain, ou o Trem das Evidências, debutou no espaço cibernético em meados de 1999. Reconhecido rapidamente, virou a coqueluche dos interneteiros. Eric Raymond (2007) ressalta:

> O Cluetrain está para o marketing e para as comunicações assim como o movimento dos códigos abertos está para o desenvolvimento de software – anárquico, bagunçado, rude e infinitamente mais poderoso do que estas besteiras que se transformaram em sabedoria convencional.[1]

O Manifesto Cluetrain disseca o mundo dos negócios como um estilete. Corta os velhos conceitos da administração. Mostra aos homens de negócios que a relação de trabalho pode ser diferente. Sem as mazelas do passado e sem a frieza do presente. A Internet abre as portas para o relacionamento entre pessoas e empresas. Modificando a estrutura de poder, antes na mão das corporações, e agora resgatada pelas pessoas comuns.

Aprendendo com os mercados

As pessoas freqüentavam os antigos mercados para "trocar" ou comprar suas necessidades básicas. Mas não só. Os mercados serviam de canal de comunicação. As pessoas buscavam saber o que estava acontecendo. Queriam trocar idéias. Ouvir e contar histórias. Os mercados conversavam. Os mercados nessas culturas antigas formavam o centro de informações.

Na Internet acontece o mesmo. A humanidade está resgatando o poder da conversação. Estamos em rede para trocar informações. Mostrar a cara. Bater papo. Utilizando a voz humana preferencialmente. Estamos vivendo uma nova realidade.

[1] Discurso de Eric Raymond, que, com seus artigos provocativos, tem impulsionado o mundo dos softwares de códigos abertos.

Os mercados estão funcionando de maneira emergente. Temos de atentar para o fato de que na rede o consumidor ganhou força. Estamos vivendo um novo mundo, e o conceito de gestão deve ser modificado. A empresa precisa aprender a conversar com seus clientes, mas para isso tem de entender o mundo digital. Tem de participar dele.

Na Web as coisas são diferentes. Não existe a mídia de massa. Os banners têm função limitada para manter o marketing de interrupção funcionando. São muitas ofertas de informação, e ficamos mareados nessa navegação. Não estamos sujeitos a um poder central; dessa maneira, somos livres para ir e vir. Na Internet existe maior interatividade entre a empresa e o usuário. O consumidor, que sempre fora tratado como massa, passou a participar do mercado. Conversa com as empresas e com outros usuários. Ele tem informações do mercado. Muitas vezes, conhece a empresa melhor do que o próprio dono. Os mercados estão dialogando; é isso que tem de ser percebido. As empresas que souberem trabalhar com tal enfoque serão, provavelmente, as vencedoras.

A Internet rompe o muro virtual entre empresas e consumidores. As empresas, agora, devem respirar fundo e tentar entender as regras desse novo jogo. Aquelas que quiserem continuar a participar terão de aprender a jogar. Para estar na Web é importante a participação, o inter-relacionamento, o respeito ao direito dos usuários, a qualidade dos serviços, a transparência e a vontade de voltar a ser humano. Como já insinuei, nesse jogo o juiz não manda. Quem manda é a torcida. Então, escolha o time. E vamos brincar.

A Internet nos dá a oportunidade de escapar do peso imposto pela mídia de massa. É um emaranhado, uma teia de pessoas que buscam informações reais. As pessoas querem ouvir, precisam escutar as vozes, um do outro, e responder da mesma maneira.

Micromercados inteligentes

Podemos encarar a Internet de diversas formas. Os grandes portais repercutem o aprendizado desconectado. Repetem fórmulas de comunicação de massa tentando abarcar o maior número de visitantes com diversas opções de informação enlatada. As empresas, por desconhecimento da mídia, mostram apenas seus cartões de visita virtuais. Com medo da transparência intrínseca da rede, ficam caladas, esperando ver o que vai acontecer.

As pessoas estão se encontrando nos blogs, fotologs e nos diversos Orkuts. Novas formas de expressão são criadas emergencialmente – um fluxo de informação anárquico, bagunçado e infinitamente mais poderoso do que todos os canais que conhecemos. Esses microcanais de comunicação existem porque existe audiência. São, claramente, microaudiências, cujo somatório resulta em micromercados de dimensões incomensuráveis. Nada comparável aos canais tradicionais, embora sejam tendência importante para quem pretende analisar a revolução digital.

Essa microaudiência é especial. São pessoas que utilizam a Internet diariamente. Trabalham conectadas com o prazer. Afinal, essa é a vocação das pessoas. Fazer do trabalho algo mais interessante do que se deixar levar pelo marasmo do cotidiano. Creio que o anseio maior das pessoas é diminuir as fronteiras entre trabalho e entretenimento.

Como resultado, os mercados estão ficando mais inteligentes, mais informados, mais organizados. Os mercados conectados estão conversando sobre as empresas. Independentemente da vontade delas. As pessoas estão falando o que bem entendem. Não estão preocupadas em falar demais, em citar fontes fidedignas. As companhias não podem parar esse movimento. Os consumidores estão falando. Assim como não podem parar os seus funcionários de conversarem com seus consumidores. A única opção é encorajar os funcionários a conversar com os clientes. Eles vão trazer novidades à empresa. Eles ouvem, interagem com os mercados e vão passar adiante suas conclusões energizadas. Os funcionários vão além do sentimento de "ser útil" e ficarão orgulhosos da própria habilidade. A lealdade dos clientes não é um ativo. Lealdade está baseada no respeito. E o respeito está traduzido pelo modo como a empresa se mostra nesses mercados. Não conversar e não participar são péssimas opções. Se as pessoas não estiverem engajadas no diálogo, dentro ou fora da organização, outra empresa irá ocupar esse lugar. Não é brincadeira. É sério. Pense nisso!

Nessa perspectiva, os micromercados se tornam cada vez mais coesos. Pois a massa disforme de microaudiências e comunidades digitais interage num contexto inusitado. Esse é o grande desafio para as corporações, tanto para os megaportais como para empresas comerciais que necessitam estar presentes nesse meio multimídia. Como participar?

Não há fórmulas prontas. Mas garanto que as estratégias tradicionais não funcionam. Temos de procurar práticas não usuais para lidar com essa novidade. As empresas devem admitir que não sabem conversar com os mercados. Os micromercados são muito mais valiosos do que qualquer pesquisa de mercado. E muito mais preciosos do que uma campanha publicitária. São pessoas que conversam com pessoas numa linguagem humana, da qual empresas não fazem parte. Por quê? Porque empresas não são humanas, não respiram, não transam e não sabem conversar como pessoas. Mas podem falar por intermédio de pessoas.

Empresas podem incentivar a diversidade de vozes espalhadas pela rede. Essa cumplicidade poderá gerar maior conhecimento desses mercados. Pois marketing não é apenas propaganda e divulgação comercial. É a compreensão inequívoca das tendências dos mercados. Apoiar, financiar e promover esses projetos é o atalho para o futuro. E está aí para quem tiver olhos para enxergar.

Os microcanais de comunicação, assim como outras centenas de projetos que se incluem nessa denominação, estão criando uma microaudiência específica e poderosa. Formadores de opinião, a própria imprensa e muita gente boa usam os canais como fonte de inspiração dos seus próprios cotidianos.

Informação criativa

A Internet nos dá a oportunidade de escapar do peso imposto pela mídia de massa. De um para muitos. A dinâmica da Internet nos leva a outro modelo. Um a um. De muitos para muitos. As pessoas querem ouvir, precisam escutar as vozes, um do outro, e responder da mesma forma. A propaganda perde o efeito da interrupção, pois o meio digital impossibilita uma difusão espontânea.

As agências de propaganda e os canais de informação midiática vão acabar entendendo que vale mais uma interação verdadeira com seus mercados do que a fabricação de peças publicitárias que, embora criativas, são frias como a morte.

Estamos vendo isso acontecer. Algumas empresas estão se valendo da informação para desenvolver a sua campanha de marketing, muito embora ressuscitando o tom da propaganda, distanciando o leitor da verdade e apresentando o lucro como única solução conciliadora. É natural. Não temos idéia de como as coisas funcionam. Estamos no meio da tempestade e tentando navegar no mesmo barco.

Outras formas de comunicação estão convivendo na rede. A criatividade anda solta. As pessoas estão buscando a melhor maneira de se comunicar, e as empresas estão buscando uma fórmula mágica. Receitas, manuais, guias, qualquer coisa que oriente o empresário a conversar com seus mercados. Contudo, isso tudo, por enquanto, ainda é tratado como besteira.

A Internet urge

O modelo da propaganda está arraigado nas vísceras das empresas. E a gerência se manifesta repetindo os paradigmas antigos. Preferem uma abordagem mercadológica equivocada apoiada por uma pretensa compreensão da comunicação de massa.

Tento compreender o que as pessoas estão absorvendo dessa tal revolução digital. Percebo que elas têm consciência da real situação. Mesmo as que estão em funções gerenciais sabem muito bem que o caminho é para os lados, ou seja, pessoas falando com pessoas. As possibilidades para a comunicação de massa são minimizadas.

Esperava das empresas maior entendimento dos anseios dos mercados. Estamos basicamente corretos em estabelecer uma ruptura com o mecanismo conhecido de gestão da inteligência humana. A Internet cumpre a promessa da catalisação do conhecimento. As pessoas estão ficando mais espertas. As empresas continuam paralisadas diante dos mercados. Vão esperar até quando?

Marketing digital exige responsabilidade e ética. E mais: é função inequívoca da participação das empresas nos mercados. Entenda essa participação como uma comunidade de pessoas em torno de um interesse comum, numa busca constante de aprendizagem e troca de informações pertinentes.

A Internet urge por uma nova desordem. Contínua e inacabável. Talvez seja muito complicado às empresas terem a real percepção dos mercados, pois convivem com uma onda conservadora que atende satisfatoriamente aos mercados desconectados. Ao mesmo tempo, uma pequena onda vem se formando, carregando no seu rastro as transformações demandadas pelos mercados digitais. O novo *versus* o velho. O arrogante tradicionalismo *versus* a pretensa utopia. Uma crise atemporal com realidades muito diferentes.

Marketing hacker

Marketing hacker é uma abordagem heterodoxa do marketing, baseada na revolução digital como uma nova promessa no relacionamento entre pessoas. Na verdade, trata-se do antimarketing que convive e complementa a idéia do marketing, mas abordando o mundo dos negócios sob uma ótica dos mercados. O marketing hacker é uma forma diferente de encarar a relação entre tecnologia, trabalho e negócios. Não tem nada a ver com a desgastada idéia de marketing em que o objetivo é apenas criar artimanhas para a geração de lucros. O marketing hacker pretende mostrar que a tecnologia tem favorecido um pensamento libertário e provocado um processo de mutação nos mercados.

Nesse cenário em mutação, percebi que o mundo dos negócios não ficou incólume a tais mudanças. As pessoas em rede estavam fazendo a diferença. A análise de como a sociedade tende a se rearranjar num modelo caótico, interativo e colaborativo é o objeto do marketing hacker.

Acredito que todos nós, na Internet, somos amadores. Não que deixemos o profissionalismo de lado. Somos amadores porque amamos o que fazemos. E, como diz Pierre Lèvy, o amor é o veículo de transformação da sociedade. Segundo Christopher Locke (2002):

> Na era dos mercados interligados, o amor do amador e o deleite do dilettante representam uma crítica à nova dimensão da realidade econômica e à dinâmica poderosa dos novos mercados. As pessoas comuns que estão on-line, entre elas eu me incluo, não têm amor pelo comércio e pelos seus complicados e maliciosos esquemas de marketing.

O marketing hacker atua rompendo as barreiras da imaginação e buscando formas alternativas para suprir os mercados com energia. A tendência das pessoas é não se importar com as coisas que as afligem. Afastam-se delas como o diabo da cruz e voltam a conversar mecanicamente sobre assuntos irrelevantes.

Mas o que é relevante? Numa discussão sadia sobre negócios deveríamos utilizar todas as nossas forças debatendo sobre como se faz um plano de negócios de sucesso? Isso é apenas técnica. Não podemos deixar que esqueminhas automáticos tomem espaço, o que possibilitaria sermos consumidos pelo que deveríamos abolir. Falar sobre negócios implica considerar a filosofia utilizada e debater, profundamente, as divergências.

Pois é, temos de escancarar. Abrir os nossos corações para falar o que sentimos. Os negócios funcionam porque há vida nos mercados, e não porque há ajustes matematicamente perfeitos de um plano de negócios, ou pela existência de um planejamento estratégico bem efetuado. Temos de conhecer o que os mercados pensam e com o que eles deveriam se importar, pois muitas pessoas ainda não encaram os mercados como uma esponja permeável, que assimila rapidamente todo o bem e todo o mal. O vírus da ética está semeado na rede, e não adianta tapar o monitor com uma peneira. Trabalhar da maneira correta é muito mais barato; faz-se uma vez e pronto.

Além do amor como agente de transformação e da ética como catalisador do bom senso, acredito que a reputação tem valor fundamental nas técnicas de marketing hacker. O que é reputação? Nossas idéias, pensamentos, atos, profissionalismo, amadorismo devem ser coerentes com a verdade que publicamente transmitimos. Sendo correto com os objetivos, nem você nem sua empresa vão passar por constrangimentos. Pelo contrário, vão capitalizar com os valores que defendem e fazer deles a própria identidade da empresa.

Faz sentido na era do conhecimento a aproximação da tecnologia com a filosofia. Tudo é muito novo. Estamos retomando a voz e muitas vezes não sabemos o que fazer com ela. No entanto, seguir à risca que negócios devam ter cara de negócios e, por intermédio da gravata digital, apresentar um ar de seriedade não está entre os meus objetivos virtuais. Deixemos de bater papo na Catedral, para usufruir da bagunça do Bazar (Raymond, 1998).

O marketing hacker não tem um esquema de ferramentas para lidar com toda essa carga de informação. Nosso relacionamento é com os mercados e, como sugere Regis McKenna,

> As abordagens voltadas para o mercado envolvem o diálogo entre a empresa e o cliente, e entre a empresa e o mercado. Produtos, serviços e abordagens ao mercado são alterados, modificados, mudados e, freqüentemente, criados por esses diálogos. (McKenna, 1993)

Uso sempre a expressão "escovar mercados". Os hackers escovam os chips, quebrando a cabeça para descobrir rotinas inovadoras e desbravar a selva de silício. Nossos mercados devem ser escovados, e a conversação é a única maneira de romper os muros da velha economia. Em vez de deixar de se importar com as regras dos mercados, incrementamos o diálogo para recriar. No entanto, a anarquia, no bom sentido, só é viável quando as regras viram fumaça e o amor e o respeito mútuo passam a ser a verdade no relacionamento entre os indivíduos. Pode ser uma visão otimista demais; posso ser acusado de estar escorregando em castelos de areia e mirando um futuro muito distante. Talvez impossível. Não é verdade; olhe para os lados. Pare, pense e analise as tendências. O futuro já está batendo no nosso nariz e é só teclar corretamente para alcançar.

O link é a mensagem

O que é a Web? Sabemos do rádio, do telefone e da televisão. Mas a Internet é um ambiente ainda misterioso. Cheio de meandros, perversidades e maravilhas. Espelha a vida em todos os sentidos. Repetindo digitalmente as mazelas da nossa sociedade.

Isso tudo é muito novo. E o crescimento dessa mídia binária é muito rápido. Estamos adotando a tecnologia numa velocidade absurda. Isso traz insegurança, pois o futuro não está tão distante. Acontece aqui e agora.

Existe uma diferença em relação aos outros meios. As pessoas estão conversando na rede de modo muito peculiar. A sedução espiritual da Web é a promessa do retorno da voz. Queremos resgatar a capacidade de comunicação. Queremos gritar. Colocar a boca no trombone virtual.

Entramos nessa onda sem saber exatamente para que servia toda a parafernália. As pessoas logo entenderam que falar é barato. Além disso, a distribuição livre de informação deixa as pessoas mais inteligentes, mais capacitadas para participar do dinamismo da Web. Queremos falar para o mundo. Nossa esperança sempre foi recuperar a voz perdida, romper a hierarquia das organizações, mostrando nosso valor.

Estamos debatendo em tempo real a desconstrução da sociedade de massa. Mas temos de assumir as mutações e passar a agir de acordo com essa novidade. Nessa corrida maluca, percebemos que os mercados também se transformam. Apontam para uma auto-organização da sociedade civil.

Essa rede está apavorando o grande monopólio. As grandes corporações. Os acordos dos mestres capitalistas. O velho agenciamento coletivo. Mas é difícil combater a organização de pessoas comuns. Essa organização é emergente. Funciona por meio dos links.

Amigos, inimigos, conhecidos e desconhecidos também fazem parte dessa dinâmica social. Estão todos, direta ou indiretamente, linkados. As pessoas se linkam umas às outras pelos laços ou nós mais estranhos. Estes, por sua vez, se constituem como matéria interessante para analisar as relações entre as pessoas, culturas, instituições e sociedades. Link é poder. Desde sempre!

Refletindo sobre esse poder ao longo da história, percebemos que a sociedade não estaria constituída da maneira como a conhecemos se não fosse pela articulação das pessoas, umas linkadas às outras por interesses, laços familiares ou quaisquer manifestações humanas que levem uma pessoa a se relacionar. É uma mágica que está intimamente ligada às idiossincrasias.

A rede é a anfetamina das conversações. Esse parlatório está modificando toda a estrutura de poder. Pessoas comuns falando e desenvolvendo seus projetos pessoais repercutem novas idéias, num desbalanceamento do poder entre os mercados e as empresas. O capitalismo e o mundo dos negócios devem ser revisitados. A Internet trouxe a idéia de revolução e traz consigo críticas inequívocas de como a sociedade moderna está estruturada. Romper paradigmas significa destruir os preconceitos nos quais estamos inseridos.

Linkar, linkar e linkar. Essa é a máxima deste novo mundo. Linkar por generosidade, pois sabemos que gentileza gera gentileza. Linkar porque temos interesses comuns com pessoas de verdade. Pessoas que pensam, amam, brincam, namoram e têm filhos. Os filhos vão continuar linkando suas vidas a outras vidas. Linkar tem um objetivo: buscar nas entrelinhas digitais um lapso de esperança. Uma humanidade mais humana. Essa "linkania" é a revolução colaborativa.

Bibliografia

KOTLER, P. *Marketing.* Edição compacta. São Paulo: Atlas, 1992.

LOCKE, C. *Gonzo marketing – winning through the worst practices.* Reading, MA: Perseus Books, 2002.

McKENNA, R. *Marketing de relacionamento: estratégias bem-sucedidas para a era do cliente.* Rio de Janeiro: Campus, 1993.

RAYMOND, E. A catedral e o bazar, 1998. Trad. por Erik Kohler. Disponível em: http://pt.wikisource.org/wiki/A_Catedral_e_o_Bazar. Acesso em: 28 fev., 2006.

__________. President, Open Source Initiative – Disponível em: http://www.cluetrain.com/signers.html. Acesso em: 13 jan. 2007 (tradução nossa).

WEINBERGER, D. The hyperlinked metaphysics of the Web. Disponível em: http://www.hyperorg.com/misc/metaphysics/index.html. Acesso em: 28 fev. 2006.

15

Ética no marketing e na propaganda

Gino Giacomini Filho*

As discussões sobre os aspectos éticos da propaganda comercial[1] e marketing são intrínsecas a esses campos e interessam a toda sociedade, pois as estratégias de comunicação persuasiva, vendas e exploração de mercados são invasivas, interferindo nas decisões de compra, consumo e qualidade de vida de pessoas e coletividade. Tais estratégias, no esforço de beneficiar a empresa, também devem ter consonância com os valores sociais, exigindo, assim, obediência a determinados postulados éticos e padrões morais específicos e gerais.

Os padrões morais, embora possam estabelecer o "certo" e o "errado" em termos de práticas mercadológicas, precisam estar acompanhados pelo contexto em que esse certo e errado ocorrem, propiciando portanto mais do que uma

* Doutor e livre-docente em Publicidade e Propaganda pela ECA-USP. Professor do curso de graduação (Publicidade e Propaganda, Turismo) da ECA-USP e professor do curso de Comunicação Social e Administração (mestrado) do Centro Universitário Municipal de São Caetano do Sul (Imes).

[1] O termo *propaganda* será utilizado, neste texto, no sentido comercial e voltado para consumidores finais, o mesmo ocorrendo com o termo *marketing*, que aqui se restringirá ao modelo voltado para consumidores finais, atendendo a interesses de uma entidade caracterizada como "empresa". Também, neste texto, o termo *propaganda* será usado no sentido de instrumento do marketing e promoção.

visão moral: uma visão ética do marketing e propaganda, sendo esse o objetivo maior deste texto.

Carroll (apud Ferrel, 2000, p. 149) sugere um modelo piramidal mostrando que o desempenho ético da empresa estaria embasado na sua situação econômica e legal, uma vez que não se pode desqualificar a característica fundamental da empresa, que é a de ser rentável nas relações comerciais. Dessa forma, os fatores legais, éticos e filantrópicos influenciam decisivamente nesse papel econômico e mercadológico.

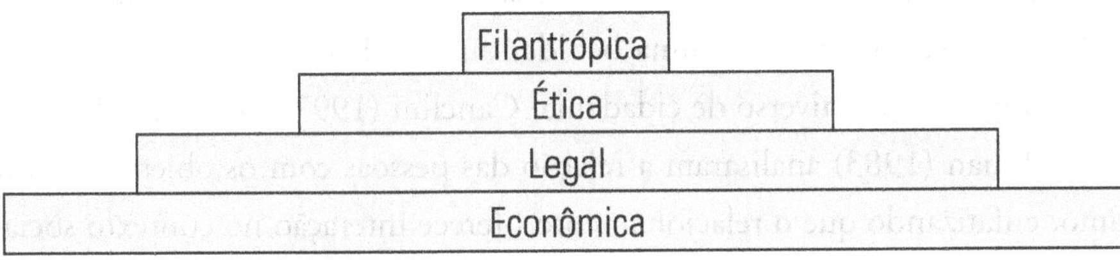

Filantrópica: Seja uma empresa-cidadã. Contribua com recursos para a comunidade; melhore a qualidade de vida.

Ética: Seja ética. Obrigações para fazer o que é certo, justo e correto. Evite prejudicar as pessoas e o meio ambiente.

Legal: Obedeça à lei. A lei é a condição da sociedade do certo e errado. Siga as regras do jogo.

Econômica: Seja rentável. Base que sustenta todas as demais responsabilidades.

Ética e ligações com o marketing e propaganda

Tanto as ações de marketing como de propaganda são deflagradas a partir do interesse comercial de uma entidade/empresa e anunciante.

Em termos de marketing, esse interesse está em satisfazer os clientes, antevendo que um cliente satisfeito pode continuar relacionando-se com a instituição (marketing de relacionamento) e também passar uma imagem positiva de suas marcas e produtos a outros clientes, algo que propiciará sustentabilidade ao negócio. Ou seja, o propósito do marketing extrapolaria o de simplesmente vender, agindo também em outras frentes para conquistar o consumidor, de maneira ampla, tendo para isso de se inserir no seu estilo de vida.

Os produtos, marcas e serviços correspondem à resposta que a empresa oferece ao mercado para atender às necessidades, desejos e carências dos clientes que, uma vez atendidos, passarão a adotar ou considerar tais itens em suas decisões de compra e consumo.

O êxito dessa estratégia pode ser exemplificado com o fato de que cada pessoa, ao se reportar a sua história de vida, encontrará bens comerciais que dela fizeram e fazem parte, como uma marca de automóvel, uma empresa de telefonia, um dentista, uma bebida, ou seja, bens e serviços comerciais que compõem seu universo de cidadania. Canclini (1997), Baudrillard (1991) e Hirschman (1983) analisaram a relação das pessoas com os objetos de consumo, enfatizando que o relacionamento oferece interação no contexto social, implicando a fusão do público com o privado, do objeto com o produto comercial, do cidadão com o consumidor.

Aproveitando-se dessa motivação, o marketing e a propaganda, sempre que estrategicamente viável, procuram promover as marcas no contexto social e pessoal em que vivem as pessoas, notadamente as pertencentes ao público visado pela campanha:

> A publicidade comercial passou a interferir fortemente nas relações de consumo e, assim, na vida de todos os cidadãos. A interferência observada foi um dos fenômenos geradores da economia de massa, terminando por provocar a conveniência de estabelecer especial proteção para interesses coletivos, desligados da atuação individual dos componentes da sociedade. (Ceneviva, 1991, p. 21)

Tal estratégia apropria-se de valores aceitos pelo público-alvo, passando à marca anunciada uma legitimação ou anuência natural, como se o produto ou serviço fosse uma opção lógica para aquele cidadão, ou ainda como se a adoção daquela marca compusesse sua trajetória, estilo e qualidade de vida, tornando-se familiar.

As ações da propaganda, como instrumento de marketing, compartilhariam desses mesmos propósitos. Ou seja, a promoção também precisa satisfazer necessidades e desejos dos clientes na forma de informações pertinentes, códigos lingüísticos reconhecíveis, apelos motivadores, sintonia com modismos e estilos de vida, comunicação coerente com o posicionamento mercadológico e outras qualidades que levarão o consumidor a criar e reforçar os laços com o anunciante. Para dar continuidade a essa performance, a propaganda também deve estar em sintonia com os fundamentos éticos e de cidadania, entre eles o de não praticar a propaganda enganosa e abusiva.

Ao contrário do que alguns possam pensar, conduzir as atividades dentro dos propósitos éticos está diretamente relacionado com a qualidade e eficácia do marketing e propaganda. Hartley (1990, p. 20-23) argumenta também que um dos pilares estratégicos do marketing é a imagem pública desfrutada pelas empresas e marcas, algo que recebe impacto direto diante da conduta ética da empresa e anunciante.

Seria ingênuo supor que um consumidor continuaria a freqüentar uma loja cujos atendentes o desrespeitam ou o desmentem sobre o que ele viu na propaganda ou ainda que se mostra agressiva contra minorias.

Portanto, a ética e os atributos de responsabilidade social estão indissociavelmente ligados à qualidade do marketing e da comunicação.

> Qualquer decisão estratégica depende de uma análise abrangente e rigorosa dos ambientes interno e externo da organização. Exemplos de variáveis a considerar, relacionadas às forças e às fraquezas internas, incluem os recursos financeiros, os recursos humanos, os ativos físicos, a qualidade do produto, a cultura corporativa, o sistema de valores, a ética de marketing e a responsabilidade social. (Ferrel et al., 2000, p. 20)

O próprio Código de Auto-Regulamentação Publicitária[2] (Conar) estipula na sua introdução: "Considerando que a publicidade deve ser confiável no conteúdo e honesta na apresentação, pois é da confiança pública que depende o seu êxito".

---

[2] Endereço eletrônico do Conselho Nacional de Auto-Regulamentação Publicitária: www.conar.org.br.

A interdependência que a gestão da "qualidade" possui com os postulados éticos tem feito as organizações inserirem a responsabilidade social não apenas como uma auto-atribuição, mas também como elemento estratégico para possibilitar acesso a mercados locais e internacionais. Isso porque os compradores e intermediários têm exigido dos fornecedores certificações de qualidade, que por sua vez têm inserido quesitos éticos a serem cumpridos, como ocorre com as normas ISO, selos ambientais e até certificações específicas para contemplar a conduta ética de empresas.

Embora o conceito de ética tenha ligação direta com os valores sociais, e estes sejam diferentes para cada público e sofram mudanças com o tempo, alguns dos atributos podem ser considerados permanentes na prática do marketing e propaganda, como "caracterizar-se pela honestidade", "ser responsável e conseqüente", "manter somente as alegações que possam ser cumpridas", "não enganar ou induzir ao erro", "respeitar os legítimos valores individuais, coletivos e institucionais", "comprometer-se com a qualidade de vida".

Schopenhauer sustenta que a ética está fortemente ligada à *compaixão*. Ser ético é abandonar a posição exclusivamente individualista e vantajosa e agir de forma coletiva, notadamente na proteção aos mais fracos ou vulneráveis (apud Tugendhat, 2000, p. 190-211). Tal significado, repleto de lógica e pertinência, aplicado ao marketing e propaganda, remeteria à valorização dos aspectos positivos e grandiosos dessas áreas. Mas, por razões pragmáticas, os códigos de ética preferem uma abordagem censora e crítica de valores mais tangíveis, distanciando-se da compaixão como referência maior.

Outro elemento que conduz invariavelmente as discussões éticas do marketing e propaganda é a *verdade*. Mas, como as práticas de marketing e a comunicação mercadológica são, por definição, persuasivas, nunca poderão retratar de forma total a verdade. Como pode um comercial de 30 segundos mostrar toda a verdade sobre um modelo de automóvel ou produto para tratamento de saúde?

Para Mattar (2004, p. 63): "A *verdade* pode ser compreendida como o instrumental para medir o grau de adequação entre o que se pensa, o que se diz e o objeto do discurso, entre nosso pensamento (sentimento ou intenção), o discurso e a realidade (os fatos)". Portanto, para o autor, a verdade na esfera do marketing e propaganda seria uma interpretação mediante o que mais se aproxima de uma adequação do discurso promocional e o item anunciado (produto, marca, serviço, idéia). Como essa interpretação fica a cargo de pessoas (consumidores, membros de entidades, profissionais da área), segundo seus interesses valorativos, o reconhecimento de uma prática verdadeira de marketing e propaganda se torna, muitas vezes, um exercício de bom senso. Segundo Hessen (1999, p. 78 e 86):

> Enquanto o ceticismo ensina que não há verdade alguma, o subjetivismo e o relativismo não vão tão longe. Para ambos, a verdade certamente existe, mas é limitada a sua validade. Não há verdade alguma universalmente válida [...] O fenomenalismo é a teoria segundo a qual não conhecemos as coisas como são, mas como nos aparecem. Certamente existem coisas reais, mas não somos capazes de conhecer sua essência.

Morin (1982, p. 78) vai além, discutindo a própria viabilidade de se chegar a um conhecimento verdadeiro e se pautar pela certeza de um fenômeno.

> Depois de Newton, o conhecimento certo tinha se tornado o objeto da ciência. O conhecimento científico tornava-se a procura da certeza. Ora, hoje, a presença da dialógica da ordem e da desordem mostra-nos que o conhecimento deve tentar negociar com a incerteza [...] Contrariamente à aparência, o trabalho com a incerteza é uma incitação à racionalidade; um universo que era apenas ordem não era um universo racional: era um universo racionalizado [...].

Embora as questões de fundo sobre os princípios éticos sejam as mesmas da história da humanidade, recebem outros contornos com a sociedade da informação e as novas tecnologias. Um exemplo é o direito à privacidade, que sempre se situou no perímetro das discussões sobre o marketing e comunicação, mas que com as modernas técnicas invasivas tem sido colocado no centro das discussões sobre a ética do mercado. Na Internet não se garante a inviolabilidade da informação pessoal. Pelo contrário, cada vez mais se sofisticam os recursos para rastrear o comportamento de consumo sem que o consumidor seja devidamente informado, algo que é difícil de ser controlado dada a complexidade dos sistemas digitais e eletrônicos (Sterne, 2001, p. 243-246).

São indagações que justificam a falta de um instrumento único, definitivo e completo para sinalizar princípios e condutas ético-morais que devam ser impostas ao discurso publicitário e mercadológico. Os diversos códigos de ética relacionados com a área atestam tal complexidade, mas revelam uma preocupação real de estipular diretrizes que atendam, mesmo que parcialmente, à expectativa social.

Códigos de Ética[3]

Praticamente todas as entidades relevantes e representativas do setor de marketing e propaganda possuem códigos de conduta, com dispositivos éticos e até códigos de ética formais, inclusive empresas e anunciantes.[4]

Podemos citar a Associação Brasileira das Empresas de Marketing Direto (Abemd),[5] cujo código de ética se apresenta como uma auto-regulamentação do setor de marketing direto no Brasil. Estipula que:

> As presentes normas de auto-regulamentação têm por objetivo prover os consumidores e as organizações que atuam em marketing direto de princípios de conduta de aceitação nacional e internacional [...].
> Capítulo I: "As ofertas devem ser claras, precisas e completas, para que o consumidor possa saber a natureza exata do que é oferecido, o preço, eventuais taxas extras, as condições de pagamento e as obrigações nas quais incorre ao fazer a solicitação".

A Associação de Mídia Interativa (AMI)[6] possui o Código de Ética Anti-Spam, explicando que "Este código objetiva estabelecer regras éticas para as

[3] Muitos autores não concordam com o termo *código de ética* para os instrumentos assim mencionados, preferindo o termo *código moral*, já que se caracterizariam mais como conduta moral.
[4] Podemos citar empresas no Brasil que possuem (2004), de modo formalizado, seus códigos de ética, caso do Carrefour, Banco Itaú e Petrobras.
[5] Disponível em: www.abemd.org.br.
[6] Disponível em: www.ami.org.br.

práticas de comunicação comercial via mensagens eletrônicas, em especial correio eletrônico, *SMS* e *Instant Messenger*". Enfatiza que se trata de um código auto-regulamentador e que "os padrões éticos e práticas estabelecidas neste código devem ser respeitados por quantos estejam envolvidos nas atividades de publicidade, comunicação dirigida, listas de endereços de e-mail, provedor de acesso, provedor de e-mail, sejam empresas anunciantes, agências de comunicação, veículos, fornecedores, profissionais liberais e outros". Esclarece que o código foi inspirado no código de ética da Abemd e do Conar.

A Associação de Marketing Promocional (Ampro)[7] possui seu código de ética e de auto-regulamentação para o marketing promocional:

> Os princípios aqui delineados aplicam-se a todas as técnicas, meios e instrumentos utilizados pelo marketing promocional, em todos os níveis, referindo-se a todas e quaisquer campanhas que envolvam promoções com distribuição gratuita de prêmios, através de concursos, sorteios, vales-brindes ou operações assemelhadas, ou ações constituídas de ofertas, descontos, liquidações, trocas, coleções, amostras grátis, brindes, ven das condicionadas com quaisquer itens acoplados a produtos, prêmios, ações de demonstrações, degustações e amostragens, atividades de marketing de incentivo, concursos de vendas e programas de incentivo à produtividade, organização e implementação de convenções, seminários, reuniões, encontros, fóruns, simpósios, congressos, cursos, festivais, gincanas, desfiles, festejos, efemérides, certames, shows, patrocínios, copas, circuitos, feiras, exposições e eventos em geral, quer culturais, esportivos, institucionais ou promocionais [...].
> [...] Interesses do Consumidor
> Todas as ações do marketing promocional devem ser honestas, respeitando a integridade do consumidor, e devem ser vistas como tal. Nenhum promotor, agente intermediário, receptor comercial ou qualquer pessoa engajada na promoção deve abusar da boa-fé do consumidor ou explorar as técnicas, meios e instrumentos promocionais em seu detrimento [...].

[7] Disponível em: www.ampro.com.br.

A Abep (Associação Brasileira de Empresas de Pesquisas) possui o Código de Ética ICC/Esomar para pesquisa de mercado e pesquisa social. Pode ser destacado o item 5 que afirma: "O pesquisador deve tomar todas as precauções cabíveis para garantir que os entrevistados não sejam sob nenhuma circunstância diretamente prejudicados, ou afetados de modo desfavorável, como resultado de sua participação em um projeto de pesquisa de mercado".[8]

O Conselho Executivo das Normas-Padrão (Cenp)[9] disponibiliza um código de conduta entre agências de publicidade, veículos e anunciantes para também estipular normas éticas ao *trade* publicitário, entendendo que atitudes unilaterais ou predatórias prejudicam a qualidade final do trabalho da propaganda junto ao mercado.

O Conar talvez seja a instituição que melhor represente a área da propaganda no campo ético, não somente em razão de sua tradição no mercado, mas também diante de sua representatividade perante todo o *trade* publicitário e as instituições sociais no Brasil. Estipula para um anúncio publicitário atribuições como:

- Ser respeitador e conformar-se às leis do país; ser, ainda, honesto e verdadeiro.
- Respeitar a dignidade, intimidade, interesse social.
- Não estimular a discriminação, danos ambientais, exploração de qualquer espécie de superstição ou violência.
- Zelar pela língua, costumes nacionais e segurança do consumidor.
- Usar genuinamente de testemunhais e identificar corretamente a peça jornalística.
- Utilização da publicidade comparativa com o objetivo de esclarecimento e nunca para denegrir o concorrente.
- Fazer com que o anúncio dirigido à criança/ao jovem não seja ofensivo, respeitando sua ingenuidade, sem levar ao constrangimento pais ou terceiros e sem induzir a comportamento condenável.

Mesmo assim, como pode ocorrer com qualquer normatização, o código do Conar precisa passar por alguns aperfeiçoamentos. Um exemplo é o item *a*

[8] Disponível em: www.abep.org

[9] Disponível em: www.cenp.com.br.

do artigo 45: "O anunciante assumirá responsabilidade total por sua publicidade", algo que contraria o Código de Defesa do Consumidor, já que este prevê que todos os participantes de uma ação publicitária (anunciantes, agências, veículos) são responsáveis por ela.

Esses ajustes não depreciam o Conar, que tem feito sistematicamente uma autocrítica de seu trabalho e tem respondido às críticas com aperfeiçoamentos constantes no seu código de ética.

O código e as decisões do Conar não se aplicam a apenas um número restrito de pessoas associadas, mas a uma gama enorme de entidades que representam amplamente o mercado brasileiro, fazendo com que suas decisões sejam respeitadas e tenham certa eficácia para o consumidor brasileiro.

Ações éticas na esfera do marketing

O marketing é um conjunto de procedimentos gerenciais que visam à satisfação de necessidades e desejos de consumidores contextualizados num mercado. Mas Kotler (2000, p. 47) argumenta:

> Algumas pessoas questionam se a orientação de marketing é adequada a uma época de deterioração ambiental, escassez de recursos, explosão demográfica, fome e miséria em todo o mundo e serviços sociais negligenciados. As empresas que fazem um excelente trabalho em relação à satisfação de desejos de consumidores estão necessariamente agindo segundo os melhores interesses de longo prazo dos consumidores e da sociedade?

Esse questionamento tem sido expresso por muitos desde quando o marketing moderno (depois da Segunda Guerra Mundial) começou a ser empreendido. Vance Packard (1965), por exemplo, no final dos anos 1950 já assinalava as estratégias da obsolescência programada, em que uma marca/produto teria seu ciclo de vida condicionado a determinada vida útil no mercado, mesmo havendo meios técnicos para que essa vida útil fosse maior ou mais benéfica ao consumidor.

Galbraith (1987), ao caracterizar a sociedade moderna (Sociedade Afluente), atribuiu ao marketing a função de também gerar insatisfação ao pretender vender ou revender produtos e serviços. Comentava algumas características do marketing contemporâneo: a) o marketing tem gerado insatisfação, sendo uma das provas a ampliação do movimento consumerista (defesa do consumidor); b) os apelos de marketing tiram das pessoas os referenciais do que seria um consumo prioritário ou urgente, conduzindo-as para um consumo, por vezes, supérfluo; c) as atividades de marketing têm difundido valores morais de forma a estimular que as pessoas sejam avaliadas pelo que consomem, ressaltando assim o consumismo; d) as ações de marketing reforçam uma "utilidade marginal" quase nula, fazendo com que bens sejam adquiridos sem razão funcional para o consumidor.

Tais pontos suscitam amplas discussões sobre o papel do marketing no campo ético. Mas autores como McMath (1999, p. 22) sustentam que as práticas mercadológicas respondem ao próprio apelo do mercado. Comenta que existem paradigmas e tendências sociais que as empresas devem levar em conta, casos da comodidade, ecologia, etnicismo, divertimento e outros: "Comodidade é tudo o que economiza tempo [...]. Se o consumidor tiver de escolher entre o que é politicamente correto e o que é cômodo, este último ganhará 90% das vezes" (Idem, p. 31).

Nesse ponto, um questionamento se torna inevitável: qual o papel que cabe à empresa: transformar automaticamente o potencial de conveniência em vendas ou questioná-lo se este trouxer prejuízos sociais? O drama de muitas crianças obesas pode ilustrar essa questão: se lhes for dada a opção de consumo irrestrito, certamente as frituras e refrigerantes terão preferência. Mas o custo social desse comportamento tem levado famílias, governos e empresas a repensar o uso do marketing. Problemas como hipertensão arterial, colesterol elevado e diabetes têm pressionado empresas e entidades a praticar um marketing socialmente responsável na tentativa de compatibilizar o prazer da alimentação com a saúde.

Porém, McMath sugere: "Você pode guiar os consumidores para uma refeição saudável. Mas, a menos que tenha um sabor tão bom quanto o fast-food gorduroso a que estão acostumados, eles não a comerão" (Idem, p. 88).

Mokhiber (1995, p. 12) denomina *crimes corporativos* uma série de ações empresariais que culminaram com mortes e danos a consumidores. Segundo ele, nos anos 1980, as empresas poderiam, em parte, ser responsabilizadas por eventos como a morte diária de 130 americanos em função de defeitos dos veículos ou a morte diária de quase 800 americanos por doenças induzidas pelo fumo. Para ele:

> Muitos executivos pressupõem que a violência evitável é o custo de se tocar um negócio, um custo que nós, como sociedade, devemos aceitar com o preço de se viver na América industrial. Com campanhas de propaganda dirigidas a moldar a opinião pública e política, algumas empresas têm camuflado seu comportamento violento com uma camada de desinformação e distorção na tentativa de tornar aceitável o que de outra maneira seria moralmente repugnante.

No Brasil, Rizzotto (2003, p. 107-108) avalia que, de 1991 a 2003, o setor automobilístico e fabricantes de pneus convocaram proprietários/consumidores de cerca de quatro milhões de veículos em ações de *recall*, ou seja, com o propósito de reparar defeitos de fabricação, e conclui: "Se no Brasil o governo fiscalizasse os veículos com defeito com o mesmo rigor das autoridades norte-americanas, teríamos muito mais *recalls* do que atualmente registramos".

As práticas de marketing ficam visíveis ao consumidor quando a organização entra em ação com o chamado *composto de marketing*, uma estratégia para a plena comercialização de um produto ou serviço. Jerome McCarthy (1997, p. 45-46) sugeriu a estrutura que, ainda hoje, é bastante utilizada, sendo denominada também *4 Ps*, ou seja, *produto*, *preço*, *praça* e *promoção*.

Contudo, como foi dito, essa mesma estrutura que foi concebida para atingir os objetivos de mercado e satisfazer necessidades e desejos de consumidores pode trazer impactos negativos de natureza ética.

Na esfera de *produto*, ou seja, atributos que produtos ou serviços possuem e que geram insatisfação aos clientes, podem ser assinaladas questões como uso de estratégias de obsolescência programada, pesos e medidas errados, rótulos irreais, embalagens impróprias e má qualidade de ingredientes ou componentes. Essas ações deceptivas de empresas e instituições podem ter diferentes propósitos, como diminuir despesas, ou ainda tirar vantagens de um cliente menos informado ou mais apressado. Porém, se num curto prazo obtêm ganhos, não conseguirão se sustentar plenamente no mercado. De outro lado, a sociedade perceberia de maneira mais favorável as empresas que, além de praticar corretamente o marketing, agissem de forma proativa. Um exemplo seria o das empresas do ramo alimentício caso oferecessem amplamente a opção de produtos mais saudáveis e informação sobre os impactos de ingredientes na dieta das pessoas.

No âmbito do *preço,* podem ser apontados fatores como a prática de preços injustos, juros abusivos e cobranças indevidas. As ações cartelizadas não permitem ao consumidor a escolha de um melhor preço, impondo-lhe, em geral, um preço alto. Também foi possível observar em 2001 a prática, por parte de alguns fabricantes brasileiros, da "maquiação" de produtos, em que a embalagem não informava plenamente a diminuição da quantidade ou qualidade do produto, embora o preço continuasse no mesmo patamar. Alguns fabricantes de sabão em pó, papel higiênico e lâmpadas tiveram de fazer tal reparo em função de determinações legais.

O item *praça,* quando possui uma gestão contrária aos padrões éticos e morais, pode ser ilustrado com práticas mercadológicas relacionadas à má distribuição de produtos, não possibilitando que o consumidor tenha acesso a determinadas marcas, casos de medicamentos essenciais a tratamentos de saúde ou produtos que foram anunciados e que o cliente não encontra mais no ponto-de-venda. Também pode ser inserido neste item o descumprimento de prazos de entrega ou a má conservação no ponto-de-venda, caso de revendedores que desligam o freezer para economizar energia elétrica, comprometendo a qualidade do produto congelado.

Quanto à *promoção,* podem ser assinalados diversos instrumentos e procedimentos com impactos éticos, caso de "vendas sob alta pressão", em que o consumidor é acuado pelo vendedor (venda pessoal) de maneira insistente e manipulativa. Ou então o caso do marketing direto invasivo na forma de: a) marketing digital, por meio do envio de e-mail e spam, por vezes com mensagens abusivas e até ofensivas à moral; b) mala direta, em que o cliente recebe material por correio sem ter solicitado; c) telemarketing, pelo qual um vendedor insiste em vender algo por telefone ou pedir doações, inclusive em horários e dias inapropriados. Sobre esses itens, Carvalho (1998, p. 41) destaca que:

"Para o consumidor brasileiro, telemarketing e mala direta são palavras que significam insistência e inconveniência, num casamento que lhe provoca desdém, quando não irritação".

Novamente, o fator ético mostra-se diretamente relacionado com a própria qualidade e eficácia do marketing:

> Por outro lado, a audiência on-line tem se expressado contra spam, cookies, obtenção de perfil anônimo e outras atividades que possam ser vistas como uma invasão de privacidade. Tanto para o profissional de marketing na Web quanto para o cliente on-line perceberem os benefícios, muita confiança precisa ser estabelecida. (Allen et al. 2002, p. 336)

Ferrel et al. (2000, p. 150) também apontam no modelo dos 4 Ps alguns procedimentos eticamente discutíveis:

- *Produto*
  Redução do tamanho das embalagens sem baixar os preços
  Qualidade de produto desonesta (redução do investimento em design/produção)
  Produtos inseguros (particularmente para crianças)
  Serviço inferior ou falta de serviço pós-venda
  Acréscimo de características inúteis para aumentar os preços

- *Preço*
  Conluio de preço entre concorrentes
  Preço predatório, excessivo
  Práticas enganosas de financiamento
  Políticas fraudulentas de garantia ou de devolução do dinheiro

- *Distribuição*
  Comportamento oportunista entre os membros do canal
  Pagamento aos varejistas para obter espaço nas prateleiras
  Extorsão

Contratos de "venda casada"
Distribuição de produtos pirateados

- *Promoção*

  Propaganda "isca" (atrair o consumidor à loja para induzi-lo a comprar produtos mais caros do que os anunciados)
  Propaganda espalhafatosa
  Comissionamento de vendedores para "empurrar" um produto
  Propaganda dirigida às crianças
  Sexo ou medo como apelo de propaganda
  Benefícios exagerados do produto
  Vendedores insistentes ou enganadores
  Pagamento de propina a vendedores ou a compradores

Mas uma empresa, nos seus propósitos de atingir o consumidor final, lida com uma série de estruturas mercadológicas, como *fornecedores*, *intermediários*, *concorrentes* e outros *segmentos* de mercado, ensejando posturas éticas para com tais estruturas que, em última instância, também atingem esse mesmo consumidor final.

Fornecedores interferem nessa questão quando, por exemplo, não informam à empresa revendedora sobre riscos que o produto pode acarretar ao consumidor final. Há *intermediários* que se recusam a trocar mercadorias, repassando tal tarefa ao fabricante. Ao contrário do que se pode imaginar, a postura ética dos *concorrentes* também pode comprometer a performance de várias empresas num mesmo mercado, pois o descontentamento do consumidor pode se generalizar para todo o segmento, caso do turista desrespeitado por um taxista que resolve deixar de usar os serviços de táxi daquela região.

Entre as estruturas do marketing mencionadas, a empresa também lida com outros *segmentos* de mercado. Ou seja, na relação com o consumidor final, a forma com que a empresa utiliza o marketing mediante segmentos como crianças, mulheres, idosos, governos, imprensa e outros pode trazer impactos éticos em larga escala. Para McMath (1999, p. 142):

> Até onde me lembro, as mulheres e vários grupos étnicos reclamam com razão que os marqueteiros desenvolvem produtos sem muito discernimento de como eles realmente vivem e sem entender suas necessidades e anseios [...]. Embora isso pareça estar mudando, pelo menos no que se refere às mulheres, os marqueteiros ainda desenvolvem muitos produtos para si mesmos – e gente como eles mesmos – e não para as pessoas reais que são clientes potenciais.

O mesmo autor reconhece que "Alguns marqueteiros desenvolveram versões para crianças de produtos para adultos. Isso pode não ser uma boa idéia para todas as categorias [...]" (McMath, 1999, p. 110). Kotler (2000, p. 189) confirma o grande interesse da área do marketing pelas crianças:

> As empresas atualmente estão mais propensas a expor seus produtos às crianças – e solicitar delas informações de marketing – pela Internet. Essa prática deixa preocupados órgãos de defesa do consumidor e pais [...]. As empresas conectaram-se a ela normalmente oferecendo brindes em troca de informações pessoais (angariadas sem o consentimento dos pais).

Mas, talvez porque a propaganda seja a face mais massiva e visível do marketing, quando se aborda a ética no campo mercadológico, as atenções e questionamentos sempre levam em consideração as práticas publicitárias.

Ações éticas na esfera da propaganda

Embora a propaganda esteja perdendo terreno para alguns instrumentos promocionais, continua tendo participação de destaque no bolo promocional. Sua ação massiva e persuasiva é determinante nas estratégias de marketing que visam impactar mercados em larga escala.

Já nesse ponto surge um dilema ético para o setor: como uma peça de propaganda pode contemplar os valores de um grande contingente tendo em vista as diferenças culturais, comportamentais e de interesse privado existentes nessa massa? O mesmo anúncio de uma bebida láctea, num programa infantil, pode despertar o desejo desse público, mas somente as famílias com razoável poder aquisitivo terão condições de atendê-lo. É o dilema da publicidade diante de uma das características que lhe atribuem identidade: estar atrelada aos meios de comunicação de massa que, conceitualmente, não permitem boa segmentação. Esse dilema só tende a aumentar pelo fenômeno da globalização, sustentado pela tecnologia da informação, permitindo que mensagens publicitárias, de modo instantâneo, atinjam públicos mais heterogêneos e até então inimagináveis (demandas especializadas e mutantes).

> A fábrica global instala-se além de toda e qualquer fronteira, articulando capital, tecnologia, força de trabalho, divisão do trabalho social e outras forças produtivas. Acompanhada pela publicidade, a mídia impressa e eletrônica, a indústria cultural, misturadas em jornais, revistas, livros, programas de rádio, emissões de televisão, videoclipe, fax, redes de computadores e outros meios de comunicação, informação e fabulação, dissolve fronteiras, agiliza os mercados, generaliza o consumismo. (Ianni, 1998, p. 18)

Esse dilema pode se sustentar da idéia de que "o meio é a mensagem", ou seja, a mensagem publicitária sempre estará associada a sua mídia numa relação de *segmentação/qualidade/CPM(+)* versus *cobertura/quantidade/CPM(-)*.[10]

Outro dilema ético da propaganda é o de estar a serviço de um anunciante, que tem seus objetivos econômicos e mercadológicos, além de ter de conciliá-los com as pretensões dos demais públicos de interesse, como governo, imprensa e minorias. Nesse caso, a boa performance publicitária estaria condicionada aos êxitos comerciais e também à não-geração de impactos negativos a tais públicos de interesse.

Algo que também remete a outro dilema está relacionado ao teor persuasivo que o publicitário pode utilizar a fim de motivar o receptor. Dependendo da car-

[10] CPM significa *custo por mil*, ou seja, o custo que se tem para atingir mil pessoas ou residências. Meios como mala direta e anúncios em revistas mais segmentadas tendem a gerar um custo relativo maior [CPM(+)] para atingir cada receptor em função dos custos gerais, de criação, produção e veiculação, ocorrendo o oposto [CPM(-)] com os meios massivos, já que tendem a atingir um contingente maior de receptores, diluindo mais tais custos.

ga emocional, da ousadia da linguagem, do uso de simbologias, a peça publicitária poderá atingir determinados públicos, mas ser ofensiva a outros. Se pretender não melindrar ninguém, poderá ser ineficaz do ponto de vista persuasivo.

Esses e tantos outros dilemas éticos da propaganda levam a um ponto central: a necessidade de maior profissionalização do setor. Os que atuam na área – anunciantes, agenciadores, pesquisadores, professores, veículos de comunicação, poder público, produtores – devem se munir de pesquisas, informações sistematizadas e estudos técnicos para que a publicidade tenha seu espaço econômico/mercadológico e, ao mesmo tempo, mantenha-se como um bom prestador de serviços à sociedade, como ressalta Soares (1996, p. 17):

> Por outro lado, com as fabulosas somas oriundas da venda de espaço e tempo para a veiculação de anúncios, os diretores e atores puderam realizar experiências de linguagem no campo da informação, lazer e ficção, aperfeiçoando a produção e adequando-a às necessidades dos consumidores. A publicidade tornou-se, assim, a principal responsável pelo avanço dos diversos gêneros que compõem as grades de programação dos veículos de massa.

A tentativa de a propaganda se associar ao marketing de relacionamento (voltado à manutenção de clientes) reforça a necessidade de se manter eticamente correta, compromissada com as pessoas, e não somente com o comprador, que também é cidadão, já que este espera que a propaganda seja não apenas um instrumento de venda, mas algo que, além disso, preste-lhe um serviço para se agregar ao seu estilo e sua qualidade de vida.

Foi o tempo em que se discutia se a propaganda deveria continuar existindo ou não, atribuindo-lhe a origem dos males sociais. Tanto o mercado como o consumidor reconhecem as vantagens da boa publicidade, algo que está incorporado na cultura brasileira. Essa atitude decorre de avanços que a área tem apresentado nas últimas décadas, os quais têm procurado atender às mudanças e crescentes exigências de qualidade em todos os níveis sociais, algo que estabelece constante reflexão sobre os parâmetros éticos da comunicação promocional.

A propaganda deceptiva (enganosa e abusiva) talvez seja o procedimento publicitário que mais contribua para as discussões da ética no setor.

Num contexto histórico, em que o capitalismo selvagem imperava no mundo e no Brasil, a propaganda assimilou muito dessa truculência empresarial e governamental, trazendo impactos desastrosos sobre o consumidor, que até hoje repercutem, até o ponto em que a propaganda era vista como sinônimo de mentira e engodo.

Até fins do século XIX eram comuns anúncios que ofereciam escravos e, em meados do século XX, anúncios que ofereciam remédios para curar doenças incuráveis ou promoviam turnês para caça indiscriminada de animais selvagens. Hoje, essas práticas não existem. Porém, a propaganda deceptiva ainda ocorre em profusão, só que de maneira mais sutil e adaptada aos valores e normas atuais. Alguns anunciantes não prometem curar o incurável, mas estimulam a automedicação. Não se promove mais caça a animais selvagens, mas alguns anúncios de motosserra induzem as pessoas a se comportar de maneira irresponsável em relação ao meio ambiente.

É a propaganda contextualizada nos valores presentes, exigindo sua interpretação dentro de tal contexto, que deve considerar uma correlação de variáveis bastante complexa, como o mosaico de valores dos vários públicos de interesse, a demanda do consumidor, a oferta que está ambientada na cultura empresarial (anunciante), os referenciais culturais e comportamentais da comunidade e sociedade.

Embora haja estudos[11] que mostrem a propaganda deceptiva como determinante no comportamento do consumidor, este demonstra ter uma atitude de tolerância, pesando para isso diversos fatores: 1) *imagem de parcialidade*: o consumidor pode interpretar que a propaganda é mesmo parcial, comprometida com a venda e convencimento, portanto não atrelada à informação isenta, completa e imparcial; 2) *auto-estima*: o consumidor pode considerar que sua interpretação, ou sua "leitura" do anúncio, foi errada ou rigorosa demais; 3) *permissividade do dano*: os concorrentes, as outras empresas e até o governo têm

[11] Podemos citar, como exemplo, a pesquisa dos Institutos Ethos/Valor/Indicator (*Responsabilidade social das empresas: percepções do consumidor*, São Paulo, 2000) com 1.002 entrevistas no Brasil, aferindo que 49% dos consumidores não voltariam jamais a comprar produtos ou usar serviços de uma empresa se esta fizesse propaganda enganosa, item que recebeu mais pontuação do que a empresa acarretar danos físicos ou morais a seus trabalhadores (43%), colaborar com políticos corruptos (42%) e outros itens, como vender produtos nocivos à saúde (32%).

feito uso da propaganda deceptiva, em que esse comportamento geral justificaria a prática individualizada do anunciante em particular; 4) *fonte secundária*: a propaganda é somente uma das fontes de informação, contando o consumidor com outras fontes para prosseguir com a decisão de consumo.

Esse "delta" de tolerância para com a propaganda enganosa e abusiva, porém, tem limites; caso seja ultrapassado, poderá ser incontornável, podendo o consumidor adotar posturas contrárias à empresa/marca, que vão desde a indiferença até boicotes e reclamação junto a entidades e meios de comunicação.

O setor publicitário também lida com questões éticas no seu próprio *trade*, mas que podem trazer conseqüências indiretas ao consumidor. São problemas éticos de agências com anunciantes, agências com outras agências, publicitários com clientes, enfim atitudes *interna corpore* que afetam a credibilidade do setor e, indiretamente, o mercado como um todo. Seria o caso de anúncios que estabelecem uma guerra entre marcas concorrentes, ficando o consumidor no meio do fogo cruzado sem obter ganhos com essa atitude mutuamente retaliativa, inclusive utilizando os meios de comunicação de massa para esse fim.

Carvalho (1998, p. 72) faz também algumas críticas ao setor:

> Mas devido à urgência dos prazos, dentre outros fatores, é comum que se crie aquilo que parece interessante, engraçadinho ou bonito. O público acha graça na moça bonita ou na piada do anúncio, impressiona-se com os efeitos de computação gráfica e produções mirabolantes, mas o produto encalha e pior: anúncios e campanhas ganham prêmios, mas acabam vendendo o produto do concorrente.

Podemos destacar outras atitudes corporativas que envolvem discussões éticas:

1) *Obsolescência de anúncios e campanhas*: agências que procuram tornar obsoletos anúncio ou campanha que ainda cumprem eficazmente sua função, onerando o cliente. Da mesma forma, alguns agentes induzem o anunciante a mudar tema, slogan e padronizações visuais sem que levem a uma otimização de recursos ou melhoria de performance.

2) *Comissionamento*: existem normas que prevêem o pagamento de comissão, por parte dos veículos de comunicação, exclusivamente a agenciadores legalmente instituídos como tais. Porém, muitos veículos são criticados por conceder descontos a anunciantes diretos ou intermediários que não se caracterizam como agências de propaganda.
3) *Competência técnica*: o prestador de serviços publicitários possui conhecimentos também para orientar clientes sobre a solução de problemas de marketing. Porém, há casos em que esse profissional orienta sistematicamente seus clientes no sentido de executar uma campanha publicitária, apesar de saber que o problema está na esfera do produto em si; aliás, tal procedimento não só tem desacreditado essas agências e consultores, como também tem causado um efeito dominó, encorajando anunciantes a abandonar a publicidade e tentar outras frentes promocionais, pois não constatam um retorno sobre o investimento realizado.
4) *Reatividade de veículos*: existem veículos de comunicação que se condicionam a manter atitudes positivas com anunciantes se estes anunciarem em seu espaço editorial.
5) *Direcionamento difuso*: há campanhas que são direcionadas para agradar aos colegas de profissão ou ao ego do cliente, mostrando-se descomprometidas com os objetivos perante o público-alvo contratado pelo anunciante.
6) *Concorrência*: há também os anúncios que visam apenas combater ou ridicularizar os concorrentes. São anúncios descolados de um diagnóstico de marketing.

Algumas dessas questões levam a pensar sobre o âmbito da ética corporativa. A ética do publicitário é para com o anunciante, o consumidor ou seus pares? A pressão que ele enfrenta do anunciante, do seu empregador, dos seus parceiros de profissão, de sua família e de outras frentes torna essa resposta complexa no sentido de conciliar valores em que todos se sintam respeitados e atendidos.

De qualquer maneira, mais visíveis e impactantes à sociedade em geral são as estratégias publicitárias que se tornam públicas e intrínsecas à comercialização de marcas para o consumidor.

Nesse sentido, os componentes éticos devem estar corretamente presentes em todas as instâncias do processo de comunicação publicitária, como no meio (mídia) e mensagem (anúncio), ou, como afirma Benjamin (apud Momberger, 2002, p. 24): "[...] para haver publicidade é necessário que ela contenha dois elementos essenciais que são a *difusão* e a *informação*".

No âmbito da mídia, um dos questionamentos se refere ao *tie-in*, ou seja, a aparição paga de marcas, produtos, serviços e idéias nos conteúdos editoriais e programas, caso da mídia eletrônica (novelas, filmes, telejornais) ou mídia impressa (matérias jornalísticas). É uma estratégia polêmica porque impede o receptor de consumir apenas o conteúdo editorial (o noticiário ou a programação em si), expondo-o também às mensagens publicitárias de modo compulsório. Essa "propaganda disfarçada", que é proibida pelo Código de Defesa do Consumidor, precisa ser mais bem regulamentada, tanto pelas instituições de âmbito ético e autodisciplinadoras da publicidade, como pelos próprios veículos, que podem ter sua credibilidade afetada.

No âmbito da mensagem, pode-se exemplificar com as estratégias publicitárias que visam atingir o público infanto-juvenil, muitas vezes sem dimensionar impactos de curto e longo prazos. Shimp (2002, p. 74-75) considera que a propaganda comete sério erro de direcionamento quando busca persuadir as crianças e jovens para incentivar o consumo em escolas ou direcionar para esse público produtos e marcas de adultos, casos do cigarro e cervejas.

O mesmo autor (p. 78) também critica o poder da propaganda em criar e perpetuar estereótipos:

> A principal reclamação é que a propaganda tende a retratar certos grupos de uma forma muito intolerante e previsível: afro-americanos e outras minorias são historicamente retratados de forma desproporcional em papéis da classe trabalhadora e não em toda a variedade de posições que eles ocupam; as mulheres também são estereotipadas como donas de casa ou objetos sexuais; e os idosos ainda são caracterizados como pessoas débeis e esquecidas.

A inserção de marcas, produtos, serviços e idéias no estilo de vida das pessoas por meio da propaganda requer o uso de técnicas, linguagens e estratégias precisas. Para Carvalho (1996, p. 13): "Sem a auréola que a publicidade lhes confere, seriam apenas bens de consumo; mas mitificados, personalizados, adquirem atributos da condição humana".

Segundo Citelli (1998, p. 43):

> O texto publicitário nasce na conjunção de vários fatores, quer psicossociais-econômicos, quer do uso daquele enorme conjunto de efeitos retóricos aos quais não faltam as figuras de linguagem, as técnicas argumentativas, os raciocínios.

Jacobina (1996) demonstra como a propaganda não se resume apenas à arte e às técnicas, mas contém discurso persuasivo, inserindo-se como instrumento de vendas.

Pasqualotto (1997, p. 34) é mais enfático ao criticar o uso do discurso como forma de distorcer a realidade:

> As qualidades apregoadas de um produto formam uma imagem pública. Freqüentemente, essa imagem acaba substituindo o próprio produto. Já não se consome o produto, mas o que ele representa [...]. A imagem forjada do produto torna-se completamente onírica, e a publicidade passa a representar uma mentira.

Dessa maneira, os mecanismos de persuasão ou de integração das marcas ao estilo de vida das pessoas, dependendo do discurso, podem provocar problemas éticos como o exemplo mencionado a respeito de anúncios dirigidos às crianças e jovens. Cabe à sociedade, às escolas, às entidades corporativas, governamentais e às próprias empresas zelar pelo uso conseqüente das práticas de marketing e propaganda, essa última evidenciada em sua linguagem e estética persuasiva.

Estética consumerista

Atribui-se à propaganda uma série de funções, delegadas pela própria sociedade no intuito de ver preservados seus direitos, conquistas e princípios.

Ocorre, porém, que em certas situações o produto é retratado no anúncio de forma incorreta, induzindo ao erro. São informações imprecisas ou omissas que induzem a compra ou consumo inadequados. Nesse sentido, pode-se indicar a presença de uma estética em que a composição do anúncio com elementos visuais e verbais traga algum tipo de dano ao consumidor.

Reconhecer uma propaganda enganosa (aquela que contém inverdade ou induz ao erro) ou abusiva (aquela que afeta valores sociais) nem sempre é fácil, principalmente porque o discurso tenta aproximar a marca anunciada do estilo de vida do consumidor, momento em que este pondera se seus próprios valores não estão defasados.[12]

São facilmente reconhecíveis como enganosos aqueles anúncios cujo conteúdo estético apregoa vantagens ou qualidades de um produto que já experimentamos, mas que sabemos não possuí-las. Ou então anúncios que sabemos, por intermédio de familiares ou amigos, que não são verdadeiros. Mas e a propaganda de artigos que ainda não conhecemos? Será que temos de adquiri-los (ou ver alguém consumir) para descobrir se a oferta é verdadeira ou não?

Não há receitas para se detectar a propaganda enganosa ou abusiva. Há, porém, indícios que muitas vezes podem levar o consumidor ao dano. Nesse sentido, o discurso publicitário possui uma série de atributos que podem ser analisados não apenas como alavancas para informação e persuasão legítima, mas como ingredientes que podem frustrar o consumidor, trazendo prejuízos de ordem econômica, moral e social. A seguir, são mostrados dados relativos ao estudo[13] de 66 comerciais de televisão veiculados de 1990 até 2000, todos contendo atributos discursivos inadequados de acordo com dispositivos éticos relacionados com a área publicitária.

Liquidação, oferta, promoção – termos comumente usados em anúncios que levam o consumidor a pensar que há uma significativa redução do preço, o que

[12] Ver, neste mesmo texto, os fatores que propiciam ao consumidor ter um comportamento tolerante com a propaganda deceptiva: imagem de parcialidade, auto-estima, permissividade do dano, fonte secundária de informação.

[13] Giacomini Filho, Gino. *Estética da propaganda comercial e o consumerismo.* Texto apresentado no GT Publicidade e Estética Consumista do X Encontro Latino-americano de Faculdades de Comunicação Social, promovido pela Federação Latino-Americana das Faculdades de Comunicação Social – Felafacs. São Paulo, 2000. Publicação nos Anais do Congresso e em CD-ROM.

nem sempre corresponde à verdade. Embora tais termos estejam muito desgastados pelo uso indiscriminado e frustração gerada em muitas ocasiões, sempre causam curiosidade, demandando atenção para o preço e qualidade do que está sendo promovido, muitas vezes não compensando o deslocamento até o local.

Precificação – nem sempre adjetivos como "barato", "moleza", "quase de graça", "imperdível" ou "o menor preço" significam melhor valor de compra. A omissão do preço real e total deve ser motivo de preocupação, que, no mínimo, pode demandar um trabalho adicional do consumidor: entrar em contato com a empresa para se certificar se vale a pena se deslocar para adquirir o produto. Preços em moeda estrangeira ou fracionados precisam ser observados dentro de um quadro de totalidade e compatibilidade com a moeda nacional. Por vezes, o preço colocado no anúncio esconde a incidência de outros custos, como frete e postagem.

Superlativos – são termos que algumas vezes exageram a qualidade do produto. "É o melhor", "você não vai encontrar nada igual", "é o único" e muitos outros são termos que muitas vezes exercem mais a função de causar impactos persuasivos do que desempenhar alguma função utilitária ao consumidor.

"Novo", "chegou" – são expressões que comunicam uma novidade. Porém, existem casos em que produtos "novos" são relançamentos ou estão apenas "maquiados". Podem expressar somente a idéia de modernidade ou modismo, sem trazer benefícios reais ao consumidor.

Imagens bonitas – principalmente na televisão são apresentados produtos perfeitos, bonitos, fáceis de manusear, perfeitamente ajustados ao estilo de vida do consumidor. Esse "mundo perfeito" deve ser analisado com cuidado, pois a realidade muitas vezes revela-se diferente, como ocorre com brinquedos para montar ou eletrodomésticos que precisam ser instalados. Por vezes, ilude-se o consumidor com imagens em que o eletrodoméstico ou instrumento culinário apresenta excelente performance no comercial, mas no dia-a-dia verifica-se que o trabalho de limpeza e manutenção é de tal ordem que desencoraja seu uso novamente. Inúmeros apartamentos são vendidos por folhetos que apresentam o prédio de forma acessível (bem localizado), isolado (sem outros prédios vizinhos) e com muita área verde; no entanto, quando o interessado chega ao local, a realidade é bem diferente da imagem divulgada.

Criança – a publicidade tem usado a criança em situações de risco, erotismo, práticas ilícitas e até comportamento socialmente condenável. Tais situações não têm sido muito combatidas em face do entendimento de que tudo é "brincadeira", já que as propagandas são protagonizadas por crianças. Anúncios que mostram crianças dirigindo ou furtando doces são exemplos em que a propaganda passa valores inadequados a pretexto de conceber uma atmosfera lúdica.

Deformações gramaticais – expressões usadas propositalmente de forma incorreta, como palavras, pronúncias e estrangeirismos. A pretexto de aproximar o produto ou serviço do universo social do público-alvo, alguns anúncios trazem termos avessos aos esforços educacional e cultural defendidos pela sociedade.

Informações incorretas – são conteúdos que revelam desinformação, descuido ou ignorância do anunciante/publicitário. Informações incorretas e imprecisas são a base da propaganda enganosa. Nesse item podem ser incluídos anúncios afirmando que o produto possui um selo de qualidade, como os da linha ISO, cuja aplicação ou vantagem ao consumidor é relativa. Ou então anúncios que induzem ao erro: produtos diet que não são dietéticos ou produtos geneticamente modificados sem conter tal informação na propaganda. O uso de letras minúsculas, quase ilegíveis, pode ser considerado uma forma de desinformar o consumidor, privando-o de uma decisão mais consciente e conseqüente.

Persuasão editorial – é a prática do *merchandising publicitário*, ou *tie-in*. Como já foi descrito neste texto, toda dissimulação publicitária em conteúdos editoriais pode ser interpretada como manipulação da crença do consumidor da informação.

Gestos e calão – gestos obscenos e calão podem ser usados para sugerir um comportamento natural e informal, contabilizando para o anúncio maior afinidade com seu público. Há de se observar que tal significado pode não ser compartilhado por outros públicos de interesse, que podem se sentir ofendidos e até chocados com esse tipo de manifestação.

Conveniência – no mundo da propaganda, fantasia-se a realidade com "conveniência". Com um simples toque ao telefone o consumidor já fala com o serviço do governo; com apenas uma passada do produto de limpeza, o chão ou móvel fica impecavelmente limpo; nos bancos os clientes estão sempre felizes, pois não enfrentam filas e todos os serviços são imediatos. Muitos anúncios usam expressões como "é só ligar" ou "num piscar de olhos", dando a impressão de que o consumidor terá o produto ou serviço à mão, imediatamente. Essa fantasia oculta fatores inerentes a uma compra, como transação financeira, aprovação de cadastros, limite de estoques e transporte. Não são poucos os consumidores que, depois de convencidos da conveniência de comprar um freezer ou tevê de 42 polegadas, descobriram, após a compra, que tais aparelhos não entravam no elevador ou na casa, além de demandarem serviços especiais de assistência técnica.

Comparação – o discurso de propaganda comparativa muitas vezes é agressivo. Em vez de mostrar os aspectos qualitativos e quantitativos que uma marca tem em relação à concorrente, parte para ofensa ou denegribilidade. Além do dano da desinformação, a propaganda comparativa traz rivalidades e hostilidades entre empresas as quais não interessam ao consumidor, mas que acabam por atingi-lo com essa ação agressiva.

Propriedades irreais – aspectos estéticos que denotam ou conotam propriedades que produtos e serviços são incapazes de atender. É o caso de medicamentos que prometem curar certas doenças, afrodisíacos e tratamentos que emagrecem com rapidez e sem danos colaterais. Também é o caso de brinquedos inanimados, mas que nos anúncios movem-se sozinhos. Ou então produtos que prometem algo às pessoas, mas na prática não conseguem cumprir: rejuvenescimento, memorização perfeita, sono sem perturbação, agilidade nos afazeres, atratividade em relação ao sexo oposto, aprendizagem de um idioma estrangeiro durante o sono.

Estereótipos – são idéias e símbolos que sintetizam pontos de vista tradicionais na cultura social, mas que por vezes traduzem preconceitos, como a insistência de usar a mulher como apelo sexual em anúncios de bebidas alcoólicas, imóveis, automóveis ou então a figura de pessoas obesas para criar uma atmosfera engraçada ou situação ridicularizadora.

Compromisso social – alguns anunciantes, a fim de conquistar um posicionamento ético mais elevado, procuram agregar ao discurso uma imagem de responsabilidade social, e não apenas uma postura de vendas. Incorporam na mensagem compromisso com as futuras gerações, a ecologia, as leis, a educação, a saúde etc. Nota-se, porém, que muitos anunciantes utilizam tal discurso momentaneamente ou em ocasiões específicas. Utilizam, na verdade, a retórica da responsabilidade social demagogicamente, talvez com o intuito de angariar residuais de aceite social para suas práticas mercadológicas.

Imediatismo – "Venha correndo", "pronta entrega", "instantâneo", "cura rápida". São termos que induzem o consumidor a pensar que poderá usufruir da oferta ou produto imediatamente, o que não corre em muitas situações, haja vista que "pronta entrega" significa "ainda hoje" ou "até amanhã".

Brindes – a sedução de um anúncio pode ter como ingrediente o apelo de vantagem ao consumidor, como, por exemplo, ganhar um brinde na compra de algo. Cabe refletir se o custo do mimo não está simplesmente diluído no preço que se está pagando. Ou, então, se o custo-benefício da oferta é compensatório. Também é possível registrar casos em que consumidores levaram cupons, rótulos, embalagens, tampinhas para receber brindes e enfrentaram problemas, como poucos locais para realização das trocas ou término da promoção.

Valores abusivos – são ilustrações e expressões que carregam discurso ideológico discriminatório (religião, raça, cultura), fazem apologia do consumo ou passam valores condenáveis (suicídio, falsificação, descuido ambiental).

Considerações finais

Tendo em vista a convivência histórica com o marketing e a propaganda, o consumidor médio tem ajuizado melhor sua relação com as atividades mercadológicas e publicitárias, estabelecendo uma parceria fundada na informação, no mútuo interesse e na responsabilidade social.

Porém esse ganho mútuo de maturidade precisa continuar sendo construído incessantemente, já que as estruturas sociais são mutantes e desafiadoras.

Ao abordar o marketing e a propaganda, é preciso ter em mente que seus condutores também são pessoas que desfrutam de conhecimentos técnicos e valores de cidadania. Talvez a forma como os publicitários e os profissionais de marketing pensam e agem seja o movimento-chave para conduzir a ética nesses setores.

> A instituição da propaganda não está livre de críticas. Porém, o que deve ficar claro é que a propaganda reflete o resto da sociedade e qualquer acusação à propaganda se aplica à sociedade como um todo. É duvidoso afirmar que os publicitários ou outros profissionais de marketing sejam menos éticos em suas práticas do que qualquer outra pessoa. Os profissionais de propaganda responsáveis, sabendo que sua prática é particularmente suscetível a críticas, têm grande interesse em produzir anúncios legítimos. (Castleberry et al apud Shimp, 2002, p. 78)

McMath (1999, p. 190) também se apega à dialética do profissional-cidadão para apontar os caminhos éticos do marketing:

> Certamente você deve sempre apresentar qualquer produto sob a luz mais favorável. Mas é um erro terrível enganar o consumidor prometendo algo que você não pode ou não vai dar [...]. Esqueça por um momento que você ganha a vida como marqueteiro profissional. Pense em algumas das coisas que o deixam zangado quando você é o sr. ou a sra. Consumidor Comum com uma hipoteca, impostos e crianças levadas para se preocupar. Então examine e veja se é culpado por qualquer transgressão similar em seu marketing. É simples assim.

A postura ética no campo do marketing e da propaganda tende a conquistar novos espaços, pois extrapolou a antiga visão de ser uma preocupação acadêmica, politizada e supérflua. Essa postura encontra sustentação na própria prática empresarial (anunciante), que tem percebido ser difícil conquistar consumidores sem afinar-se com suas necessidades, desejos, carências, direitos e pretensões que, em última instância, são as próprias metas do marketing moderno.

Padrões éticos do consumidor têm interagido com os do empresariado e comunicadores, formando novas entidades e códigos de ética, alguns incorporados à estrutura negocial de empresas. Essa "matriz ética" trouxe mudanças no comportamento das empresas e consumidores, mostrando uma configuração marcada pela participação e engajamento das entidades e profissionais de propaganda na busca pela construção de um mercado sustentável.

Bibliografia

ALLEN, C. et al. *Marketing one-to-one na Web.* São Paulo: Makron, 2002.

BAUDRILLARD, J. *A sociedade de consumo.* Lisboa: Edições 70, 1991.

CANCLINI, N. G. *Consumidores e cidadãos: conflitos multiculturais da globalização.* 3. ed. Rio de Janeiro: UFRJ, 1997.

CARVALHO, E. *Marketing: aprendendo com os erros e acertos.* São Paulo: Makron, 1998.

CARVALHO, N. de. *Publicidade: a linguagem da sedução.* São Paulo: Ática, 1996.

CENEVIVA, W. *Publicidade e direito do consumidor.* São Paulo: Revista dos Tribunais, 1991.

CITELLI, A. *Linguagem e persuasão.* 12. ed. São Paulo: Ática, 1998.

FERREL, O. C. et al. *Estratégia de marketing.* São Paulo: Atlas, 2000.

GALBRAITH, J. K. *A sociedade afluente.* São Paulo: Pioneira, 1987.

HARTLEY, R. F. *Errores en el marketing.* Madri: Paraninfo, 1990.

HESSEN, J. *Teoria do conhecimento.* São Paulo: Martins Fontes, 1999.

HIRSCHMAN, A. *De consumidor a cidadão: atividade privada e participação na vida pública.* São Paulo: Brasiliense, 1983.

IANNI, O. *Teorias da globalização.* 5. ed. Rio de Janeiro: Civilização Brasileira, 1998.

JACOBINA, P. V. *Publicidade no direito do consumidor.* Rio de Janeiro: Forense, 1996.

KOTLER, P. *Administração de marketing.* 10. ed. São Paulo: Prentice, 2000.

MATTAR, J. *Filosofia e ética na administração.* São Paulo: Saraiva, 2004.

McCARTHY, J.; PERREAULT, W. *Marketing essencial: uma abordagem gerencial e global.* São Paulo: Atlas, 1997.

McMATH, R. M. *Onde eles estavam com a cabeça?* São Paulo: Makron, 1999.

MOKHIBER, R. *Crimes corporativos: o poder das grandes empresas e o abuso da confiança pública.* São Paulo: Scritta, 1995.

MOMBERGER, N. F. *A publicidade dirigida às crianças e adolescentes: regulamentações e restrições.* Porto Alegre: Memória Jurídica Editora, 2002.

MORIN, E. *Ciência com consciência.* Paris: Europa-América, 1982.

PACKARD, V. *Estratégia do desperdício.* São Paulo: Ibrasa, 1965.

PASQUALOTTO, A. *Os efeitos obrigacionais da publicidade no Código de Defesa do Consumidor.* São Paulo: Revista dos Tribunais, 1997.

RIZZOTTO, R. A. *Recall: 4 milhões de carros com defeito de fábrica: o que as montadoras não contam.* Rio de Janeiro: RDE, 2003.

SHIMP, T. A. *Propaganda e promoção: aspectos complementares da comunicação integrada de marketing.* 5. ed. Porto Alegre: Bookman, 2002.

SOARES, I. de O. *Sociedade da informação ou da comunicação?* São Paulo: Cidade Nova, 1996.

STERNE, J. *Serviço ao cliente na Internet: construindo relacionamentos, aumentando a fidelidade, e permanecendo competitivo.* São Paulo: Makron, 2001.

TUGENDHAT, E. *Lições sobre ética.* 4. ed. Petrópolis: Vozes, 2000.

16

A comunicação de riscos

Leandro Leonardo Batista*

Introdução

A primeira coisa a ser apresentada neste capítulo é justificar um tratamento separado para a comunicação de riscos como uma área específica no estudo da propaganda. Para as finalidades deste capítulo vamos tratar a comunicação de riscos como uma forma de propaganda que atua especificamente em campanhas públicas.

O grande diferenciador da comunicação de riscos, para as outras formas de propaganda, é que a relação entre emissor e receptor passa pela percepção de risco, portanto depende da percepção que o receptor tem da fonte (como em qualquer processo de comunicação) e, muito, da percepção do grau de risco representado por uma ameaça especificada nesta comunicação. A racionalidade do ser humano em lidar com essas situações fica prejudicada, e as decisões muitas vezes parecem incongruentes.

Tversky e Kahneman (1981, p. 453) demonstraram isso por meio de um exemplo muito inteligente, descrito a seguir e adaptado para clareza: o simples fato de alterar a perspectiva de um problema pode modificar as decisões em relação ao grau de risco ser aceitável ou não.

* Professor da ECA-USP.

Problema: considere que uma doença está para atacar uma população de 600 pessoas que, se não tratadas, morrerão. Existem duas alternativas de tratamento, com as conseqüências exatas descritas a seguir:

a. Se o tratamento A for adotado, 200 pessoas vão ser salvas.
b. Se o tratamento B for adotado, existe 1/3 de chance de que 600 pessoas vão ser salvas e 2/3 de chance de que ninguém vai ser salvo.

Qual você escolheria? Se respondeu tratamento A, você seguiu o que a maioria dos sujeitos de Tversky e Kahneman escolheu (72%). O tratamento B foi escolhido pelo restante (28%).

No entanto, se esse problema fosse descrito de maneira diferente, mas com os mesmos dados, ou seja:

a. Se o tratamento C for adotado, 400 pessoas vão morrer.
b. Se o tratamento D for adotado, existe 1/3 de chance de que ninguém irá morrer e 2/3 de chance de que 600 pessoas irão morrer.

Qual você escolheria? Se respondeu tratamento C, você agora seguiu o que a minoria indicou (22%).

Note que os problemas são exatamente iguais, pois, de um total de 600 indivíduos, se 200 sobreviverem significa que 400 morrerão; no entanto os problemas A e B foram descritos de maneira positiva (vidas salvas) enquanto C e D foram descritos utilizando um foco negativo (vidas perdidas). No primeiro caso é melhor não arriscar, pois existe a certeza de salvar 200 indivíduos; no segundo existe a preferência pela incerteza, uma vez que é melhor arriscar do que perder 400 vidas com certeza.

Essas decisões, embora possam ser justificadas, demonstram claramente que racionalidade em processos de decisão é dependente da perspectiva que o receptor é induzido a adotar.

Fundamentos da comunicação de riscos

Apesar de parecer difícil determinar exatamente quando e onde a comunicação de riscos começou, informações sobre perigos são talvez tão antigas quanto a própria percepção da existência dos riscos. Por exemplo, os animais que são mais visados como presas desenvolvem adaptações genéticas para viver em sociedades e, dessa maneira, aumentar suas chances de defesa contra predadores. Quando os elementos mais dominantes desses grupos dão um aviso de perigo ou fogem procurando proteção, os demais componentes fazem o mesmo sem a preocupação de determinar, por eles mesmos, a fonte do perigo.

Sendo assim, a experiência de um indivíduo e/ou sua dominância sobre o grupo representam uma vantagem para a comunidade toda (Jaynes, 1976). Alguns dos grupos desenvolveram sistemas de comunicação tão sofisticados que possuem diferentes chamadas que identificam o tipo de perigo ou predador ou ainda a descoberta de fontes de alimentação ou proteção.

Uma característica marcante desse tipo de informação é que ela existe no formato de alarme e sugere para o grupo "risco presente = proteção". No entanto, esse tipo de associação não existe para os humanos, já que esse grupo depende de uma reação guiada por aspectos racionais.[1] Assim, comunicação de riscos tem necessariamente que considerar o complicado sistema do processo de decisão dos humanos, de qual conhecimento sobre riscos é necessário, mas não suficiente condição para a reação.

Portanto, alguns riscos causam enormes preocupações, apesar da existência de baixa probabilidade de ocorrerem, enquanto outros com chance muito maior de ocorrência não causam preocupação ou proteção. Por exemplo, a ameaça representada por uma usina nuclear instalada na vizinhança de uma casa é *percebida* como maior que o risco de dirigir sem cinto de segurança, apesar de a probabilidade de uma usina nuclear vazar e causar algum mal a esse indivíduo ser extremamente menor do que a de o mesmo indivíduo sofrer algum dano físico por não estar usando cinto de segurança em um acidente de automóvel. Essa diferença de percepção é em geral atribuída à diferença de expectativa das conseqüências associadas aos dois riscos.

Portanto, o ponto relevante dessa argumentação é a *preocupação* causada pela comunicação. A preocupação é associada com o processo cognitivo, mas é diferente de medo ou ansiedade, apesar de na literatura esses termos po-

[1] *Racional*, rótulo problemático na literatura específica de processos de decisão, é usado aqui no sentido de que a informação é recebida, entendida e avaliada.

derem às vezes ser encontrados como sinônimos. Segundo MacGregor (1991, p. 316), "Preocupação é principalmente uma atividade mental, enquanto ansiedade e medo incluem componentes emocionais e físicos tais como tensão muscular, suor nas mãos e/ou alterações dos batimentos cardíacos". A preocupação tem sido identificada como expressão cognitiva de um problema em consideração (Liebert e Morris, 1967, p. 975).

Assim, preocupação é uma reação *racional* quando um risco é detectado, sendo uma característica dos seres humanos. A quantidade de preocupação que um indivíduo sente é dependente ou correlacionada com a quantidade de atenção que um risco ou problema exige segundo sua percepção. A preocupação pode ser considerada "o pontapé inicial" para o desenvolvimento da comunicação de riscos, pois inicia, no indivíduo, o processo de *consideração de um risco.*

História da comunicação de riscos

Aparentemente o interesse social pelos aspectos quantitativos do desenvolvimento demográfico do grupo (como nascimentos e mortes), que é considerado como o fator que deu início à bioestatística (Hacking, 1987), causou a primeira forma organizada de comunicação de riscos e, como conseqüência, também estabeleceu uma ligação entre riscos e estatísticas.

Segundo Hacking, a preocupação do público em relação à propagação da grande praga na Inglaterra tornou necessário que a cidade de Londres, em 1603, expusesse os dados semanalmente. Esse início de comunicação de riscos não passava de números indicando o aumento ou diminuição dos enterros e a definição da *causa mortis.* O interesse era no raro e no extraordinário (John Graunt (1662), apud Hacking (1987)), não muito diferente do que podemos observar hoje em dia. Mesmo assim, aquelas tabelas, embora rústicas, eram uma grande fonte de informação que tornou possível manter o público ciente de um perigo epidemiológico e sua propagação.

Outras formas de comunicação de riscos existentes nesse período foram identificadas nos Estados Unidos, ainda na era colonial. Em 1721, na eclosão da epidemia de varíola, um escriturário chamado Cotton Mather deu início a uma campanha de comunicação que combinava panfletagem e persuasão pessoal.

Apesar da oposição dos médicos de Boston, ele procurava convencer os habitantes dessa cidade a se submeterem à vacina. Quando a epidemia desapareceu no ano seguinte, Mather demonstrou aos médicos que o índice de mortes causadas por varíola tinha sido nove vezes menor entre os inoculados com a vacina do que entre os não inoculados. Mais tarde, em 1784, Benjamin Rush, médico da Filadélfia, deu início ao primeiro sistema de comunicação que tratava da importância do controle do alcoolismo. Por volta de 1839, 15 desses chamados "jornaizinhos" eram publicados, e o uso de comunicação de massa para a educação de saúde pública ficou bastante destacado, principalmente no combate ao alcoolismo (Scherer e Juanillo, 1992).

No final do século XIX, avanços em cuidados higiênicos e controle de doenças forneceram justificativas para que os profissionais de saúde procurassem sensibilizar a população em relação a essas necessidades de cuidados fazendo uso dos meios de comunicação de massa. Também o governo procurava, já nessa época, promover programas de mudanças sociais valendo-se dessa forma de comunicação para atingir grupos especiais ou mesmo a população toda.

Nesse momento, esforços de comunicação a fim de apoiar movimentos para reformas sociais atingiam seu objetivo assim que esses assuntos obtinham apoio nas câmaras legislativas ou nos tribunais. Desse modo, causas sociais que estavam sendo defendidas apaixonadamente eram consideradas resolvidas logo depois de uma lei ser assinada (Scherer e Juanillo, 1992), independentemente do que outros segmentos da sociedade fizessem.

Somente após o final do século XIX as leis começaram a atingir outros segmentos, por exemplo, a indústria. Em 1906, pela primeira vez, o governo americano (que serviu como base para outros países) forçou a indústria a atuar com maior firmeza no processo de proteção ao consumidor, por meio da regulamentação dos rótulos das embalagens de produtos industrializados.

Até 1906 os rótulos eram usados apenas para os propósitos de atuação no mercado; com a publicação de um romance chamado *The jungle*, que detalhadamente apresentava descrições dos métodos insalubres do empacotamento de carne industrializada em Chicago, o Congresso americano se viu forçado a aprovar o chamado "Ato de inspeção da carne". Esse decreto determinava que, caso algum rótulo fosse usado, ele não poderia ser enganoso a respeito do conteúdo da embalagem. Embora o decreto tivesse uma função muito específica, acabou por determinar uma mudança muito relevante, pois a combinação da importante ferramenta do marketing que os rótulos tinham na época com a obrigatoriedade de esclarecer sobre o conteúdo fez que os consumidores do mercado americano estivessem mais bem informados e cobrassem das empresas essa condição de honestidade (Hadden, 1991).

O decreto mencionado anteriormente indicou para o público que o governo poderia e deveria promover o interesse público; ficou claro o papel do governo em garantir que as informações não só deveriam estar presentes como também ser corretas (Hadden, 1991).

A conseqüência dessa série de acontecimentos combinada com a aparente satisfação da opinião pública com o resultado foi o desenvolvimento, na área de comunicações de risco, da *expectativa de que conhecimento era a mola mestra das reações da população* em relação aos perigos presentes na sociedade. Ou seja, acreditou-se que, uma vez que a informação fosse correta e difundida por toda a população, as pessoas iriam evitar riscos indesejáveis. Desse modo, foi estabelecida a conexão entre a visão dos expertos sobre a probabilidade de ocorrência de um risco e a reação da população. É muito possível que essa ligação tenha sido o resultado das associações existentes entre conhecimento e status social: "*The primary sense of the word* probabilitas *is not evidential support but support from respected people*" (Hacking, 1987, p. 21-22).

No entanto, como é de conhecimento dos estudiosos da área, o fato de a informação ser correta e conhecida não garante a reação da população na direção de procurar proteção ou evitar o risco. Pessoas não evitam perigos pelo simples fato de eles serem uma ameaça ou terem alta probabilidade de ocorrência; não existe correlação direta entre o "tamanho" de um perigo e a reação do público.

Chama a atenção o fato de que, embora a comunicação de riscos tenha se desenvolvido com estudos da análise e de percepção de riscos, essa área trouxe consigo em sua evolução algumas das concepções teóricas da área de comunicações – por exemplo, a chamada teoria da bala mágica. Tal teoria, uma das primeiras da área de comunicações, assumia que as mídias de massa seriam entidades dotadas de força poderosa capaz de manipular a opinião pública, ou seja, o simples ato da comunicação dos riscos e sua explicação seria o suficiente para garantir a procura por proteção dos receptores, que reagiriam de maneira uniforme, similarmente ao que acontece no reino dos animais irracionais.

No entanto, as diversas frustrações nas tentativas de alterar comportamentos, ou mesmo alterar apenas o conjunto de crenças com campanhas de informação sobre riscos, fizeram com que essas idéias iniciais fossem abandonadas. Vejamos, por exemplo, o fato de que fumantes conhecem perfeitamente o risco associado ao vício e suas conseqüências, mas nem por isso todos eles querem abandonar o vício.

Desenvolvimento da comunicação de riscos

Os esforços iniciais no sentido de usar informação como forma de alterar o comportamento de indivíduos identificados como "sob risco" indicaram que técnicos (epidemiologistas, estatísticos etc.) e os cidadãos comuns não observavam os problemas da mesma perspectiva. Como mencionado, alguns riscos com uma probabilidade muito pequena de acontecer são grande fonte de preocupação para estes últimos, enquanto outros com muito maior chance matemática de ocorrer são completamente ignorados por essa mesma população. Parece contraditório que um sujeito fume e deixe de usar o cinto de segurança embora lute contra a instalação de uma usina nuclear em sua cidade ou vizinhança.

Essa situação paradoxal fez com que fosse iniciada uma busca científica por formatos e focos em comunicação de riscos que fossem eficientes tanto em informar o receptor como em provocar a sua reação (proteção). Dessa maneira, nas últimas décadas a pesquisa tem sido intensificada e novos modelos e idéias têm surgido buscando entender como conhecimento, emoção, experiência, entre outros atributos do problema, são incorporados no processo de decisão de evitar, viver com ou não se preocupar com a existência de riscos específicos.

Um estudo que foi bastante relevante para essas pesquisas definiu alguns fatores inerentes ao processo de percepção de riscos que eram, na maioria dos casos, não relacionados com as probabilidades estimadas matematicamente a respeito de determinada ameaça. Características que eram percebidas pela população e associadas ao problema de modo subjetivo determinaram, muitas vezes, qual seria a resposta esperada da população. Esses fatores (ou características) em geral estavam ligados a:

- efeitos esperados na próxima geração;
- extensão do mal causado;
- possível controle sobre o risco;
- possibilidade de a ameaça estar associada a problemas desenvolvidos pela raça humana ou não;
- outras avaliações desse tipo.

Os autores dessa hipótese sugerem que tais fatores podem aumentar ou atenuar a percepção de risco (Slovic, Fischhoff e Liechtenstein, 1980; Slovic, 1987), conforme discutido a seguir.

A evolução da comunicação de riscos

Primeiros passos: peritos *versus* leigos

Foco na probabilidade de ocorrência

O foco inicial da comunicação de riscos foi, como mencionado antes, uma tentativa de passar probabilidades quantitativas para leigos, na esperança de que isso fosse suficiente informação para uma decisão do indivíduo. Vários fatores tornaram essa tarefa quase impossível. Dúvidas surgiram tanto nos aspectos relacionados com a *significância* dos valores informados como também com o *modo* de calcular essas probabilidades.

Notou-se a grande dificuldade do público leigo em entender a significância da diferença entre, por exemplo, um em um milhão e um em dez mil. Apesar de o primeiro ser cem vezes maior que o outro, o efeito observado em preocupação ou reação não seguia esse padrão. Mais ainda, como os peritos também discordam entre si no modo como se devem calcular esses números, muitos dados sobre doenças, como o câncer, apresentam valores discrepantes da probabilidade de ocorrência.

Como um exemplo, a Academia Nacional de Ciências (nos Estados Unidos) mostra que o número de cânceres de bexiga causados pelo consumo de sacarina durante a vida toda de um americano estaria entre em 0,22 e 1.144.000 casos, dependendo de algumas das suposições particulares que fossem feitas (National Research Council, 1989).

Fatos como esses, até corriqueiros em comunicações que envolvem riscos e suas probabilidades de ocorrência, fizeram (e fazem) aumentar a pouca confiança em responder aos perigos comunicados com base em definições probabilísticas. É muito comum a mídia publicar o risco associado a alguma substância (por exemplo: transgênicos) ou tecnologia (por exemplo: celular) em um dia para desmenti-lo ou atenuá-lo no dia seguinte, tomando como ponto de partida uma nova perspectiva apresentada por outro cientista.

As dificuldades do uso do foco probabilístico levaram à procura de novas formas de alertar sobre riscos que rondam uma sociedade. O próximo formato aplicado foi o método comparativo.

Foco na comparação entre riscos

Esse aspecto considera que o indivíduo é capaz de compreender melhor aquilo que ele já conhece, ou seja, ao se comparar estatisticamente um risco desconhecido a um risco familiar ao indivíduo, deveriam ser facilitadas a aceitação e a compreensão da dimensão do risco que se está comunicando, o que favoreceria portanto a reação do indivíduo em conformidade com os valores apresentados. Desse modo, esse formato toma como base a comparação entre dois riscos utilizando a mesma escala métrica.

Comunicadores e estudiosos assumiram como estratégia básica para a comunicação de riscos fazer contrastes ou comparações entre riscos associados a novas substâncias, atividades ou tecnologias com os riscos de outras substâncias, atividades ou tecnologias mais familiares àquela população, sendo ou não relacionadas às primeiras.

Desse modo se conclui, sem na maioria das vezes testar, que a perspectiva de um novo problema pode ser mais bem entendida quando colocada em comparação com algo familiar ao receptor. Assim, o risco associado ao vazamento de uma usina nuclear era apresentado como menor que o de morrer dirigindo o carro sem cinto de segurança em áreas urbanas de grandes cidades. Considerando que o indivíduo tem alta familiaridade com o segundo, essa comparação deveria ser suficiente para acalmar a população com relação à existência de usinas nucleares nas suas cidades.

No entanto, tal método em geral focaliza apenas uma dimensão do risco, por exemplo, número de mortes esperado por ano ou diminuição da expectativa de vida etc., o que parece insuficiente para influenciar a decisão do indivíduo. Esse foco unidimensional, por não apresentar todos os relevantes aspectos envolvidos no problema, pode causar distorções significantes ou dificuldade de entendimento da relação estabelecida entre os dois problemas apresentados (Covello, 1991).

Por exemplo, viajar de avião pode parecer mais seguro do que utilizar carros ou trens quando o total de quilômetros viajados é considerado (0,23; 0,38; 0,55 por cem milhões de quilômetros por passageiro, respectivamente). No entanto, a mesma comparação pode apresentar resultados diferentes se focalizar, por exemplo, o número de saídas e chegadas (1,8; 0,027; 0,59); dessa forma, viajar de avião parece mais perigoso (Covello, 1991). Considerando que alguém esteja tentando decidir pela via mais segura de viajar, como tomar uma decisão?

Diferente do que foi discutido antes, no problema da vacina, essa não é uma mudança de foco com resultados iguais, mas uma análise diferente do problema, que utiliza dados que alteram os resultados.

Esse formato de comunicação foi criticado por tentar comparar situações tomando como base apenas a probabilidade de ocorrência dos riscos, e não os *fatores relevantes para a população* aceitar ou se proteger da ameaça (Fischhoff et al., 1981; Slovic, 1987; Covello, McCallume e Pavlova, 1988 e Covello, Sandman e Slovic, 1988).

Em todos os métodos discutidos anteriormente existe uma constante que é o foco nas dimensões quantitativas dos riscos em discussão, quando poderia ser observado que as preocupações individuais eram relacionadas a aspectos (ou dimensões) qualitativos do problema sob escrutínio. Conseqüentemente, o problema de comunicar riscos começou a ser identificado como se estivesse relacionado com a percepção do risco pelo indivíduo, ou seja, havia a possibilidade de se descobrir quais eram os focos de preocupação dessa população em lidar com o problema. Por exemplo, saber que o cigarro mata não é suficiente para levar qualquer fumante a abandonar o vício; alguns indivíduos ameaçados pela morte abandonam o cigarro, outros fumam enquanto se restabelecem de um problema causado pelo cigarro.

Essas observações levaram estudiosos da matéria a procurar soluções dentro da área de percepção de risco.

Percepção de riscos

Paul Slovic, da Universidade de Oregon (Estados Unidos), e seus colegas iniciaram uma série de estudos que comparava como vários riscos eram percebidos por diferentes populações (ver Fischhoff et al., 1978; Slovic, Fischhoff e Liechtenstein, 1980).

Esses estudos, entre outros, introduziram cientificamente a idéia de que, mesmo tendo uma plenitude de dados estatísticos e fatos reais claros, o julgamento de humanos, no que tange a riscos (e a outros temas também), depende da interpretação e da determinação da relevância de tais dados por essa mesma população. Por exemplo, em 1987 um estudo comparou a percepção de riscos entre quatro diferentes grupos: estudantes universitários, membros da liga das mulheres votantes, membros de um clube de atividades específicas de serviços para a comunidade e um painel de cientistas das mais diversas áreas. Esse estudo, que apresentava uma lista de 30 riscos diferentes, incluindo desde andar de bicicleta e fumar até a existência de usinas nucleares, pedia aos sujeitos participantes que ordenassem os riscos dos mais para os menos perigosos. O resultado desse estudo relevante apresentou duas importantes conclusões:

I. Cientistas e pessoas comuns não possuem a mesma percepção em relação aos riscos avaliados; na realidade, enquanto os três grupos de pessoas comuns tinham grande similaridade na ordem gerada, esta era quase sistematicamente invertida para o grupo de cientistas.

II. A ordem apresentada pelos cientistas tinha alta correlação com os índices de mortalidade dos riscos, ao contrário do que acontecia com os leigos (Slovic, 1987).

Os estudos que focalizaram a percepção de riscos subjetiva levaram à identificação de fatores considerados muito influentes no processo de percepção de riscos, como demonstrado pelo estudo publicado em 1985 (Slovic, Fischhoff e Liechtenstein, 1985). Ou seja, quando cientistas ou expertos são questionados em relação à própria percepção de risco, essa tarefa é entendida como julgar tomando como base técnicas estatísticas, enquanto o cidadão comum não subjugado a esses parâmetros toma como base uma variedade de aspectos totalmente diferente da visão matemática.

Embora essas pessoas (cientistas ou não) tenham muitas características em comum, como determinar quais fatores existem em cada tipo de risco, no momento de avaliar a quantidade de risco presente em cada situação eles focalizam diferentes fatores. A diferença de avaliação levou a uma nova linha de pensamento nessa área: os estudos psicométricos – o desenvolvimento de técnicas de mensuração que levassem em conta os aspectos psicológicos envolvidos no problema em observação.

Mensuração psicométrica

Esse tipo de mensuração utiliza escalas psicológicas e técnicas de análise multivariadas para representações quantitativas ou mapas cognitivos das atitudes e percepções de risco (Slovic, 1987). Estudos que aplicam essa técnica conseguiram identificar algumas características percebidas como associadas à percepção de riscos. Elas são descritas na tabela da página 441.

Tomemos como exemplo o risco subjetivo associado ao vício de fumar, que possui todos os aspectos que atenuam a percepção de risco: 1) é um risco assumido voluntariamente; 2) familiar (conhecido há muito tempo); 3) é controlável; 4) controle está ao alcance do indivíduo; 5) é justo porque atinge a todos; 6) seus efeitos são não memoráveis; 7) não é assustador; 8) é crônico (afeta o sujeito aos poucos); 9) é um risco que acontece sem data ou local específico e 10) é natural.

Ainda que o fumante acredite *objetivamente* que o cigarro mata (estatísticas demonstram isso), a medição psicométrica deve indicar que *subjetivamente* a percepção do risco associado a fumar é baixa. Daí a dificuldade das campanhas públicas em convencer fumantes a largar o vício, atendo-se à chance de morte ou de contrair doenças.

Tabela dos atributos que diferenciam percepção subjetiva de riscos	
Os itens de cada coluna identificam extremos de uma escala; quanto mais próximo de uma das colunas (menos arriscado/mais arriscado) o indivíduo acreditar ser um risco, maior a associação entre o risco e a sua percepção subjetiva.	
Menos arriscado	Mais arriscado
1) Voluntário	Involuntário
2) Familiar	Não familiar
3) Controlável	Incontrolável
4) Controlado pelo indivíduo	Controlado por outros
5) Justo	Injusto
6) Memorável	Não memorável
7) Não assustador	Assustador
8) Crônico	Agudo
9) Espalhado no tempo e espaço	Fixo em tempo e espaço
10) Natural	Artificial

Por meio de uma técnica estatística de análise, chamada análise fatorial,[2] aplicada em uma série de riscos, Slovic e seus colegas identificaram/sugeriram a existência de um mapa mental para riscos composto de três dimensões ou fatores:

I. Um dos fatores foi denominado *assustador* por ser esta a variável mais relevante no conjunto. Esse é o maior identificador da percepção subjetiva de risco para a população americana.
II. Outro fator identificado como *desconhecimento* do risco está dissociado do risco percebido e, portanto, não tem associação com desejo de redução do risco ou necessidade de regulamentação.
III. A relação social/pessoal é o terceiro fator identificado pela análise e tende a ser associado moderadamente com o risco percebido e, num limiar baixo, com o desejo de regulamentação.

[2] A análise fatorial tem como função agregar variáveis (no caso, cada item da tabela acima) em fatores que identificam as grandes dimensões que podem existir neste conjunto, facilitando o entendimento por lidar com grupamentos de variáveis.

Embora bastante relevantes, essas dimensões não são a forma definitiva de se avaliar percepção de riscos; algumas outras possibilidades vêm sendo consideradas. Por exemplo, em 1993 um trabalho publicado comparou, dentro da área de riscos associados com a saúde do indivíduo, um modelo que media percepção de riscos financeiros com o modelo proposto pelo grupo de Oregon (Holtgrave e Weber, 1993). Esse trabalho demonstrou que o modelo financeiro poderia ser uma maneira melhor de medir percepção de risco, mesmo considerando que o modelo chamado psicométrico tenha sido desenvolvido especialmente para riscos associados ao comportamento de saúde do indivíduo. Ainda combinando os dois modelos, o ganho foi pequeno em relação ao resultado obtido pelo modelo financeiro sozinho.

Outra avaliação do modelo foi sua comparação com uma medida direta do risco percebido. O indivíduo respondia à proposta: "dê uma nota de 1 a 7 para indicar qual o grau de risco que representa para você pessoalmente". Os resultados indicaram que a pergunta direta tinha mais capacidade de distinguir indivíduos com maior ou menor sensibilidade ao risco do que o modelo psicométrico (Batista e Straughan, 1995).

Esses resultados não descartam a utilidade do modelo psicométrico, pois ele identifica áreas em que a comunicação pode atuar para modificar a percepção subjetiva de risco. As novas pesquisas caminham no sentido de criar melhores ferramentas para essa medição. O fato de saber como determinado risco está avaliado nas dimensões do modelo psicométrico fornece o mapa cognitivo daquele risco para aquela população.

Os fatores podem ser medidos antes e depois de uma campanha publicitária a fim de avaliar o papel dela em relação ao que foi absorvido e modificado pela comunicação na mente do público-alvo.

Aspectos específicos de campanhas

O conhecimento de que as atitudes individuais em relação à presença de riscos na sociedade envolvem mais do que dados estatísticos é altamente relevante, como demonstrado anteriormente. Observa-se, por exemplo, que a oposição a algum tipo de risco tem muito mais relação com o medo das conseqüências do que com a preocupação com a probabilidade de ocorrência. Esse fato não deve levar comunicadores e administradores a tomar decisões baseados tão-somente na percepção de risco que foi medida na população (Gregory, 1991).

Um aspecto que pode ser o fiel da balança na percepção de riscos é a capacidade do indivíduo em lidar com o risco, ou seja, quão potente ele é para enfrentar a situação. Tipicamente dois aspectos são considerados:

1. *a percepção da ameaça* = MEDO
   aumenta quando um problema é percebido como provável de acontecer *e* tem conseqüências sérias;
2. *a percepção de eficiência/defesa*:
   a. especifica como o indivíduo pode evitar o perigo ou sua proliferação (*eficiência pessoal*);
   b. por que e quanto a forma proposta é efetiva para minimizar ou eliminar o risco (*eficiência da resposta*).

Por exemplo, considerando o perigo da Aids, temos que existe uma ameaça real (muita gente conhecida contraiu Aids) e, caso o indivíduo seja atingido pela doença, as conseqüências são sérias (morte); ou seja, em primeiro contato esse risco gera medo. Tal medo só pode ser efetivo em mover o indivíduo na direção da proteção se este perceber que possui capacidade de defesa – auto-eficiência. Essa capacidade tem os dois componentes mencionados antes: a eficiência em aplicar a defesa e a eficiência da defesa em prevenir o mal.

No caso das campanhas contra a Aids, a primeira forma de proteção sugerida era a abstenção de relações sexuais. Em termos de eficiência temos que a sugestão eliminava qualquer possibilidade de infecção se o indivíduo não mais tivesse relações sexuais antes de estabelecer uma relação monogâmica estável (em geral, casamento).

O problema dessa forma de proteção é que a população em geral não conseguia aplicar o método eficientemente. Assim, essas campanhas não tiveram êxito, uma vez que a eficiência pessoal percebida era muito baixa. Já com a sugestão do uso da camisinha e com as campanhas esclarecedoras sobre vantagens e formas de utilização, a eficiência aumentou e foi possível um controle da epidemia.

Sendo assim, podemos construir um quadro da relação entre o risco percebido, a eficiência percebida dos métodos de proteção e o que deva ocorrer com o indivíduo exposto ao risco:

Risco	**Eficiência**	**Resultado**
alto	alta	proteção
alto	baixa	medo
baixo	alta	ignora problema
baixo	baixa	ignora mensagem

Utilizando esse quadro fica fácil identificar a importância da eficiência (método mais aplicação), pois, quando a eficiência é alta, ou o sujeito não tem problema (risco baixo, eficiência alta) ou ele aplica a proteção controlando a ameaça (risco alto, eficiência alta). No caso de eficiência baixa, o medo predomina em situações em que o risco é alto, paralisando o indivíduo; quando o risco é baixo o indivíduo se coloca fora do público-alvo da mensagem, desconsiderando o aviso.

Proteção ou controle do perigo exigem ação: mudança de atitude, intenções ou comportamento; controle do medo gera fator emocional: controla a sensação e não o perigo (alto risco/baixa eficiência) – o indivíduo não consegue lidar com o problema (White, 1994).

Em termos de atuação da comunicação temos de desenvolver ações específicas considerando quais são as condições existentes e o objetivo da campanha, principalmente em situações em que o indivíduo não esteja respondendo eficientemente.

Assim, temos duas situações que merecem especial atenção:

1. controle do risco, ou do medo (percepção de eficiência < percepção de risco), gera: negação do problema, minimização do valor da informação e sensação de manipulação, ou seja, o indivíduo controla o medo por causa da sua pouca eficiência em lidar com o problema; e

2. controle do perigo (percepção de eficiência > percepção de risco) gera: mudanças em atitude, intenções e comportamento, o oposto do anterior. Neste caso o indivíduo controla o perigo por causa da sua alta eficiência e pode, desse modo, começar a ignorar o problema a ponto de achar que ele não mais existe.

Condição	Tipo de mensagem	Foco da campanha
Controle do medo	eficiência	eficiência da proteção
Controle do perigo	proteção	ameaça é persistente

Considerações finais

Dos efeitos diretos esperados do fornecimento de dados probabilísticos para o método mais moderno de influenciar as crenças associadas a determinada ameaça, o campo da comunicação de riscos tem evoluído constantemente. A pesquisa agora é direcionada para a obtenção de crenças associadas às ameaças presentes na nossa sociedade, a como essas crenças podem ser modificadas para facilitar a comunicação e obter a reação desejada, quais formatos de comunicação são mais propícios para influenciar o processo de decisão etc. Assim, tal mudança visa transformar uma audiência passivamente recebendo informações em um grupo de receptores que procura a informação interativamente, acompanhando portanto o desenvolvimento da área de comunicações em geral.

O objetivo maior é alterar o mapa cognitivo dos receptores, modificando a estrutura de suas crenças pelo fortalecimento de algumas crenças já existentes, mas não tão salientes, ou criando novas crenças para modificar atitudes em relação a riscos específicos que atuam em nossa sociedade. Este é um trabalho para a publicidade.

Bibliografia

BATISTA, L.; STRAUGHAN, D. *Demographic characteristics and risk perception.* Trabalho apresentado na 50th American Association for Public Opinion Research Conference, Ft. Lauderdale, FL, Estados Unidos, 1995.

COVELLO, V. Risk comparisons and risk communication: issues and problems in comparing health and environmental risks. In: KASPERSON, R. E.; STALLEN, P. J. M. (eds.). *Communicating risks to the public.* Dordrecht: Kluwer Academic Publishers, 1991. p. 79-124.

COVELLO, V.; McCALLUM, D.; PAVLOVA, M. *Effective risk communication: the role and responsibility of government and nongovernmental organizations.* Nova York: Plenum, 1988.

COVELLO, V.; SANDMAN, P.; SLOVIC, P. *Risk communication, risk statistics, and risk comparisons.* Washington, D.C.: Chemical Manufacturers Association, 1988.

FISCHHOFF, B. et al. How safe is safe enough? A psychometric study of attitudes towards technological risks and benefits. *Policy Sciences,* v. 9, n. 2, p. 127-152, 1978.

__________. *Acceptable risk.* Nova York: Cambridge University Press, 1981.

GREGORY, R. Critical thinking for environmental health risk education. *Health Education Quarterly,* v. 18, n. 3, p. 273-284, 1991.

HACKING, I. *The emergence of probability.* Cambridge: Cambridge University Press, 1987.

HADDEN, S. Public perception of hazard waste. *Risk Analysis,* v. 11, n. 1, p. 47-57, 1991.

HOLTGRAVE, D.; WEBER, E. Dimensions of risk perception for financial and health risks. *Risk Analysis,* v. 13, n. 5, p. 553-558, 1993.

JAYNES, J. *The origin of consciousness in the breakdown of the bicameral mind.* Boston: Houghton-Mifflin, 1976.

LIEBERT, R. M.; MORRIS, L. W. Cognitive and emotional components of test anxiety: a distinction and some initial data. *Psychological Reports,* n. 20, p. 975-978, 1967.

MAcGREGOR, D. Worry over technological activities and life concerns. *Risk Analysis,* v. 11, n. 2, p. 315-324, 1991.

NATIONAL RESEARCH COUNCIL. *Improving risk communication.* Washington, D.C.: National Academy Press, 1989.

SCHERER, C. W.; JUANILLO, N. K. Bridging theory and praxis: reexamining public health communication. *Communication Yearbook,* v. 15, p. 312-345, 1992.

SLOVIC, P. Perception of risk. *Science,* v. 236, p. 280-285, 1987.

SLOVIC, P.; FISCHHOFF, B.; LIECHTENSTEIN, S. Facts and fears: understanding perceived risk. In: SCHWING, R.; ALBERS, W. (eds.). *Societal risk assessment: how safe is safe enough?* Nova York: Plenum, 1980. p. 181-214.

__________ . Characterizing perceived risk. In: KATES, R. W.; HOHENEMSER, C.; KASPERSON, J. X. (eds.). *Perilous progress managing the hazards of a technology.* Boulder: Westview Press, 1985. p. 91-125.

TVERSKY, A.; KAHNEMAN, D. The framing of decisions and the psychology of choice. *Science,* v. 211, p. 453-458, 1981.

WITTE, K. Fear control an danger control: a test of the Extended Parallel Process Model (EPPM). *Communication Monographs,* v. 61, n. 2, p. 113-34, jun. 1994.

17

Tendências e novos formatos das peças publicitárias

Ricardo Chiminazzo*

MUDANÇA. Essa palavra é o principal motivo deste capítulo. As coisas mudam o tempo todo e, como não poderia ser diferente, a propaganda também vem se adequando aos novos tempos.

Este capítulo aborda as tendências dos novos formatos das peças publicitárias; também sugere alguns caminhos que talvez possam contribuir com a sociedade e com o futuro da propaganda.

Nos dias de hoje, conquistar a atenção dos consumidores é uma tarefa árdua, uma vez que o volume de anúncios aumentou, a concorrência é acirrada e a maioria dos produtos não apresenta mais diferenciais suficientemente marcantes. Muitas vezes, seus formatos e conteúdos chegam a ser redundantes a ponto de confundir a marca anunciada com a da concorrência.

São muitas mensagens espalhadas por todos os lados, na tentativa desenfreada de atrair consumidores, e a maioria ainda explora conteúdos desgastados, sem se falar na banalização de formas, texturas e suportes empregados. Tudo isso devido à racionalização industrial, à falta de criatividade que, às ve-

* Publicitário, pós-graduado em Marketing pela ESPM e mestre em Comunicação e Mercado pela Fundação Cásper Líbero. Coordenador do curso de Comunicação Social com habilitação em Publicidade e Propaganda da ESAMC Sorocaba.

zes, observa-se em parte dos profissionais da área, aos erros nas estratégias desenvolvidas pelos departamentos de marketing ou até mesmo à falta de recursos econômicos e/ou de ousadia por parte dos anunciantes.

Os resultados são as inúmeras tabuletas de outdoor, por exemplo, que passam despercebidas e tornam-se apenas "paisagens urbanas"; jogamos a maioria das malas-diretas no lixo, sem sequer abri-las; nossa mão, diante do controle remoto da TV, muda o canal assim que entram os comerciais; os panfletos recolhidos nos sinais de trânsito e os anúncios em revistas são raramente lidos por pessoas que, na maioria das vezes, só se interessam pelas matérias informativas ou programas de entretenimento e lazer.

O problema se intensifica diante do montante de tarefas que enfrentamos em nosso dia-a-dia, mesmo considerando que novas ferramentas estejam sendo criadas para torná-las mais práticas; ainda assim não são suficientes para um dia que "só tem 24 horas". As pessoas estão dormindo menos, basta verificar o volume de audiência concentrada atualmente nas madrugadas em alguns quadros apresentados na programação da tevê aberta; a quantidade de lojas de conveniência, postos de combustível, locadoras, bares, academias e supermercados, entre outras empresas que oferecem serviços 24 horas por dia.

Outro fator relevante é o efeito globalização, que, associado às novas tecnologias, como a Internet, nos oferece informações on-line do mundo todo, ampliando consideravelmente o volume de dados disponíveis e, conseqüentemente, disputando uma parte do tempo das pessoas.

Outra constante que vem dominando as relações sociais nos últimos tempos é a impessoalidade. Observamos, por exemplo, os novos layouts das agências bancárias, que dispõem de um pelotão de caixas eletrônicos logo na entrada, barrando os clientes e evitando assim o contato pessoal. A violência crescente e a facilidade do delivery também favorecem o enclausuramento, diminuindo ainda mais as relações sociais. Enfim, o mundo moderno afasta as pessoas umas das outras e o resultado disso é uma sociedade cada vez mais carente de afeto, visto que somos dotados de sentimentos e emoções.

Diante desse contexto, vale lembrar que existem estratégias e peças publicitárias brilhantes voltadas à vida desse novo homem, focadas em seus objetivos mercadológicos e expressas de modo inteligente e criativo, que conseguem a atenção do consumidor potencial transmitindo a mensagem eficazmente. Nelas é que buscamos encontrar diferenciais e fatores-chave de sucesso que nos apontam caminhos e tendências.

Resumindo, as pessoas estão cansadas com o excesso de tarefas; com a globalização e as novas tecnologias ficam disponíveis infindáveis informações e há um nítido distanciamento interpessoal. Portanto, diante do cenário apresentado, conclui-se que, se a comunicação atuar nos males sociais contemporâneos, provavelmente atingirá seus objetivos e também poderá contribuir socialmente. Veremos mais adiante alguns caminhos para isso.

A percepção sensorial

Não percebemos o mundo como ele realmente é. Percebemos, sim, sensações ocasionadas pelas transformações produzidas em nossos órgãos dos sentidos. Podemos dizer que os órgãos sensoriais convertem as vibrações em sons e ruídos; os fótons, em imagens; e as reações químicas, em cheiros e gostos específicos.

Nesse processo, o cérebro recebe características físicas do estímulo e extrai delas informações, que interpreta segundo experiências anteriores parecidas.

Nós experimentamos, por exemplo, ondas eletromagnéticas não como ondas, mas como cores. Essas cores são sensações cromáticas provindas de ondas decompostas pela reflexão da luz nas superfícies físicas e, quando o cérebro decodifica essas ondas eletromagnéticas em vermelho, por exemplo, imediatamente se inicia a busca de referências associativas, levando o indivíduo a optar e configurar sua interpretação em meio às possibilidades propostas pelas experiências anteriores. O vermelho pode remeter ao sangue, à atenção, a perigo, à energia, à Ferrari etc.

Já é sabido também que o olfato é o órgão sensorial mais ligado ao campo das recordações; devido a isso, ao sentir novamente a fragrância de determinado perfume, com o qual tivemos contato no passado, provavelmente nos lembraremos da pessoa e/ou situação associada ao registro da sensação anterior.

É por intermédio das sensações que o espectador se relaciona com o anúncio e, se puder senti-lo por meio do maior número de órgãos sensoriais, maior será seu relacionamento com o anúncio e, em decorrência, com o produto, serviço e/ou marca anunciados.

A esse tipo de propaganda, que utiliza mais de um sentido não comum a seu meio, chamo de *comunicação publicitária sinestésica*; essa é uma das tendências que aponto.

A cada órgão dos sentidos estimulado, o espectador experimenta uma sensação, e o conjunto dessas sensações é que vai formatar a sua percepção e o seu parecer sobre o anúncio e o que foi anunciado.

Para que haja maior eficiência dos sentidos, é preciso que os órgãos trabalhem integrados. Geralmente, não é apenas um sentido que atua na percepção de objetos; eles se complementam muitas vezes, como é o caso do gosto de uma comida que depende muito do funcionamento conjunto dos receptores do sabor, aroma e visão. É por isso que, quando estamos com o nariz obstruído, a comida parece sem gosto, assim como uma refeição muito mal apresentada pode nos fazer perder a fome.

As relações entre sentidos corpóreos são importantes para o comunicador levar em consideração durante o desenvolvimento de uma mensagem. Por exemplo, quando vemos um pedaço de veludo, imaginamos: "deve ser macio"; em seguida, somos tentados a tocá-lo, necessitando, talvez psicologicamente, reafirmar essa hipótese. Esse é um processo natural do ser humano que, ao ver uma textura, aparentemente macia, tende a tocá-la no intuito de confirmar se a informação relatada ao cérebro, pela visão, procede. Nesse caso, o tato atua na opinião, causando uma convicção. Porém, se o que vemos conflita com o que tocamos, pode ser criada uma confusão, estimulando a busca da compreensão e/ou gerando mal-estar.

Quase sempre um ou mais sentidos procuram comprovar as suposições instauradas por outro. Quando vemos uma comida e ela nos parece estragada, tendemos a cheirá-la e, se a dúvida permanece, muitas vezes experimentamos uma pequena amostra ou pedimos para outra pessoa cheirar, para nos certificarmos sobre tais indícios.

O publicitário, ao criar uma peça sinestésica, pode utilizar esse recurso, preparando anteriormente as sensações, no sentido de criar uma convicção ou gerar dúvidas ao espectador, em benefício do produto ou serviço anunciado.

As sensações podem ser divididas, de maneira geral, em três grupos: externas, internas e especiais.

As sensações externas refletem os aspectos e propriedades de todos os estímulos que o homem pode perceber do mundo exterior. Para tal, dotamo-nos dos órgãos dos sentidos, que nos dão, como resposta aos seus estímulos, sensações visuais, olfativas, gustativas, auditivas e táteis.

Os receptores das sensações internas estão localizados nas superfícies dos diferentes órgãos internos, nos músculos e nos tendões. Esse grupo engloba as sensações motoras, orgânicas e de equilíbrio. As sensações especiais são manifestadas sob a forma de sensibilidade para a sede, fome, fadiga, de bem ou mal-estar.

A comunicação publicitária raras vezes consegue atuar nos três grupos de sensações ao mesmo tempo, envolvendo o espectador completamente, mas isso se amplifica à medida que é trabalhada a sinestesia. Ainda assim, é necessário que conjuntos de variáveis estejam em condições para ocorrer, por exemplo, um material impresso com fragrância de churrasco. É preciso que o espectador ainda não tenha almoçado e não seja vegetariano, caso contrário dificilmente experimentará a sensação de fome, ou a "água na boca", ao ter contato com o anúncio.

As sensações nos fazem participar efetivamente da vida, relacionam-nos com nosso próprio organismo, com o mundo exterior e com as coisas que nos cercam.

A visão certamente é o sentido mais exigido do ser humano, muito embora exista uma predominância de aguçamento sensitivo individual. Já se tem conhecimento, no campo da psicologia, de que existem pessoas mais auditivas, mais visuais e outras predominantemente mais táteis. Se souber qual a predominância sensitiva de cada receptor, o emissor poderá beneficiar-se dessa informação, trabalhando os sentidos mais adequados a cada indivíduo.

A televisão, o cinema e a Internet são veículos audiovisuais de comunicação, portanto possuem a sinestesia como característica própria e comum. Certamente, por tal característica, podemos atribuir tamanha força de atenção, concentração e adesão das pessoas a esses meios, mesmo porque exigem menor esforço para serem decodificados.

Já nos meios impressos, a sinestesia também pode representar um grande diferencial na busca da atenção do espectador, justamente por não ser uma particularidade desses meios. É provável que surpreenda pelo incomum e pelo inesperado, o que gera quase sempre o aspecto lúdico por meio da aplicação de novos recursos sensoriais hibridizados.

A argumentação publicitária, quando inserida em diferentes sentidos e captada por diferentes órgãos sensoriais, tende a se tornar mais sedutora, transformando a comunicação num jogo, numa brincadeira, que pode gerar sensações internas, de bem ou mal-estar. Logo, podemos dizer que, diante de uma peça publicitária sinestésica, uma pessoa, baseada em sua experiência de vida, pode formatar uma imagem positiva ou negativa do produto, serviço e/ou marca anunciante.

A íntima relação entre os sentidos corpóreos e a propaganda, ainda mais num contexto de extrema concorrência e dificuldades sociais, indica-nos possíveis caminhos para a diferenciação da mensagem na atualidade e no futuro.

Tendências

No mundo da propaganda contemporânea, a forma chega a ser mais importante que o conteúdo, pois num primeiro momento não é o conteúdo que vai "roubar" a atenção, e sim a forma; se a atenção não for conquistada, esqueça o resto.

O homem, diante da grande quantidade de estímulos que recebe, tende a filtrar e apurar somente o que lhe conquistar a atenção. Para que isso aconteça, é preciso uma forma diferenciada, ou seja, contrastante. Estamos passando por uma "avalanche" de informação e estímulos, e a maneira de conquistar a atenção das pessoas é por meio do contraste. Quando o ambiente é predominantemente barulhento, faça silêncio; onde não há cheiro, imponha a fragrância da sua marca, e assim por diante.

Não classificamos o contraste como uma tendência porque talvez seja uma regra. É importante salientar que na criação publicitária não existem regras, e sim sugestões e técnicas. Porém, admitamos que o contraste é uma exceção a essa ausência de regras, sendo fundamental para conquistar a atenção do ser humano.

O contraste choca, e é isso que toma a atenção, mas devemos cuidar para que as sensações causadas sejam preferencialmente de bem-estar, porque associamos inconscientemente as sensações adquiridas pela propaganda ao produto ou serviço anunciado. Podemos trabalhar com sensações de mal-estar em caso de campanhas com objetivo de criar repulsa – por exemplo, antidrogas.

A sinestesia também pode chocar ativando e atraindo a atenção se considerarmos a aplicação de sentidos não comuns em determinados meios. Esse recurso começa a perder força à medida que entra em processo de banalização; porém continuará sendo eficiente ao oferecer estímulos com maior número de sentidos, o que facilita captar o conceito trabalhado na comunicação.

A originalidade também é motivo de choque conforme o novo contrasta com o corriqueiro e desperta curiosidade por ser diferente.

A curiosidade é o principal mecanismo de empenho do ser humano para a busca ou aprendizado. Costumamos ir atrás do que nos gera curiosidade e, se a mensagem agir nesse sentido, despertando-a, certamente o público-alvo desejará relacionar-se com o restante para compreender o todo.

Uma ferramenta conhecida no meio publicitário para ativar a curiosidade do consumidor é o teaser, que oculta o desfecho da mensagem por alguns dias, conforme o veículo de comunicação ou estratégia adotada.

Aguçar a curiosidade das pessoas é uma boa estratégia para manter a atenção em nossa mensagem. Lembro-me do primeiro teaser que vi na televisão, possivelmente o primeiro no Brasil: "Você sabe como tirar a polpa do tomate com uma tesoura?". Paralelamente ao áudio aparecia apenas a imagem de uma tesoura e de um tomate. Isso perdurou dias e foi um castigo ter de aguardar a resposta, até que veio o desfecho: "Agora você vai saber como tirar a polpa do tomate com uma tesoura". Subitamente surgia a imagem de uma caixinha de Pomodoro, o primeiro extrato de tomate em caixinha longa vida, sendo aberta por uma tesoura. Tente imaginar isso numa época em que não existia esse tipo de produto embalado dessa maneira.

O problema que pode existir em mensagens assim é não conseguir alcançar as expectativas das pessoas no momento do desfecho. Normalmente no início elevam-se as expectativas e, como conseqüência, no final a "sacada" precisa ser genial; caso contrário, pode funcionar negativamente.

A arte deve assumir um papel cada vez mais importante nas ações de marketing das empresas, além de responsabilidade social. Os produtos e serviços estão comoditizados; quero dizer que quase não se consegue mais diferenciar um produto por atributos tangíveis. As empresas copiam os diferenciais da concorrência muito rapidamente graças à tecnologia, e o resultado são produtos e serviços quase idênticos em suas características físicas e benefícios. O marketing tem apontado, portanto, para a imagem da marca, buscando refletir diferenças emocionais, não palpáveis.

As empresas que contribuem com a sociedade de alguma maneira conquistam imagem positiva, agregando valor à marca, e já sabemos que a marca muitas vezes representa o maior valor de uma empresa.

Como podemos verificar, a arte vem conquistando o interesse das empresas, principalmente das instituições financeiras que possuem acervos, museus próprios, investimentos em patrocínio de eventos artísticos etc. O Banco Real, por exemplo, criou as agências Van Gogh, que são unidades focadas nos clientes de maior poder aquisitivo que criam empatia – de certa forma, talvez por identificação com a cultura – com um dos principais pintores atemporais do mundo, e por aí vemos diversas outras ações mercadológicas que envolvem a arte de alguma maneira. As instituições financeiras precisam trabalhar para anular a imagem fria que possuem perante o consumidor.

Por meio da convergência dos meios, ou até mesmo da tevê digital, que possui tecnologia já disponível e está em fase de implementação, a relação da arte com a propaganda ficará cada vez mais íntima, mais fundida. Os recursos que essa tecnologia prevê permitirão que o telespectador possa assistir à sua programação no momento que bem entender, e haverá, possivelmente, a possibilidade da exclusão do horário comercial. Seguindo essa premissa, a propaganda de massa televisiva tenderá a uma redução drástica, visto que as pessoas normalmente não gostam de propaganda interrompendo seu programa. Em decorrência, o merchandising deve aumentar.

As produções cinematográficas e toda a programação televisiva em geral deverão ser enriquecidas com recursos de patrocínio e de outras formatações publicitárias que certamente surgirão com as mudanças. Será mais constante o aparecimento das marcas dos produtos no meio da programação.

Após alguns anos de pesquisa e de experiência no mercado, encontramos alguns recursos que se demonstram como as principais tendências para a comunicação eficiente dos próximos anos, e creio que todas, de certa forma, possuem o contraste como característica em comum.

A interatividade e o lúdico

A interatividade na comunicação publicitária aproxima o homem da propaganda e reforça sua adesão por intermédio do lúdico, por meio das sensações sedutoras que transformam a comunicação em um caminho de duas vias, no qual ele responde aos estímulos que recebe. A mensagem oferece uma fragrância, por exemplo, e o receptor a inspira atingindo níveis de recordações do seu "repertório cultural", aumentando o envolvimento emocional, trazendo-o para uma relação mais próxima à propaganda, mais "afetuosa" e, talvez, mais prazerosa.

O produto, ao conquistar a simpatia, potencializa as possibilidades de venda. Portanto, se na mensagem publicitária são utilizados recursos interativos, lúdicos e engraçados, além de causar benefícios físico-emocionais, certamente vão conquistar uma opinião positiva do consumidor.

O anúncio da Figura 17.1, por exemplo, no mínimo inusitado, obriga o leitor a interagir de maneira divertida, por ter de retirar a "chave que mais abre portas no mundo" de um bolso num envoltório plástico e destravar um cadeado para ter acesso às informações da revista. O apelo criativo da campanha é trabalhado nos campos da "teoria" e "prática", ocorrendo uma forte interação do espectador com o anúncio e a revista, que normalmente possui credibilidade e empatia com seu leitor.

O receptor faz parte da mensagem interativa; sua participação já está implícita. Sendo assim, o espectador é parte da propaganda e, sem o seu complemento, a recepção não se torna possível. Esse tipo de peça publicitária é como um jogo em que o receptor a manipula, sendo sua interpretação gradativamente alterada a cada etapa, consolidando-se somente ao final.

As pessoas possuem a necessidade de se socializar. Dessa maneira, sentem-se mais próximas ao anúncio, como se fosse uma "nova amizade", uma relação "pseudo-social", pois engloba certo "carinho" entre peça e espectador, que deixa de ser passivo e torna-se ativo nesse envolvimento mensagem–receptor.

Grande parte do sucesso da Internet se dá pela interatividade. Você pode decidir por onde navegar e em quais links clicar. As redes de televisão perceberam a importância de gerar interação com os telespectadores e começaram a criar programas, como o *Big brother*, que confere ao público o poder de definir quem deve permanecer ou sair do programa. A Rede Globo já trabalhava com o conceito de interatividade desde o *Você decide*, um programa em que o telespectador, pelo telefone, decidia o final desejado entre duas opções. As próprias novelas, de maneira mais sutil, rumam de acordo com os resultados das pesquisas de opinião.

A interatividade é uma característica muito forte que tende a aumentar, principalmente se considerarmos a provável convergência dos meios, que reunirá num só todos os produtos audiovisuais, inclusive a Internet.

O Globomidiacenter (www.globo.com/gmc) demonstra claramente os dois elementos diferenciais na comunicação de que estamos falando, a interatividade e o lúdico, além da personalização que abordarei mais à frente. Também já se inicia o processo de mudança para a tevê digital. Nesse portal, é possível o assinante montar sua própria programação. A montagem torna-se um jogo, uma diversão que, pela comunicação de duas vias, possibilita ao internauta construir e seqüenciar a programação, podendo assisti-la no horário que bem entender.

A comunicação publicitária interativa tem caráter lúdico; as peças com esse recurso se tornam jogos, e estes, segundo Johan Huizinga, perdem totalmente o aspecto racional, penetrando o campo da fascinação. O jogo transcende as necessidades imediatas da vida e confere um sentido à ação. Todo jogo significa alguma coisa; portanto, na ocasião da manipulação de uma peça interativa, o homem se desliga do resto e se concentra em jogar, sendo, nesse momento, algo espontâneo e sem sentido lógico.

O jogo pouco se relaciona com o cômico. Existe seriedade nele. Jogadores de futebol, por exemplo, não jogam rindo. Empresas que precisam transparecer seriedade podem utilizar-se de recursos lúdicos sem precisar associar-se ao cômico.

As pessoas jogam muitas vezes pela disputa e com isso podem se destacar socialmente. Portanto, o lúdico configura-se como mais uma forma para o desencadeamento da atenção às peças publicitárias, desde que a ligação dessa estratégia seja pertinente ao conceito que se queira passar do produto ou serviço, e este vá confirmar e aumentar as referências positivas do público-alvo.

Nos festivais e concursos publicitários, nota-se claramente a utilização do humor na quase-totalidade dos anúncios e comerciais premiados, o que nos leva a crer que é uma fórmula de sucesso. Mas é preciso cuidado para que a narração bem-humorada não roube toda a cena e o anunciante sequer seja lembrado. Isso acontece principalmente se a marca do anunciante aparecer imediatamente após o ápice do comercial, porque o cérebro do espectador ainda está em processo de reflexão e associação às suas experiências anteriores, desligando-se por alguns instantes no momento da explosão do riso.

Podemos também constatar a presença marcante de animais, basicamente cães, que por meio da irracionalidade e afeto ao homem podem agir livres, inusitadamente diante de situações cotidianas, sem precisar de nenhuma explicação, e nesse tipo de manifestação está implícito o jogo, contudo interpretado pelo homem comicamente. Assim forma-se uma espécie de receita para o humor. O homem ri de si mesmo, quando também se vê nas situações engraçadas rotineiras exploradas pela propaganda, um tipo de desabafo social que revela o íntimo pessoal.

Como uma "válvula de escape" do ser humano, o riso torna possível esquecer os problemas, mesmo que por alguns momentos, que se transformam em instantes de alegria, sendo possivelmente absorvidos pelo subconsciente como reflexo da relação com o anunciante.

As pessoas não agüentam mais propaganda, principalmente o europeu, que está acostumado com os melhores comerciais do mundo tentando persuadi-lo a adquirir algum produto ou serviço. As agências perceberam isso e estão desenvolvendo cada vez mais campanhas do tipo "não estou nem aí para propaganda". São comerciais inusitados e com conceitos quase nunca claros, mas em sua maioria divertidos. Demonstram de certa maneira que estão do lado dos que não aturam mais comerciais tentando convencê-los de alguma coisa.

Esse tipo de comunicação não parece fazer sentido, mas trabalha fortemente a marca e consegue fixar-se na mente do público. Vale ressaltar que a maioria dos comerciais *nonsense* é assinada por marcas muito conhecidas que possuem a ousadia como uma das principais características em sua identidade.

O *nonsense* ainda não é muito comum no Brasil; no entanto, acredito que em pouco tempo notaremos um aumento significativo dessa formatação em nosso país; mesmo assim, é provável que se aplique apenas a marcas globalizadas.

Personalização

Há outra forte tendência nos anúncios: a personalização. É criada com a intenção de passar ao receptor uma idéia de exclusividade, mesmo que *falseada*, tornando-se uma condição emocional de importância.

A personalização, como estratégia, faz o indivíduo pensar que é importante para a empresa anunciadora, e o "inflar do ego" pode seduzi-lo. Este, por isso, passa a ter aquela empresa como importante para si, mantendo uma imagem positiva dela.

O indivíduo, ao defrontar-se com seu nome e/ou informações pessoais em um anúncio, recebe um impacto pelo fato de isso não ser comum e, a partir daí, provavelmente, sem levarmos em consideração outras variáveis que podem se sobrepor ao fato, sua atenção estará conquistada.

A abordagem individual, com aparente cuidado, estabelece uma relação mais pessoal, talvez harmoniosa, o que em geral acaba nutrindo um vínculo positivo da pessoa com o anunciante. Isso torna o indivíduo mais suscetível e vulnerável à aquisição de um bem ou serviço dessa empresa.

A personalização das peças publicitárias pode dar a sensação ao receptor de que ele deixou de ser "número", deixou de ser "mais um" e se tornou o sujeito único e diferente de todos os demais, embora há de se considerar que a quase-totalidade dos materiais impressos personalizados possui características de produção em série, assim como os outros impressos mais triviais no formato. É necessário pelo menos um apelo individual, que geralmente é o nome do próprio indivíduo impresso diretamente no material, desde que não seja apenas uma "simples etiqueta colada", visto que isso já seria banal e convencional. Tal personalização, ainda que mínima, pode representar para o indivíduo um cuidado especial, e, mesmo sabendo não ser o único a receber o material, ele pode sentir-se diferenciado com a "pseudo-exclusividade" e a "atenção especial" com as quais foi envolvido, uma espécie de reconhecimento social.

Atualmente, existem empresas que produzem materiais impressos que ultrapassam o simples nome do destinatário inserido no contexto da peça. Conseguem personalizar grande parte do conteúdo, mas, ainda assim, a comunicação publicitária não deixa de ter suas características mecanicistas, mantendo quase sempre o suporte, a forma e parte do layout em escala de produção, por serem customizadas por impressoras digitais. É possível, hoje, uma revendedora de carros, por exemplo, enviar uma mala direta, para determinado consumidor previamente cadastrado, com fotografias (produzidas por câmera digital) de automóveis com as características que ele procura.

Na Figura 17.2, apresento um exemplar de divulgação de uma empresa especializada em personalização de impressos que recebi em uma feira gráfica em 2000.

Primeiro fui abordado por uma pessoa do estande que me fez algumas perguntas sobre profissão, preferências de cor, títulos de revista e fornecedores. Alguns minutos depois, recebi um folheto confeccionado de acordo com as respostas dadas, demonstrando o potencial da ferramenta de marketing direto.

A tendência crescente da personalização em anúncios impressos, a qual também está presente na Internet, caminha junto a outra forte tendência: a segmentação. Hoje, é comum observarmos a preocupação das empresas, através de seus departamentos de marketing e de suas agências de publicidade, em atingir somente os potenciais compradores, aqueles que possuem características determinadas, que os coloquem na condição de possíveis compradores. Isso vem acontecendo na tentativa de minimizar os custos, aumentando os resultados.

Há alguns anos, as agências possuíam verbas astronômicas e costumavam aplicá-las na chamada "mídia da mãe" (horário nobre da Globo, revista *Veja*, entre outros meios), sem um estudo mais aprofundado, o que nada mais era do que um "tiro de canhão": atingia muitos que não possuíam perfil de compra para determinados produtos. É claro que existem produtos de varejo que se enquadram nesse tipo de mídia, mas não se investem mais grandes quantias sem estudos e pesquisas direcionados a atingir somente o público que possivelmente poderá adquirir o produto ou serviço. Metaforicamente, podemos dizer que, hoje, os publicitários "vencem guerras apenas com armas de fino calibre e de precisão, em alvos móveis".

A tendência é tão forte que as empresas já estão personalizando produtos e serviços. A Levi's nos Estados Unidos permite que o cliente entre no site e monte uma calça de acordo com seu estilo. A Nike dá a opção de inserir uma tarjeta bordada com o nome ou apelido do cliente num par de tênis, além da escolha do modelo, tamanho e cores, também por um dos seus sites norte-americanos. Mas não precisa ir muito longe; as montadoras de veículos nacionais oferecem configuradores de veículos em seus sites, embora ainda não disponibilizem muitas opções de escolha.

As mídias alternativas passarão a ser foco principal de muitos anunciantes que, principalmente com pouca verba, trabalharão seus nichos de mercado cada vez mais segmentados.

Experiência e sinestesia

Há muito tempo as marcas vêm lutando para ocupar o primeiro lugar em suas categorias, na mente das pessoas, o desejado *top of mind*, responsável por grande parte do valor de uma marca. Contudo, recentemente, os profissionais de marketing perceberam que tão ou mais importante que ser a marca mais lembrada é ser a mais desejada. Surge, então, o *share of heart*, um novo conceito que se encaixa perfeitamente como resultado dos esforços de uma comunicação publicitária sinestésica.

Alguns chamam de marketing experimental ou experiencial a busca da evocação sensorial nos consumidores. São experiências estratégicas que buscam relações mais emocionais, desde por meio de veículos de massa até no próprio ponto-de-venda.

As pessoas querem e precisam envolver-se sensorialmente. Até mesmo pelo motivo mais óbvio percebemos e apreendemos tudo que está ao nosso redor pelos sentidos, e já comentamos que, se recebemos estímulos pelo maior número de sentidos, mais facilmente perceberemos a mensagem.

Por que as pessoas dão tanta atenção ao sexo? É simples. O sexo envolve todos os sentidos: os externos, os internos e os especiais. Talvez o ato sexual seja a única coisa capaz de envolver o ser humano totalmente, também sensorialmente falando, ou à plenitude sinestésica.

Mesmo que o receptor não faça parte do público-alvo ou não se interesse pelo produto ou serviço anunciado, a probabilidade de se render às experiências sensoriais da mensagem e/ou pela curiosidade gerada pelo incomum é elevada.

Também começa a ser mais utilizada a simulação de sensações ocasionadas por produtos e serviços, que podem ser diretas ou indiretas, por meio de metáforas sensoriais. Por exemplo: um anúncio de revista que tenha escrito "passe a mão no pêssego e sinta como sua pele ficará depois de usar o creme X" junto à imagem de um pêssego sobressaindo por sua textura macia.

Os fabricantes de perfume perceberam que podem expor fragrâncias fora dos pontos-de-venda, ampliando significativamente seus pontos de contato. Uma revista pode levar o lançamento de uma nova fragrância à casa do potencial consumidor, que simulará o uso, ou melhor, experimentará o novo perfume em casa pelo raspe-e-cheire, por exemplo.

Os próprios pontos-de-venda tendem a se tornar mais sensoriais; os produtos estão travando verdadeiras batalhas nas principais redes de varejo de suas áreas. Os super e hipermercados estão engordando seus bolsos com as vendas de espaços privilegiados nos layouts de suas lojas. Mas, ainda assim, será pouco para garantir a atenção dos compradores. Sabe-se que a maior parte da tomada de decisão de compra é feita no ponto-de-venda; portanto, principalmente nele é que devemos envolver os consumidores por meio da hibridação dos sentidos.

É a tecnologia que permite a "instalação" de novos recursos para a implementação da sinestesia, da personalização e da interatividade na busca da simulação, a fim de materializar conceitos e estimular valores visando à adesão do público-alvo ao anúncio ou ponto de contato e, logo, ao anunciado/anunciante.

Classificação. A classificação a seguir tem o intuito de facilitar a comunicação sobre a hibridação dos sentidos. Não há a pretensão de impor denominações, mas há a necessidade de criar nomenclaturas para a designação dos híbridos sensoriais por não se encontrarem inferências sobre esse assunto e, talvez, para que se possa contribuir didaticamente para futuros estudos e ações que envolvam elementos sensoriais conjugados no contexto prático dentre os meios comunicacionais. Cremos que possa facilitar, por exemplo, em uma decisão durante a elaboração das estratégias de criação.

Houve o cruzamento dos sentidos corpóreos em todas as suas possibilidades combinatórias, procurando uma compreensão mais ampla das regras relacionadas aos sentidos contidos na comunicação publicitária sinestésica.

Essas peças podem conter de uma a cinco vias sensoriais marcantes, muito embora tenha sido encontrado apenas material publicitário impresso com, no máximo, três. Podemos acreditar que futuramente a ampliação do número de sentidos nas peças publicitárias, principalmente nas gráficas, deverá ocorrer, pois existe o indicativo da tendência, conforme já citamos sobre o marketing experimental.

Vale enfatizar que não estamos entrando no mérito das sensações internas e especiais, tampouco destrinchando as subsensações já encontradas e comprovadas pela ciência. Consideramos apenas os sentidos mais comuns e conhecidos.

Denominamos cinco possíveis categorias para as peças publicitárias sinestésicas:

> Unissensorial – possui apenas um sentido que sobressai na forma da mensagem publicitária.
> Bissensorial – dois sentidos marcantes na forma da mensagem publicitária.
> Trissensorial – três sentidos marcantes na forma da mensagem publicitária.
> Tetrassensorial – quatro sentidos marcantes na forma da mensagem publicitária.
> Pentassensorial – todos os sentidos atuam de maneira marcante na forma da mensagem publicitária.

Uma comunicação publicitária sinestésica trabalhada com um único sentido receberia a denominação unissensorial. De fato, isso é praticamente impossível, pois o verbal impresso é também visual e, em geral, é manuseado. Portanto, mesmo no "unissensorial" há evidências de hibridação. No entanto, consideramos apenas os sentidos marcantes.

Todas as possibilidades de cruzamento entre os sentidos formariam a categoria bissensorial. Veja:

A classificação contempla, portanto, cinco tipos de recursos *unissensoriais* e totaliza dez tipos *bissensoriais* conforme demonstração na tabela (Tabela 17.1).

As possibilidades de hibridação dos sentidos com os recursos bissensoriais, ou seja, os possíveis acréscimos de sentidos nos recursos bissensoriais, formariam a categoria *trissensorial* (Tabela 17.2) e, da mesma maneira, chegaríamos à tetrassensorial (Tabela 17.3).

Tabela 17.1 **Hibridação dos sentidos na comunicação publicitária gráfico-sinestésica (Sentidos × Sentidos)**

	Audição	Tato	Olfato	Gustação	Visão
Audição	Sonoro	Audiotátil	Audioaromático	Audiossaporífero	Audiovisual
Tato	Audiotátil	Tátil	Tatoaromático	Tatossaporífero	Tatovisual
Olfato	Audioaromático	Tatoaromático	Aromático	Saporiaromático	Visivoaromático
Gustação	Audiossaporífero	Tatossaporífero	Saporiaromático	Saporífero	Saporivisual
Visão	Audiovisual	Tatovisual	Visivoaromático	Saporivisual	Visual

Sentidos × Sentidos

Recursos Unissensoriais

Recursos Bissensoriais

Recursos Unissensoriais	Recursos Bissensoriais
Sonoro	Audiotátil
Tátil	Audioaromático
Aromático	Audiossaporífero
Saporífero	Audiovisual
Visual	Tatoaromático
	Tatossaporífero
	Tatovisual
	Saporiaromático
	Saporivisual
	Visivoaromático

Tabela 17.2 Hibridação dos sentidos na comunicação publicitária gráfico-sinestésica (Recursos Bissensoriais × Sentidos)

	Audição	Tato	Olfato	Gustação	Visão
Audiotátil	Audiotátil	Audiotátil	Audiotatoa-romático	Audiotatos-saporífero	Audiovisivotátil
Audioaromático	Audioaromático	Audiotatoa-romático	Audioaromático	Audiossaporia-romático	Audiovisivoa-romático
Audiossaporífero	Audiossaporífero	Audiotatos-saporífero	Audiossaporia-romático	Audiossaporífero	Audiovisivos-saporífero
Audiovisual	Audiovisual	Audiovisivo-tátil	Audiovisivoa-romático	Audiovisivos-saporífero	Audiovisual
Tatoaromático	Audiotatoa-romático	Tatoaromático	Tatoaromático	Tatossaporia-romático	Tatovisivoa-romático
Tatossaporífero	Audiotatos-saporífero	Tatossaporífero	Tatossaporia-romático	Tatossaporífero	Tatovisivos-saporífero
Tatovisual	Audiovisivotátil	Tatovisual	Tatovisivoa-romático	Tatovisivos-saporífero	Tatovisual
Saporiaromático	Audiossaporia-romático	Tatossaporia-romático	Saporiaromático	Saporiaromático	Saporivisivoa-romático
Visivossaporífero	Audiovisivos-saporífero	Tatovisivos-saporífero	Saporivisivoa-romático	Visivossaporífero	Visivossaporífero
Visivoaromático	Audiovisivoa-romático	Tatovisivoa-romático	Visivoaromático	Saporivisivoa-romático	Visivoaromático

Recursos Bissensoriais × Sentido

Recursos Bissensoriais

Recursos Trissensoriais

Recursos Bissensoriais	Recursos Trissensoriais
Audiotátil	Audiotatoaromático
Audioaromático	Audiotatossaporífero
Audiossaporífero	Audiovisivotátil
Audiovisual	Audiovisivoaromático
Tatoaromático	Audiovisivossaporífero
Tatossaporífero	Audiossaporiaromático
Tatovisual	Tatovisivoaromático
Saporiaromático	Tatovisivossaporífero
Visivossaporífero	Tatossaporiaromático
Visivoaromático	Saporivisivoaromático

Tabela 17.3 Hibridação dos sentidos na comunicação publicitária gráfico-sinestésica (Recursos trissensoriais × Sentidos)

	Audição	**Tato**	**Olfato**	**Gustação**	**Visão**
Audiotatoa-romático	Audiotatoa-romático	Audiotatoa-romático	Audiotato-aromático	Audiotatos-saporiaromático	Audiovisivo-tatoaromático
Audiotatos-saporífero	Audiotatos-saporífero	Audiotatos-saporífero	Audiotatos-saporiaromático	Audiotatos-saporífero	Audiovisivo-tatossaporífero
Audiovisivo-tátil	Audiovisivo-tátil	Audiovisivo-tátil	Audiovisivo-tatoaromático	Audiovisivo-tatossaporífero	Audiovisivo-tátil
Audiovisivoa-romático	Audiovisivoa-romático	Audiovisivo-tatoaromático	Audiovisivoa-romático	Audiovisivos-saporiaromático	Audiovisivoa-romático
Audiovisivos-saporífero	Audiovisivos-saporífero	Audiovisivo-tatossaporífero	Audiovisivos-saporiaromático	Audiovisivos-saporífero	Audiovisivos-saporífero
Audissaporia-romático	Audiossaporia-romático	Audiotatos-saporiaromático	Audiossaporia-romático	Audiossaporia-romático	Audiovisivos-saporiaromático
Tatovisivoa-romático	Audiovisivo-tatoaromático	Tatovisivo-aromático	Tatovisivoa-romático	Tatovisivos-saporiaromático	Tatovisivoa-romático
Tatovisivos-saporífero	Audiovisivo-tatossaporífero	Tatovisivos-saporífero	Tatovisivos-saporiaromático	Tatovisivos-saporífero	Tatovisivos-saporífero
Tatossaporia-romático	Audiotatos-saporiaromático	Tatossaporia-romático	Tatossaporia-romático	Tatossaporia-romático	Tatovisivos-saporiaromático
Saporivisivoa-romático	Audiovisivos-saporiaromático	Tatovisivos-saporiaromático	Saporivisivoa-romático	Saporivisivoa-romático	Saporivisivoa-romático

- Recursos Trissensoriais × Sentidos
- Recursos Trissensoriais
- Recursos Tetrassensoriais

Recursos Trissensoriais

Audiotatoaromático
Audiotatossaporífero
Audiovisivotátil
Audiovisivoaromático
Audiovisivossaporífero
Audiossaporiaromático
Tatovisivoaromático
Tatovisivossaporífero
Tatossaporiaromático
Saporivisivoaromático

Recursos Tetrassensoriais

Audiotatossaporiaromático
Audiovisivotatoaromático
Audiovisivotatossaporífero
Audiovisivossaporiaromático
Tatovisivossaporiaromático

Como vimos, são dez os tipos de recursos trissensoriais e cinco os recursos tetrassensoriais conforme as possibilidades de combinações dos sentidos.

O recurso *pentassensorial* incorpora todos os sentidos corpóreos que estou considerando. Sendo assim, sugiro a pentassensorialidade como definição para todas as peças publicitárias sinestésicas que porventura possuam os cinco sentidos como recursos marcantes.

Não se considerou a ordem dos recursos, já que seria difícil avaliar a intensidade de cada um. Portanto, atentamos apenas para as possibilidades de junções das vias sensoriais independentes da hierarquia por preponderância.

Além das possibilidades demonstradas e aqui classificadas, podemos acrescentar o verbal. Por exemplo, recurso *verboaudiotátil*. Sendo assim, poderíamos chegar ao *pansensorial*, cuja denominação seria dada em minha proposta para os recursos que estivessem acima da pentassensorialidade, ou seja, seria a "n potência" dos sentidos.

A pansensorialidade é uma tendência, visto que a comunicação vem trilhando caminhos cada vez mais sensoriais e talvez no futuro toda a comunicação se torne pansensorial. Se isso ocorrer, e as pessoas ficarem estafadas com o volume de estímulos, certamente a comunicação que voltar ao simples, ou seja, ao recurso unissensorial, retomará o destaque, seja pelo respeito ao ser humano ou simplesmente pelo contraste.

Recursos tecnológicos

Não resta dúvida de que a tecnologia faz parte efetiva das diversas áreas de atividades no intuito de facilitar o dia-a-dia do homem. Especificamente na área publicitária, o desenvolvimento tecnológico vem crescendo vertiginosamente. A Internet é a maior prova disso – a corrida para a convergência dos meios –, e a cada dia nos impressionamos com as novidades em hardwares e softwares.

As empresas desenvolvedoras de tecnologia buscam novos produtos, além de contínuos upgrades aos produtos já existentes, pressionadas pela concorrência e pela exigência do consumidor.

A comunicação publicitária vem se desenvolvendo concomitantemente a esse crescimento tecnológico, com equipamentos que facilitam e até eliminam processos. Por exemplo, com o advento do microcomputador e de seus softwares de fácil operação, foram eliminados os processos de past-up (colagem de letras e elementos em arte-final) e, conseqüentemente, toda a arte-final em papel, com a criação do fotolito eletrônico. Já existem impressoras offset que excluem a necessidade do fotolito. Portanto, podemos dizer que a tecnologia transforma algumas funções ou as extingue, e aí poderíamos entrar na polêmica sobre a substituição do homem pela máquina.

Não podemos deixar de citar a Internet, pois ela permite a troca de informações com o mundo inteiro e de muitas maneiras (imagens estáticas e em movimento, áudio e textos). Também já se ouve falar em testes com dispositivos que exalam determinadas fragrâncias, instaladas no microcomputador e, na seqüência, na televisão – por exemplo, um banner de Internet ou um merchandising de uma marca de café que, ao ser clicado ou simplesmente com o decorrer da cena, aciona um dispositivo num compartimento carregado com vários aromas, entre eles o cheirinho de café. Tudo isso sem falar na tendência de convergência dos meios de comunicação que, certamente, por meio da tecnologia digital, transformará a tevê, o rádio e o microcomputador num único aparelho, mais interativo, mais lúdico e personalizado.

Nota-se que um dos grandes fatores de sucesso da Internet é a interação sensorial, a sinestesia trabalhada pela visão, audição, pelo tato e, provavelmente, no futuro, pelo olfato.

Para a comunicação publicitária sinestésica, observamos dois tipos de tecnologia: as específicas para a hibridação dos sentidos e as não-específicas.

Entre as tecnologias específicas à sinestesia nos meios gráficos, podemos citar o microencapsulamento de substâncias. Esse microencapsulamento consiste em subdividir substâncias preferencialmente não hidrossolúveis, como pós e óleos, em partículas infinitamente pequenas, com uma fina membrana à sua volta. A microcápsula permite armazenar em seu interior fragrâncias, cosméticos, cristais líquidos, entre outros agentes estimulantes olfativos e táteis. O inventor dessa tecnologia é Barret K. Grenn, da NCR Corporation, o qual confeccionou a primeira amostra de fragrância microencapsulada produzida nos Estados Unidos. A partir daí, surgem os anúncios cheirosos, que, com a globalização, são difundidos em diversos países do mundo.

O primeiro cliente a utilizar o microencapsulamento no Brasil foi O Boticário, que recorreu à ferramenta no anúncio "Mata queimada", com o qual a agência W/Brasil, responsável pela criação da peça, ganhou o Prêmio Abril de Publicidade em 1992.

Além dos elementos para estímulos olfativos, algumas empresas comercializam também texturas encapsuladas, que proporcionam efeitos ásperos, sedosos, macios e molhados aos materiais promocionais; fotocrômicos, responsáveis por conferir efeitos-surpresa às mensagens expostas à luz solar; termocrômicos, capazes de revelar imagens em uma base escura submetida a mudanças de temperatura; cristais líquidos, que permitem diversas variáveis de cores correspondentes a temperaturas predeterminadas, bem como as já conhecidas amostras de produto prontas para uso.

Veja, na Tabela 17.4, as possibilidades tecnológicas para impressos aromatizados da empresa Croma.

Em seguida, na Tabela 17.5, observe alguns produtos disponíveis pela empresa Croma para aromatização de ambientes (interiores e ao ar livre).

Outra empresa de renome no mercado brasileiro a qual proporciona diferencial sinestésico em meios impressos por intermédio da tecnologia é a UVPack Acabamentos Gráficos. Essa empresa oferece produtos como vernizes, laminações, relevos, *hot stamping* etc. Alguns deles estão disponíveis em superfícies brilhantes, opacas, lisas e rugosas. A UVPack ainda oferece acabamento para "raspadinha" e para o raspe-e-cheire, além de holograma, o mais recente lançamento da empresa. O cliente envia a imagem desejada e, com a ajuda de um complexo sistema, ela é transformada em holografia, na qual é gerada uma sensação visual de movimento e tridimensionalidade.

Por meio dessas tecnologias, pode-se simular o produto, trazendo experiências muito próximas das causadas por ele. Por exemplo: pode-se inserir o cheiro de determinado perfume em um anúncio trabalhado visualmente com sensualidade. O target experimentará exatamente a fragrância oferecida num contexto a que geralmente se aplicam sensações olfativas e conhecerá o produto no momento do impacto do anúncio associado a seu posicionamento.

Pode-se simular um pãozinho por meio de uma textura aplicada em laminação ou verniz com relevo e textura, inclusive com aplicação do cheiro de pão quentinho.

Tabela 17.4 Para impressos aromatizados

Nome	Características principais	Tiragem ideal	Área de deposição	Processo	Recomendações de aplicação
Raspe-e-cheire	Exige ação física ativa do leitor, que deve raspar a área indicada.	Entre 10.000 e 500.000 peças.	Mínimo 4 × 4 cm.	Serigrafia – cápsulas de 10 a 30 micra aplicadas com reserva sobre a área escolhida no impresso.	Catálogos de produtos e etiquetas para embalagem.
Abra-e-cheire	Grande impacto, pois na abertura muitas microcápsulas rompem-se instantaneamente.	Acima de 200.000 peças.	–	Pasta de microcápsulas aplicadas por sistema automático. Cápsulas de 20 a 40 micra são aplicadas em área sem impressão a ser dobrada e colada.	Materiais impressos que precisam causar impacto.
Levante-e-sinta	As microcápsulas são secas e apresentadas na forma de um pó branco.	–	São etiquetas laminadas com fragrância microencapsuladas.	Cápsulas com cerca de 20 a 40 micra, aplicadas em área sem impressão. Altamente econômica, na substituição de encartes de revista. Pode ser aplicada diretamente na página do anúncio, sem a necessidade do encarte.	Nos casos em que uma ação de amostragem se faz necessária.
Microvarnish: coating	Aromatização em toda a página. Basta tocar para a liberação da fragrância aplicada.	–	São colocadas sem reserva em toda a superfície do impresso.	Microcápsulas aplicadas pelo sistema offset. Cápsulas de um mícron. Baixo custo. Produção super-rápida.	Em materiais que serão exibidos num prazo de 90 dias.
Crystal scent	Etiquetas adesivas laminadas transparentes com deposição de fragrância microencapsuladas.	–	Etiqueta adesiva.	Impressão de uma cor. Pode ser aplicada diretamente na página do anúncio, sem a necessidade de encarte.	–

Tabela 17.5 Para aromatização de ambientes (interiores e ao ar livre)

Nome	Características principais
Aromatização de lojas, shoppings e supermercados	Aromatização da área total ou áreas delimitadas, criação de identidade olfativa de marca ou aromatização conforme calendário promocional. Com difusores pequenos ou automáticos para serem utilizados com ou sem ar-condicionado.
Outdoor aromatizado	Permite a interação olfativa com milhões de consumidores/dia por campanha com apenas um operador e dois *smell makers*. O difusor automático de aromas e fragrâncias atinge uma área de até 150 m², chamando a atenção dos pedestres para o anúncio.
Ponto-de-venda aromatizado	Degustação e canalização do impulso de compra por ativação. Experimentação massiva de aromas ao menor custo. Difusores para prateleiras. Lançamento de produtos.
Smell maker	Difusor profissional por ruptura a vácuo de microcápsulas de fragrâncias ou aromas com arrasto, por fluxo de ar, originando uma vazão de 160 m³/hora de ar seco aromatizado, atingindo até 150 m³.
Smell waver	Os difusores automáticos de fragrâncias são colocados em unidades móveis que acompanham as atividades promocionais para auxiliar a distribuição de amostras grátis em eventos esportivos e *points*. Também utilizados como apoio cenográfico de aromas em performances, bem como divulgação de lançamentos de novas variantes de fragrâncias em higiene, limpeza e perfumaria.
Sampling/ democard	Amostras encapsuladas de produtos cosméticos prontos para uso. Deposição de pequenas quantidades do produto acabado para utilização imediata. Pó compacto, *blush*, sombras, batons, corretivos. Produtos monouso descartáveis: maquiagem, creme dental, cosméticos. Amostras de fragrâncias tipo sachê. Fácil de abrir! Em embalagem semi-rígida em cartão kristalkot laminado selado a outra estrutura de filmes flexíveis.
Cristais líquidos	Os cristais líquidos encapsulados são substâncias que têm a característica de assumir cores diversas em correspondência a temperaturas predeterminadas; permitem o desenvolvimento de peças promocionais, que permanecerão anos ao lado do consumidor, por sua utilidade, como indicadores de temperatura e *stress cards*, termômetros ambiente, termobanho, termofebre, termômetro para cerveja e vinho, entre outros.
Texturas microencapsuladas	Verniz com microcápsulas aplicado em *silk screen* automático. Cápsulas com tamanho variável de acordo com o substrato. Tipos de processo: efeito áspero, sedoso, macio, fofo, molhado. Películas removíveis. Scratch off: raspadinha colorida, texturizada e perfumada.
Fotocrômicos visuais	Surpresa ao sol. Onde não havia nada aparentemente impresso, surge uma imagem que fala por si. Reversíveis e disponíveis em diversas cores. Sensor UV! Indica a proteção correta para a exposição ao sol.
Termocrômicos	Pigmentos microencapsulados reversíveis, aplicáveis à impressão, injeção, tinturaria e estamparia. Quando há mudança de cor, à variação de temperatura, impactam pelo efeito surpresa. Pigmento disponível em diversas cores e faixas de temperatura. Para cupons de desconto e prêmios, sorteios, cartões de aniversário, entre outros.
Fosfocrômicos	Pigmentos microencapsulados que absorvem luz artificial ou natural, passando a acender no escuro.
Hidrocrômicos	Deposição de pigmentos microencapsulados que quando molhados ficam transparentes, deixando ver a mensagem impressa.
Microcápsulas industriais	Essências e princípios ativos para produtos cosméticos em microcápsulas de vários tamanhos (micra) e cores.

Vimos que existem diversas tecnologias que estimulam os sentidos corpóreos, como os aromatizadores de ambientes. São aparelhos, alguns modelos alimentados por pequenas pilhas, que infundem aromas em intervalos regulares de tempo. Existem diferentes opções de fragrâncias, como aromas de flores, plantas, frutas e até mesmo de perfumes famosos ou exclusivos, e podem ser desenvolvidas fragrâncias especialmente para o cliente. Pode-se optar por fragrâncias que estimulam sensações de acordo com o ambiente – por exemplo, a aplicação do aroma de lavanda para tranqüilizar as pessoas em locais mais tensos.

Alguns já chamam esse tipo de ação de *marketing subjetivo* – as empresas poderão ser reconhecidas pela fragrância, fazendo parte de sua identificação, junto com o slogan, as cores e o logotipo, gerando uma personalidade olfativa à marca.

Quando inspiramos um aroma, ativamos uma parte no cérebro, o sistema límbico, responsável pelas nossas emoções, pelos nossos impulsos instintivos, memórias, criatividade e intuição. É involuntário para o receptor, trazendo uma sensação gostosa, prazerosa, e associando qualidade ao respirar a marca da empresa.

As tecnologias não específicas para a geração de sinestesia em peças gráficas são aquelas desenvolvidas com finalidades diversas, as quais são aproveitadas de alguma maneira, direta ou indiretamente, para simular sensações causadas pela sinestesia e a sua conseqüente possibilidade de levar o público-alvo à adesão estética do conceito pretendido pelo anunciante.

Podemos citar, dentro dessa categoria, ferramentas eletrônicas como scanner, câmeras digitais, impressoras digitais, microchips que produzam efeitos sonoros e luminosos, máquinas para acabamento gráfico (corte, vinco, encadernação, colagem, laminação, aplicação de verniz, relevo etc.), softwares e hardwares diversos, entre outras.

A tecnologia de impressão digital permite hoje a impressão individual com custos não tão distantes das impressões em série, favorecendo a personalização e, ao mesmo tempo, conseguindo manter as características de produção mecânica.

A Xerox, por exemplo, desenvolveu um maquinário capaz de produzir impressos individualizados, com velocidade de impressões seriadas por meio de um banco de dados. Esse equipamento é alimentado com informações que são previamente cadastradas e depois, por intermédio de sofisticado sistema, efetua a produção de materiais direcionados à individualidade dos potenciais clientes do produto ou serviço anunciado.

Não podemos deixar de mencionar também os sofisticados softwares gráficos e de banco de dados que desenvolvem os layouts, controlam e administram o equipamento para esse tipo de ação, tornando possível a armazenagem de dados e a compilação das variáveis.

O papel também tem grande importância para o meio gráfico-sinestésico, principalmente os lançamentos, por suas texturas e visuais não comuns. Hoje existem papéis translúcidos, metalizados, reciclados, mais ásperos, mais lisos, com texturas e tramas diferenciadas, criando as mais diversas sensações.

A cor é outra variante que pode ser melhorada por meio da tecnologia nesses anúncios, podendo ser alteradas suas características como brilho e opacidade, além de sua infinita variedade de matizes.

Não podemos deixar de comentar sobre a "mala direta objeto", constituída por peças publicitárias formatadas por objetos de características tridimensionais, quebrando o paradigma do material impresso utilizado no marketing direto que, até alguns anos atrás, não saía do plano bidimensional. São, na maioria das vezes, objetos comuns em outros contextos, os quais são enviados para transmitir conceitos mercadológicos, através do universo significativo, já contidos nesses objetos. Também podem-se fabricar objetos específicos para compor o material de divulgação, mas temos de tomar cuidado para não confundi-los com os brindes. A diferença está em o objeto ser parte preponderante ou o todo da mensagem: o objeto é a mensagem que deve ser decodificada no conceito desejado pelo emissor. Já o brinde é apenas um complemento, algo a mais que geralmente está fora da mensagem principal, um presente que possui a intenção de lembrar a marca, conforme sua utilização.

A tridimensionalidade também vem sendo utilizada como recurso para conquista da atenção. Podemos dividi-la entre ilusórias e "em si". As ilusórias produzem efeitos visuais que, com o uso da tecnologia, conseguem gerar sensação de tridimensionalidade. É o caso dos óculos especiais para visualização de imagens em 3-D e das novidades holográficas do mercado que não necessitam de aparatos para a visualização (Figura 17.3).

A tridimensionalidade "em si" é dada por objetos que saem do plano comum bidimensional e atuam no campo espacial. Rompe outro paradigma, o do papel como único suporte na comunicação publicitária impressa.

Mas, normalmente, a característica tridimensional "em si" em uma peça publicitária impressa é dada pela dobradura, ou origami, ainda mantendo o papel como material mais usual para esse recurso.

Na Figura 17.4, podemos ver um exemplo de origami tridimensional trabalhado com estrutura plástica sobre uma base de papel, apresentando-nos assim uma combinação de materiais. No caso, a transparência do plástico se torna fundamental para amplificar a sensação da simulação de vôo do beija-flor. A tridimensionalidade não é comum e por isso encanta ao produzir sensações realistas.

Podemos concluir que os elementos tecnológicos específicos para o acréscimo de diferenciação nas peças publicitárias gráficas, como raspe-e-cheire, vernizes e laminações, são menos surpreendentes do que os recursos procedidos de outras áreas adaptadas ao meio impresso. As tecnologias específicas são mais utilizadas em relação às não específicas que, pela própria natureza, muitas vezes distanciadas do meio publicitário, afastam-nas da banalização.

A tecnologia é a grande aliada da comunicação publicitária sinestésica, contribuindo com o aumento de possibilidades de hibridação dos sentidos e com a facilitação da produção desses materiais em custo plausível.

Considerações finais

Todos os recursos comentados aqui são de certa forma lúdicos, e é notória a importância de momentos de diversão na vida das pessoas estafadas com suas ocupações.

A comunicação publicitária pode distrair e proporcionar momentos prazerosos, reforçando a atenção e conquistando a simpatia do espectador em relação ao anunciado.

Evidentemente, os itens descritos neste capítulo reforçam outras variáveis já trabalhadas conscientemente pelo marketing tradicional, mas não são organizados didaticamente como complementos estimuladores da atenção.

▲ **Figura 17.1:** Revista trancada pelo anúncio da Visa.

▼ **Figura 17.2:** Folheto de divulgação personalizado.

Frente

Verso

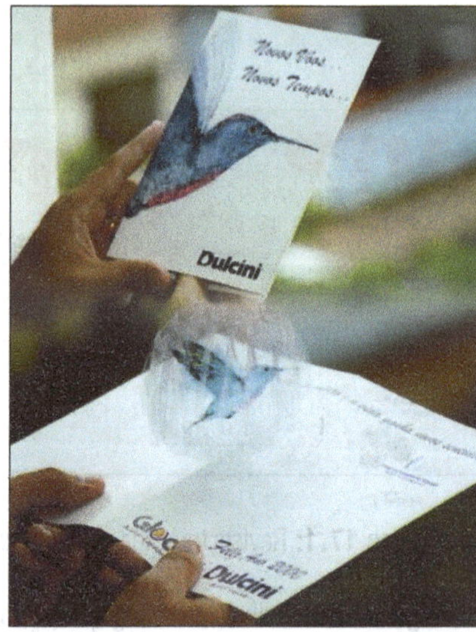

▲ **Figura 17.3:** Foto retirada do CD Grupo Folha – sensação visual destacada no meio jornal.
► **Figura 17.4:** Arte japonesa diferencia cartão de felicitação enviado pela Dulcini.

▼ **Figura 17.5:** Mala direta – cartão de crédito do Banco Santander.

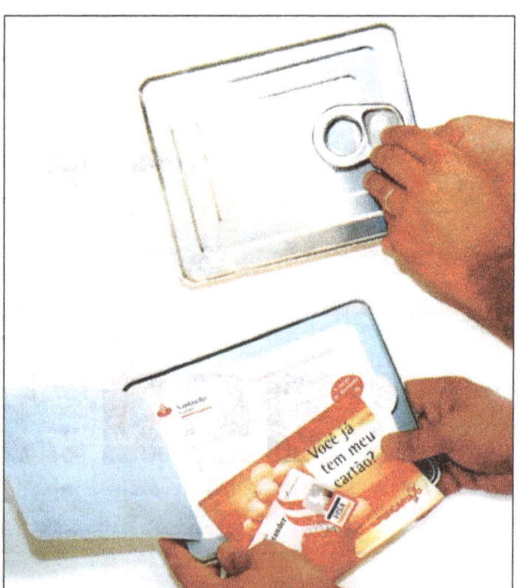

Indicamos, portanto, que componham as estratégias de comunicação nos planejamentos de comunicação e marketing.

Está na forma o fator diferenciador da atenção, mas é preciso trabalhar o conteúdo para dar continuidade à intenção da mensagem e, para tal, é necessária uma ligação convergente ao recado dado, reforçando a positividade que se pode perder caso haja dissonância entre forma e conteúdo. As peças trabalhadas com o inusitado, mas que não possuem sinergia alguma com a mensagem, podem gerar frustração se o espectador não conseguir decodificar e saciar a curiosidade. É fundamental a coerência entre recursos aplicados para obter resultados de imagem positivos.

Vejamos na Figura 17.5 um exemplo de "dissonância sinestésica": o envelope simula uma lata de sardinha com um lacre diferenciado que desperta muito a atenção, gerando curiosidade ao espectador. Este, por sua vez, ao abrir, depara com informações totalmente desconectadas da embalagem, quebrando a expectativa imposta pelo invólucro, que contém apenas dados para a aquisição de um cartão de crédito, sem ligação alguma, sequer por meio do título "Você já tem meu cartão?".

Antes mesmo da atenção, o público tem uma sensação inicial da mensagem, algo interno e pessoal, que é reflexo da estética da forma e da ética do conteúdo. Concluímos que a forma funciona como diferencial de atratividade, sendo responsável pelo despertar da curiosidade no primeiro contato com a propaganda, mas que, para se chegar ao conteúdo e a sua ética, é necessário primeiro passar pela estética, pela forma. E é a forma que informa o conteúdo.

Os recursos sinestésicos precisam relacionar o espectador à mensagem, seja de maneira literal ou por metáforas, pois de nada adianta instigar a curiosidade do público se ele não compreender a relação do elemento inusitado com a informação, o que pode causar frustração e prejudicar a imagem do anunciante bem como a fixação da mensagem, que seria reforçada pelos diferenciais da forma.

Por fim, o mundo é dinâmico e cíclico. A única certeza que temos é que as coisas vão mudar e a velocidade disso está cada vez mais rápida.

Encerramos o capítulo com a seguinte metáfora: Quem joga olhando só para a bola aumenta o risco de perder o jogo.

Bibliografia

BARRETO, R. M. *Criatividade em propaganda*. 3. ed. São Paulo: Summus, 1982.

BAUDRILLARD, J. *O sistema dos objetos*. São Paulo: Perspectiva, 1973.

__________. *Simulacros e simulações*. Lisboa: Relógio D'Água, 1991.

CARRAMILO N. M. *Contato imediato com produção gráfica*. São Paulo: Global, 1987.

CARVALHO, N. *Publicidade – A linguagem da sedução*. 3. ed. São Paulo: Ática, 2001.

CESAR, N. *Direção de arte em propaganda*. 2. ed. São Paulo: Futura, 2000.

CRAIG, J. *Produção gráfica: para planejador gráfico, editor, diretor de arte, produtor, estudante*. 3. ed. São Paulo: Nobel, 1987.

DEBORD, G. *A sociedade do espetáculo*. Lisboa: Mobilis in Móbile, 1991.

DONIS, A. D. *A sintaxe da linguagem visual*. São Paulo: Futura, 1997.

DUALIBI, R.; SIMONSEN JR., H. *Criatividade & marketing*. São Paulo: Makron Books, 2000.

ECO, U. *Obra aberta*. 2. ed. São Paulo: Perspectiva, 1971.

FABRINI, R. N. *O espaço de Lygia Clark*. São Paulo: Atlas, 1994.

FARINA, M. *Psicodinâmica das cores em comunicação*. São Paulo: Edgard Blucher, 1987.

FAVARETTO, C. *A invenção de Hélio Oiticica*. São Paulo: Edusp, 1992.

FORTES, H. *Peças gráficas publicitárias não-convencionais: conquistas estéticas da contemporaneidade*. São Paulo, 159 f. Dissertação (Mestrado em Arte Publicitária e Produção Simbólica) – ECA-USP, Universidade de São Paulo, 2000.

FRASER. R. J. *Mala direta eficaz*. São Paulo: Makron-McGraw-Hill, 1991.

GADE, C. *Psicologia do consumidor*. São Paulo: EPU, 1980.

HAUG, W. F. *Crítica da estética da mercadoria*. São Paulo: Unesp, 1996.

KOTLER, P. *Administração de marketing: análise, planejamento, implementação e controle*. 3. ed. São Paulo: Atlas, 1993.

LÉVY, P. *O que é virtual?* São Paulo: Editora 34, 1996.

MILLIET, M. A. *Lygia Clark: obra-trajeto*. São Paulo: Edusp, 1992.

NEGRI, M. A. E. *O verbal e o visual na publicidade: um estudo sobre a funcionalidade da palavra em anúncios de revista*. São Paulo. Dissertação (Mestrado em

Comunicação e Mercado) – Faculdade de Comunicação Social Cáper Líbero, Fundação Cásper Líbero, São Paulo, 2002.

PEIRCE, C. S. *Semiótica*. São Paulo: Perspectiva, 1990.

PLAZA, J. *Arte e interatividade: autor-obra-recepção*. Disponível em: <http://www.alfredo-braga.pro.br/ensaios/plaza.html>. Acesso em: 4 set. 2000.

RIBENBOIM, R. *Tridimensionalidade*. São Paulo: Instituto Cultural Itaú, 1997.

ROCHA, E. P. G. *Magia e capitalismo*. 3. ed. São Paulo: Brasiliense, 1995.

SCHMITT, B. H. *Marketing experimental*. São Paulo: Nobel, 2000.

VANOYE, F. *Usos de linguagem*. São Paulo: Martins Fontes, 1998.

18

Para onde vai a nossa propaganda?

Francisco Gracioso*

Qual será o papel da propaganda na próxima década? Que mudanças deverão ocorrer na natureza e nas características da propaganda?

Introdução

Vivemos atualmente uma fase de perplexidade diante dos problemas enfrentados pela propaganda em geral e pelas agências de propaganda em particular. As pressões vêm de duas direções diferentes: a conjuntura econômica e as mudanças que ocorreram na distribuição das verbas de marketing dos anunciantes. Para completar esse quadro nada animador, o governo federal deu também a sua contribuição (que mais poderíamos chamar de pá de cal) por meio da nova Cofins.

Muitos leitores dirão que melhor seria nos preocuparmos com os problemas imediatos, em vez de pensarmos nos próximos dez anos. Mas uma coisa não prejudica a outra. Os problemas do dia-a-dia continuarão a ser enfrentados pelos publicitários e homens de marketing que estão na linha de frente. Quanto a nós, cabe-nos traçar os rumos estratégicos que a nossa atividade de-

* Professor da Escola Superior de Propaganda e Marketing (ESPM).

verá percorrer quando as atuais circunstâncias se modificarem. Cremos que os problemas decorrentes da atual estagnação econômica tenderão a decrescer, na medida em que a economia consolidar a sua recuperação. Mas os problemas ligados a um novo papel da propaganda no contexto da comunicação com o mercado se farão sentir por muitos anos ainda.

Nesta análise procuraremos relacionar o futuro da propaganda com o seu futuro papel no marketing e na comunicação com o mercado em particular. A primeira constatação que fazemos, ao analisar essa relação, é que a propaganda nunca deixará de ser uma "ferramenta" de marketing atrelada aos resultados das vendas. Já não há quem acredite que a propaganda possa justificar-se fora desse contexto.

Mudanças mais importantes do papel da propaganda

Fazemos parte de uma geração de publicitários e homens de marketing que acreditava piamente nesta máxima: quem dominar a mente do consumidor e o ponto-de-venda será o dono do mercado. Houve época em que isso de fato ocorreu: nos anos 1960 e 1970, a propaganda era relativamente barata e o varejo não tinha ainda o grau de profissionalismo e concentração que tem hoje. Os fabricantes de produtos de consumo e bens duráveis faziam da propaganda o principal fator de consolidação de suas marcas, nas mentes de milhões de famílias brasileiras que acordavam para o consumo em massa. Esses mesmos fabricantes, quase todos de origem estrangeira, trouxeram para cá técnicas de marketing e propaganda modernas que lhes davam uma grande superioridade sobre o varejo. Assim os supermercados e lojas eram dominados por essas marcas, completando a dicotomia *mente do consumidor* e *prateleiras das lojas*.

Nessa época a propaganda viveu a sua fase mais gloriosa no país. Representava então cerca de 70% do orçamento de marketing das grandes empresas, ficando o restante para as promoções, merchandising e outras atividades no ponto-de-venda.

Essa foi, também, a época de ouro da criação publicitária. Apoiadas em verbas fartas e contando com o estímulo dos anunciantes, as nossas agências criaram então os melhores anúncios e comerciais até hoje feitos no Brasil. Não é preciso dizer que a época foi boa para os donos de agências, que auferiam grandes lucros e pagavam altos salários para atrair e reter os profissionais mais talentosos.

Como foram os anos seguintes? É o que veremos a seguir.

Cada época tem a propaganda de que precisa

Como já vimos, os anos 1960 e 1970 foram anos de expansão econômica, sofisticação do consumo e segmentação de mercado.

As grandes marcas que se firmaram nessa época dominam a arena até hoje. Os anúncios dessa fase eram otimistas, dirigiam-se a pessoas que tinham dinheiro no bolso e sentiam vontade de gastar. Infelizmente, como não há bem que sempre dure, os anos 1980 já foram completamente diferentes. O Brasil entrou em recessão econômica, agravada por uma inflação galopante. As empresas praticamente pararam de fazer marketing, e o papel da propaganda passou a ser secundário. Nossos anúncios perderam o antigo charme e passaram a se preocupar com vantagens circunstanciais. Essa situação perdurou até o Plano Real, quando a economia retornou a uma certa normalidade. Além disso, o fim da inflação trouxe benefícios consideráveis para as famílias, aumentando o poder de compra da maioria delas.

As empresas se animaram, portanto, a lançar novos produtos e a promover suas marcas com maior agressividade. Por um breve momento a propaganda parecia estar voltando aos seus anos dourados. Em 1997, por exemplo, chegamos a faturar cerca de US$ 12 bilhões em publicidade no Brasil. Mas essa nova fase de crescimento durou pouco e antes mesmo do fim dos anos 1990 a economia começou a dar sinais de exaustão.

Chegamos assim aos dias de hoje, em que convivemos com a estagnação econômica e a redução drástica do poder de compra da classe média. Por exemplo, os brasileiros compram hoje menos carros novos do que compravam há dez anos. As vendas se tornaram cada vez mais difíceis, provocando choques abertos entre a indústria e o varejo. Cada vez mais, as indústrias se preocupam com as vendas imediatas, privilegiando a obtenção de pedidos do varejo. As verbas publicitárias de antigamente têm hoje um novo destino: o ponto-de-venda, incrementado com promoções e outras atividades.

Hoje os maiores anunciantes brasileiros são os grandes grupos de varejo, a começar pelas Casas Bahia. As empresas detentoras das grandes marcas nacionais destinam à propaganda cerca de 30% das suas verbas de marketing, em vez dos 70% de 20 anos atrás. Além disso, a propaganda de hoje está muitas vezes atrelada às promoções varejistas, deixando de lado as preocupações de longo prazo.

O que o futuro nos reserva

Cremos ter deixado claro para o leitor que a situação atual da propaganda brasileira reflete a conjugação de dois fatores: a conjuntura econômica atual e as mudanças estruturais que vêm ocorrendo na natureza e na função da propaganda, no contexto da comunicação com o mercado.

A estagnação econômica atual não vai perdurar para sempre. Os especialistas dizem que já há sinais de retomada da economia. Nos próximos anos iremos conviver com um ambiente mais favorável nos negócios cuja característica será o consumo em lenta elevação.

Assistiremos também ao desenvolvimento de estratégias de vendas que bem poderíamos chamar de "marketing dos pobres". Em outras palavras, ganharão cada vez mais destaque as iniciativas para atingir os consumidores das classes mais pobres. Os mais céticos dirão que as Casas Bahia e as Lojas Marabrás estão fazendo escola. Na verdade, muitas indústrias e organizações de varejo estão descobrindo que as classes C e D foram relativamente menos atingidas pelo empobrecimento geral dos últimos anos do que a classe média.

Paralela e paradoxalmente, surgirão muitas oportunidades de vendas de produtos de luxo para uma minoria que está ficando cada vez mais rica. Segundo o Banco Interamericano de Desenvolvimento (BID), há 75 mil milionários no Brasil e só em 2003 a lista cresceu em cerca de cinco mil novos ricos.

Quanto às mudanças na natureza e função da propaganda, poderíamos resumir a situação na seguinte frase: a propaganda ainda é muito importante, mas já não é a rainha das batalhas. Hoje ela tem uma função mais institucional e privilegia a defesa das marcas de "família" ligadas a várias linhas de produtos diferentes. Por outro lado, uma porcentagem cada vez maior da propaganda se destina à divulgação de grandes eventos musicais ou esportivos, concursos centralizados no varejo, eventos de moda etc. Essas tendências deverão tornar-se ainda mais evidentes num futuro próximo.

Algumas projeções

Veja a seguir o que poderá ocorrer.

A. A comunicação será cada vez mais diversificada

A propaganda será reservada para situações específicas e será freqüente a utilização do tempo ou espaço editorial da mídia, sob a forma de merchandising em programas, novelas ou coberturas jornalísticas, entrevistas com personalidades etc. Como já disse Gilberto Leifert, presidente do Conar e diretor da Rede Globo, isso poderá provocar problemas éticos, pois a mídia estará dando o seu endosso a um tipo de conteúdo claramente comercial.

B. Na mídia haverá menos campanhas de imagem de marca e mais propaganda ligada aos esforços promocionais

Esta é outra decorrência da necessidade que as empresas têm de apoiar as vendas a todo custo. Veremos cada vez mais comerciais que promovem eventos, sorteios, concursos e demais formas de estímulos promocionais, como no exemplo recente da Nestlé, que dedicou boa parte de suas verbas publicitárias à promoção de grandes shows na televisão.

C. A propaganda deverá extrapolar os limites do anúncio e do comercial

Isso significa que haverá outras formas de comunicação que procurarão persuadir o consumidor. Essa prática já era comum no "merchandising" das novelas, mas tornou-se mais sofisticada e adquiriu hoje inúmeros e diversos contornos.

Grandes shows artísticos, patrocínios esportivos e desfiles de modas, só para citar alguns exemplos, prestam-se magnificamente à cobertura publicitária com características editoriais. Por meio de acordos com agências internacionais de notícias, os grandes anunciantes multinacionais conseguem também a divulgação editorial de notícias de seu interesse em escala global. Na verdade, estamos diante de um fenômeno que poderá tornar menos nítida no futuro a diferença que hoje existe entre a propaganda e a matéria editorial.

D. Vivemos em mercados cada vez mais segmentados e as mensagens serão cada vez mais dirigidas a grupos específicos de consumidores

Dessa maneira, estão se tornando mais raras as grandes campanhas publicitárias de caráter universal, destinadas a atingir milhões de compradores em todas as classes sociais. A única grande exceção à regra serão as campanhas das grandes redes varejistas, que ainda têm apelo universal.

E. Os grandes desafios criativos não estarão restritos ao anúncio ou comercial

Na verdade, cada vez mais o cliente espera que a sua agência de propaganda o ajude a fazer esforços de comunicação e promoção mais diversificados. Por exemplo, ele espera que a agência o ajude a montar grandes shows, identificar novas formas de associação com personalidades da moda e do esporte etc. Espera, acima de tudo, que a agência seja sua parceira nos esforços que conduzem à venda final. Muitas vezes, uma boa idéia para um novo tipo de promoção no varejo será mais valiosa do que o mais brilhante dos comerciais.

F. O maior desafio das marcas tradicionais será enfrentar a concorrência do próprio varejo

Não é novidade que as grandes marcas de produtos de consumo estão enfrentando hoje a concorrência das chamadas marcas "talibãs". Trata-se de marcas com distribuição regional, ou vendidas a preços mais baixos, embora tenham muitas vezes a mesma qualidade das marcas líderes. Na verdade, o grande encorajador delas é o próprio varejo, que enxerga em tais marcas aliados potenciais nas negociações com os grandes fabricantes, além de a tendência ser o próprio varejo aumentar a presença nas gôndolas das chamadas marcas próprias.

Isso só vem reforçar a necessidade que os grandes fabricantes têm de defender a imagem de suas marcas acima de tudo, ainda que, no futuro, elas não sejam mais individuais, isto é, associadas a uma única categoria de produtos. Serão cada vez mais marcas de família, como Shell, Bradesco, Brastemp, Nestlé, Parmalat etc., associadas a um grande número de produtos e serviços diferentes. A propaganda em favor dessas marcas terá de ser forçosamente de caráter institucional e subjetivo, valorizando em primeiro lugar aspectos como tradição, confiança, ética e outros semelhantes. Isso explica a ênfase que as grandes empresas dão hoje à responsabilidade social e à integração na comunidade.

G. As agências de propaganda poderão tornar-se instituições anacrônicas

O que queremos dizer é que, em sua forma atual, as agências de propaganda logo deixarão de ser (se é que ainda são) os centros de pensamentos estratégicos que sempre foram, no relacionamento entre clientes e agências. Gradativamente, as agências atuais desenvolverão outras capacidades, tornando-se verdadeiros centros de comunicação com o mercado, em sua acepção mais ampla. Só assim poderão retomar o antigo papel de conselheiros estratégicos de seus clientes. No futuro, as grandes empresas olharão a comunicação como um fator estratégico essencial à perenidade. Se não encontrarem nas agências a compreensão exata do que isso significa, acabarão se voltando para os grandes grupos de mídia ou até mesmo para as empresas de consultoria de negócios em busca de idéias e soluções para os seus problemas.

Conclusão

Cremos ter deixado claro que a propaganda jamais deixará de existir, ao contrário do que pensam alguns analistas mais apressados. Mas ela adquirirá novos contornos, assumindo papel e natureza bem diferentes dos atuais. Haverá também mudanças nas próprias estruturas que compõem o negócio de propaganda, que assistirá à incorporação de novos *players* e se confundirá cada vez mais com o grande universo da comunicação, com o mercado e o marketing em geral.

19

Aspectos da enunciação publicitária na campanha televisiva*

Nokia fala por você

Trataremos os comerciais da campanha "Nokia fala por você" tendo em vista aspectos da enunciação-enunciada no contexto das mensagens estudadas. Para tanto, resgataremos a discussão teórica de contribuições coletivas dos participantes do Núcleo Interdisciplinar de Estudos da Linguagem Publicitária (Nielp) com base nos elementos que orientam a percepção sobre os aspectos da cultura global nos enunciados publicitários em análise.

Renan, *Rubens* e *Wilson* são os títulos dos comerciais televisivos que constituíram a campanha da Nokia, produzidos e veiculados no Brasil, entre outubro de 2003 e junho de 2004. Como reflexo do consumo global a campanha

---

* Este texto é uma leitura crítica realizada pela produção e contribuição coletiva dos participantes do Nielp da ECA/USP: Daniel Santos da Costa, Elizabeth Speers Marcovitch, Eneus Trindade, Giuliano Tosin, Ivan Santo Barbosa, Renata da Costa Balbino, Talvani Lange, Vander Casaqui, Ricardo Zagallo, Wilton Garcia, Ivam Higor Barbosa e Cidmar Teodoro Pais.

O Grupo/Núcleo Interdisciplinar de Estudos da Linguagem Publicitária (Nielp) está sediado no Departamento de Relações Públicas, Propaganda da ECA/USP e cadastrado no CNPq e realiza desde 2000 estudos aprofundados sobre o discurso publicitário e seus fundamentos. Nesta oportunidade, o grupo apresenta uma reflexão coletiva sobre os discursos da campanha "Nokia fala por você" desenvolvida em pesquisas de 2005.

mostra o *dever-ser* dos sujeitos dos enunciados dos comerciais, que se transfere para o *dever-ser* dos consumidores.

Nas três mensagens os sujeitos dos enunciados guardam como traço temático comum o fato de apresentarem um comportamento ou uma atitude que os diferencia dos demais indivíduos: Renan acha que é invisível e se comporta como se assim fosse; Rubens é dominado pela sua mão esquerda, que é autônoma e o coloca numa situação de submissão; e Wilson anda para trás. As diferenças desses personagens se anulam, e o equilíbrio e a inserção adequada desses sujeitos no mundo em que vivem ocorre, ao depararem com os celulares Nokia; depois disso a vida deles ganha os contornos necessários à inclusão no mundo global.

Os contextos das mensagens são espaços domésticos, públicos, orientados para o lazer, próprios do mundo urbano. Nokia está associada a esses contextos de constantes locomoções, daí as vantagens de um aparelho de celular que, além da comunicação, possibilita a convergência de outras mídias (fotografia, Internet etc.).

O aparelho celular, ou melhor, o aparelho celular da marca Nokia é apresentado como elemento solucionador das diferenças, possibilitando a inclusão de sujeitos numa iniciativa marcada no enunciado pelo *pack shot,* que apresenta em detalhes uma mão com a marca Nokia – com código de barra – carimbada/tatuada na parte anterior. Essa mão se ergue, e pode ser visto um celular da marca, acompanhado da locução do slogan "Nokia fala por você".

Essa última parte dos comerciais, praticamente idêntica entre as três mensagens, a não ser pela diferença visual dos fundos das cenas, conota a voz do anunciante no anunciado, que é, por sua vez, a mesma voz do locutor. Tal fato permite identificar o narrador como alguém que acumula o papel de sujeito anunciante do pólo da emissão, o qual narra os acontecimentos dos comerciais e se coloca, por um efeito de níveis da enunciação do pólo da emissão nos enunciados, como a autoridade de Nokia, "que fala por você" – você, o receptor e possível consumidor, que não quer ficar alienado ao mundo globalizado e às vantagens que ele apresenta.

A voz dos personagens dos comerciais, como sujeitos dos enunciados, se apresenta em atitudes, gestos, que conotam a voz dos excluídos do mundo global, o que se dá na metáfora de suas diferenças, alteridades excêntricas. Já Nokia é o porta-voz capaz de atribuir a esses sujeitos uma nova identidade, marcando o efeito polifônico que o comercial traz no seu processo de enunciação e, por conseqüência, na interação estabelecida entre emissores e receptores, orientados pelos sentidos das mensagens, pois o argumento de caráter quase lógico estabelecido pelo comercial é de que todos querem estar ou serem incluídos no mundo global; "Nokia fala por você", logo, Nokia é seu passaporte de inclusão no mundo moderno e o marco da superação das diferenças, na medida em que ela (a marca) coloca o sujeito do comercial na posição do exercício do discurso competente de que trata Marilena Chauí (1989), sendo também um indicador para o dever-ser do consumidor, já que a publicidade contemporânea é adjuvante na implementação e consolidação dos valores da modernidade-mundo de que a Nokia é parte integrante.

A imagem como signo de consumo

Os pequenos contos fantásticos que integram a campanha audiovisual da Nokia promovem uma galeria de imagens também fantástica, sobre a qual cabem discussões acerca das propriedades da imagem em si, sua constituição e absorção pelo olhar. É notável que o caráter inusitado das imagens presentes nesta campanha proporcione ao espectador uma experiência original, no sentido de imagens ainda não vistas, em sua globalidade ou contexto.

A opção criativa foi feita por pequenos contos baseados em dramas pessoais insólitos, cuja resolução encontra nos aparelhos celulares da marca sempre uma presença de importância fundamental, de modo a alterá-los, a mudar o destino dos personagens centrais. Na condição de sua unicidade fantástica, as imagens presentes nestas peças embutem-se de alto teor expressivo, sobretudo por relatarem enredos sem precedência. Por trazerem ao público essa situação em que "pela primeira vez [...] se vê algo do gênero", marcam a sensibilidade como experiência única ou pioneira, destoando do repertório ou memória do telespectador.

Símbolos e sínteses agentes da relação que se estabelece entre os publicitários, o cliente – representado pela marca –, o produto específico e o público, seja ele potencialmente consumidor ou não, as imagens promovem um pacto ancorado no olhar, na concessão de quem vê, disposto a crer no que vê. Essa disposição ocorre pelo querer ver e, diante de uma realidade fantástica, poderia resgatar o jargão do "querer ver para crer". Existe a expectativa de ver algo que quebre com a constância da situação apresentada, uma ansiedade que sela o acordo entre quem dispõe a imagem e quem está disposto a vê-la. Esse pacto desencadeia a crença, fantasiosa e temporária, mas necessária, para que a imagem represente algo verdadeiro, mesmo que fugidio. Dispor uma imagem é apostar na imaginação de quem irá vê-la, em sua complementaridade, em seu processo de inclusão na subjetividade individual.

Cabe lembrar a noção de Vilém Flusser (1983), que divide a imagem em superfície e profundidade, sendo a primeira relativa à forma, ou sintaxe que abarca a imagem, e a última à imaginação, à "capacidade de fazer e decifrar imagens", após percorrer suas superfícies (*scanning*). Num nível menos sutil, podemos detectar essa disposição do espectador na complementaridade dos quadros que delimitam as dimensões das imagens: nelas vemos sempre só uma parte; a idéia de totalidade, fundamental para uma noção de realidade, é construída por quem vê, no exercício da imaginação.

No caso das imagens técnicas, ou produzidas por aparelhos (foto, cinema, vídeo etc.), que possuem com a realidade forte relação de causa e efeito, uma vez que dela são extraídas por contigüidade luminosa e registradas como texto em uma superfície reprodutível, o caráter simbólico ganha objetividade, ganha veracidade; elas passam a ser vistas não simplesmente como imagens, mas como janelas para a realidade (Flusser, 1983).

Nas peças que integram a campanha da Nokia, o pacto com as imagens técnicas fantásticas conduz a imaginação à fantasia, gerando um percurso no qual o olho vê o relato de situações impossíveis, mas à imaginação não importa essa natureza, e sim a continuidade das narrativas absorvidas, que impressionam a mente, deslumbram-na com imagens únicas, que não se reconhecem nem se traduzem em outras anteriores.

Por seu teor de representação, as imagens constituem-se numa das formas mais convencionais de signo e, como tais, tecem a malha tênue que nos aproxima do mundo e a ele nos funde. No nível semiótico, podemos avaliar dois tipos de signos: o primeiro seria formado pelos signos externos, os que estão no mundo, com sua aparência exposta a uma realidade comum a todos, e o outro interno, com suas ações multiplicativas de signos (semioses), que ocorrem no interior da mente, com os signos do pensamento, da lembrança, dos sonhos etc. Mas esses dois tipos de signos se fundem em uma semiose única; prova disso são as ações do homem sobre a realidade, como os sonhos e projeções atuais que podem se concretizar em seguida, ou da realidade sobre o homem, que o induz a novos planejamentos, reformulações de planos etc.

Como signos, as imagens apresentam esses dois tipos de existência, interior e exterior. Há imagens dispostas no mundo – as peças da Nokia, por exemplo – que serão vistas por algumas pessoas hoje no intervalo comercial da novela, por outras amanhã no do telejornal; para umas poderão passar despercebidas num primeiro momento; para outras, nem tanto. Desse modo, gradual e diferenciado, uma grande audiência entrará em contato com elas.

Em cada um desses recebedores (intérpretes), as imagens desencadearão diferentes processos de multiplicação de signos mentais. Por exemplo, as imagens, embora muito originais e peculiares, podem evocar em determinado intérprete imagens passadas de comerciais da Nokia, conduzindo o espectador em seguida a uma avaliação entre campanhas passadas e a atual, bem como à comparação com outros produtos do segmento etc. É importante frisar essa ação das imagens exteriores como estímulos para impulsionar as trocas entre as imagens internas à mente, que ocorrem em âmbito virtual, longe da temporalidade e sem necessidade lógica, a despeito das que habitam o mundo concreto, ou atual (presente), na designação de Gilles Deleuze (1985).

Imagens exteriores e internas se retroalimentam, uma como geradora dos impulsos perceptivos, outra como refratária desses estímulos e geradora de reações, que podem retornar à realidade como efeito. No caso da publicidade, o efeito pretendido consagra-se no nível pragmático (práxis) como opção ou não pelo consumo, na preferência entre as marcas, na imagem positiva nas pesquisas de opinião. As imagens publicitárias, com exceção da propaganda antiappeal, zelam pela agradabilidade, propiciando o encantamento do espectador com suas formas ideais. Seu apelo ecoa predominantemente em um nível da interpretação individual (dinâmica) definido como interpretante emocional, uma das subcategorias de interpretante caracterizada pela presença das qualidades de sentimento, próxima àquilo que, na teoria de Peirce, é definido como *primeiridade*, relativa aos estados de espírito diante do mundo.[1]

Mas o que vemos nos comerciais da Nokia são imagens incômodas, que relatam situações indesejáveis; como poderíamos considerá-las agradáveis? Bem, todas elas passam por um momento final compensatório, contando com desfechos de ouro, nos quais as imagens finais dos personagens são de alívio e conforto, de problemas resolvidos. A campanha da Nokia usa o tradicional binômio problema/solução, mas com uma estética contemporânea de publicidade que opta por não mostrar o belo como ideal ou imagem-clichê, e isso é encontrado na atualidade, desde os desenhos animados, como *Os Simpsons* e *South Park*, até o sarcasmo cada vez mais desrespeitoso de um Jô Soares. É um modo recente de abordar os interpretantes emocionais do público o qual rompe com os paradigmas da comunicação de massa predominantes até os anos 1990 e propicia novas possibilidades de entendimento, sobretudo quanto aos redimensionamentos da ética.

Entre os comerciais, um trecho chama particularmente a atenção pelo modo como foi editado: nos momentos finais da peça que tem como enredo o rapaz que acreditava ser invisível, temos uma seqüência formada por planos curtos, alguns deles levados a níveis mínimos de quantidade de *frames*, o que gera um efeito visual indistinguível entre a sucessão de planos, sendo que alguns deles desaparecem antes mesmo de serem decodificados pelo olhar. Essas imagens, fantásticas em sua essência, simulam a ação das imagens internas do personagem – ele se lembra dos momentos que passou por acreditar em sua invisibilidade. Desse modo, os momentos se caracterizam como metaimagens, lembranças promovidas pelo personagem que, por si só, já é pura imagem.

Essa sucessão velocíssima de planos e imagens congeladas gera um tipo específico de fruição, em que a percepção se sobrepõe ao entendimento; o viés sensível do espectador se dispõe a contemplar a avalanche de imagens, não importando suas origens e seus traços distintivos.

No pacto entre quem dispõe e quem vê a imagem, um dos recursos mais autoritários é o corte, diante do qual o espectador é obrigado a recondicionar

[1] Sobre as subcategorias de Peirce e suas definições, sugerimos como referência Santaella (2001).

seu olhar, readequá-lo às propriedades do novo plano. No cinema comercial, a despeito do estilo de diretores como Tarkovski, por exemplo, a edição de planos curtos concede ação ao olhar, ação esta inteiramente conduzida pelo diretor, que está constantemente definindo as prioridades do olhar, movendo-o de lá para cá no interior da cena, por meio dos cortes. No cinema de Tarkovski, com enquadramentos abertos e planos longos, o olhar do espectador flana quase livremente pelo quadro, como se contemplasse uma paisagem impressionista.

Neste trecho selecionado do comercial da Nokia, que se aproxima dos níveis mínimos possíveis de duração de planos, ocorre contraditoriamente uma surpreendente libertação do olhar: a troca dos planos é tão rápida que o olhar perde o interesse em compreender; entrega-se mais uma vez à fantasia, desfrutando do ritmo gerado pelas trocas de formas e cores, em consonância com o áudio e a condição narrativa. Deixa-se acompanhar o mergulho desesperado no abismo da subjetividade do personagem.

Ao incluir esses novos signos nos *breaks* comerciais da TV brasileira, a Nokia estabelece um novo ciclo de relações entre imagens, consumo e memória, marcando, pela originalidade de seu caráter fantástico, as instâncias de decodificação e memória dos consumidores. Do reconhecimento à recordação, busca a elaboração da imagem de um representante concentrador das potencialidades que resolvem seus problemas, seu porta-voz infalível, alguém que, como diz o slogan, muito propício para o segmento da telefonia celular, "fala por você".

Embora as relações de sentido entre as narrativas vividas pelos personagens e a realidade cotidiana do target dessas peças não sejam muito compatíveis, a campanha metaforiza de modo pontual a presença de problemas aparentemente insolúveis, não fosse o auxílio dos aparelhos celulares para resolvê-los. Dessa forma, atribui aos produtos da marca uma imagem positiva, ligada à espontaneidade e à casualidade, utilizando elementos que suscitam a dose de fantasia necessária para contornar o embaraço dos cotidianos problemáticos.

Em todas as três peças publicitárias, o anúncio termina com a câmera fechando na imagem de uma mão com a marca Nokia gravada, como uma tatuagem, seguida das palavras *connecting people* e uma voz em *off* que indica o modelo de Nokia anunciado (cada filme anuncia um modelo diferente) afirmando: "Nokia fala por você".

A trilha sonora como estratégia rítmica

A trilha sonora, regida por Ed Cortez, retrata e acompanha de maneira precisa a forma não convencional da vida desses personagens, com um tom meio "pastelão"; a trilha acompanha exatamente o que as mensagens visual e auditiva também querem reproduzir.

A suave coerência cromática aliada à trilha sonora instrumental e o conservadorismo da locução servem de contraponto ao absurdo das situações. O tempo dessas mensagens é o tempo cotidiano da vida urbana cujo ritmo das mensagens (comerciais), em suas imagens e locuções, é dado por fundos musicais ou trilhas, que conotam uma certa monotonia, que só é rompida no momento em que os três personagens publicitários encontram Nokia em suas vidas.

Nota-se que Rubens, infeliz, escravizado pela rotina e massacrado por uma tirânica mão esquerda, espera uma "chance para escapar", chance que surge quando a mão se distrai dançando ao som do celular Nokia. É diante dessa expressão sonora que ele subverte/transgride o sistema hegemônico que o aprisiona.

A desestabilização é encerrada pela convergência harmônica dos toques finais que correspondem à imagem do produto, no *pack shot*, revestido inicialmente pela mão "marcada" por Nokia. Essa imagem tensiona a suposta harmonia da trilha sonora de piano, até que esta se "desequilibra" ao fazer um movimento harmônico "descendente" enquanto o personagem anda para a frente.

O filme *Renan* apresenta o estranhamento pela reação dos personagens que convivem com o ator principal e com a informação da locução em *off*, que aponta para sua crença na invisibilidade. Quando ele se dá conta de que não é invisível, o som de violino da trilha é interrompido; a transformação da consciência de Renan sobre si mesmo é acompanhada por uma desarmonia da música, que acelera o ritmo, acompanhando o fluxo imagético que remete à memória recuperada do personagem ao ressemantizar suas ações anteriores como negativas. Já em *Rubens*, a ausência de trilha é "compensada" pela narrativa mais inusitada: a "tirania" da sua mão esquerda sustenta o estranhamento até a "virada" da narrativa, em que a música vinda do celular surge como libertadora.

Ação descritiva dos filmes publicitários

Foram apresentados três anúncios publicitários da campanha televisiva do aparelho de telefonia celular – marca Nokia. A leitura crítica aqui, conforme tentamos estabelecer, ocorre como processo de descrição da cena, na expectativa de relacionar a (des)construção da mensagem publicitária. Dessa maneira, a dinâmica da observação que se instaura procura evidenciar os traços intersubjetivos que compreendem os resultados. É importante destacar que o procedimento descritivo, neste contexto, não implica necessariamente atingir a técnica da decupagem (uma leitura fiel da imagem e do som); ele apenas se aproxima dessa técnica como experimentação de tendências contemporâneas.

Realizadas tais considerações preliminares, passamos à descrição: são três anúncios, cujos personagens são, respectivamente, Rubens, Renan e Wilson, os quais apresentam uma diferença entre ser e estar no mundo.

Descrição do primeiro filme – Rubens

O protagonista, Rubens, busca escapar da tirania de sua mão esquerda, que comanda a sua vida e o impede de ter domínio sobre suas ações, obrigando-o a vivenciar cotidianamente inúmeras situações constrangedoras. Só passa a ter coragem de atacar seu problema de frente, lutar contra ele e conseguir controlar a realidade quando ouve e vê (a chamada musical e luminosa de) um aparelho celular Nokia.

Para uma breve descrição desse comercial do produto celular Nokia, recorremos ao princípio dialógico entre as possibilidades de construção de uma subjetividade, em tensão com o mundo objetivo, das coisas, dos objetos, e fenômenos que afetam os sentidos humanos.

Rubens é um personagem de características comuns: jovem de aproximadamente 26 anos, claro e franzino. Ele nega profundamente a mão como se quisesse negar seu próprio corpo, pois não consegue admitir que ela faz parte de si. Ao rejeitá-la, deseja uma chance de "escapar". O anúncio apresenta o dia-a-dia de Rubens, entre a casa e o trabalho, ou seja, do campo privado, afetivo, de sua residência ao convívio do público tanto na rua, no elevador quanto no escritório, em que trabalha.

Algo de extrema relevância para ser destacado, simbolicamente, é que essa é a mão esquerda de seu corpo e contém uma aliança. Emblemático ou não, poderia ser a possibilidade de ele pensar e/ou admitir o enfrentamento do matrimônio na rotina do casamento? Talvez. Conforme aborda a locução: "Rubens é escravo dessa situação e tenta fugir disso tudo, pois a mão não permite nada. Ela manda; ele obedece!".

O comercial começa com ele de pijama, dormindo em uma cama de casal na penumbra. Mas ele está bastante agitado na noite, como se sofresse um mal-estar ou pesadelo. Sonolento, acorda para vivenciar sua rotina matinal.

Ele escova os dentes com movimentos bruscos, proporcionados pelas mãos que aceleram a ação. Oprimido pela circunstância do poder da mão, ele é apanhado de forma surpreendente com a cabeça na pia cheia de água, que rapidamente o envolve. Desfechos à parte, a mão arremessa a cabeça dele na pia e a retira, num gesto agressivo.

Depois, caminha pela calçada, tropeça em alguns momentos. Ele é puxado por ela e leva alguns tombos; acaba trombando com as placas de sinalização e os postes de iluminação, como se tudo isso acontecesse de maneira involuntária. Nota-se que a pressão ostensiva de sua própria mão esquerda é deliberadora. De modo um tanto quanto esquizofrênico, esses pequenos incidentes (re)velam a força de comando da mão sobre a sua conduta. Na cena em que o protagonista está se dirigindo a pé para o serviço, uma mulher que passa por ele praticando *jogging* o olha com censura e incredulidade em uma crítica silenciosa a seu comportamento invulgar.

Em seguida, já no prédio em que trabalha, ao sair do elevador, é esbofeteado por uma moça em uma alusão ao fato de a sua mão esquerda ter lhe dado um apalpão. Ao sair do elevador bem desarrumado, Rubens leva um grande tapa da modelo alta que, bem vestida, parece ter sido alvo de alguma insinuação ou brincadeira mais audaciosa de sua mão. A cena sugere uma rápida tentativa amorosa frustrada dessa aventura perturbadora a que a mão o condiciona.

Já no trabalho, na mesa do escritório em forma de baia, toca uma música no seu celular. O néon acende e o *vibra call* também é acionado. Simultaneamente. Nesse momento, a mão começa a dançar, como num processo anamórfico de uma pseudo-humanização. Rubens tira o seu sapato e começa a bater violentamente na mão como se pudesse eliminá-la, matá-la. Parece que a expectativa é desvencilhar-se, definitivamente, de sua própria mão.

Rubens, o personagem dominado pela sua mão esquerda, é retratado no tempo e no espaço que o circunda de modo rotineiro. Desde o ato de acordar até sua presença física compartilhada com outros funcionários no ambiente de trabalho (provavelmente um escritório), sua mão esquerda demonstra ter adquirido certa emancipação do controle da consciência do ator. Ela concorre com a razão de Rubens na modalização do *poder fazer*. O mundo empíric(apitalista) parece ter condicionado o sentido e os movimentos táteis dessa parte do seu organismo. Ele tenta restabelecer uma possível unidade perdida, que outrora poderia estar unificada na constituição de sua subjetividade (im)pura.

A vivência dessa ditadura, da (im)posição de vontades e ações de um mundo externo, que condiciona os movimentos de sua mão, afeta, conflituosamente, seu espírito. O mais doloroso é que Rubens parece saber de sua incapacidade em ter controle sobre essa situação desconfortável e fatídica. Um possível manifesto a isso pode ser a tentativa de, continuamente, responder, a cada hálito tênue respirado, singularmente, à imprevisibilidade com que sua mão se movimenta, afetando seu modo de estar lançado no/ao mundo.

Neste primeiro filme, o protagonista tem as suas ações comandadas não por sua mente, mas por sua mão, mais especificamente pela mão esquerda. A idéia de ação com a mão esquerda embute não só sentido de canhotismo, mas o de inabilidade, desajeitamento e desastre.[2] A incapacidade para comandar a própria vida, a exasperação e a necessidade de ajuda ficam claras nas cenas que beiram a comicidade ao unir de maneira paradigmática os sentidos de sinistrismo e sinistrose. O protagonista, que necessita ter uma vida normal, com horários, responsabilidades e compromissos profissionais, só encontra a possibilidade de dar conta de suas obrigações e necessidades diárias ao ter os seus problemas com a mão esquerda solucionados pelo celular Nokia.

O problema, mais uma vez, não se cala: essa singularidade pode estar como *a priori* na consciência do(a) sujeito? A resposta parece ser negativa, pois, no

[2] O sentido da atuação com a mão esquerda e o sentido de desastre advêm do latim *sinistru*, por via erudita, com o significado abrangente que vai desde *sinistrismo* (uso da mão esquerda) a *sinistro* (com o sentido de mau agouro, funesto, temível, desastre, ruína, prejuízo material, dano).

fim do comercial, em seu ambiente de trabalho, o aparelho celular toca e o texto verbal propõe uma pergunta com efeito condicionador – será o fim de uma tirania? Na tensividade entre o mundo dos sentidos e a possibilidade de exercer a subjetividade da razão, parece que o final do comercial deixa subentendido que, se o ator atender à chamada (disponibilizada pelas notas musicais do aparelho celular), não será pela tirania de sua mão esquerda, que parecia ter vida própria. Pelo contrário, ele, no exercício de sua razão subjetiva, conseguiria, finalmente, fazer um movimento incondicionado. O que também é contraditório na enunciação e nas marcas ideológicas pressupostas para o deslocamento da narrativa apresentada. Talvez devêssemos adiar a indagação que o locutor, em voz *off*, apresenta no fim do comercial: "[...] será o fim de uma tirania?".

Descrição do segundo filme – Renan

Em relação a esse comercial – ao qual daria o título de "invisível" –, o personagem principal é também apresentado em diversas ocasiões rotineiras para a maioria das pessoas – desde num café da manhã com outras pessoas na casa, num banheiro/vestiário coletivo (feminino), num grupo de amigos, acompanhando uma programação (possivelmente esportiva) na TV, num jogo amistoso de tênis de mesa em ginásio coberto, até o momento revelador do seu estado nu, com a captação da própria imagem no visor do celular – duas garotas sentadas em um banco de praça registram, além de seus rostos, a face do personagem Renan entre elas na fotografia digital do celular.

Renan também é um personagem de características comuns: jovem de aproximadamente 17 anos, pele clara e corpo franzino. Ele pensa que é invisível e por isso perpassa diferentes ambientes como se admitisse que não é notado. Enquanto Renan vive essa ilusão de se sentir invisível, o público e as demais personagens observam o ridículo das situações nas quais ele se envolve. Ele acha "divertido ser invisível", diz a locução carregada de ironia, para emendar com "foi bom enquanto durou", quando finalmente, com a ajuda do celular, ele "se enxerga" e percebe o quanto era inadequado. Até então ele se sentia contente com tudo isso, pois parecia ter prazer em ser diferente. O anúncio segue a mesma linha narrativa da campanha ao apresentar um dia de Renan, entre seu quarto, a família, os colegas e as garotas, ou seja, do contexto particular ao público.

O protagonista age como se de fato fosse invisível, gerando um comportamento esdrúxulo que somente será percebido ao ver o registro de sua fotografia na tela do celular Nokia, conseguindo, por esse meio de comunicação, conscientizar-se a respeito da discrepância entre suas ações e a realidade e entender o absurdo de sua conduta. Isso poderá lhe possibilitar um novo e mais bem aceito comportamento.

Ele se apresenta como um jovem de ar descolado, que não liga para muita coisa. Faz um tipo *não estou nem aí*, que assina um breve estado emocional de solidão. No entanto, ao longo dessa narrativa publicitária, percebe que é visível, de fato. Em um primeiro instante, isso lhe parece chocante. A partir daí, Renan faz uma rememorização (em flashback) com a bricolagem de imagens frenéticas, que constatam o que aconteceu naquele dia.

O anúncio começa com Renan e seu cabelo despenteado perdido vagamente entre as linhas listradas da cortina – cor de vinho e branco –, iguais às do tecido de seu pijama. É uma cena rápida, mas passa a sensação de elaborar um momento *placê* de sua intimidade solitária quando o jovem vai levantar-se da cama, querendo despertar para o mundo.

Depois ele atravessa a sala em que a família está em volta da mesa, no café da manhã, sem ser correspondido, cumprimentado ou percebido. Logo em seguida, aparece na quadra de tênis de mesa, entre a fanfarra, e depois entre os jogadores. Ele pega a bolinha do jogo e brinca como se não pudesse ser notado. Exibe com desenvoltura o movimento oscilante entre um lado e outro.

Em outra situação, passa pelo vestiário feminino, onde várias adolescentes estão tomando banho, conversando com a toalha cobrindo partes do corpo ou ainda trocando de roupa. Ele perpassa a cena com tranqüilidade, sem demonstrar nenhum sentimento de culpa ou denotar erotismo, desejo etc.

Numa cena externa no jardim, encontra duas garotas sentadas num banco próximo de uma praça. Elas tiram umas fotos das duas, mas ele intervém entre elas por trás do banco. Sua imagem fica registrada na foto. Elas fazem uma expressão facial que mostra reprovação por sua ação. Ele fica tocado com a revelação de ser percebido (visto/lido).

Ao longo de todo o filme, o protagonista se vê censurado pelas pessoas com as quais se relaciona por meio de olhares e expressões faciais, que passam para uma agressão física quando, em flashback, se recorda das conseqüências de seus atos. Ele recapitula as situações anteriores, cuja apresentação era só de parte do anúncio. Agora, vivamente, aparece a instantaneidade do flashback: um recurso técnico de pós-produção que acelera a imagem na edição. Acomodado no centro do banco da praça, ele acena com a mão e faz um ar de *me aguardem!*

O efeito de sentido é provocador. A cena mostra-se como desveladora para a (res)significação do personagem.

O comercial parece revelar a relação entre um eu e um outro. Um outro "eu" somente faz sentido com a afirmação absoluta da presença do produto celular. A idéia inicial de um Renan fundamentalista, que garante sua invisibilidade, é destronada com a presença do produto.

O aparelho celular assume, então, o princípio de causalidade. Ele parece determinar a significação na relação entre minha subjetividade e o mundo das coisas que me circundam.

Na dialética entre a possível liberdade experimentada e a vida em civilização, o produto celular é apresentado como o meio-termo entre tais extremos, capaz de possibilitar, por isso, o senso da virtude. Entretanto, é o produto que pretende tornar o momento essencial. Demonstra, por meio da verossimilhança dos sentidos humanos, que a experiência pode ter uma relação causal – o produto "doador" de significação ao homem.

Nesse segundo filme, o protagonista vive alienadamente sem perceber que a sua inserção no meio social é involuntária e real: todo ser humano em sociedade está forçosamente em contato com seu semelhante, mesmo que pense o contrário e que seu comportamento em público esteja sujeito a um constante julgamento daqueles com quem convive. A conscientização da alienação e a possibilidade de se inserir de modo condizente em seu meio social vem da percepção da própria imagem na tela do Nokia. A visão de si mesmo provoca uma conscientização repentina, abrindo-lhe novos horizontes de compreensão da realidade. A tela do Nokia produz o efeito do reflexo da própria imagem no espelho lacaniano, o que possibilita a interrupção da alienação egóica.

A tensão entre a audição/fala e a visão, implicitamente conotadas na retórica do produto celular Nokia 7250i, é reforçada com o enunciado verbal final: "Nokia 7250i – fala por você".

Descrição do terceiro filme – Wilson

O protagonista anda para trás, no sentido literal, mas, apesar de todos os contratempos que essa forma de se locomover promove, ele não se dá conta do fato, pois fez isso desde que nasceu (desde 1978, cena em que é mostrado bebê). Só consegue inverter o seu caminhar, perceber sua forma de se locomover e andar para a frente ao ser atraído pela visão de um aparelho de telefonia celular Nokia em uma vitrine de loja.

Nesse terceiro filme, o protagonista está na contramão da realidade que o cerca. Ao andar literalmente para trás cria problemas que o colocam fora da normalidade mais comezinha. Sua alienação quanto a sua situação e exclusão social devido à inadequação de seus atos só pode ser percebida quando em presença de um celular Nokia. Em outras palavras, sua inserção social e a solução de seus problemas dependem da inserção de um Nokia em sua vida, o qual fará pelo protagonista o que ele não consegue fazer por si mesmo: colocá-lo no caminho certo, contatando-o com o mundo.

Wilson também é um personagem de características comuns: jovem maduro de aproximadamente 30 anos, pele clara e corpo franzino. Ele acredita que só se anda para trás, como se fosse possível caminhar sempre ao contrário. O anúncio segue a mesma linha narrativa da campanha ao apresentar um dia de Wilson, porém de forma mais sintética, do campo privado ao público. Ao sair de costas, ele desce as escadas em frente da porta da casa rumo à rua.

Na próxima cena, os carros são os referenciais de direção para o espectador relacionar o andar invertido do personagem. Ele vagarosamente desloca-se sempre ao contrário pela calçada. O paradoxo se organiza no entrecruzamento bilateral dos vetores que (de)marcam o andar equivocado do personagem e a certeza apontada pelo referencial – neste caso, os veículos.

A inserção do produto Nokia na narrativa é um elemento definidor de estratégias. O personagem se encontra diante da vitrine de uma loja em que o telefone celular Nokia está exposto. Ele não se contenta e avança linearmente em direção ao aparelho. Neste instante, percebe que tomou a regularidade corporal da norma de andar para a frente, seduzido pelo sentimento de curiosidade em observar mais de perto o aparelho.

Por um momento fica apreensivo, mas o locutor faz uma intervenção, dizendo-lhe que ele não precisaria se preocupar e que aquilo ficaria "entre nós".

O comercial apresenta Wilson que, na fabulação retórica da narrativa, anda para trás desde 1978. Essa ação pode provocar certo estranhamento perceptivo nos telespectadores (possíveis consumidores) da publicidade televisiva. Conotação evidente de pessoa que não progride, cuja vida não deslancha. O locutor, apoiado pelas imagens, diz que isso "traz problemas", mas mesmo assim ele "nunca mudou". Diante de uma vitrine com o celular Nokia, Wilson quebra a tradição dando um passo em falso para a frente.

De certo modo, algumas tensividades eufóricas e disfóricas podem ser extraídas das concatenações de signos na seqüência narrativa do comercial. Dentre elas, podemos destacar a tensão entre ser civilizado ou não, ou de corresponder ou não às forças dominantes da cultura oficial, por exemplo.

O ato do personagem de andar para trás não significa, necessariamente, que o destino do local será diferente daquele que faz o mesmo percurso andando para a frente como a maioria. O que percebemos é a insistência de um indivíduo em exercer a primazia de sua subjetividade em um mundo contrário à práxis de deslocamento corporal diário.

Outro aspecto que elucidamos, na infratextualidade da narrativa, é a qualidade fundamentalista e imutável presente nas convicções do personagem Wilson. Por um longo período de sua vida, desde 1978, sua locomoção rotineira promove como conseqüência um campo de visão contrário ao ato de poder se situar e antever problemas, bem como situações de perigo ou desconforto ameaçadores. Essa condição é reforçada com o texto verbal do locutor: "isso traz problemas [...] mesmo assim ele nunca mudou".

O protagonista também chama atenção e é olhado com estranheza por se comportar fora do padrão esperado. Não chega a ser agredido por alguém neste caso, mas termina batendo a cabeça em um toldo e uma voz em *off* lembra que "ser assim traz problemas", dando a entender que a auto-agressão involuntária não foi a única em sua vida.

Wilson, caminhando na calçada, esbarra com a cabeça no toldo externo de uma loja de aparelhos eletrônicos. A ação de caminhar para trás continua até ele percorrer o final da vitrine da loja quando, movido por algo externo à sua subjetividade, há uma parada na trajetória. O aparelho celular é apresentado em primeiro plano. A sua visão em contato com o objeto externo – celular – possibilita a quebra do fundamento ou da condição imutável em que se encontrava. Um passo à frente é dado. Contudo, percebe-se que é um passo acompanhado de movimentos receosos de olhar para os lados, a fim de checar o olhar perturbador que o outro pode ter sobre ele, com receio de ser julgado como incoerente em relação a sua fundamentação, seu pressuposto imutável.

O celular Nokia é abordado como o elemento eufórico capaz de possibilitar o escape ao previsível, ao já acabado-pronto. Em outras palavras, Nokia produz sentido e ao insinuar isso no comercial ela quer produzir também hi(e)stória... Quer ser sujeito? Continuará sendo ator? Mas de qual hi(ei!)stória falaremos? De qualquer modo ria... na eufo-ria ou na disfo-ria...

Pretensão? Facticidade? Difícil sairmos da narrativa e da estória de (a)sujeitos, receptores da enunciação.

Contribuição e análise da campanha

Os três filmes retratam personagens estranhos, não adaptados socialmente que, com a ajuda do telefone celular Nokia, passam a fazer parte da sociedade. Essa integração social é mostrada de maneira extremamente hábil gerando, numa primeira leitura, a impressão oposta, de que o celular não conforma o indivíduo à sociedade; pelo contrário, é capaz de libertá-lo.

Neles o protagonista é jovem, do sexo masculino, e encontra-se em situações de conflito com a realidade, sem conseguir controlar suas ações, o que inviabiliza a boa relação com o meio social. As peças trabalham com o fato de que os jovens – mais do que os adultos de meia-idade que, de alguma forma, já se estabeleceram em seu meio ou as crianças, que ainda não dependem da inserção social para ter uma boa qualidade de vida, pois ainda vivem protegidas pelo círculo familiar – lutam contra uma insegurança típica da sua faixa etária e buscam com muito mais afinco a equiparação comportamental, a aprovação social e o reconhecimento de seus pares.

A análise de como essa operação é realizada se dará com a observação da estrutura narrativa comum às três peças. Do ponto de vista semiótico todo texto compreende uma narrativa, podendo ser analisado com base na percepção de uma ou mais narrativas mínimas que incluem um estado inicial, a transformação e um estado final. Nesses filmes, contudo, o formato de narrativa é explícito, inserindo a campanha da Nokia na variante dionisíaca do discurso publicitário, vinculada à exploração das emoções e focada na emoção e no humor. Uma vertente em que a intenção do aconselhamento é, segundo Carrascoza (2004), "mais sutil, não formalizada e intersubjetiva".

Sutileza que ganha aqui o contorno de um conto, com a existência de duas histórias. Conforme afirma Piglia (1994), no conto, "uma história visível esconde uma história secreta, narrada de modo elíptico e fragmentário". A primeira história de cada um dos anúncios retrata os acontecimentos fantásticos da vida das três personagens: ser dominado pela própria mão, achar-se invisível e andar sempre para trás. Já a segunda história pode ser percebida em dois planos.

O primeiro traz a mensagem comercial que apresenta o produto como um passaporte para a liberdade, para a criação de uma identidade social respeitável. Um segundo plano, menos explícito, reforça a necessidade de adaptação à sociedade por meio de uma visão de mundo neoliberal que deposita no indivíduo a responsabilidade por seu sucesso ou fracasso social. Adaptar-se é possível, basta consumir. Uma vez que a questão do poder consumir não é levada em conta, resta apenas o querer. Se o indivíduo quiser, ele pode inserir-se socialmente. Afinal, o produto que "fala por você" é capaz de conectar as pessoas. O objeto de valor é a inserção social, e o celular (desde que da marca Nokia) apresenta-se como um poderoso auxiliar para que isso aconteça. A marca passa a ser a expressão da identidade, da adequação do indivíduo.

A escolha do conto como estrutura narrativa que busca transmitir o aconselhamento de maneira indireta é totalmente adequada ao público-alvo jovem a que se destina a campanha. Diante de um público especialmente disposto a rejeitar mensagens ou ordens diretas, contar uma história para passar uma "moral" implícita é uma estratégia extremamente eficaz.

A história é contada, nos três filmes, com grande apuro estético. A direção de arte é bastante cuidadosa. Em cada filme, nos cenários, vestimentas e objetos, prevalece uma única cor. No primeiro, em que a mão escraviza Rubens, a cor predominante é o azul; no segundo, no qual Renan acredita ser invisível, predomina o vermelho; e no terceiro, que tem como protagonista Wilson, personagem que anda para trás, a cor dominante é verde. Tal coerência cromática, inexistente na vida real, enfatiza a sensação de se tratar de uma situação especial, deslocada da realidade. Além disso, é importante destacar que não há cores berrantes ou muito contrastantes.

As personagens, exceto os três protagonistas, também são bastante convencionais. Pessoas típicas de classe média, de bom poder aquisitivo (freqüentam bares sofisticados e academias de ginástica) e com características e comportamentos totalmente previsíveis, até estereotipados. Uma família com pai engravatado, mãe impecavelmente arrumada e dois filhos saudáveis tomando café da manhã; jovens assistindo a um jogo num bar ou malhando na academia; executivos transitando apressados nas ruas etc. Mesmo os esportistas retratados são estereotipados (orientais, possivelmente chineses, jogando tênis de mesa com uniformes vermelhos), reforçando a construção de um mundo globalizado pasteurizado. São mostrados vários tipos de pessoas, mas todos dentro de padrões estéticos e comportamentais bem ajustados.

Nesse mundo em que tudo remete ao equilíbrio e à harmonia, surge, em cada um dos filmes, um tipo de inadequação. As três histórias são contadas pela utilização de uma estrutura narrativa típica, que segundo Savioli e Fiorin (1989) compreende quatro fases: manipulação, competência, performance e sanção.

A manipulação é a etapa na qual um personagem induz outro a fazer algo que este já queria ou devia fazer. Nos filmes da Nokia o papel de sujeito manipulador é exercido pelo locutor, que sugere indiretamente aos protagonistas que eles devem mudar: "Rubens é escravo de sua mão esquerda", "tudo que ele mais queria era uma chance para escapar"; "Renan garante que é invisível", "ninguém consegue convencê-lo do contrário" (enquanto as cenas mostram o quanto ele é inconveniente); e "Wilson anda para trás", "sim, isso traz problemas".

A essa fase segue-se a competência, quando o sujeito do fazer adquire um saber e um poder. Na campanha em análise, corresponde ao momento em que o celular surge na vida das três personagens. O celular faz com que Rubens possa "derrotar" sua mão esquerda, oferece a Renan o saber que não é invisível e mostra a Wilson que ele pode andar para a frente.

Após adquirir a competência ocorre a performance, ocasião em que o sujeito do fazer executa sua ação. Nos três filmes a performance corresponde ao momento em que, com a ajuda do celular da marca Nokia, o sujeito consegue integrar-se à sociedade. Essa integração é feita de diferentes formas, de acordo com as características do inadaptado. Com violência "revolucionária" no caso de Rubens, escravizado pela mão esquerda; com uma prova incontestável que mostra a Renan sua visibilidade e inadequação; com sutileza seguida de compreensão e amabilidade no caso de Wilson, que "anda para trás". Nesse filme, o menos violento dos três, o locutor é compreensivo: "tudo bem, isso fica entre nós"; assim como a assinatura é suave, com fundo branco e uma mão adulta que segura uma mão infantil.

A estrutura é então finalizada com a sanção, momento no qual o sujeito do fazer recebe castigo ou recompensa. Na campanha da Nokia, à primeira vista o único recompensado é Rubens, ao conquistar sua liberdade, uma vez que Renan é castigado pela consciência do ridículo social que vivia e Wilson sente-se desconfortável por quebrar sua tradição pessoal. Consideramos, no entanto, que é oferecida nos três casos uma recompensa maior, implícita e não apresentada no filme, que é a aceitação social pela via do consumo. A mão tatuada com a marca Nokia que aparece no final representa bem essa idéia. Só o homem fundido à marca pode viver plenamente.

A observação da estrutura narrativa das peças enfatiza a semelhança com o conto, sendo que a distinção da literatura se dá pelo fato de a segunda história não variar. No uso publicitário do conto, conforme afirma Carrascoza (2004), a segunda história é a vida prometida e possível pelo consumo. Ampliando essa colocação, podemos dizer que a segunda história no caso dos anúncios da Nokia é o reforço de uma visão de mundo neoliberal, hegemônica nos dias de hoje, calcada na crença da livre concorrência e da igualdade de oportunidades – uma visão que percebe a sociedade como geradora de oportunidades e atribui essencialmente ao indivíduo a responsabilidade pelo seu sucesso ou fracasso.

O mundo é habitado por vencedores e perdedores, ou *losers*, para usar uma expressão cara ao ideário dominante da sociedade norte-americana. Na campanha, três *losers* vivenciam três grandes medos do público jovem: não mandar na própria vida, "não se enxergar" e não progredir – situações retratadas como anomalia, um fenômeno acidental que pode e deve ser corrigido pelo consumo, este apresentado como uma força que busca a coesão e a integração de todos os indivíduos no grupo social.

Os anúncios trabalham de forma leve e jocosa com essas inseguranças, fazendo um jogo entre a linguagem literal e metafórica das ações dos protagonistas. As situações quase surrealistas, por serem apresentadas no seu sentido literal, alcançam uma abrangência contundente ao expressar a inabilidade dos protagonistas em lidar com a própria realidade no contexto social.

A campanha pode ser considerada, portanto, muito eficiente na construção de uma imagem que se aproxima do público jovem a que se destina, tanto por apresentar uma roupagem irreverente e bem-humorada quanto por reforçar uma visão de mundo neoliberal, amplamente aceita por esses jovens, sobretudo por aqueles com bom poder de compra, alvos prioritários da marca. A sutileza e eficiência do comercial residem exatamente em apresentar como libertária uma visão conformista e normatizadora, na qual três personagens são integrados à sociedade pelo produto.

Diríamos que, nos três casos, podemos ver de forma clara a pressão do meio sobre aquele que está fora do contexto social aceito pela maioria. Em todos os três filmes, é ressaltado o comportamento absurdo dos que agem fora dos padrões homologados pelo senso comum, mas é mostrada também a pressão externa pela censura da sociedade sobre quem age em desacordo com as normas. Essa relação dialética de inclusão e exclusão do binômio sujeito–meio gera uma conduta que pode ser mais bem entendida pelo texto do sociólogo Norbert Elias ao explicar como os detentores do poder e estabelecedores das regras se comportam com relação àqueles que não as seguem:

> A semelhança do padrão de estigmatização usado pelos grupos de poder elevado em relação a seus grupos *outsiders* no mundo inteiro – a semelhança desse padrão a despeito de todas as diferenças culturais – pode afigurar-se meio inesperada a princípio. Mas os sintomas de inferioridade humana que os grupos estabelecidos muito poderosos mais tendem a identificar nos grupos *outsiders* de baixo poder – e que servem a seus membros como justificação de seu status elevado e prova de seu valor superior –

> costumam ser gerados nos membros do grupo inferior – inferior em termos de sua relação de forças – pelas próprias condições de sua posição de *outsiders* e pela humilhação e opressão que lhe são concomitantes.
>
> Sob alguns aspectos, eles são iguais no mundo inteiro. A pobreza – o baixo padrão de vida – é um deles. No entanto, existem outros, não menos significativos em termos humanos, dentre os quais figuram a exposição constante aos caprichos das decisões e ordens dos superiores, a humilhação de ser excluído das fileiras deles e as atitudes de deferência instiladas no grupo *inferior*. Além disso, quando o diferencial de poder é muito grande, os grupos na posição de *outsiders* avaliam-se pela bitola de seus opressores. Em termos das normas desses últimos, os *outsiders* se consideram deficientes, se vêem como se tivessem menos valor. Assim como, costumeiramente, os grupos estabelecidos vêem seu poder superior como um sinal de valor humano mais elevado, os grupos *outsiders*, quando o diferencial de poder é grande e a submissão inelutável, vivenciam afetivamente "sua inferioridade *de poder* como um sinal de inferioridade *humana*". (Elias e Scotson 2000, p. 28, grifos do autor)

Nos três casos, o fundo musical direciona a compreensão do descompasso das ações dos protagonistas no que se refere à dificuldade em se relacionarem com as pessoas, enfatizando-a por meio de uma música desafinada e desagradável durante o período em que vive o seu problema de exclusão, que é imediatamente alterada para algo mais harmônico e aprazível quando passa a interagir com o mundo por meio de um Nokia; idéia esta que é reforçada pela frase escrita em inglês – *connecting people* – logo abaixo da marca.

A mensagem embutida em todas as três tramas de que o celular Nokia pode resolver todos os seus problemas é consolidada pela linguagem verbal: todos os anúncios terminam com a afirmação *Nokia fala por você*, passando a certeza de que todos os seus problemas serão resolvidos por ele – o celular. É a coisificação do homem e a humanização da mercadoria; é a inversão de valores típica da pós-modernidade, quando o objeto adquire faculdades que não lhe são afins e o homem perde a capacidade de pensar por si mesmo. É a exaltação do objeto em detrimento do ser humano, que é insuflado a acreditar que, de fato, necessita consumir o produto anunciado para poder resolver seus problemas mais corriqueiros, para ser feliz e mais bem aceito pelo seu semelhante.

Uma questão que se coloca nesse momento é quanto da mensagem e das características observadas anteriormente é realmente absorvido pelo telespectador ao ver os anúncios, já que as ponderações aqui feitas são fruto de uma análise minuciosa, possibilitadas pelas repetições constantes das peças publicitárias, estudadas pelo olhar de uma especialista. O que efetivamente chega ao consumidor que possa influir em suas ações de compra?

Um anúncio não é feito para ser visto lentamente, mas fruído em 30 segundos; não é para ser analisado por intelectuais, mas para ser sentido – *aísthesis* – com um mínimo de massa crítica pelo seu público-alvo, seja ele qual for, informando-lhe sobre o produto anunciado sem exigir qualquer consideração racional mais elaborada do seu destinatário para que a mensagem ali contida seja entendida. Que certeza podemos ter de sua eficácia? Com segurança absoluta, nenhuma. Somente testando, após a sua veiculação, os resultados por uma pesquisa de mercado. Contudo podemos tentar inferir qual é a compreensão residual de uma peça publicitária quando receptada sem análise crítica, procurando aplicar a mesma técnica de análise que Lévi-Strauss definiu para analisar os mitos.

Não estamos afirmando que os anúncios aqui em questão tenham uma linguagem mítica, mas como a compreensão dos mitos não é racional nem científica e é acessível a toda a comunidade que os criou, pensamos que se isolarmos as grandes unidades semânticas constitutivas da estrutura discursiva – que Lévi-Strauss chamou, em sua obra *Antropologia estrutural* (1996), de mitemas –, reduzindo o discurso dos três anúncios a alguns poucos feixes semânticos básicos, estruturando-os em um sistema que torne possível a relação recíproca entre seus elementos, conseguiremos individualizar o *sentido* passível de ser absorvido sem o crivo da análise lógica, assim como se dá com a compreensão do mito.

Para tanto iremos buscar séries de variantes combinatórias que preencham a mesma função nos diferentes discursos, identificando as operações lógicas básicas que estruturam cada discurso de modo a formar grupos de variantes que mantenham relação entre si, possibilitando construir uma estrutura relacional de seqüências sincrônicas e diacrônicas que se adaptem aos eixos paradigmáticos e sintagmáticos dos elementos discursivos dos três filmes em conjunto, formando uma estrutura relacional de análise que, como afirma Lévi-Strauss

(1996, p. 322), "Para que ela se preste a esse papel, é preciso antes de mais nada empobrecê-la mantendo apenas um pequeno número de seus elementos, próprios para exprimir contrastes e formar pares de oposições".

No eixo paradigmático temos os elementos semelhantes nos três discursos que atuam por oposição, criando uma relação sincrônica entre eles (ver Quadro 19.1). Pela justaposição seqüencial dos três eixos verticais encontramos a composição diacrônica do eixo sintagmático dando sentido aos discursos, conforme o Quadro 19.1. Dessa estrutura relacional podemos depreender a estrutura narrativa comum aos três filmes que, mesmo sem uma análise científica, acreditamos, deverá ser fruída pelo destinatário ao menos em nível subliminar ou estético: "com Nokia todos os seus problemas de comunicação com o meio social estarão solucionados porque ele conecta as pessoas falando por você".

Quadro 19.1

1º eixo paradigmático	2º eixo paradigmático	3º eixo paradigmático
Errado / Alienação / Problemas	**Nokia / Conscientização**	**Comunicação / Sem problemas / Certo**
mão esquerda mão direita	sem Nokia é dominado pela mão esquerda com Nokia domina a mão direita	sem Nokia sem solução com Nokia com solução
descontrole da situação controle da situação	sem Nokia não se vê com Nokia se vê	sem Nokia sem comunicação com Nokia com comunicação
não ter consciência de seus problemas (não se ver) ter consciência de seus problemas (se ver)	sem Nokia não consciente de sua realidade com Nokia consciente de sua realidade	sem Nokia desaprovado com Nokia aprovado
andar para trás andar para a frente	sem Nokia não percebe que anda para trás com Nokia percebe que anda para trás	sem Nokia comportamento ridículo com Nokia comportamento acertado
	sem Nokia regride com Nokia progride	sem Nokia sozinho com Nokia acompanhado
		sem Nokia sem ajuda com Nokia com ajuda
Errado → Alienação → Problema → Nokia → Conscientização → Transformação → Comunicação sem problemas → Certo eixo sintagmático		

O *ethos* publicitário de Nokia

A elaboração sintática da campanha de Nokia faz emergir, do imbricamento de suas linguagens, efeitos de sentido que remetem a uma *negociação entre sujeitos*. Como pressuposto da mensagem publicitária, temos maneiras de dizer que correspondem a maneiras de ser. A modulação enunciativa, ou a forma na qual é moldada a comunicação, está em função de um projeto de negociação simbólica, em que a marca do produto/serviço/instituição se insinua como prótese a suprir "carências", "necessidades" e "desejos" do público-alvo. Assim, há traços de caráter e corporalidade detectáveis pela análise do *ethos* de Nokia que se referem tanto à forma como o seu público-alvo é recuperado pela publicidade quanto à maneira como a marca se projeta em sugestão de complementação das ausências desse público, filtrado pela ótica da negociação comercial.

Uma isotopia da diversidade percorre os três filmes: traços derivados do corpo marcam a individualidade de cada um dos personagens. Esses corpos que se caracterizam pela *não-convencionalidade* – o corpo "invisível" (de Renan), o corpo que anda "para trás" (de Wilson) e o que tem uma mão esquerda "escravizadora" (de Rubens) – compõem um quadro de corpos estranhos ao meio social mais tradicional. Inadequados que são às normas da convencionalidade, procuram, de maneiras distintas, o objeto-valor "liberdade": a liberdade de ser invisível, a liberdade da repressão imposta pela mão esquerda, a liberdade de "andar para trás" sem se render à convencionalidade e sem ter problemas com isso.

Porém, são buscas que não se completam por si sós, uma vez que a afirmação da não-convencionalidade, da aceitação da diferença, dá-se somente pela sugestão da mediação da marca Nokia. Para Renan, o traço de distinção que ele acreditava ter se esvai pela visão de sua imagem na tela do celular; Rubens somente se liberta (a mão funciona como metáfora das convenções sociais) com o auxílio da música que vem do aparelho; Wilson dá um sinal de convencionalidade ao andar para a frente em direção ao celular, mas isso "fica somente entre nós", ou seja, afirma sua libertação no parecer, apesar de haver um contrato de assimilação colocado pela relação com a marca Nokia. Essa parece ser a essência do contrato entre Nokia e seu público, como destinador que instaura os sujeitos em seu percurso de negação da tradicionalidade, ao mesmo tempo que se deixa assimilar pela padronização representada pela associação em torno de uma marca, via consumo de seu universo sígnico, o que se concretizaria pela aquisição do produto.

A idéia de não-convencionalidade, de efeito de "ruptura" da tradicionalidade, expressa-se pela corporalidade dos anúncios: a narrativa audiovisual, aparentemente "tradicional", traz a imagem do estranhamento, do inusitado. Emerge um corpo em contraste, que se sustenta por vários efeitos: no filme *Wilson*, a imagem do rapaz andando para trás rompe com o movimento paradigmático do ser humano ao caminhar.

Em todos os filmes, há um choque entre movimentos de câmera, em sua maioria convencionais, com quadros ora estáticos, ora em movimentos cadenciados, e a figurativização que traz o inusitado, o estranho. Essa composição sintática sustenta traços da marca em sintonia com uma corporalidade jovem, não-convencional, em uma "lógica dissonante" que se ajusta à busca do jovem pelo "novo" (no modo do parecer, de acordo com valorações investidas pelo mercado). Esse "corpo estranho" ganha harmonia, em efeito de tranqüilização e esvaziamento, quando apresenta o produto, ao final dos filmes. Nos planos de encerramento, uma tomada que sintetiza esse movimento: ao fundo, uma imagem escura, com uma iluminação que remete ao fogo, às pulsões, que têm seu contraponto com a imagem da frente, como "figura": sobre uma superfície branca, o celular, iluminado, estabilizado, harmoniza e esvazia as tensões.

Concretiza-se, visualmente, o conceito implícito de Nokia como proposta de adesão ao universo da marca: na negociação simbólica entre o sujeito-marca e seu público-alvo, projeta esse último por um *ethos* de inadequação e incompletude. Sugere um vínculo de assimilação baseado no efeito de ruptura da convencionalidade, do "desajuste" que se domestica por meio da mediação dos aparelhos Nokia.

Assim, a corporalidade e o caráter "não OK" do público projetado pela comunicação da marca ganham complemento e estabilização pela assimilação do *ethos* de Nokia: um *ethos* paradoxal, pois é, ao mesmo tempo, dissonante na forma, ajustando-se à percepção de seu público, e convencional na solução proposta para o efeito de tranqüilização da marca, pois remete à resposta padronizada da sociedade de consumo ao direcionar as pulsões humanas à aquisição dos produtos e adesão às instituições comerciais. Eis uma legítima manifestação do marketing da completude, cujos efeitos de sentido se insinuam como promessas, como próteses simbólicas que sugerem a todos, de maneiras distintas, que se encontrar, por meio das mercadorias, é algo possível. Resta o vazio entre a promessa e a realização, e a faísca da frustração e da incompletude que nos movimenta em direção a novas buscas.

A campanha publicitária da Nokia, empresa líder mundial em comunicação móvel, realizada pela agência Lew Lara Propaganda e Comunicação, faz uma alusão ao inconformismo pessoal e ao problema de aceitação do homem perante a sociedade, seja pelo seu comportamento, pelas ações ou pelo seu modo de vida.

Prevalecendo-se de uma linguagem folhetinesca e cômica, na qual os três personagens encontram-se em diferentes situações adversas se comparadas ao que vemos hoje em nossa sociedade, os três filmes apresentam características particulares.

A narração dos filmes é realizada por um tipo de locução cômica, com uma tonalidade de voz que por vezes chega a caçoar do personagem. Isso nos leva a crer que esse tipo de narração é uma forma de reforçar e mostrar a falta de aceitação daquele personagem à sociedade, ressaltando de maneira auditiva e subliminar que o celular Nokia tem o "poder" de readequá-lo a uma vida normal, livre do que é considerado ridículo pela maioria das pessoas. Esses comportamentos fora do contexto comum, desde a crítica à figura do casamento, reforçada pela mão esquerda, a sensação de ser invisível ou os conformismos a uma situação totalmente fora dos padrões, mexem com o imaginário humano e levam o consumidor a uma reflexão sobre os valores preestabelecidos pela sociedade e fazem questionar até que ponto podem considerar-se certos ou errados tais comportamentos e readequações.

Outro ponto interessante para o perfeito entendimento dessa campanha é o uso das cores como modo de fomentar a idéia que o publicitário e a agência quiseram emitir. Considerando-se que cada filme possui uma cor predominante em praticamente todos os *takes* gravados (escravo da mão – azul; invisível – vermelho; e Wilson – verde), essa subliminar presente na escolha das cores que compõem cada filme destaca claramente o comportamento controverso de cada protagonista se comparado à maioria das pessoas. O homem escravo da sua mão, o invisível ou o que anda para trás são exemplos berrantes de pessoas descartadas de um convívio social normal, no qual o personagem, com o ato de adquirir o celular Nokia, será "inserido". Em decorrência, será aceito por ela, a sociedade.

O efeito psicológico das cores nos três filmes apresentados vai ao encontro do que o personagem vivencia. Tomando como exemplo o "escravo da mão esquerda", em que claramente podemos observar que se trata da mão que contém sua aliança de casamento, remetemo-nos a uma interpretação de que esse personagem é escravo de sua esposa ou do seu casamento; o personagem é arremessado, jogado e durante todo o filme se encontra completamente agitado, sem ter o poder de coordenar o próprio corpo. Nesse filme, a cor predominante em todos os *takes* é a azul, que passa ao receptor da mensagem uma idéia de "[...] neutralidade das inquietações do ser humano [...]"[3] como forma de neutralizar o comportamento alterado do personagem e o choque que isso poderia causar ao receptor da mensagem. Tal fato nos leva a pensar que o uso da cor no filme teve o efeito de "filtrar" e reforçar a idéia de que, se o consumidor adquirir o celular Nokia, será aceito como uma pessoa normal perante a sociedade.

O mesmo acontece no filme do rapaz invisível, no qual a cor vermelha predomina em todos os *takes*, passando subliminarmente ao consumidor a idéia de motivação e estimulação, ao mesmo tempo que mostra uma pessoa completamente menosprezada por desconhecidos e até por sua família, por seu comportamento e atos estranhos. Ao vê-lo na foto tirada pela câmera do celular Nokia, o personagem tem a certeza de que não é invisível, de que, na verdade, é uma pessoa normal, embora tivesse praticado atos "ridículos", arrependendo-se, então, por ter sido daquele jeito. O personagem passa a idéia para o consumidor de que a Nokia, ao mostrar seu rosto no visor da câmera, o fez acordar para a verdade da vida, de que ele poderia ser feliz e normal, como se o celular o tivesse retirado daquele mundo de ilusão. A imagem "amiga" da Nokia é reforçada pelo último *take*, no qual, junto à marca, aparecem duas mãos unidas, reforçando a mensagem que o filme quis passar; esse gesto só é repetido neste filme, e não nos demais.

---

[3] De acordo com Farina (1990), a cor azul remete ao receptor da mensagem publicitária calma e tranqüilidade.

O caráter institucional da campanha remete ao conceito de o produto ser uma ferramenta de adequação, de aceitação ou, quem sabe, de ilusão. Mostra que cada protagonista, sem importar o grau de satisfação com sua situação atual, pode recolocar-se nessa sociedade preestabelecida, na qual aspectos interpretados como diferentes podem ser corrigidos pela utilização do produto – no caso, o celular.

Maslow cita o comportamento motivacional, que é explicado pela pirâmide das necessidades humanas. Quando a necessidade não é satisfeita e se não sobrevierem as situações anteriormente mencionadas, não significa que o indivíduo permanecerá eternamente frustrado. De alguma maneira, a necessidade será transferida ou compensada se houver uma motivação; neste caso, o celular. Daí percebe-se que a motivação é um estado cíclico e constante na vida pessoal de uma sociedade, podendo tornar-se fonte aliada da publicidade.

Bibliografia

BARBOSA, I. S. (org.). *Os sentidos da publicidade: estudos interdisciplinares.* São Paulo: Thomson, 2005.

CARRASCOZA, J. *Razão e sensibilidade no texto publicitário.* São Paulo: Futura, 2004.

CHAUÍ, M. *Cultura e democracia: o discurso competente e outras falas.* 4. ed. São Paulo: Cortez, 1989.

DELEUZE, G. *A imagem-tempo.* São Paulo: Brasiliense, 1985.

ELIAS, N.; SCOTSON, J. L. *Os estabelecidos e os outsiders – Sociologia das relações de poder a partir de uma pequena comunidade.* Rio de Janeiro: Zahar, 2000.

FARINA, M. *Psicodinâmica das cores em comunicação.* São Paulo: Edgard Blücher, 1990.

FLUSSER, V. *Filosofia da caixa preta.* Rio de Janeiro: Relume Dumará, 1983.

LÉVI-STRAUSS, C. *Antropologia estrutural.* Rio de Janeiro: Tempo Brasileiro, 1996.

__________. *O cru e o cozido.* São Paulo: Brasiliense, 1991.

LÜSCHER, M. *O teste das cores.* Rio de Janeiro: Renes.

PIGLIA, R. *O laboratório do escritor.* São Paulo: Iluminuras, 1994.

SANTAELLA, L. *Matrizes da linguagem e pensamento*. São Paulo: Iluminuras, 2001.

SAVIOLI, F. R.; FIORIN, J. L. *Para entender o texto – Leitura e redação*. São Paulo: Ática, 1989.

Ficha técnica dos filmes Mão/Invisível/Wilson

TÍTULO: *Mão/Invisível/Wilson*

ANUNCIANTE: Nokia do Brasil Tecnologia Ltda.

PRODUTO: 2100/2280/7210/7250i

AGÊNCIA: Lew Lara Propaganda e Comunicação Ltda.

CRIAÇÃO: André Laurentino, Bráulio Kuwabara, Fábio Abram e Marco Versolato

DIREÇÃO DE CRIAÇÃO: Jaques Lewkowicz e Marco Versolato

ATENDIMENTO: Márcio Oliveira/Ricardo Al Makul/Cintia Hachiya/Mariana D'Aprile

PLANEJAMENTO: Paulo Levi/Tali Monterosa

PRODUÇÃO/AGÊNCIA: Kátia Bontempo Leal e Bruno Vergueiro

PRODUTORA/FILME: Zeppelin Filmes/SP

DIREÇÃO: José Pedro Goulart

DIREÇÃO DE FOTOGRAFIA: Alex Fernanbi

DIREÇÃO DE ARTE: Rogério Nazari

DIREÇÃO DE PRODUÇÃO/FILME: Sandro Dreher

MONTAGEM: Federico Brioni

PRODUTORA/SOM: Tentáculo

MAESTRO: Ed Cortez

APROVAÇÃO DO CLIENTE: Cesar Keller/Wal Flor

Impresso por

META
www.metabrasil.com.br